울산광역시교육청
교육공무직원 소양평가

인성검사 3회 + 모의고사 7회 + 면접 + 무료공무직특강

시대에듀

2025 최신판 시대에듀 All-New 울산광역시교육청 교육공무직원 소양평가 인성검사 3회 + 모의고사 7회 + 면접 + 무료공무직특강

Always **with you**

사람의 인연은 길에서 우연하게 만나거나 함께 살아가는 것만을 의미하지는 않습니다.
책을 펴내는 출판사와 그 책을 읽는 독자의 만남도 소중한 인연입니다.
시대에듀는 항상 독자의 마음을 헤아리기 위해 노력하고 있습니다. 늘 독자와 함께하겠습니다.

PREFACE

머리말

울산광역시교육청은 2025년에 교육공무직원을 채용할 예정이다. 채용절차는 「응시원서 접수 → 서류평가/필기시험 → 면접시험 → 합격자 발표」 순서로 진행하며, 직종별로 서류심사 및 소양평가를 구분하여 실시하므로 반드시 확정된 채용공고를 확인해야 한다. 또한, 서류심사 및 소양평가 합격자에 한하여 면접시험에 응시할 수 있는 자격이 주어지므로 소양평가에서의 고득점을 통해 타 수험생과의 차별화된 전략이 필요하다.

이에 시대에듀에서는 울산광역시교육청 교육공무직원 소양평가를 준비하는 수험생들을 위해 다음과 같은 특징의 본서를 출간하게 되었다.

도서의 특징

❶ **울산광역시교육청 기관 소개**

- 울산광역시교육청 기관 소개를 수록하여 교육목표 및 교육공무직원 업무에 대한 전반적인 이해가 가능하도록 하였다.

❷ **3개년 기출복원문제**

- 2024년, 2022~2021년 시행된 울산광역시교육청 소양평가 기출문제를 복원 수록하여 최근 출제 경향을 파악할 수 있도록 하였다.

❸ **인성검사 소개 및 모의테스트**

- 인성검사 소개 및 모의테스트 2회분을 통해 인성검사 문항을 사전에 익히고 체계적으로 연습할 수 있도록 하였다.

❹ **직무능력검사 핵심이론 및 기출예상문제**

- 울산광역시교육청 교육공무직원 직무능력검사 5개 영역별 핵심이론 및 기출예상문제를 수록하여 소양평가에 완벽히 대비하도록 하였다.

❺ **최종점검 모의고사**

- 실제 시험과 같은 문항 수와 출제영역으로 구성된 모의고사 4회분을 수록하여 시험 전 자신의 실력을 스스로 점검할 수 있도록 하였다.

❻ **면접 소개 및 예상 면접질문**

- 면접 소개 및 예상 면접질문을 통해 한 권으로 울산광역시교육청 교육공무직원 채용을 준비할 수 있도록 하였다.

끝으로 본서를 통해 울산광역시교육청 교육공무직원 채용을 준비하는 모든 수험생에게 합격의 행운이 따르기를 진심으로 기원한다.

SDC(Sidae Data Center) 씀

INTRODUCE

울산광역시교육청 이야기

◇ 교육 비전

한 명의 아이도 포기하지 않는 울산교육

◇ 교육 지표

배움이 삶이 되는 학교, 미래를 열어가는 교육

◇ 정책 방향

미래 준비 책임교육

학생 맞춤 안심교육

관계 중심 공감교육

현장 지원 열린행정

◇ 교육청 심벌마크

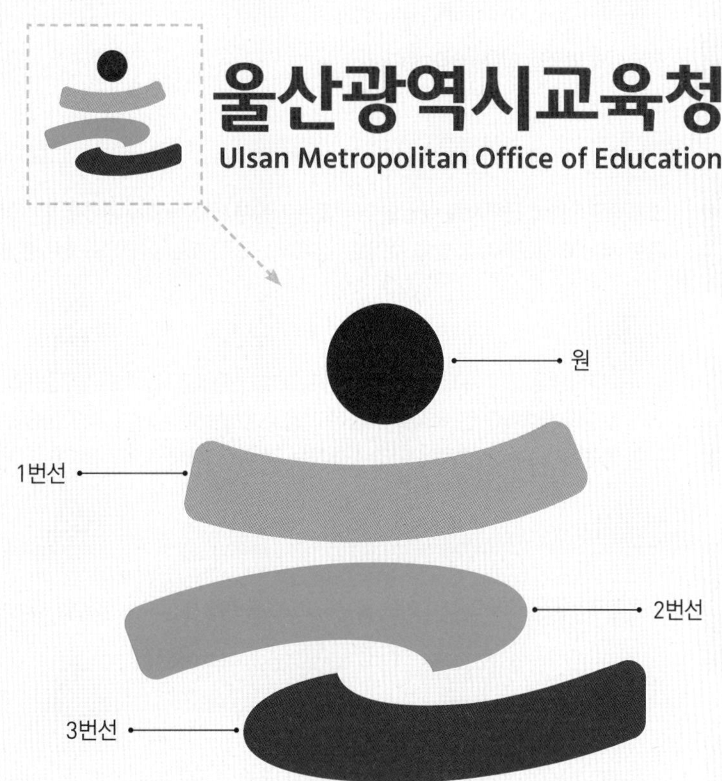

마크의 의의

만물의 근원인 **태극**과 힘찬 도약을 의미하는 사람의 형상으로 새 시대를 열어갈 능력 있는 인간육성을 지향하는 울산광역시교육청의 이념을 표현하며 전체적인 형태는 **『울』** 자의 이미지를 통해 울산교육을 상징한다.

원은 **태양**을, 세 개의 선 중 첫 번째 선은 **땅**을, 두 번째 선은 **산과 십리대밭**을, 세 번째 선은 맑은 **태화강과 동해바다**를 나타내어 울산의 모습을 담고 있으며 전체적으로는 **천 · 지 · 인**을 표상한다.

교육공무직원 소개

◇ 교육공무직원의 8가지 의무

교육공무직원은 맡은 바 직무를 성실히 수행하여야 하며, 직무를 수행함에 있어 사용부서의 장의 직무상의 명령을 이행하여야 한다.

2

교육공무직원이 근무지를 이탈할 경우에는 사용부서의 장에게 허가를 받아야 한다. 다만, 불가피한 사유로 사전허가를 받을 수 없는 경우에는 구두 또는 유선으로 허가를 받아야 한다.

3

교육공무직원은 근무기간 중은 물론, 근로관계가 종료된 후에도 직무상 알게 된 사항을 타인에게 누설하거나 부당한 목적을 위하여 사용하여서는 아니 된다. 다만, 공공기관의 정보공개에 관한 법률 및 그 밖의 법령에 따라 공개하는 경우는 그러하지 아니하다.

4

교육공무직원은 직무의 내 · 외를 불문하고 그 품위를 손상하는 행위를 하여서는 아니 된다.

5

교육공무직원은 공과 사를 명백히 분별하고 국민의 권리를 존중하며, 친절 · 공정하고 신속 · 정확하게 모든 업무를 처리하여야 한다.

6

교육공무직원은 직무와 관련하여 직접 또는 간접을 불문하고 사례를 주거나 받을 수 없다.

7

교육공무직원은 다른 직무를 겸직할 수 없다. 다만, 부득이한 경우에는 사용부서의 장에게 신청하고 사전 허가를 받아야 한다.

8

사용부서의 장은 업무에 지장을 주거나 교육기관 특성상 부적절한 영향을 초래할 우려가 있는 경우 겸직을 허가하지 아니하거나 겸직 허가를 취소할 수 있다.

◇ 교육공무직원의 업무

구분	내용
교육실무원	• 학교 일지 관리 • 공문 접수 및 처리 • 주간 및 월중 행사 계획 • 교직원 연수 안내 및 보고 • 안전공제회 업무 • 학교 행사 및 각종 회의 지원 • 각종 재정지원사업 운영 지원
돌봄전담사	• 학생 관리 • 생활/급식/귀가 지도 • 월간 운영계획 작성 • 돌봄교실 관리 예 NEIS 활용, 출결 관리, 일지 작성 등
늘봄 · 교무행정 실무사	• 늘봄학교 운영 관련 업무 – 늘봄학교 프로그램 관련 업무 – 방과후학교 운영 업무 전반 – 학습형 늘봄 운영 업무 전반 – 기타 늘봄학교 운영 관련 업무 • 학교 교무행정 및 교육활동 지원
조리사	• 조리/위생/배식 관리 • 구매식품 검수 지원 • 급식 설비 및 기구 관리 • 영양사 업무 지원
특수교육실무사	• 특수교육대상학생에 대하여 담당 교사의 지시에 따른 보조 역할 – 교수 · 학습 활동, 교내외 활동 – 방과후활동 – 급식/등하교 지도 – 신변처리

MISSION

교육행정서비스헌장

◇ 교육행정서비스헌장이란?

교육행정기관이 제공하는 ❶ 행정서비스의 기준과 내용, ❷ 제공방법 및 절차, ❸ 잘못된 서비스에 대한 시정 및 보상조치 등을 구체적으로 정하여 공표하고, 이의 실현을 민원인인 국민에게 약속하는 제도

◇ 도입 배경

❶ 행정환경의 변화에 따라 행정서비스도 행정기관 편의 위주에서 고객 편의 위주로 일대 쇄신의 필요성 제기

❷ 교육청 추진상황 행정기관 서비스의 고객 기대 충족 목적

❸ 정부 개혁의 성공적 추진을 뒷받침하기 위한 개혁 전략의 차원

◇ 도입 목적

❶ 수요자의 필요와 요구에 적극적으로 대응하고 공공서비스를 효율적으로 제공

❷ 공무원의 책무성 제고와 임무를 명확히 함으로써, 공공기관이 제공하는 서비스의 수준을 한층 높여 '수요자 만족'을 실현

◇ 울산광역시교육청 교육행정서비스헌장

울산광역시교육청 모든 직원은 한 명의 아이도 포기하지 않는 울산교육을 위해 「삶을 가꾸는 학교, 미래를 열어가는 교육」이라는 교육지표 아래 최상의 교육환경을 만들도록 최선을 다할 것을 약속하고, 최고의 행정서비스를 제공하여 만족과 감동을 줄 수 있는 공직자가 될 수 있도록 노력할 것이다.

우리는 모든 업무를 고객의 입장에서 친절 · 신속 · 정확하게 처리한다.

우리는 항상 밝은 표정과 상냥한 말씨, 신속한 답변으로 고객에게 응대한다.

우리는 잘못된 서비스 제공으로 고객에게 불편을 초래할 경우 정중히 사과하고, 즉시 시정 · 개선토록 하고 그에 상응하는 보상을 한다.

우리는 우리의 교육행정서비스 실천 노력에 대하여 고객들로부터 평가를 받아 그 결과를 공표하고 서비스 개선에 반영한다.

이와 같은 다짐을 실천하기 위해 구체적인 서비스 이행 기준을 정하여 성실히 이행할 것을 약속한다.

STUDY PLAN

학습플랜

1주 완성 학습플랜

본서에 수록된 전 영역을 단기간에 끝낼 수 있도록 구성한 학습플랜이다. 한 번에 전 영역을 공부하지 않고, 한 영역을 집중적으로 공부할 수 있도록 하였다. 인성평가 및 필기시험에 대한 기초 학습은 되어 있으나, 학습 계획 세우기에 자신이 없는 분들이나 미리 시험에 대비하지 못해 단시간에 많은 분량을 봐야 하는 수험생에게 추천한다.

ONE WEEK STUDY PLAN

Start!	1일 차 ☐	2일 차 ☐	3일 차 ☐
	____월 ____일	____월 ____일	____월 ____일

4일 차 ☐	5일 차 ☐	6일 차 ☐	7일 차 ☐
____월 ____일	____월 ____일	____월 ____일	____월 ____일

STRUCTURES

도서 200% 활용하기

기출복원문제

CHAPTER

01 | 2024년 기출복원문제

※ 정답 및 해설은 기출복원문제 바로 뒤 p.029에 있습니다.

01 ▸ 언어논리력

01 다음 제시된 단어의 대응 관계로 볼 때, 빈칸에 들어갈 알맞은 단어는?

승용차 : 기차 = 헬스클럽 : (　)

① 병원　② 단련
③ 수영장　④ 러닝머신

02 다음 밑줄 친 단어와 같은 의미로 쓰인 것은?

할아버지의 수레를 뒤에서 밀었다.

① 밖에서 오랫동안 고민하던 그는 문을 밀고 들어왔다.
② 오랫동안 기른 머리를 짧게 밀었다.
③ 오늘 일을 보면 김차장을 누가 뒤에서 밀고 있는 것 같아.
④ 송판을 대패로 밀었다.

03 다음 글의 흐름상 적절하지 않은 문장은?

17세기에서 20세기 초에 이르는 시간 동안 모더니티에 대한 학문이 어느 정도 완결된 양상을 보이게

CHAPTER

01 | 2024년 기출복원문제

01 ▸ 언어논리력

01	02	03	04	
③	①	④	②	

01　정답 ③
승용차와 기차는 모두 탈것이라는 범주에 속하는 동등한 세부요소들이다. 헬스클럽은 운동을 하는 장소인 체육시설에 속하는 세부요소이므로 같은 체육시설에 속하는 수영장이 들어가야 한다.

02　정답 ①
제시된 문장과 ①의 '밀다'는 '일정한 방향으로 움직이도록 반대쪽에서 힘을 가하다.'의 의미로 사용되었다.

오답분석
② 어떤 이유로 뒤처지게 되다.
③ 뒤에서 보살피고 도와주다.
④ 바닥이 반반해지도록 연장을 누르면서 문지르다.

03　정답 ④
제시문에 따르면 모더니티에 대한 학문은 주변부의 시각을 포함할지라도 그 중심은 서양인의 시각(중심부의 시각)이다. 따라서 주변부의 시각으로 연구했다는 ④는 흐름상 적절하지 않다.

04　정답 ②
제시문은 제4차 산업혁명으로 인한 노동 수요 감소로 인해 나

02 ▸ 수리력

01	02	03	04	
④	②	④	②	

01　정답 ④
올해 지원부서원 25명의 평균 나이는 38세이므로, 내년 지원부서원 25명의 평균 나이는 $\frac{25\times38-52+27}{25}+1=38$세이다.

02　정답 ②
사원 수를 x명이라 하자.
$50x+100=60x-500 \rightarrow 10x=600$
$\therefore x=60$

03　정답 ④
2018년부터 2023년까지 전년도에 비해 하루 평균 판매량이 증가한 연도는 2019년, 2020년, 2022년, 2023년이다. 연도별 증가율은 다음과 같다.
- 2019년 : $\frac{120-105}{105}\times100≒14.3\%$
- 2020년 : $\frac{150-120}{120}\times100=25\%$
- 2022년 : $\frac{180-130}{130}\times100≒38.5\%$
- 2023년 : $\frac{190-180}{180}\times100≒5.6\%$

따라서 2022년에 전년 대비 판매량 증가율이 가장 높다.

▸ 3개년(2024년, 2022～2021년) 울산광역시교육청 기출복원문제를 수록하여 최근 출제경향을 파악하도록 하였다.

인성검사&면접

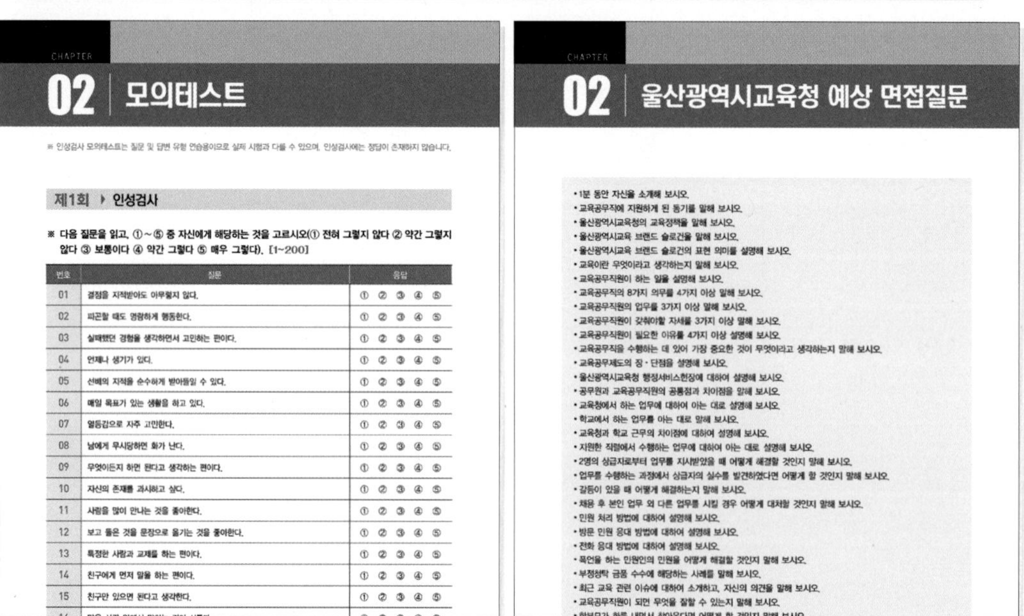

CHAPTER

02 | 모의테스트

※ 인성검사 모의테스트는 질문 및 답변 유형 연습용이므로 실제 시험과 다를 수 있으며, 인성검사에는 정답이 존재하지 않습니다.

제1회 ▸ 인성검사

※ 다음 질문을 읽고, ①～⑤ 중 자신에게 해당하는 것을 고르시오(① 전혀 그렇지 않다 ② 약간 그렇지 않다 ③ 보통이다 ④ 약간 그렇다 ⑤ 매우 그렇다). [1~200]

번호	질문	응답
01	결점을 지적받아도 아무렇지 않다.	① ② ③ ④ ⑤
02	피곤할 때도 명랑하게 행동한다.	① ② ③ ④ ⑤
03	실패했던 경험을 생각하면서 고민하는 편이다.	① ② ③ ④ ⑤
04	언제나 생기가 있다.	① ② ③ ④ ⑤
05	선배의 지적을 순수하게 받아들일 수 있다.	① ② ③ ④ ⑤
06	매일 목표가 있는 생활을 하고 있다.	① ② ③ ④ ⑤
07	열등감으로 자주 고민한다.	① ② ③ ④ ⑤
08	남에게 무시당하면 화가 난다.	① ② ③ ④ ⑤
09	무엇이든지 하면 된다고 생각하는 편이다.	① ② ③ ④ ⑤
10	자신의 존재를 과시하고 싶다.	① ② ③ ④ ⑤
11	사람을 많이 만나는 것을 좋아한다.	① ② ③ ④ ⑤
12	보고 들은 것을 문장으로 옮기는 것을 좋아한다.	① ② ③ ④ ⑤
13	특정한 사람과 교제를 하는 편이다.	① ② ③ ④ ⑤
14	친구에게 먼저 말을 하는 편이다.	① ② ③ ④ ⑤
15	친구만 있으면 된다고 생각한다.	① ② ③ ④ ⑤

CHAPTER

02 | 울산광역시교육청 예상 면접질문

- 1분 동안 자신을 소개해 보시오.
- 교육공무직에 지원하게 된 동기를 말해 보시오.
- 울산광역시교육청의 교육정책을 말해 보시오.
- 울산광역시교육 브랜드 슬로건을 말해 보시오.
- 울산광역시교육 브랜드 슬로건의 표현 의미를 설명해 보시오.
- 교육이란 무엇이라고 생각하는지 말해 보시오.
- 교육공무직원이 하는 일을 설명해 보시오.
- 교육공무직의 8가지 의무를 4가지 이상 말해 보시오.
- 교육공무직원의 업무를 3가지 이상 말해 보시오.
- 교육공무직원이 갖춰야할 자세를 3가지 이상 말해 보시오.
- 교육공무직원이 필요한 이유를 4가지 이상 설명해 보시오.
- 교육공무직을 수행하는 데 있어 가장 중요한 것이 무엇이라고 생각하는지 말해 보시오.
- 교육공무제도의 장·단점을 설명해 보시오.
- 울산광역시교육청 행정서비스헌장에 대하여 설명해 보시오.
- 공무원과 교육공무직원의 공통점과 차이점을 말해 보시오.
- 교육청에서 하는 업무에 대하여 아는 대로 설명해 보시오.
- 학교에서 하는 업무를 아는 대로 말해 보시오.
- 교육청과 학교 근무의 차이점에 대하여 설명해 보시오.
- 지원한 직렬에서 수행하는 업무에 대하여 아는 대로 설명해 보시오.
- 2명의 상급자로부터 업무를 지시받았을 때 어떻게 해결할 것인지 말해 보시오.
- 업무를 수행하는 과정에서 상급자의 실수를 발견하였다면 어떻게 할 것인지 말해 보시오.
- 갈등이 있을 때 어떻게 해결하는지 말해 보시오.
- 채용 후 본인 업무 외 다른 업무를 시킬 경우 어떻게 대처할 것인지 말해 보시오.
- 민원 처리 방법에 대하여 설명해 보시오.
- 방문 민원 응대 방법에 대하여 설명해 보시오.
- 전화 응대 방법에 대하여 설명해 보시오.
- 폭언을 하는 민원인의 민원을 어떻게 해결할 것인지 말해 보시오.
- 부정청탁 금품 수수에 해당하는 사례를 말해 보시오.
- 최근 교육 관련 이슈에 대하여 소개하고, 자신의 의견을 말해 보시오.
- 교육공무직원이 되면 무엇을 잘할 수 있는지 말해 보시오.

▸ 인성검사 모의테스트 및 예상 면접질문을 수록하여 울산광역시교육청 인재상에 부합하는지 확인하도록 하였다.

직무능력검사

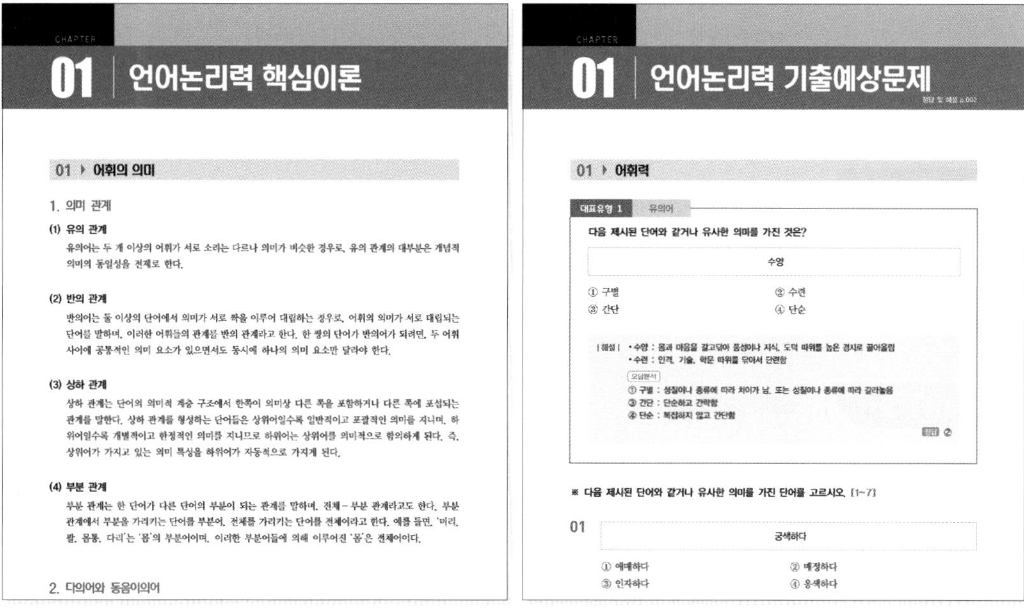

CHAPTER

01 언어논리력 핵심이론

01 ▸ 어휘의 의미

1. 의미 관계

(1) 유의 관계

유의어는 두 개 이상의 어휘가 서로 소리는 다르나 의미가 비슷한 경우로, 유의 관계의 대부분은 개념적 의미의 동일성을 전제로 한다.

(2) 반의 관계

반의어는 둘 이상의 단어에서 의미가 서로 짝을 이루어 대립하는 경우로, 어휘의 의미가 서로 대립되는 단어를 말하며, 이러한 어휘들의 관계를 반의 관계라고 한다. 한 쌍의 단어가 반의어가 되려면, 두 어휘 사이에 공통적인 의미 요소가 있으면서도 동시에 하나의 의미 요소만 달라야 한다.

(3) 상하 관계

상하 관계는 단어의 의미적 계층 구조에서 한쪽이 의미상 다른 쪽을 포함하거나 다른 쪽에 포섭되는 관계를 말한다. 상하 관계를 형성하는 단어들은 상위어일수록 일반적이고 포괄적인 의미를 지니며, 하위어일수록 개별적이고 한정적인 의미를 지니므로 하위어는 상위어를 의미적으로 함의하게 된다. 즉, 상위어가 가지고 있는 의미 특성을 하위어가 자동적으로 가지게 된다.

(4) 부분 관계

부분 관계는 한 단어가 다른 단어의 부분이 되는 관계를 말하며, 전체 – 부분 관계라고도 한다. 부분 관계에서 부분을 가리키는 단어를 부분어, 전체를 가리키는 단어를 전체어라고 한다. 예를 들면, '머리, 팔, 몸통, 다리'는 '몸'의 부분어이며, 이러한 부분어들에 의해 이루어진 '몸'은 전체어이다.

2. 다의어와 동음이의어

CHAPTER

01 언어논리력 기출예상문제

정답 및 해설 p.002

01 ▸ 어휘력

대표유형 1 유의어

다음 제시된 단어와 같거나 유사한 의미를 가진 것은?

수양

① 구별 ② 수련
③ 간단 ④ 단순

| 해설 | • 수양 : 몸과 마음을 갈고닦아 품성이나 지식, 도덕 따위를 높은 경지로 끌어올림
• 수련 : 인격, 기술, 학문 따위를 닦아서 단련함

오답분석
① 구별 : 성질이나 종류에 따라 차이가 남. 또는 성질이나 종류에 따라 갈라놓음
③ 간단 : 단순하고 간략함
④ 단순 : 복잡하지 않고 간단함

정답 ②

※ 다음 제시된 단어와 같거나 유사한 의미를 가진 단어를 고르시오. [1~7]

01

궁색하다

① 애매하다 ② 매정하다
③ 인자하다 ④ 옹색하다

▸ 직무능력검사 출제영역에 대한 핵심이론 및 기출예상문제를 수록하여 출제유형을 학습할 수 있도록 하였다.

최종점검 모의고사

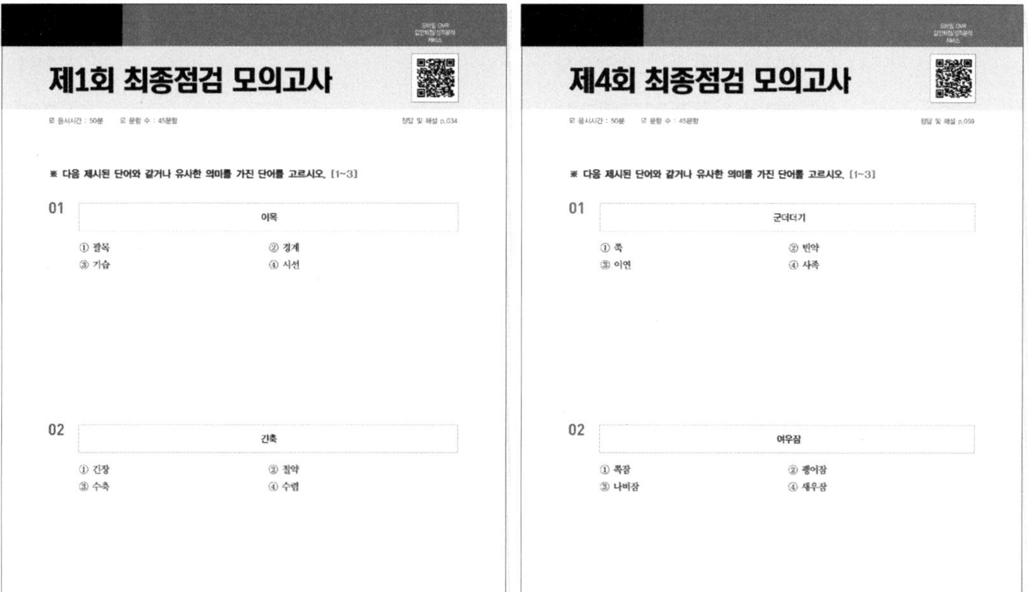

모바일 OMR 답안채점/성적분석 서비스

제1회 최종점검 모의고사

응시시간 : 50분 문항 수 : 45문항

정답 및 해설 p.034

※ 다음 제시된 단어와 같거나 유사한 의미를 가진 단어를 고르시오. [1~3]

01

이목

① 괄목 ② 경계
③ 기습 ④ 시선

02

긴축

① 긴장 ② 절약
③ 수축 ④ 수렴

모바일 OMR 답안채점/성적분석 서비스

제4회 최종점검 모의고사

응시시간 : 50분 문항 수 : 45문항

정답 및 해설 p.059

※ 다음 제시된 단어와 같거나 유사한 의미를 가진 단어를 고르시오. [1~3]

01

군더더기

① 쪽 ② 빈약
③ 이연 ④ 사족

02

여우잠

① 쪽잠 ② 괭이잠
③ 나비잠 ④ 새우잠

▸ 실제 시험과 유사하게 구성된 최종점검 모의고사 4회를 수록하여 필기시험에 대비할 수 있도록 하였다.

CONTENTS

이 책의 차례

Add+

3개년 기출복원문제

CHAPTER

01 2024년 기출복원문제

※ 정답 및 해설은 기출복원문제 바로 뒤 p.029에 있습니다.

01 언어논리력

01 다음 제시된 단어의 대응 관계로 볼 때, 빈칸에 들어갈 알맞은 단어는?

> 승용차 : 기차 = 헬스클럽 : (　　)

① 병원
② 단련
③ 수영장
④ 러닝머신

02 다음 밑줄 친 단어와 같은 의미로 쓰인 것은?

> 할아버지의 수레를 뒤에서 밀었다.

① 밖에서 오랫동안 고민하던 그는 문을 밀고 들어왔다.
② 오랫동안 기른 머리를 짧게 밀었다.
③ 오늘 일을 보면 김차장을 누가 뒤에서 밀고 있는 것 같아.
④ 송판을 대패로 밀었다.

03 다음 글의 흐름상 적절하지 않은 문장은?

> 17세기에서 20세기 초에 이르는 시간 동안 모더니티에 대한 학문이 어느 정도 완결된 양상을 보이게 되었다. ① 서양, 백인, 남성, 이성(과학, 기술, 의학), 기독교를 중심부에, 유색인종, 흑인, 광기, 아동, 여성 등은 주변부에 위치하는 도식을 생각해 보면 이 시기에 확립된 모더니티의 기초에 대해 대략적으로 파악할 수 있을 것이다. ② 일단 중심부를 체계화시키고 공고히 한 후, 모더니티는 점점 주변에 관심을 기울이면서 그것을 포괄해 간다. ③ 유색인종, 광기, 아동 등 수많은 주변부의 지식을 포함하더라도 결국은 지극히 중심부의 시각(서양인의 시각)으로 다양한 학문을 연구하였다. ④ 유색인종을 연구하는 '인류학'이나 광기를 다루는 '정신의학' 등이 주변부의 시각에서 연구한 예로 볼 수 있다. 이런 맥락에서 모더니티를 타자에 대한 지식, 타자를 발견하는 지식으로 부를 수도 있겠다.

04 다음 글의 제목으로 가장 적절한 것은?

제4차 산업혁명은 인공지능이 기존의 자동화 시스템과 연결되어 효율이 극대화되는 산업 환경의 변화를 의미한다. 2016년 세계경제포럼에서 언급되어, 유행처럼 번지는 용어가 되었다. 학자에 따라 바라보는 견해는 다르지만 대체로 기계학습과 인공지능의 발달이 그 수단으로 꼽힌다.
2010년대 중반부터 드러나기 시작한 제4차 산업혁명은 현재진행형이며, 그 여파는 사회 곳곳에서 드러나고 있다. 현재도 사람을 기계와 인공지능이 대체하고 있으며, 현재 일자리의 80 ~ 99%까지 대체될 것이라고 보는 견해도 있다.
만약 우리가 현재의 경제 구조를 유지한 채로 이와 같은 극단적인 노동 수요 감소를 맞게 된다면, 전후 미국의 대공황 등과는 차원이 다른 끔찍한 대공황이 발생할 것이다. 계속해서 일자리가 줄어들수록 중・하위 계층은 사회에서 밀려날 수밖에 없는데, 반면 자본주의 사회의 특성상 많은 비용을 수반하는 과학기술의 연구는 자본에 종속될 수밖에 없기 때문이다. 물론 지금도 이러한 현상이 없는 것은 아니지만, 아직까지는 단순노동이 필요하기 때문에 노동력을 제공하는 중・하위층들도 불합리한 부분들에 파업과 같은 실력행사를 할 수 있었다. 그러나 앞으로 자동화가 더욱 진행되어 노동의 필요성이 사라진다면 그들을 배려해야 할 당위성은 법과 제도가 아닌 도덕이나 인권과 같은 윤리적인 영역에만 남게 되는 것이다.
반면에, 이를 긍정적으로 생각한다면 이처럼 일자리가 없어졌을 때 극소수에 해당하는 경우를 제외한 나머지 사람들은 노동에서 완전히 해방되어, 인공지능이 제공하는 무제한적인 자원을 마음껏 향유할 수도 있을 것이다. 하지만 이러한 미래는 지금의 자본주의보다는 사회주의 경제 체제에 가깝다. 이 때문에 많은 경제학자와 미래학자들은 제4차 산업혁명 이후의 미래를 장밋빛으로 바꿔나가기 위해, 기본소득제 도입 등의 시도와 같은 고민들을 이어가고 있다.

① 제4차 산업혁명의 의의
② 제4차 산업혁명의 빛과 그늘
③ 제4차 산업혁명의 위험성
④ 제4차 산업혁명에 대한 준비

02 ▶ 수리력

01 올해 U공사 지원부서원 25명의 평균 나이는 38세이다. 다음 달에 52세의 팀원이 퇴사하고 27세의 신입사원이 입사할 예정일 때, 내년 지원부서원 25명의 평균 나이는?(단, 주어진 조건 외에 다른 인사이동은 없다)

① 35세　② 36세
③ 37세　④ 38세

02 어떤 회사에서 성과금을 지급하려고 한다. 한 사원에게 50만 원씩 주면 100만 원이 남고, 60만 원씩 주면 500만 원이 부족하다고 할 때, 사원의 수는 몇 명인가?

① 50명　② 60명
③ 70명　④ 80명

03 다음은 B식당의 연도별 하루 평균 판매량을 나타낸 그래프이다. 다음 중 전년 대비 하루 평균 판매량 증가율이 가장 높은 해는?

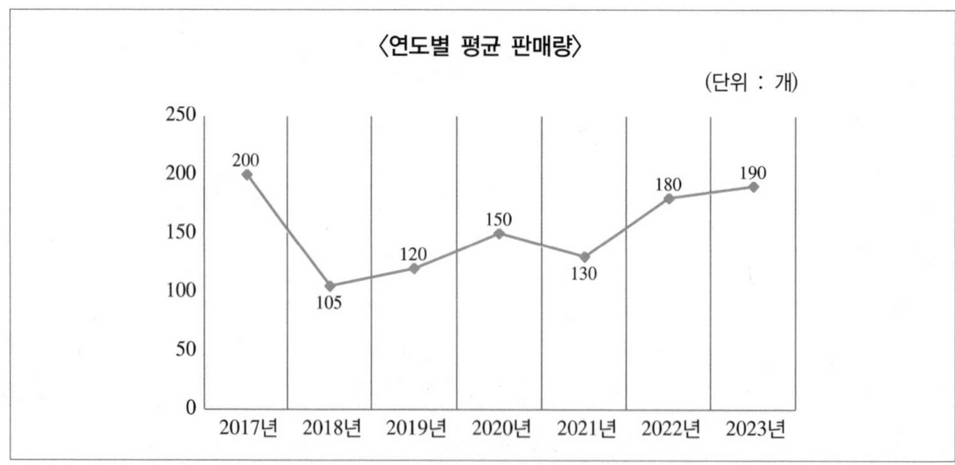

① 2018년　② 2019년
③ 2020년　④ 2022년

04 다음은 사교육의 과목별 동향에 대한 자료이다. 이에 대한 설명으로 〈보기〉 중 옳은 것을 모두 고르면?

〈과목별 동향〉

(단위 : 명, 원)

구분		2018년	2019년	2020년	2021년	2022년	2023년
국·영·수	월 최대 수강자 수	368	388	379	366	359	381
	월 평균 수강자 수	312	369	371	343	341	366
	월 평균 수업료	550,000	650,000	700,000	700,000	700,000	750,000
탐구	월 최대 수강자 수	241	229	281	315	332	301
	월 평균 수강자 수	218	199	253	289	288	265
	월 평균 수업료	350,000	350,000	400,000	450,000	500,000	500,000

보기

ㄱ. 국·영·수의 월 최대 수강자 수와 평균 수강자 수는 같은 증감 추이를 보인다.
ㄴ. 국·영·수의 월 평균 수업료는 월 최대 수강자 수와 같은 증감 추이를 보인다.
ㄷ. 국·영·수의 월 최대 수강자 수의 전년 대비 증가율은 2023년이 가장 높다.
ㄹ. 월 평균 수강자 수가 국·영·수 과목이 최대였을 때는 탐구 과목이 최소였고, 국·영·수 과목이 최소였을 때는 탐구 과목이 최대였다.

① ㄱ
② ㄷ
③ ㄱ, ㄷ
④ ㄴ, ㄹ

03 ▶ 공간지각력

01 제시된 전개도로 정육면체를 만들 때, 나올 수 없는 것은?

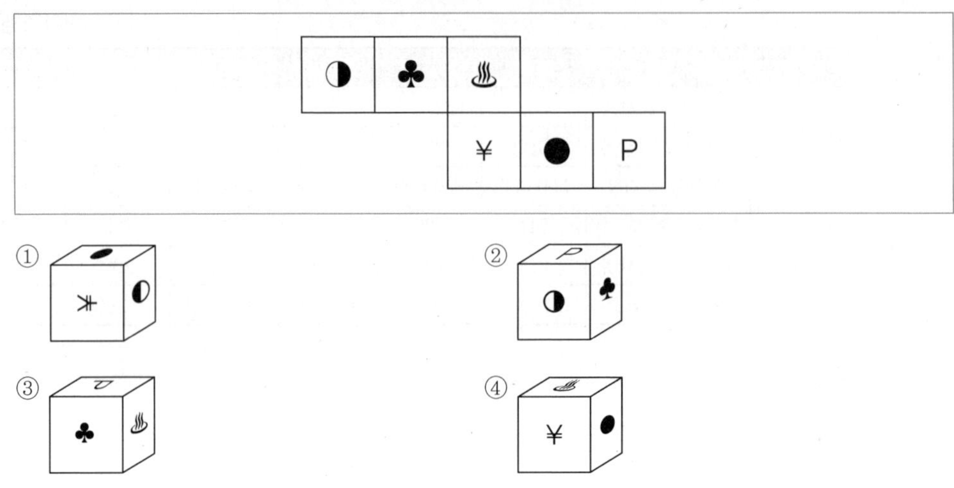

02 다음 그림을 순서대로 바르게 나열한 것은?

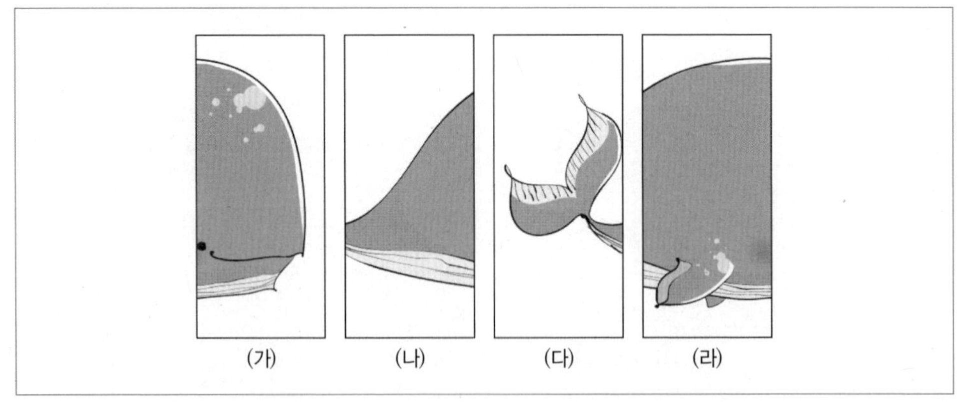

① (가) – (라) – (나) – (다)
② (나) – (다) – (가) – (라)
③ (다) – (라) – (나) – (가)
④ (다) – (나) – (라) – (가)

03 다음 그림과 같이 화살표 방향으로 종이를 접은 후, 펀치로 구멍을 뚫어 다시 펼쳤을 때의 그림으로 가장 적절한 것은?

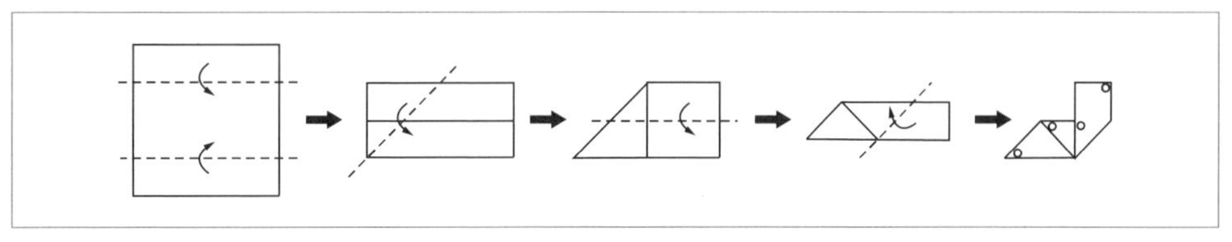

①
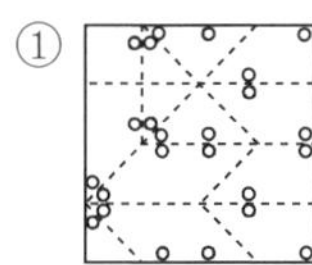

②
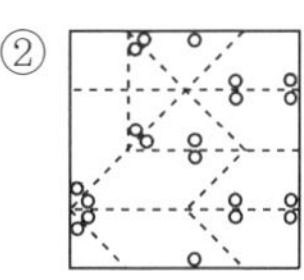

③
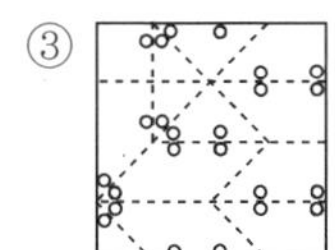

④
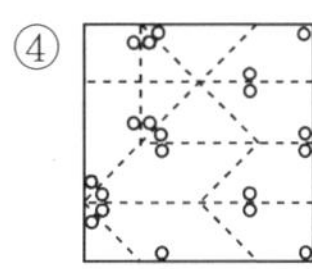

04 다음 중 나머지 도형과 다른 것은?

①
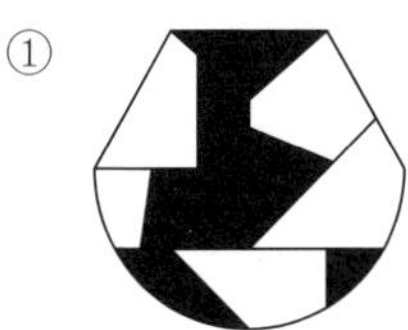

②
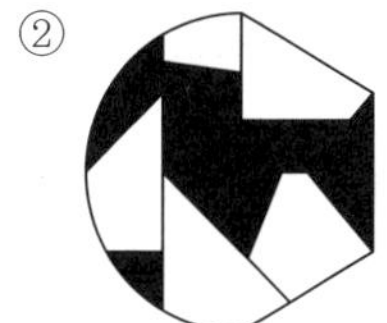

③
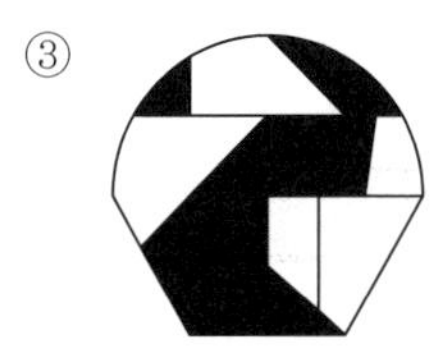

④
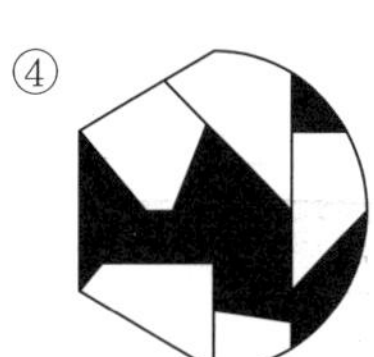

04 ▸ 문제해결력

01 **제시된 명제가 모두 참일 때, 항상 참인 것은?**

> • 축구를 잘하는 사람은 배구도 잘한다.
> • 농구를 못하는 사람은 야구도 못한다.
> • 배구를 못하는 사람은 농구도 못한다.

① 배구를 못하는 사람은 야구도 못한다.
② 축구를 잘하는 사람은 야구를 못한다.
③ 야구를 잘하는 사람은 축구를 못한다.
④ 농구를 못하는 사람은 축구를 잘한다.

02 **A ~ E 다섯 명이 100m 달리기를 했다. 기록 측정 결과가 나오기 전에 그들끼리의 대화를 통해 순위를 예측해 보려고 한다. 그들의 대화는 다음과 같고, 이 중 한 사람이 거짓말을 하고 있다. A ~ E 다섯 명의 순위로 알맞은 것은?**

> • A : 나는 1등이 아니고, 3등도 아니야.
> • B : 나는 1등이 아니고, 2등도 아니야.
> • C : 나는 3등이 아니고, 4등도 아니야.
> • D : 나는 A와 B보다 늦게 들어왔어.
> • E : 나는 C보다는 빠르게 들어왔지만, A보다는 늦게 들어왔어.

① E－C－B－A－D　　② E－A－B－C－D
③ C－E－B－A－D　　④ C－A－D－B－E

03 제시된 명제가 모두 참일 때, 빈칸에 들어갈 명제로 옳은 것은?

- 아는 것이 적으면 인생에 나쁜 영향이 생긴다.
- ______________________________
- 지식을 함양하지 않으면 아는 것이 적다.
- 따라서 공부를 열심히 하지 않으면 인생에 나쁜 영향이 생긴다.

① 공부를 열심히 한다고 해서 지식이 생기지는 않는다.
② 지식을 함양했다는 것은 공부를 열심히 했다는 뜻이다.
③ 아는 것이 많으면 인생에 나쁜 영향이 생긴다.
④ 아는 것이 많으면 지식이 많다는 뜻이다.

04 민하, 상식, 은희, 은주, 지훈은 점심 메뉴로 쫄면, 라면, 우동, 김밥, 어묵 중 각각 하나씩을 주문하였다. 제시된 〈조건〉이 모두 참일 때, 다음 중 점심 메뉴가 바르게 연결된 것은?(단, 모두 서로 다른 메뉴를 주문하였다)

조건

- 민하와 은주는 라면을 먹지 않았다.
- 상식과 민하는 김밥을 먹지 않았다.
- 은희는 우동을 먹었고, 지훈은 김밥을 먹지 않았다.
- 지훈은 라면과 어묵을 먹지 않았다.

① 지훈 – 라면, 상식 – 어묵
② 지훈 – 쫄면, 민하 – 라면
③ 은주 – 어묵, 상식 – 김밥
④ 민하 – 어묵, 상식 – 라면

05 ▶ 관찰탐구력

01 **다음 중 강철로 된 배가 바다 위에 떠 있을 수 있는 이유는?**

① 밑면적이 넓다.
② 하부 구조가 물의 표면장력을 깨뜨리지 않는다.
③ 바닷물 속의 배가 배의 무게와 같은 크기의 수직 아래 방향의 힘을 받는다.
④ 배가 밀어낸 물의 무게가 배 자체의 무게보다 무겁다.

02 **다음 중 마찰력이 없을 때 일어날 수 있는 현상은?**

① 물체의 무게를 잴 수 없다.
② 길을 걸어 다니기 힘들다.
③ 땅에 가만히 서 있을 수 없다.
④ 공을 튕길 수 없다.

03 **다음 그림은 건물 옥상에서 수평으로 던진 공의 운동 경로를 나타낸 것이다. A, B, C 세 지점에서 공의 운동에 대한 설명으로 옳은 것은?(단, 공기 저항은 무시한다)**

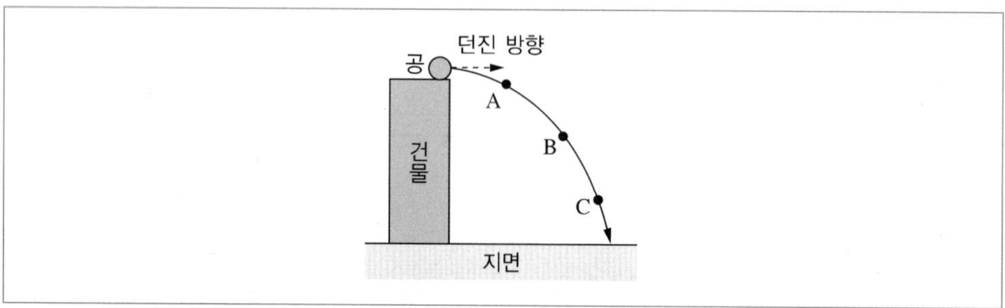

① 속도가 가장 빠른 지점은 A이다.
② 위치에너지가 가장 큰 지점은 B이다.
③ 운동에너지가 가장 작은 지점은 C이다.
④ A, B, C 지점에서 역학적 에너지의 크기는 모두 같다.

04 **서쪽의 일본 · 동남아, 북쪽의 러시아와 알래스카, 동쪽의 미국 서부와 남미 해안 지역, 뉴질랜드 등 태평양 연안 지역을 아우르는 고리 모양의 지진 · 화산대를 이르는 용어는?**

① 불의 고리　　② 물의 고리
③ 열의 고리　　④ 바람의 고리

CHAPTER

02 2022년 기출복원문제

※ 정답 및 해설은 기출복원문제 바로 뒤 p.032에 있습니다.

01 언어논리력

01 다음 밑줄 친 단어와 같은 의미로 쓰인 것은?

주거안정정책으로 불황의 긴 터널에서 <u>벗어나고</u> 있다.

① 예의에 <u>벗어난</u> 행동은 사람들의 눈살을 찌푸리게 한다.
② 영조의 눈에 <u>벗어나는</u> 행동을 해서는 안 된다.
③ 그는 하루빨리 가난에서 <u>벗어나기</u> 위해 열심히 일했다.
④ 노비는 그 문서가 따로 있어 대대로 그 신분을 <u>벗어나지</u> 못하였다.

02 다음 중 외래어 표기로 적절하지 않은 것은?

① 엔딩 크레딧　② 푸껫섬
③ 타월　④ 타이베이

03 다음 글의 주제로 가장 적절한 것은?

> 옛날에 어진 인재는 보잘것없는 집안에서 많이 나왔었다. 그때에도 지금 우리나라와 같은 법을 썼다면, 범중엄이 재상 때에 이룬 공업이 없었을 것이요, 진관과 반양귀는 곧은 신하라는 이름을 얻지 못하였을 것이며, 사마양저, 위청과 같은 장수와 왕부의 문장도 끝내 세상에서 쓰이지 못했을 것이다. 하늘이 냈는데도 사람이 버리는 것은 하늘을 거스르는 것이다. 하늘을 거스르고도 하늘에 나라를 길이 유지하게 해달라고 비는 것은 있을 수 없는 일이다.

① 인재는 많을수록 좋다.
② 인재 선발에 투자하여야 한다.
③ 인재를 적재적소에 배치해야 한다.
④ 인재를 차별 없이 등용해야 한다.

04 다음 글의 내용으로 적절하지 않은 것은?

우리 민족은 고유한 주거문화로 바닥 난방 기술인 구들을 발전시켜 왔는데, 구들은 우리 민족에 다양한 영향을 주었다. 우선 오랜 구들 생활은 우리 민족의 인체에 적지 않은 변화를 초래하였다. 태어나면서부터 따뜻한 구들에 누워 자는 것이 습관이 된 우리 아이들은 사지의 활동량이 적어 발육이 늦어졌다. 구들에서 자란 우리 아이들은 다른 어떤 민족의 아이들보다 따뜻한 곳에서 안정감을 느꼈으며, 우리 민족은 아이들에게 따뜻함을 만들어주기 위해 여러 가지를 고안하여 발전시켰다.
구들은 농경을 주업으로 하는 우리 민족의 생산도구의 제작과 사용에 많은 영향을 주었다. 구들에 앉아 오랫동안 활동하는 습관은 하반신보다 상반신의 작업량을 증가시켰고 상반신의 움직임이 상대적으로 정교하게 되었다. 구들 생활에 익숙해진 우리 민족은 방 안에서의 작업뿐만 아니라 농사를 비롯한 야외의 많은 작업에서도 앉아서 하는 습관을 갖게 되었는데 이는 큰 농기구를 이용하여 서서 작업을 하는 서양과는 완전히 다른 방식이었다.

① 구들의 영향으로 우리 민족은 앉아서 하는 작업방식이 일반화되었다.

② 구들은 아이들의 체온을 높여 발육을 방해한다.

③ 구들은 실내뿐 아니라 실외활동에도 영향을 끼쳤다.

④ 우리 민족은 하반신 활동보다 상반신 활동이 많은 대신 상반신 작업이 정교한 특징이 있다.

02 ▸ 수리력

01 U대학교 커피숍에서는 커피 한 잔의 원가에 a%의 이익을 붙여 2,000원으로 판매하고 있었다. 올해 신입생 입학을 축하하기 위해 일주일 동안 기존의 판매 가격을 a% 인하하여 1,500원으로 판매하기로 하였다. 커피 한 잔의 원가는 얼마인가?

① 1,400원 ② 1,500원
③ 1,600원 ④ 1,700원

02 전체 인원이 1,000명인 고등학교에서 성별에 따른 중간고사 점수 평균을 알아보니 남학생은 45점, 여학생은 60점이었다. 남학생과 여학생 전체 평균점수가 51점일 때, 여학생은 총 몇 명인가?

① 400명 ② 450명
③ 500명 ④ 550명

03 집에서 약수터까지 가는 데 형은 $\frac{1}{2}$m/s로 걸어서 10분 걸리고, 동생은 15분이 걸린다. 두 사람이 동시에 집에서 출발하여 약수터를 다녀오는 데 형이 집에 도착했다면 동생은 집에서 몇 m 떨어진 곳에 있는가?(단, 약수터에서 머문 시간은 생각하지 않는다)

① 150m ② 200m
③ 250m ④ 300m

04 U공사에서 홍보부서와 기획부서가 결승에 진출하였다. 결승에서는 7번의 경기 중 4번을 먼저 이기는 팀이 우승팀이 된다. 홍보부서와 기획부서의 승률이 각각 $\frac{1}{2}$이고 무승부는 없다고 할 때, 홍보부서가 네 번째 또는 다섯 번째 시합에서 결승에 우승할 확률은?

① $\frac{1}{32}$　　② $\frac{1}{16}$

③ $\frac{1}{8}$　　④ $\frac{3}{16}$

05 다음은 청소년이 고민하는 문제를 나타낸 그래프이다. 다음 중 13 ~ 18세 청소년이 가장 많이 고민하는 문제와 19 ~ 24세가 두 번째로 많이 고민하고 있는 문제를 바르게 나열한 것은?

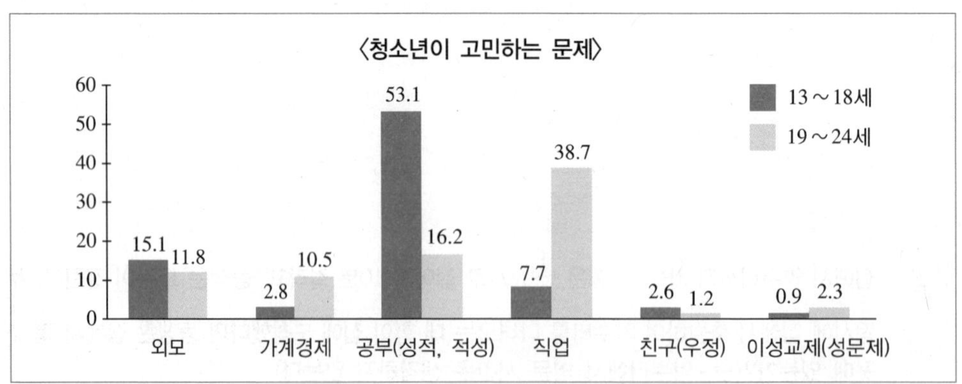

① 직업, 직업　　② 공부, 공부

③ 외모, 직업　　④ 공부, 외모

03 ▸ 공간지각력

01 다음 중 제시된 도형과 같은 것은?

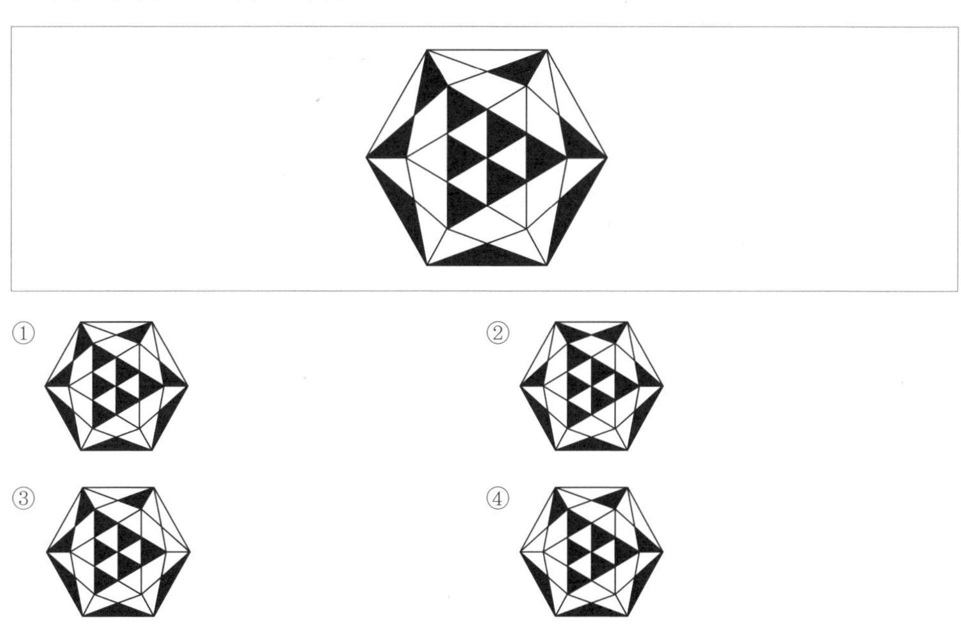

02 제시된 전개도로 정육면체를 만들 때, 나올 수 없는 것은?

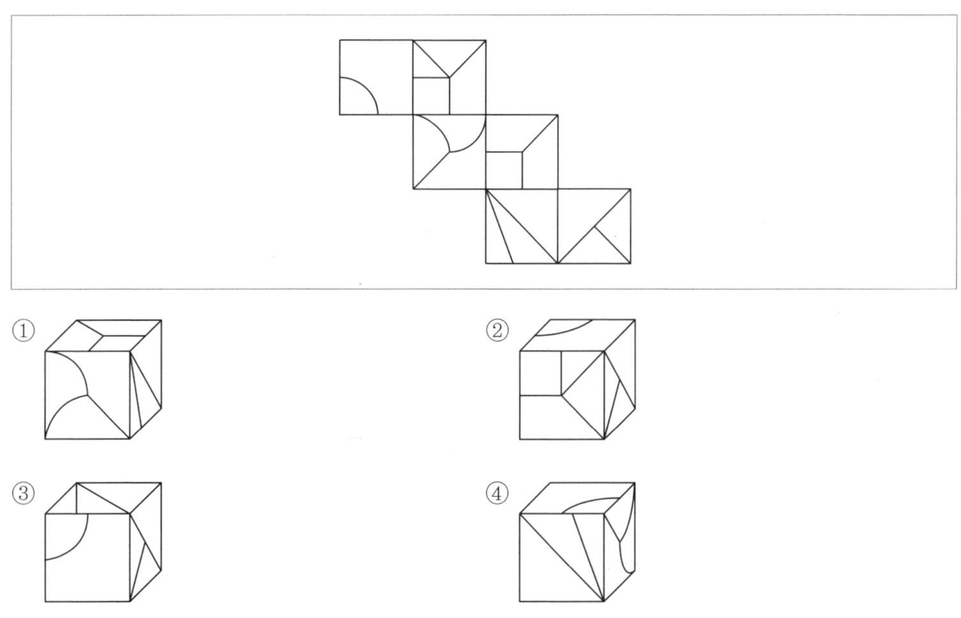

03 다음과 같이 쌓여 있는 블록에 최소한 몇 개의 블록을 더 쌓아야 정육면체 모양의 블록이 되겠는가?

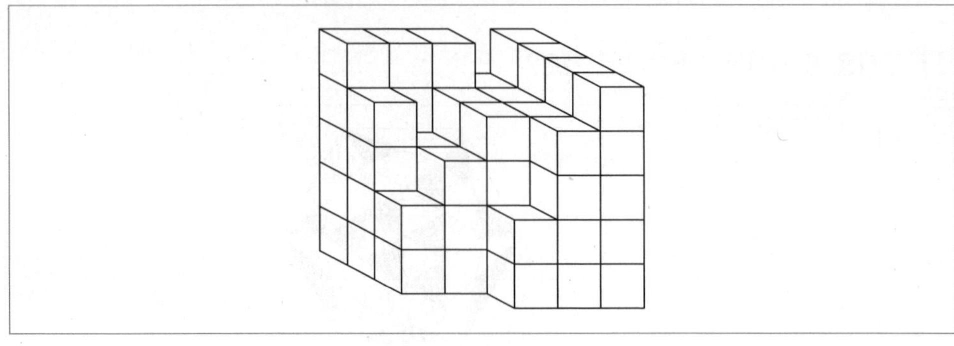

① 50개 ② 52개
③ 54개 ④ 56개

04 제시된 전개도를 접었을 때, 나올 수 있는 입체도형은?

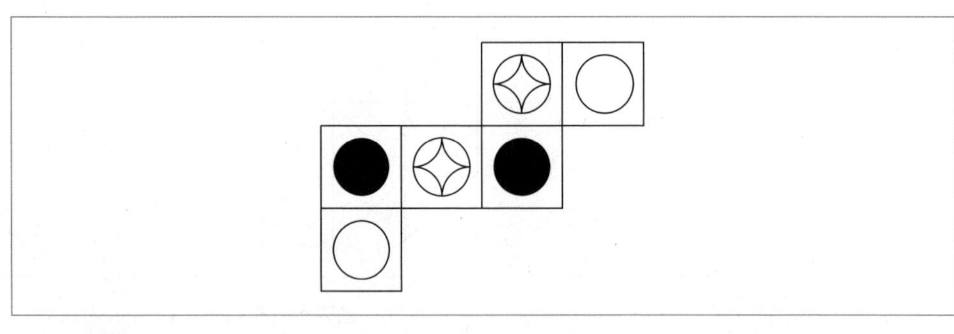

①
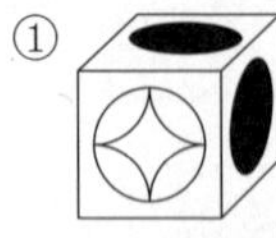

②
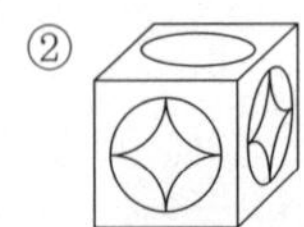

③
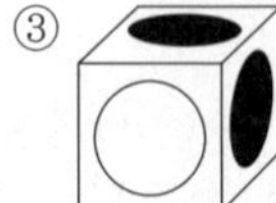

④
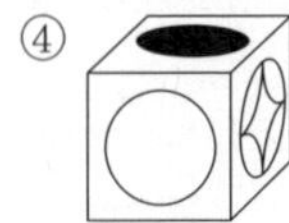

04 ▸ 문제해결력

01 제시된 문장이 모두 참일 때, 바르게 추론한 것은?

> • 민정이는 일주일에 세 번 아르바이트를 한다.
> • 민정이는 월요일과 일요일에는 아르바이트를 하지 않는다.
> • 이틀 연속 아르바이트를 하는 날은 없다.

① 화요일은 민정이가 아르바이트를 하는 날이다.
② 수요일은 민정이가 아르바이트를 하는 날이다.
③ 목요일은 민정이가 아르바이트를 하지 않는 날이다.
④ 토요일은 민정이가 아르바이트를 하지 않는 날이다.

02 갑, 을, 병 세 사람이 피아노, 조각, 테니스를 함께 하는데, 각자 서로 다른 하나씩을 잘한다. 피아노를 잘하는 사람은 진실 또는 거짓을 말하고, 조각을 잘하는 사람은 언제나 진실을, 테니스를 잘하는 사람은 항상 거짓을 말한다. 이들이 서로에 대해 다음과 같이 진술했다면 누가 무엇을 잘하는지 바르게 연결된 것은?

> • 갑 : 병이 조각을 잘한다.
> • 을 : 아니다. 병은 피아노를 잘한다.
> • 병 : 둘 다 틀렸다. 나는 조각도 피아노도 잘하지 못한다.

① 갑 – 피아노
② 갑 – 테니스
③ 을 – 피아노
④ 을 – 테니스

03 **제시된 명제가 모두 참일 때, 빈칸에 들어갈 명제로 옳은 것은?**

> • 모든 수박은 포도이다.
> • 어떤 복숭아는 수박이다.
> • 그러므로 ______________________

① 어떤 포도는 복숭아이다.
② 어떤 복숭아는 포도이다.
③ 모든 복숭아는 수박 또는 포도이다.
④ 모든 복숭아는 포도이다.

04 **제시된 명제가 모두 참일 때, 〈보기〉 중 반드시 참인 명제를 모두 고르면?**

> • 물을 마시면 기분이 상쾌해진다.
> • 물을 마시지 않으면 피부가 건조해진다.

> 보기
> ㄱ. 기분이 상쾌해지지 않으면 피부가 건조해진다.
> ㄴ. 기분이 상쾌해지지 않은 것은 물을 마시지 않았다는 것이다.
> ㄷ. 피부가 건조해진 것은 물을 마시지 않았다는 것이다.
> ㄹ. 피부가 건조해지지 않았다는 것은 물을 마셨다는 것이다.

① ㄴ, ㄷ　　② ㄱ, ㄴ, ㄷ
③ ㄱ, ㄴ, ㄹ　　④ ㄴ, ㄷ, ㄹ

05 ▸ 관찰탐구력

01 다음 중 태양계의 목성형 행성에 대한 설명으로 옳은 것은?

① 금성이 포함된다.
② 지구형 행성보다 반지름이 크다.
③ 대기의 주성분은 질소와 산소이다.
④ 지구형 행성보다 평균 밀도가 크다.

02 다음 중 식물이 광합성을 할 때 필요한 3대 요소가 아닌 것은?

① 빛
② 이산화탄소
③ 질소
④ 물

03 물질의 상태 변화 중 하나인 '승화'가 아닌 것은?

① 풀잎에 맺힌 이슬이 한낮이 되면 사라진다.
② 옷장 속에 넣어둔 좀약의 크기가 작아진다.
③ 늦가을 맑은 날 아침에 서리를 관찰할 수 있다.
④ 겨울철에는 유리창에 성에가 생기기도 한다.

04 다음 그림은 몇 가지 물질의 입자를 모형으로 나타낸 것이다. 이에 대한 설명으로 옳은 것을 〈보기〉에서 모두 고르면?

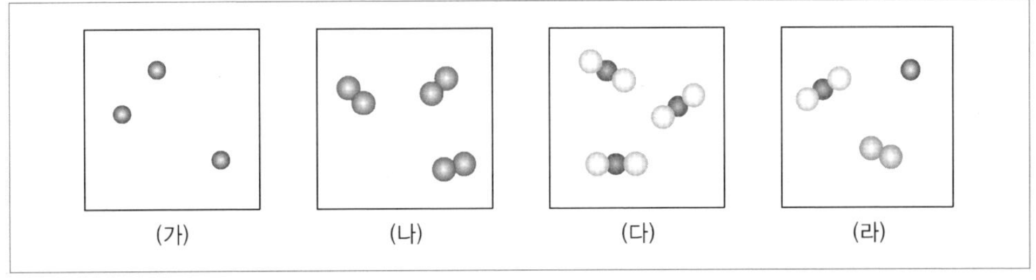

보기
ㄱ. (가)는 홑원소 물질이다.
ㄴ. (나)의 분자는 무극성이다.
ㄷ. (다)와 (라)는 혼합물이다.

① ㄴ
② ㄷ
③ ㄱ, ㄴ
④ ㄱ, ㄷ

CHAPTER

03 2021년 기출복원문제

※ 정답 및 해설은 기출복원문제 바로 뒤 p.035에 있습니다.

01 언어논리력

01 다음 제시된 단어와 같거나 유사한 의미를 가진 단어는?

실팍하다

① 충실하다 ② 사무리다
③ 암만하다 ④ 노회하다

02 다음 글이 설명하는 사자성어는?

남의 환심을 얻기 위해 말을 번지르르하게 하거나 얼굴 표정을 통해 아첨을 하는 사람을 두고 이르는 말로, 신라 신문왕 때 설총이 한 화왕계라는 이야기가 유명하다.

① 유비무환(有備無患) ② 경이원지(敬而遠之)
③ 만년지계(萬年之計) ④ 교언영색(巧言令色)

03 다음 글의 제목으로 가장 적절한 것은?

많은 경제학자는 제도의 발달이 경제 성장의 중요한 원인이라고 생각해 왔다. 예를 들어 재산권 제도가 발달하면 투자나 혁신에 대한 보상이 잘 이루어져 경제 성장에 도움이 된다는 것이다. 그러나 이를 입증하기는 쉽지 않다. 제도의 발달 수준과 소득 수준 사이에 상관관계가 있다 하더라도, 제도는 경제 성장에 영향을 줄 수 있지만 경제 성장으로부터 영향을 받을 수도 있으므로 그 인과관계를 판단하기 어렵기 때문이다.

① 경제 성장과 소득 수준 ② 경제 성장과 제도 발달
③ 소득 수준과 제도 발달 ④ 소득 수준과 투자 수준

04 다음 글의 전개 방식으로 가장 적절한 것은?

> 법은 필요악이다. 법은 우리의 자유를 막고 때로는 신체적 구속을 행사하는 경우도 있다. 이런 점에서 법은 달가운 존재가 아니며 기피와 증오의 대상이 되기도 한다. 그러나 법이 없으면 안전한 생활을 할 수 없다는 점에서 법은 없어서는 안 될 존재이다. 이와 같이 법의 양면성은 울타리의 그것과 비슷하다. 울타리는 우리의 시야를 가리고 때로는 바깥출입의 자유를 방해한다. 그러나 낯선 사람의 눈총과 외부 침입자로부터 안전하고 포근한 삶을 보장한다는 점에서 울타리는 우리에게 고마운 존재이다.

① 대상의 차이점을 부각해 내용을 전개하고 있다.
② 두 대상의 공통점을 근거로 내용을 전개하고 있다.
③ 주장에 대한 구체적인 근거로 내용을 전개하고 있다.
④ 권위 있는 학자의 주장을 인용하여 내용을 전개하고 있다.

05 다음 글을 읽고 추론할 수 없는 것은?

> 1994년 미국의 한 과학자는 흥미로운 실험 결과를 발표하였다. 정상 유전자를 가진 쥐에게 콜레라 독소를 주입하자 심한 설사로 죽었다. 그러나 낭포성 섬유증 유전자를 한 개 가진 쥐에게 독소를 주입 하자 설사 증상은 보였지만 그 정도는 반감했다. 낭포성 섬유증 유전자를 두 개 가진 쥐는 독소를 주입해도 전혀 증상을 보이지 않았다.
> 낭포성 섬유증 유전자를 가진 사람은 장과 폐로부터 염소 이온을 밖으로 퍼내는 작용을 정상적으로 하지 못한다. 그 과학자는 이에 따라 1800년대 유럽을 강타했던 콜레라의 대유행에서 살아남은 사람은 낭포성 섬유증 유전자를 가졌을 것이라고 추측하였다.

① 장과 폐에서 염소 이온을 밖으로 퍼내는 작용을 하지 못하면 생명이 위험하다.
② 콜레라 독소는 장으로부터 염소 이온을 비롯한 염분을 과다하게 분비하게 한다.
③ 염소 이온을 과다하게 분비하게 하면 설사를 일으킨다.
④ 낭포성 섬유증 유전자는 콜레라 독소가 과도한 설사를 일으키는 것을 방지한다.

02 ▸ 수리력

01 할머니와 손자의 나이 차는 55세이고, 아버지와 아들의 나이 차는 20세이다. 아들의 나이가 11세이면 할머니와 아버지의 나이의 합은 얼마인가?

① 96세
② 97세
③ 98세
④ 99세

02 가로의 길이가 5m, 세로의 길이가 12m인 직사각형 모양의 농구코트가 있다. 철수는 농구코트의 모서리에서 서 있으며, 농구공은 농구코트 안에서 철수한테서 가장 멀리 떨어진 곳에 존재하고 있다. 철수가 최단 거리로 농구공을 가지러 간다면 얼마만큼 이동하게 되는가?

① 5m
② 6m
③ 12m
④ 13m

03 어떤 일을 A가 혼자 하면 15일, B가 혼자 하면 10일, C가 혼자 하면 30일이 걸린다. A, B, C가 함께 일하면 총 며칠이 걸리겠는가?

① 5일
② 6일
③ 7일
④ 8일

04 김과장은 월급의 $\frac{1}{4}$은 저금하고, 나머지의 $\frac{1}{4}$은 모임회비, $\frac{2}{3}$는 월세로 내며, 그 나머지의 $\frac{1}{2}$은 부모님께 드린다고 한다. 나머지를 생활비로 쓴다면 생활비는 월급의 얼마인가?

① $\frac{1}{32}$ ② $\frac{1}{16}$

③ $\frac{1}{12}$ ④ $\frac{1}{8}$

05 다음은 유럽 3개국 수도의 30년간 인구수 변화를 나타낸 자료이다. 이에 대한 설명으로 옳지 않은 것은?

〈유럽 3개국 수도 인구수〉

(단위 : 천 명)

구분	1993년	2003년	2013년	2023년
A도시	9,725	10,342	10,011	9,860
B도시	6,017	8,305	12,813	20,384
C도시	30,304	33,587	35,622	38,001

① 2013년을 기점으로 인구수가 2번째로 많은 도시가 바뀐다.
② 세 도시 중 조사기간 동안 인구가 감소한 도시가 있다.
③ B도시는 조사기간 동안 언제나 세 도시 중 가장 높은 인구 증가율을 보인다.
④ 연도별 인구가 최소인 도시의 인구수 대비 인구가 최대인 도시의 인구수의 비는 계속 감소한다.

03 ▸ 공간지각력

01 다음 중 제시된 도형과 같은 것은?

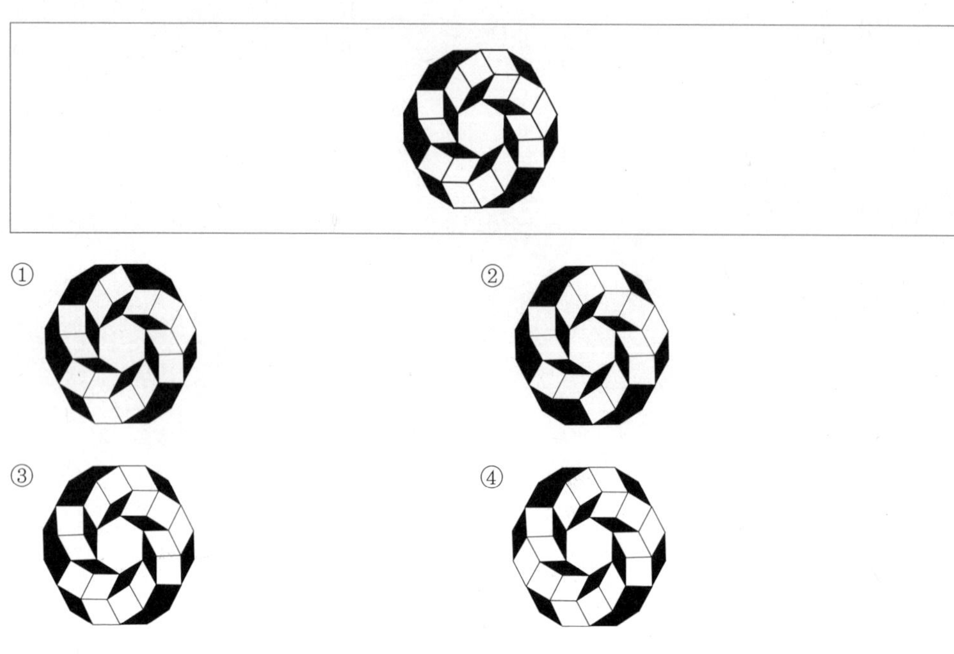

02 다음 전개도로 정육면체를 만들 때, 만들어질 수 없는 것은?

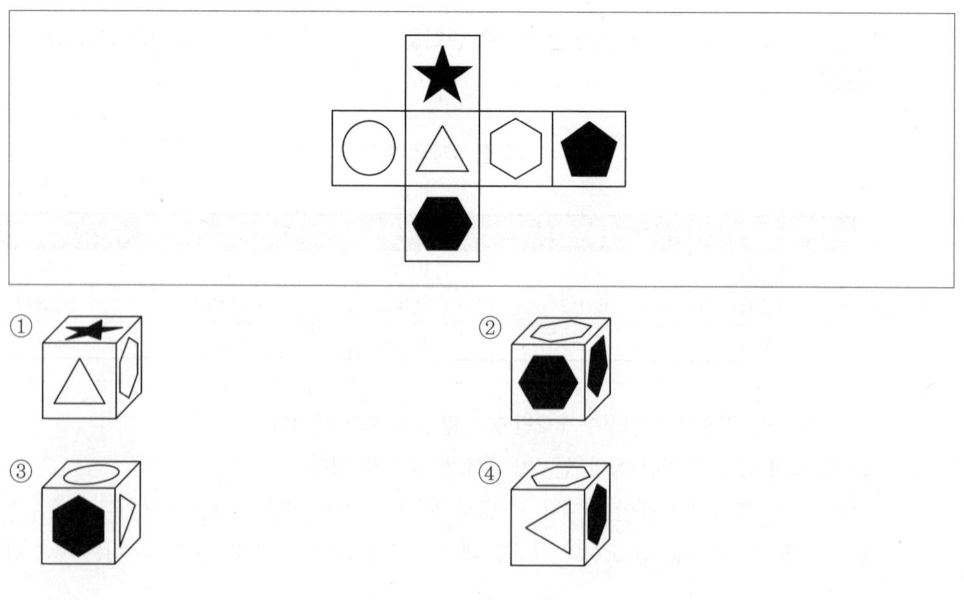

03 다음 블록의 개수는 몇 개인가?(단, 보이지 않는 곳의 블록은 있다고 가정한다)

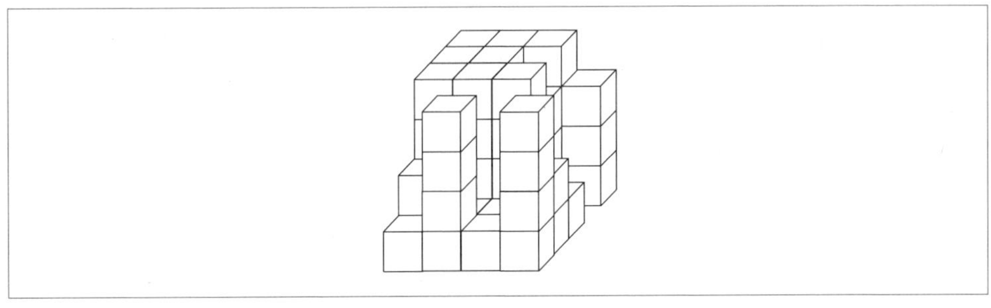

① 55개
② 54개
③ 53개
④ 52개

04 다음 그림과 같이 화살표 방향으로 종이를 접은 후, 펀치로 구멍을 뚫어 다시 펼쳤을 때의 그림으로 알맞은 것은?

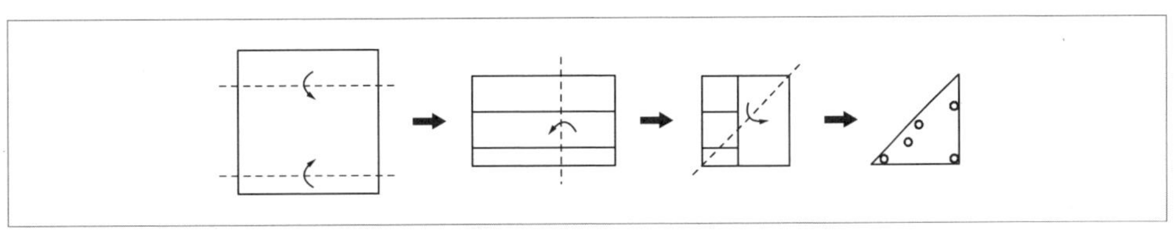

①
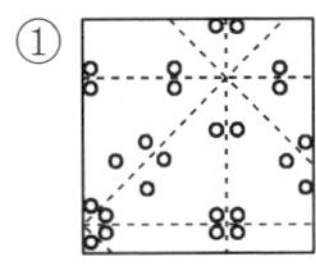

②
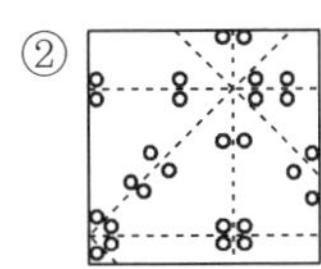

③
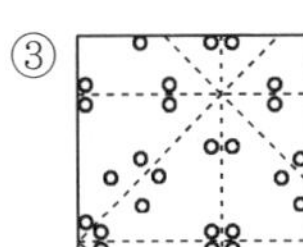

④
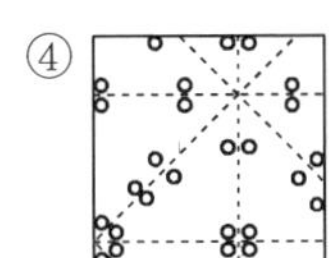

04 ▸ 문제해결력

01 **다음 명제가 모두 참일 때, 반드시 참인 명제는?**

- 갑과 을 앞에 감자칩, 쿠키, 비스킷이 놓여 있다.
- 세 가지의 과자 중에는 각자 좋아하는 과자가 반드시 있다.
- 갑은 감자칩과 쿠키를 싫어한다.
- 을이 좋아하는 과자는 갑이 싫어하는 과자이다.

① 갑은 좋아하는 과자가 없다.
② 갑은 비스킷을 싫어한다.
③ 을은 비스킷을 싫어한다.
④ 갑과 을이 같이 좋아하는 과자가 있다.

02 **민지, 아름, 진희, 희정, 세영은 함께 15시에 상영하는 영화를 예매하였고, 상영시간에 맞춰 영화관에 도착하는 순서대로 각자 상영관에 입장하였다. 다음 대화에서 한 사람이 거짓말을 하고 있을 때, 가장 마지막으로 영화관에 도착한 사람은 누구인가?(단, 다섯 명 모두 다른 시간에 도착하였다)**

- 민지 : 나는 마지막에 도착하지 않았어. 다음에 분명 누군가가 왔어.
- 아름 : 내가 가장 먼저 영화관에 도착했어. 진희의 말은 진실이야.
- 진희 : 나는 두 번째로 영화관에 도착했어.
- 희정 : 나는 세 번째로 도착했고, 진희는 내가 도착한 다음에서야 왔어.
- 세영 : 나는 영화가 시작한 뒤에야 도착했어. 나는 마지막으로 도착했어.

① 민지 ② 아름
③ 희정 ④ 세영

03 **현수는 가전제품을 구매하기 위해 판매점을 둘러보던 중 U사 제품 판매점을 둘러보게 되었다. 다음 명제로부터 현수가 추론할 수 있는 것은?**

> • 냉장고 A/S 기간은 세탁기 A/S 기간보다 길다.
> • 에어컨의 A/S 기간은 냉장고의 A/S 기간보다 길다.
> • 컴퓨터의 A/S 기간은 3년으로 세탁기의 A/S 기간보다 짧다.

① 세탁기의 A/S 기간은 3년 이하이다.
② 세탁기의 A/S 기간이 가장 짧다.
③ 컴퓨터의 A/S 기간이 가장 짧다.
④ 냉장고의 A/S 기간이 가장 길다.

04 **제시된 명제가 모두 참일 때, 빈칸에 들어갈 명제로 가장 적절한 것은?**

> • 땅이 산성이면 빨간 꽃이 핀다.
> • 땅이 산성이 아니면 하얀 꽃이 핀다.
> • 그러므로 ______________

① 하얀 꽃이 피지 않으면 땅이 산성이 아니다.
② 땅이 산성이면 하얀 꽃이 핀다.
③ 하얀 꽃이 피지 않으면 빨간 꽃이 핀다.
④ 빨간 꽃이 피면 땅이 산성이 아니다.

05 ▶ 관찰탐구력

01 **다음 중 발생된 해양에 따른 태풍의 이름이 바르게 연결되지 않은 것은?**

① 사이클론 – 인도양
② 타이푼 – 태평양 북서부
③ 허리케인 – 대서양 서부
④ 윌리윌리 – 미국 중남부

02 **다음 중 영양소에 대한 설명으로 옳은 것은?**

① 5대 영양소에는 알칼리가 포함된다.
② 지용성 비타민은 열과 빛에 약하다.
③ 수용성 비타민은 체내에 저장되지 않는다.
④ 나트륨은 적게 먹을수록 좋다.

03 **다음 중 끓는점과 압력에 대한 설명으로 옳지 않은 것은?**

① 높은 산에서 밥을 할 경우 밥이 설익는다.
② 외부의 압력이 낮아지면 끓는점이 낮아진다.
③ 압력밥솥을 사용하면 밥이 빨리 완성된다.
④ LPG가스통 용기 내의 압력을 낮춰 액체로 보관한다.

04 **다음 물질의 상태 변화 중 열을 흡수하는 경우는?**

① 수증기가 물로 액화되었다.
② 수증기가 얼음으로 승화되었다.
③ 물이 얼음이 되었다.
④ 얼음이 녹아 물로 되었다.

CHAPTER

01 2024년 기출복원문제

01 언어논리력

01	02	03	04	
③	①	④	②	

01

정답 ③

승용차와 기차는 모두 탈것이라는 범주에 속하는 동등한 세부요소들이다. 헬스클럽은 운동을 하는 장소인 체육시설에 속하는 세부요소이므로 같은 체육시설에 속하는 수영장이 들어가야 한다.

02

정답 ①

제시된 문장과 ①의 '밀다'는 '일정한 방향으로 움직이도록 반대쪽에서 힘을 가하다.'의 의미로 사용되었다.

오답분석

② 어떤 이유로 뒤처지게 되다.
③ 뒤에서 보살피고 도와주다.
④ 바닥이 반반해지도록 연장을 누르면서 문지르다.

03

정답 ④

제시문에 따르면 모더니티에 대한 학문은 주변부의 시각을 포함할지라도 그 중심은 서양인의 시각(중심부의 시각)이다. 따라서 주변부의 시각으로 연구했다는 ④는 흐름상 적절하지 않다.

04

정답 ②

제시문은 제4차 산업혁명으로 인한 노동 수요 감소로 인해 나타날 수 있는 문제점으로 대공황에 대한 위험을 설명하면서도, 긍정적인 시각으로 노동 수요 감소를 통해 인간적인 삶 향유가 이루어질 수 있다고 말한다. 따라서 제4차 산업혁명의 밝은 미래와 어두운 미래를 나타내는 ②가 제목으로 적절하다.

02 수리력

01	02	03	04	
④	②	④	②	

01

정답 ④

올해 지원부서원 25명의 평균 나이는 38세이므로, 내년 지원부서원 25명의 평균 나이는 $\frac{25\times38-52+27}{25}+1=38$세이다.

02

정답 ②

사원 수를 x명이라 하자.

$50x+100=60x-500$

$\rightarrow 10x=600$

$\therefore x=60$

03

정답 ④

2018년부터 2023년까지 전년도에 비해 하루 평균 판매량이 증가한 연도는 2019년, 2020년, 2022년, 2023년이다. 연도별 증가율은 다음과 같다.

- 2019년 : $\frac{120-105}{105}\times100\fallingdotseq14.3\%$
- 2020년 : $\frac{150-120}{120}\times100=25\%$
- 2022년 : $\frac{180-130}{130}\times100\fallingdotseq38.5\%$
- 2023년 : $\frac{190-180}{180}\times100\fallingdotseq5.6\%$

따라서 2022년에 전년 대비 판매량 증가율이 가장 높다.

04

정답 ②

전년 대비 국·영·수의 월 최대 수강자 수가 증가한 해는 2019년과 2023년이고, 증가율은 다음과 같다.

- 2019년 : $\frac{388-368}{368}\times100 \fallingdotseq 5.4\%$
- 2023년 : $\frac{381-359}{359}\times100 \fallingdotseq 6.1\%$

따라서 증가율은 2023년이 가장 높다.

오답분석

ㄱ. 2020년 국·영·수의 월 최대 수강자 수는 전년 대비 감소했지만, 월 평균 수강자 수는 전년에 비해 증가하였다.

ㄴ. 2020년은 전년에 비해 국·영·수의 월 최대 수강자 수가 감소했지만, 월 평균 수업료는 증가하였다.

ㄹ. 월 평균 수강자 수가 국·영·수 과목이 최대, 최소인 해는 각각 2020년, 2018년이고, 탐구는 2021년, 2019년이다.

03 ▶ 공간지각력

01	02	03	04	
①	④	①	③	

01

 ①

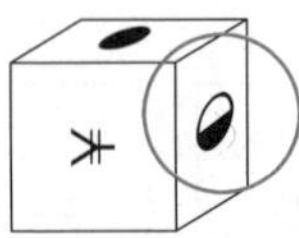

02

 ④

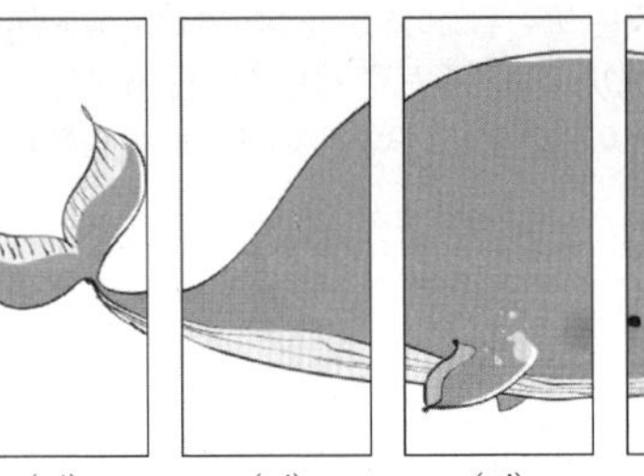

(다) (나) (라) (가)

03

 ①

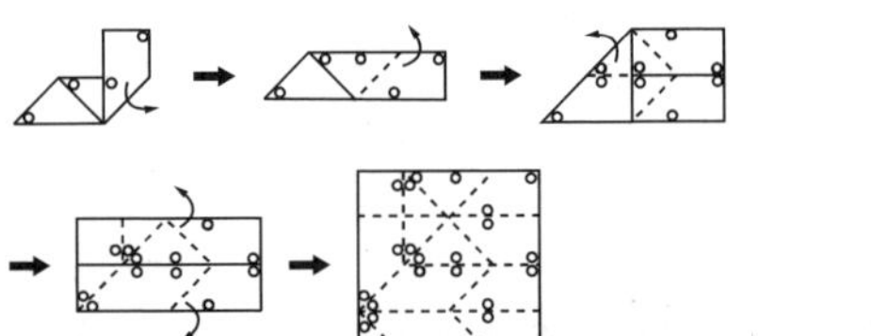

04

 ③

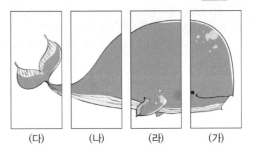

04 ▶ 문제해결력

01	02	03	04	
①	③	②	④	

01

정답 ①

'축구를 잘하는 사람'을 A, '배구를 잘하는 사람'을 B, '농구를 잘하는 사람'을 C, '야구를 잘하는 사람'을 D라고 했을 때, 첫 번째 명제는 A → B, 두 번째 명제는 ~C → ~D, 세 번째 명제는 ~B → ~C이다. 두 번째 명제와 세 번째 명제를 연결하면 ~B → ~C → ~D이므로 항상 참인 것은 ~B → ~D 즉, '배구를 못하는 사람은 야구도 못한다.'이다.

02

정답 ③

한 명만 거짓말을 하고 있기 때문에 모두의 말을 참이라고 가정하고, 모순이 어디서 발생하는지 생각해 본다.

다섯 명의 말에 따르면, 1등을 할 수 있는 사람은 C밖에 없는데, 이는 E의 진술과 모순이다.

만약 C의 진술이 거짓이라고 가정하면 1등을 할 수 있는 사람이 없게 되므로 모순이다.

따라서 E의 진술이 거짓이므로 나올 수 있는 순위는 C－A－E－B－D, C－A－B－E－D, C－A－B－D－E, C－E－B－A－D임을 알 수 있다.

03

정답 ②

'공부를 열심히 한다.'를 A, '지식을 함양하지 않는다.'를 B, '아는 것이 적다.'를 C, '인생에 나쁜 영향이 생긴다.'를 D로 놓고 보면 첫 번째 명제는 C → D, 세 번째 명제는 B → C, 네 번째 명제는 ~A → D이므로 네 번째 명제가 도출되기 위해서는 ~A → B가 필요하다. 따라서 대우 명제인 ②가 답이 된다.

04

정답 ④

제시된 조건을 바탕으로 다섯 명이 먹은 음식을 정리하면 다음과 같다.

구분	쫄면	라면	우동	김밥	어묵
민하	×	×	×	×	○
상식	×	○	×	×	×
은희	×	×	○	×	×
은주	×	×	×	○	×
지훈	○	×	×	×	×

따라서 바르게 연결된 것은 민하－어묵, 상식－라면의 ④이다.

05 ▶ 관찰탐구력

01	02	03	04	
④	②	④	①	

01

정답 ④

부력이란 유체 속에 있는 물체가 유체를 밀어내 유체의 무게만큼 중력과 반대 방향으로 받는 힘을 말한다. 따라서 배가 밀어낸 물의 무게가 배 자체의 무게보다 크므로 강철 배가 물에 떠 있을 수 있는 것이다.

02

정답 ②

바닥과의 마찰력이 있어서 발이 뒤로 밀리지 않고 쉽게 걸을 수 있다.

03

정답 ④

건물 옥상에서 수평으로 던진 공은 위치에너지와 운동에너지가 계속 변화하지만 위치에너지와 운동에너지의 합은 항상 일정한 값을 유지한다. 또한, 역학적 에너지는 변하지 않고 보존된다.

04

정답 ①

불의 고리는 태평양판과 유라시아판 그리고 인도·호주판과 맞물리는 경계에 있기 때문에 지각 활동이 활발하고, 이 지역에는 활화산이 고리의 모양으로 분포되어 있다.

CHAPTER

02 2022년 기출복원문제

01 언어논리력

01	02	03	04	
③	①	④	②	

01

정답 ③

제시문과 ③의 '벗어나다'는 '어려운 일이나 처지에서 헤어나다.'는 의미이다.

오답분석

① 규범이나 이치, 체계 따위에 어긋나다.
② 남의 눈에 들지 못하다.
④ 신분 따위를 면하다.

02

정답 ①

'엔딩 크레디트'가 올바른 외래어 표기법이다.

03

정답 ④

제시문은 허균의 『유재론』으로 중국의 사례와 대비해서 우리나라에서 인재를 버리는 것은 하늘을 거스르는 것임을 밝히고, 인재를 차별 없이 등용할 것을 강한 어조로 촉구하고 있다. 따라서 주제로 가장 적절한 것은 ④이다.

04

정답 ②

아이들이 따뜻한 구들에 누워 자는 것이 습관이 되어 사지의 활동량이 적어 발육이 늦어진 것이지, 체온을 높였기 때문에 발육이 늦어진 것은 아니다.

02 수리력

01	02	03	04	05
③	①	②	④	②

01

정답 ③

커피 한 잔의 원가를 x원이라 하면 커피의 가격은

$\left(1+\frac{a}{100}\right)x=2{,}000 \cdots$ ㉠

판매 가격을 $a\%$ 인하해서 1,500원에 판매하므로

$\left(1-\frac{a}{100}\right)\times 2{,}000=1{,}500 \rightarrow 1-\frac{a}{100}=\frac{1{,}500}{2{,}000}=\frac{3}{4}$

$\rightarrow a=25$

a의 값을 ㉠에 대입하면 $\left(1+\frac{25}{100}\right)x=2{,}000$

$\therefore\ x=1{,}600$

02

정답 ①

여학생 수의 비율을 $a\%$, 남학생 수의 비율은 $(1-a)\%$라고 하자.

$60a\times 1{,}000+45(1-a)\times 1{,}000=51\times 1{,}000$

$\rightarrow 60a+45(1-a)=51$

$\rightarrow a=\frac{2}{5}$

따라서 여학생의 인원은 $1{,}000\times\frac{2}{5}=400$명이다.

03

정답 ②

집에서 약수터까지의 거리는 $\frac{1}{2}\times 10\times 60=300\text{m}$이고, 동생의 속력은 $\frac{300}{15\times 60}=\frac{1}{3}\text{m/s}$이다. 형이 집에서 약수터까지 왕복한 시간은 $10\times 2=20$분이므로 형이 집에 도착할 때까지 동생이 이동한 거리는 $\frac{1}{3}\times(20\times 60)=400\text{m}$이고, 약수터에서 집으로 돌아오는 중이다.

따라서 동생은 집으로부터 $300-100=200\text{m}$ 떨어진 곳에 있다.

04

정답 ④

- 네 번째 시합에서 홍보부서가 우승할 경우
  네 경기 모두 홍보부서가 이겨야 하므로 확률은 $\frac{1}{2}\times\frac{1}{2}\times\frac{1}{2}\times\frac{1}{2}=\frac{1}{16}$이다.
- 다섯 번째 시합에서 홍보부서가 우승할 경우
  홍보부서는 네 번째 시합까지 3승 1패를 하고, 다섯 번째 시합에서 이겨야 한다. 홍보부서가 네 번째 시합까지 1번 졌을 확률은 ${}_4C_1\times(\frac{1}{2})^3(\frac{1}{2})=\frac{1}{4}$이므로 다섯 번째 시합에서 홍보부서가 우승할 확률은 $\frac{1}{4}\times\frac{1}{2}=\frac{1}{8}$이다.

따라서 홍보부서가 네 번째 시합 또는 다섯 번째 시합에서 결승에 우승할 확률은 $\frac{1}{16}+\frac{1}{8}=\frac{1+2}{16}=\frac{3}{16}$이다.

05

정답 ②

13 ~ 18세의 청소년이 가장 많이 고민하는 문제는 53.1%로 공부(성적, 적성)이고, 19 ~ 24세는 38.7%로 직업이 첫 번째이고, 16.2%로 공부가 두 번째이다. 따라서 ②가 적절하다.

03 공간지각력

01	02	03	04	
①	②	②	④	

01

정답 ①

오답분석

②

③

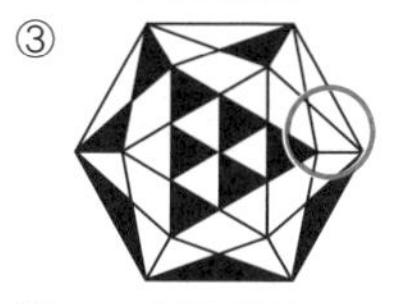

④

02

정답 ②

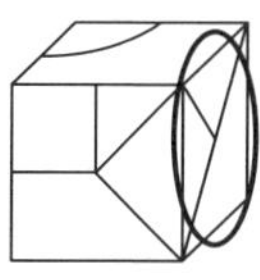

03

정답 ②

정육면체가 되기 위해서는 한 층에 5×5=25개씩 5층이 필요하다. 층별로 더 쌓아야 하는 블록의 개수는 다음과 같다.

1층 : 7개, 2층 : 7개, 3층 : 9개, 4층 : 11개, 5층 : 18개

∴ 7+7+9+11+18=52개

04

정답 ④

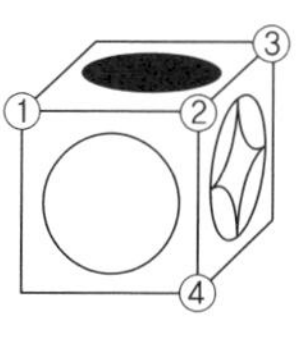

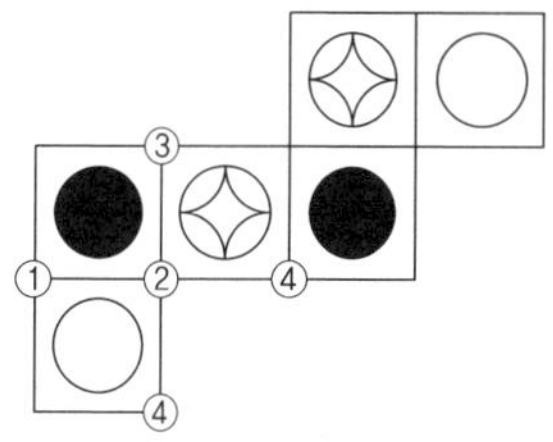

04 ▸ 문제해결력

01	02	03	04	
①	②	②	③	

01
정답 ①

민정이가 아르바이트를 하는 날은 화요일, 목요일, 토요일이다.

02
정답 ②

피아노를 잘하는 사람의 경우 진실을 말할 수도 있고, 거짓을 말할 수도 있다는 점에 유의한다.

- 갑이 진실을 말했을 경우, 병의 말과 모순된다.
- 을이 진실을 말했을 경우, 병과 갑이 모두 거짓을 말한 것이 된다. 따라서 을이 조각, 병이 피아노(거짓을 말함), 갑이 테니스를 잘하는 사람이다.
- 병이 피아노를 잘하면서 거짓을 말했을 경우는 을이 조각, 갑이 테니스이다. 반대의 경우는 병의 말 자체가 모순되어 성립되지 않는다.

따라서 갑은 테니스를, 을을 조각을, 병은 피아노를 잘한다.

03
정답 ②

어떤 복숭아는 수박이고, 모든 수박은 포도이다. 따라서 어떤 복숭아는 포도이다.

04
정답 ③

'물을 마신다'를 p, 기분이 '상쾌해진다'를 q, '피부가 건조해진다'를 r이라고 하면, $p \rightarrow q$, $\sim p \rightarrow r$이므로 $\sim r \rightarrow p \rightarrow q$의 관계가 성립한다.

오답분석

ㄷ. 피부가 건조해졌다고 해서 물을 마시지 않았는지는 알 수 없다.

05 ▸ 관찰탐구력

01	02	03	04	
②	③	①	③	

01
정답 ②

목성, 토성, 천왕성, 해왕성을 총칭하여 목성형 행성이라고 하는데, 목성형 행성은 지구형 행성에 비해 반경(부피)이 크고 평균 밀도는 지구형 행성보다 작다.

02
정답 ③

광합성은 빛을 이용하여 물과 이산화탄소를 원료로 포도당과 같은 유기 양분을 만드는 과정을 말한다.

03
정답 ①

이슬이 사라지는 현상은 액체가 기체로 변화하는 '기화'의 예이다. '승화'는 고체가 액체 상태를 거치지 않고 바로 기체로 변하거나 기체가 바로 고체로 변하는 현상을 말한다.

04
정답 ③

ㄱ. (가)와 (나)는 한 종류의 원소로 이루어진 홑원소 물질이다.

ㄴ. (나)의 분자는 대칭 구조이며, 무극성이다.

오답분석

ㄷ. (다)는 2가지의 원소로 이루어진 화합물이고, (라)는 (가), (나), (다)의 입자가 섞인 혼합물이다.

CHAPTER

03 2021년 기출복원문제

01 언어논리력

01	02	03	04	05
①	④	②	②	①

01

정답 ①

- 실팍하다 : 사람이나 물건 따위가 보기에 매우 실하다(≒충실하다, 튼튼하다, 실하다, 크다).
- 충실하다 : 내용이 알차고 단단하다.

오답분석

② 사무리다 : 햇빛 따위에 눈이 부셔 눈을 찌푸리고 가늘게 뜨다.
③ 암만하다 : 이러저러하게 애를 쓰거나 노력을 들이다. 또는 이리저리 생각하여 보다.
④ 노회하다 : 경험이 많고 교활하다.

02

정답 ④

교언영색(巧言令色)은 교묘한 말과 얼굴빛이란 뜻으로 아첨꾼을 이르는 말이다.

오답분석

① 유비무환(有備無患) : 미리 준비되어 있으면 걱정이 없음을 뜻하는 말이다.
② 경이원지(敬而遠之) : 겉으로는 공경하지만 속으로는 멀리함을 뜻하는 말이다.
③ 만년지계(萬年之計) : 아주 먼 훗날까지를 미리 내다본 계획을 뜻하는 말이다.

03

정답 ②

제시문은 재산권 제도의 발달에 따른 경제 성장을 예로 들어 제도의 발달과 경제 성장의 상관관계에 대해 설명하고 있다. 더불어 제도가 경제 성장에 영향을 줄 수는 있지만 동시에 경제 성장으로부터 영향을 받을 수도 있다는 점에서 그 인과관계를 판단하기 어렵다는 한계점을 제시하고 있다. 따라서 제목으로 가장 적절한 것은 '경제 성장과 제도 발달'이다.

04

정답 ②

제시된 문은 법과 울타리의 '양면성'이라는 공통점을 근거로 내용을 전개하고 있다.

05

정답 ①

제시문에서 낭포성 섬유증 유전자를 가진 사람이 장과 폐에서 염소 이온을 밖으로 퍼내는 작용을 정상적으로 하지 못한다고 했으나, 그 덕분에 콜레라에서 살아남았을 수 있었따고 추측하므로 생명이 위험했는지는 알 수 없다.

02 수리력

01	02	03	04	05
②	④	①	①	④

01

정답 ②

- 할머니의 나이 : $55+11=66$세
- 아버지의 나이 : $20+11=31$세

∴ $66+31=97$세

02

정답 ④

철수는 농구코트의 모서리에 서 있으며, 농구공은 농구코트 안에서 철수한테서 가장 멀리 떨어진 곳에 있다고 하였으므로 농구공과 철수는 대각선으로 마주 보고 있다. 따라서 농구코트의 가로와 세로 길이를 이용하여 대각선의 길이를 구한다. 피타고라스의 정리에 따라 대각선의 길이는 $\sqrt{5^2+12^2}=13$m이다.

03

정답 ①

A, B, C가 하루 동안 할 수 있는 일의 양은 각각 $\frac{1}{15}$, $\frac{1}{10}$, $\frac{1}{30}$이다.

$\left(\frac{1}{15}+\frac{1}{10}+\frac{1}{30}\right)\times x=1 \rightarrow \frac{1}{5}\times x=1$

$\therefore\ x=5$

04

정답 ①

전체 월급을 1이라고 하면

- 저금한 나머지 : $1-\frac{1}{4}=\frac{3}{4}$
- 모임회비와 월세 : $\frac{3}{4}\times\frac{1}{4}+\frac{3}{4}\times\frac{2}{3}=\frac{11}{16}$
- 모임회비와 월세를 낸 후 나머지 : $\frac{3}{4}-\frac{11}{16}=\frac{1}{16}$
- 부모님 용돈 : $\frac{1}{16}\times\frac{1}{2}=\frac{1}{32}$
- 생활비 : $\frac{1}{16}-\frac{1}{32}=\frac{1}{32}$

05

정답 ④

최소 인구인 도시의 인구수 대비 최대 인구인 도시의 인구수 비는 지속적으로 감소해 2013년에 약 3.56배까지 감소했으나, 2023년에 약 3.85배로 다시 증가하였다.

오답분석

① 2013년을 기점으로 A도시와 B도시의 인구수 순위가 뒤바뀐다.
② B와 C도시는 조사기간 동안 인구가 지속적으로 증가하였으나, A도시의 경우 2003년 이후 지속적으로 인구가 줄고 있다.
③ B도시는 조사기간 동안 약 38%, 54%, 59%의 인구 성장률을 보이며 세 도시 중 가장 큰 성장률을 기록했다.

03 ▶ 공간지각력

01	02	03	04	
③	②	①	①	

01

정답 ③

오답분석

①

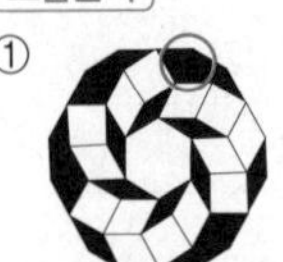

②

④

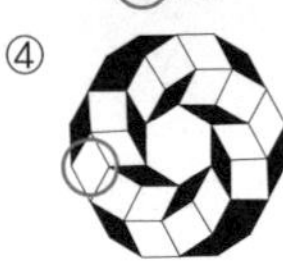

02

정답 ②

03

정답 ①

- 1층 : 4×5−1=19개
- 2층 : 20−6=14개
- 3층 : 20−8=12개
- 4층 : 20−10=10개

∴ 19+14+12+10=55개

04

정답 ①

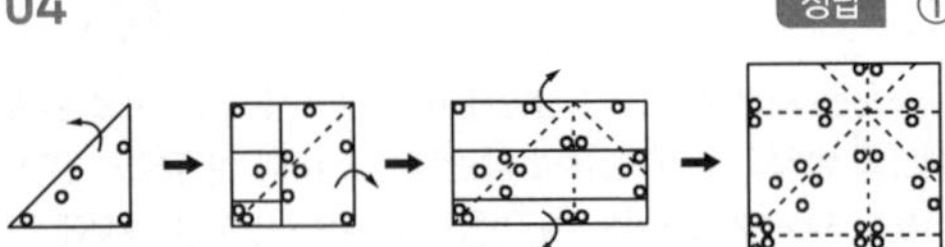

04 ▸ 문제해결력

01	02	03	04	
③	④	③	③	

01
정답 ③

명제가 참이면 대우 명제도 참이다. 즉, '을이 좋아하는 과자는 갑이 싫어하는 과자이다.'가 참이면 '갑이 좋아하는 과자는 을이 싫어하는 과자이다.'도 참이다. 따라서 갑은 비스킷을 좋아하고, 을은 비스킷을 싫어한다.

02
정답 ④

먼저 거짓말은 한 사람만 하는데 진희와 희정의 말이 서로 다르므로, 둘 중 한 명이 거짓말을 하고 있음을 알 수 있다. 이때, 반드시 진실인 아름의 말에 따라 진희의 말은 진실이 되므로 결국 희정이가 거짓말을 하고 있음을 알 수 있다. 따라서 영화관에 '아름 – 진희 – 민지 – 희정 – 세영' 순서로 도착하였으므로, 가장 마지막으로 영화관에 도착한 사람은 세영이다.

03
정답 ③

가전제품을 A/S 기간이 짧은 순서대로 나열하면 '컴퓨터 – 세탁기 – 냉장고 – 에어컨'이므로 컴퓨터의 A/S 기간이 가장 짧은 것을 알 수 있다.

04
정답 ③

'땅이 산성이다.'를 A, '빨간 꽃이 핀다.'를 B, '하얀 꽃이 핀다.'를 C라고 하면 $\sim C \rightarrow A \rightarrow B$가 성립한다. 따라서 $\sim C \rightarrow B$인 ③이 옳다.

05 ▸ 관찰탐구력

01	02	03	04	
④	③	④	④	

01
정답 ④

윌리윌리는 호주 부근 남태평양에서 발생하며, 토네이도는 미국 중남부에서 많이 발생하는 소용돌이 바람이다. 토네이도는 태풍으로 분류하지 않는다. 태풍은 폭풍우를 수반한 맹렬한 열대 저기압으로서, 풍속은 초속 17m 이상이다.

02
정답 ③

수용성 비타민은 체내에 저장되지 않아 매일 공급해 주어야 한다.

오답분석

① 5대 영양소는 탄수화물, 지방, 단백질, 무기질, 비타민이다.
② 지용성 비타민은 열과 빛에 강하여 조리 시 파괴되는 정도가 약하다.

03
정답 ④

LPG가스통 용기 내의 압력을 높여 끓는점을 올려 기체를 액체로 보관한다.

04
정답 ④

오답분석

①·②·③ 열을 방출하는 경우에 해당한다.

교육은 우리 자신의 무지를 점차 발견해 가는 과정이다.

– 윌 듀란트 –

PART

1

인성검사

CHAPTER

01 | 인성검사 소개

개인이 업무를 수행하면서 능률적인 성과물을 만들기 위해서는 개인의 능력과 경험 그리고 회사에서의 교육 및 훈련 등이 필요하지만, 개인의 성격이나 성향 역시 중요하다. 여러 직무분석 연구에서 나온 결과들에 따르면, 직무에서의 성공과 관련된 특성들 중 최고 70% 이상이 능력보다는 성격과 관련이 있다고 한다. 따라서 최근 공공기관뿐만 아니라 대부분의 기업들은 인성검사의 비중을 높이고 있는 추세이다.

01 ▸ 인성검사의 개요

1. 인성검사의 의의

인성검사는 1943년 미국 미네소타 대학교의 임상심리학자 Hathaway 박사와 정신과 의사 Mckinley 박사가 제작한 MMPI(Minnesota Multiphasic Personality Inventory)를 원형으로 한 다면적 인성검사를 말한다.

다면적이라 불리는 것은 여러 가지 정신적인 증상들을 동시에 측정할 수 있도록 고안되어 있기 때문이다. 풀이하자면, 개인이 가지고 있는 다면적인 성격을 많은 문항수의 질문을 통해 수치로 나타내는 것이다. 그렇다면 성격이란 무엇인가?

성격은 일반적으로 개인 내부에 있는 특징적인 행동과 생각을 결정해 주는 정신적·신체적 체제의 역동적 조직이라고 말할 수 있으며, 환경에 적응하게 하는 개인적인 여러 가지 특징과 행동양식의 잣대라고 정의할 수 있다.

다시 말하면, 성격이란 한 개인이 환경적 변화에 적응하는 특징적인 행동 및 사고유형이라고 할 수 있으며, 인성검사란 그 개인의 행동 및 사고유형을 서면을 통해 수치적·언어적으로 기술하거나 예언해 주는 도구라 할 수 있다.

신규 채용 또는 평가에 활용하는 인성검사로 MMPI 원형을 그대로 사용하는 기업도 있지만, 대부분의 기업에서는 MMPI 원형을 기준으로 연구, 조사, 정보수집, 개정 등의 과정을 통해서 자체 개발한 유형을 사용하고 있다.

인성검사의 구성은 여러 가지 하위 척도로 구성되어 있는데, MMPI 다면적 인성검사의 척도를 살펴보면 기본 척도가 8개 문항으로 구성되어 있고, 2개의 임상 척도와 4개의 타당성 척도를 포함, 총 14개 척도로 구성되어 있다.

캘리포니아 심리검사(CPI; California Psychological Inventory)의 경우는 48개 문항, 18개의 척도로 구성되어 있다.

2. 인성검사의 해석단계

해석단계는 첫 번째, 각 타당성 및 임상 척도에 대한 피검사자의 점수를 검토하는 방법으로 각 척도마다 피검사자의 점수가 정해진 범위에 속하는지 여부를 검토하게 된다.
두 번째, 척도별 연관성에 대한 분석으로 각 척도에서의 점수 범위가 의미하는 것과 그것들이 나타낼 가설들을 종합하고, 어느 특정 척도의 점수를 근거로 하여 다른 척도들에 대한 예측을 시도하게 된다.
세 번째, 척도 간의 응집 또는 분산을 찾아보고 그에 따른 해석적 가설을 형성하는 과정으로 두 개 척도 간의 관계만을 가지고 해석하게 된다.
네 번째, 매우 낮은 임상 척도에 대한 검토로서, 일부 척도에서 낮은 점수가 특별히 의미 있는 경우가 있기 때문에 신중히 다뤄지게 된다.
다섯 번째, 타당성 및 임상 척도에 대한 형태적 분석으로서, 타당성 척도들과 임상 척도들 전체의 형태적 분석이다. 주로 척도들의 상승도와 기울기 및 굴곡을 해석해서 피검사자에 대한 종합적이고 총체적인 추론적 해석을 하게 된다.

PART 1

02 ▶ 척도구성

1. MMPI 척도구성

(1) 타당성 척도

타당성 척도는 피검사자가 검사에 올바른 태도를 보였는지, 또 피검사자가 응답한 검사 문항들의 결론이 신뢰할 수 있는 결론인가를 알아보는 라이스케일(허위척도)이라 할 수 있다. 타당성 4개 척도는 잘못된 검사 태도를 탐지하게 할 뿐만 아니라, 임상 척도와 더불어 검사 이외의 행동에 대하여 유추할 수 있는 자료를 제공해 줌으로써, 의미있는 인성요인을 밝혀주기도 한다.

〈타당성 4개 척도구성〉

척도	내용
무응답 척도 (?)	무응답 척도는 피검사자가 응답하지 않은 문항과 '그렇다'와 '아니다'에 모두 답한 문항들의 총합이다. 척도점수의 크기는 다른 척도점수에 영향을 미치게 되므로, 빠뜨린 문항의 수를 최소로 줄이는 것이 중요하다.
허구 척도 (L)	L 척도는 피검사자가 자신을 좋은 인상으로 나타내 보이기 위해 하는 고의적이고 부정직하며 세련되지 못한 시도를 측정하는 허구 척도이다. L 척도의 문항들은 정직하지 못하거나 결점들을 고의적으로 감춰 자신을 좋게 보이려는 사람들의 장점마저도 부인하게 된다.
신뢰성 척도 (F)	F 척도는 검사 문항에 빗나간 방식의 답변을 응답하는 경향을 평가하기 위한 척도로 정상적인 집단의 10% 이하가 응답한 내용을 기준으로 일반 대중의 생각이나 경험과 다른 정도를 측정한다.
교정 척도 (K)	K 척도는 분명한 정신적인 장애를 지니면서도 정상적인 프로파일을 보이는 사람들을 식별하기 위한 것이다. K 척도는 L 척도와 유사하게 거짓 답안을 확인하지만 L 척도보다 더 미세하고 효과적으로 측정한다.

(2) 임상 척도

임상 척도는 검사의 주된 내용으로써 비정상 행동의 종류를 측정하는 10가지 척도로 되어 있다. 임상 척도의 수치는 높은 것이 좋다고 해석하는 경우도 있지만, 개별 척도별로 해석을 참고하는 경우가 대부분이다.

척도	내용
건강염려증(Hs) Hypochondriasis	개인이 말하는 신체적 증상과 이러한 증상들이 다른 사람을 조정하는 데 사용되고 있지는 않은지 여부를 측정하는 척도로서, 측정 내용은 신체의 기능에 대한 과도한 집착 및 이와 관련된 질환이나 비정상적인 상태에 대한 불안감 등이다.
우울증(D) Depression	개인의 비관 및 슬픔의 정도를 나타내는 기분상태의 척도로서, 자신에 대한 태도와 타인과의 관계에 대한 태도, 절망감, 희망의 상실, 무력감 등을 원인으로 나타나는 활동에 대한 흥미의 결여, 불면증과 같은 신체적 증상 및 과도한 민감성 등을 표현한다.
히스테리(Hy) Hysteria	현실에 직면한 어려움이나 갈등을 회피하는 방법인 부인기제를 사용하는 경향 정도를 진단하려는 것으로서 특정한 신체적 증상을 나타내는 문항들과 아무런 심리적·정서적 장애도 가지고 있지 않다고 주장하는 것을 나타내는 문항들의 두 가지 다른 유형으로 구성되어 있다.
반사회성(Pd) Psychopathic Deviate	가정이나 일반사회에 대한 불만, 자신 및 사회와의 격리, 권태 등을 주로 측정하는 것으로서 반사회적 성격, 비도덕적인 성격 경향 정도를 알아보기 위한 척도이다.
남성-여성특성(Mf) Masculinity-Femininity	직업에 관한 관심, 취미, 종교적 취향, 능동·수동성, 대인 감수성 등의 내용을 담고 있으며, 흥미 형태의 남성 특성과 여성 특성을 측정하고 진단하는 검사이다.
편집증(Pa) Paranoia	편집증을 평가하기 위한 것으로서 정신병적인 행동과 과대의심, 관계망상, 피해망상, 과대망상, 과민함, 비사교적 행동, 타인에 대한 불만감 같은 내용의 문항들로 구성되어 있다.
강박증(Pt) Psychasthenia	병적인 공포, 불안감, 과대근심, 강박관념, 자기 비판적 행동, 집중력 곤란, 죄책감 등을 검사하는 내용으로 구성되어 있으며, 주로 오랫동안 지속된 만성적인 불안을 측정한다.
정신분열증(Sc) Schizophrenia	정신적 혼란을 측정하는 척도로서 가장 많은 문항에 내포하고 있다. 이 척도는 별난 사고방식이나 행동양식을 지닌 사람을 판별하는 것으로서 사회적 고립, 가족관계의 문제, 성적 관심, 충동억제불능, 두려움, 불만족 등의 내용으로 구성되어 있다.
경조증(Ma) Hypomania	정신적 에너지를 측정하는 것으로서, 사고의 다양성과 과장성, 행동 영역의 불안정성, 흥분성, 민감성 등을 나타낸다. 이 척도가 높으면 무엇인가를 하지 않고는 못 견디는 정력적인 사람이다.
내향성(Si) Social Introversion	피검사자의 내향성과 외향성을 측정하기 위한 척도로서, 개인의 사회적 접촉 회피, 대인관계의 기피, 비사회성 등의 인성요인을 측정한다. 이 척도의 내향성과 외향성은 어느 하나가 좋고 나쁨을 나타내는 것이 아니라, 피검사자가 어떤 성향의 사람인가를 알아내는 것이다.

2. CPI 척도구성

〈18 척도〉

척도	내용
지배성 척도 (Do)	강력하고 지배적이며, 리더십이 강하고 대인관계에서 주도권을 잡는 지배적인 사람을 변별하고자 하는 척도이다.
지위능력 척도 (Cs)	현재의 개인 자신의 지위를 측정하는 것이 아니라, 개인의 내부에 잠재되어 있어 어떤 지위에 도달하게끔 하는 자기 확신, 야심, 자신감 등을 평가하기 위한 척도이다.
사교성 척도 (Sy)	사교적이고 활달하며 참여 기질이 좋은 사람과, 사회적으로 자신을 나타내기 싫어하고 참여 기질이 좋지 않은 사람을 변별하고자 하는 척도이다.
사회적 태도 척도 (Sp)	사회생활에서의 안정감, 활력, 자발성, 자신감 등을 평가하기 위한 척도로서, 사교성과 밀접한 관계가 있다. 고득점자는 타인 앞에 나서기를 좋아하고, 타인의 방어기제를 공격하여 즐거움을 얻고자 하는 성격을 가지고 있다.
자기수용 척도 (Sa)	자신에 대한 믿음, 자신의 생각을 수용하는 자기확신을 가지고 있는 사람을 변별하기 위한 척도이다.
행복감 척도 (Wb)	근본 목적은 행복감을 느끼는 사람과 그렇지 않은 사람을 변별해 내는 척도 검사이지만, 긍정적인 성격으로 가장하기 위해서 반응한 사람을 변별해 내는 타당성 척도로서의 목적도 가지고 있다.
책임감 척도 (Re)	법과 질서에 대해서 철저하고 양심적이며 책임감이 강해 신뢰할 수 있는 사람과 인생은 이성에 의해서 지배되어야 한다고 믿는 사람을 변별하기 위한 척도이다.
사회성 척도 (So)	사회생활에서 이탈된 행동이나 범죄의 가능성이 있는 사람을 변별하기 위한 척도로서 범죄자 유형의 사람은 정상인보다 매우 낮은 점수를 나타낸다.
자기통제 척도 (Sc)	자기통제의 유무, 충동, 자기중심에서 벗어날 수 있는 통제의 적절성, 규율과 규칙에 동의하는 정도를 측정하는 척도로서, 점수가 높은 사람은 지나치게 자신을 통제하려 하며, 낮은 사람은 자기 통제가 잘 안되므로 충동적이 된다.
관용성 척도 (To)	침묵을 지키고 어떤 사실에 대하여 성급하게 판단하기를 삼가고 다양한 관점을 수용하려는 사회적 신념과 태도를 재려는 척도이다.
좋은 인상 척도 (Gi)	타인이 자신에 대해 어떻게 반응하는가, 타인에게 좋은 인상을 주었는가에 흥미를 느끼는 사람을 변별하고, 자신을 긍정적으로 보이기 위해 솔직하지 못한 반응을 하는 사람을 찾아내기 위한 타당성 척도이다.
추종성 척도 (Cm)	사회에 대한 보수적인 태도와 생각을 측정하는 척도검사이다. 아무렇게나 적당히 반응한 피검사자를 찾아내는 타당성 척도로서의 목적도 있다.
순응을 위한 성취 척도 (Ac)	강한 성취욕구를 측정하기 위한 척도로서 학업성취에 관련된 동기요인과 성격요인을 측정하기 위해서 만들어졌다.
독립성을 통한 성취 척도 (Ai)	독립적인 사고, 창조력, 자기실현을 위한 성취능력의 정도를 측정하는 척도이다.
지적 능률 척도 (Ie)	지적 능률성을 측정하기 위한 척도이며, 지능과 의미 있는 상관관계를 가지고 있는 성격특성을 나타내는 항목을 제공한다.
심리적 예민성 척도 (Py)	동기, 내적 욕구, 타인의 경험에 공명하고 흥미를 느끼는 정도를 재는 척도이다.
유연성 척도 (Fx)	개인의 사고와 사회적 행동에 대한 유연성, 순응성 정도를 나타내는 척도이다.
여향성 척도 (Fe)	흥미의 남향성과 여향성을 측정하기 위한 척도이다.

03 ▸ 인성검사 수검요령

인성검사는 특별한 수검요령이 없다. 다시 말하면 모범답안이 없고, 정답이 없다는 이야기이다. 국어 문제처럼 말의 뜻을 풀이하는 것도 아니다. 굳이 수검요령을 말하자면, 진실하고 솔직한 내 생각을 답하는 것이라고 할 수 있다.

인성검사에서 가장 중요한 것은 첫째, 솔직한 답변이다. 지금까지 경험을 통해서 축적된 내 생각과 행동을 거짓 없이 솔직하게 기재하는 것이다. 예를 들어, "나는 타인의 물건을 훔치고 싶은 충동을 느껴 본 적이 있다."라는 질문에 피검사자들은 많은 생각을 하게 된다. 생각해 보라. 유년기에 또는 성인이 되어서도 타인의 물건을 훔치는 일을 저지른 적은 없더라도, 훔치고 싶은 충동은 누구나 조금이라도 다 느껴보았을 것이다. 그런데 간혹 이 질문에 고민을 하는 사람이 있다. 과연 이 질문에 "예"라고 대답하면 담당 검사관들이 나를 사회적으로 문제가 있는 사람으로 여기지는 않을까 하는 생각에 "아니요"라는 답을 기재하게 된다. 이런 솔직하지 않은 답변이 답변의 신뢰와 솔직함을 나타내는 타당성 척도에 좋지 않은 점수를 주게 된다. 둘째, 일관성 있는 답변이다. 인성검사의 수많은 질문 중에는 비슷한 내 용의 물음이 여러 개 숨어 있는 경우가 많이 있다. 그 질문들은 피검사자의 '솔직한 답변'과 '심리적인 상태'를 알아보기 위해 반복적으로 나오는 것이다. 가령 "나는 유년 시절 타인의 물건을 훔친 적이 있다."라는 질문에 "예"라고 대답했는데, "나는 유년 시절 타인의 물건을 훔쳐보고 싶은 충동을 느껴본 적이 있다."라는 질문에는 "아니요"라는 답을 기재한다면 어떻겠는가. 일관성 없이 '대충 기재하자'라는 식의 심리적 무성의성 답변이 되거나, 정신적으로 문제가 있는 사람으로 보일 수 있다.

인성검사는 많은 문항을 풀어야 하기 때문에 피검사자들은 지루함과 따분함을 느낄 수 있고 반복된 내용의 질문 때문에 인내심이 바닥날 수도 있다. 그럴수록 인내를 가지고 솔직하게 내 생각을 대답하는 것이 무엇보다 중요한 요령이 될 것이다.

04 ▸ 인성검사 시 유의사항

(1) 충분한 휴식으로 불안을 없애고 정서적인 안정을 취한다. 심신이 안정되어야 자신의 마음을 표현할 수 있다.

(2) 생각나는 대로 솔직하게 응답한다. 자신을 너무 과대포장하지도, 너무 비하시키지도 마라. 답변을 꾸며서 하면 앞뒤가 맞지 않게끔 구성돼 있어 불리한 평가를 받게 되므로 솔직하게 답하도록 한다.

(3) 검사 문항에 대해 지나치게 생각해서는 안 된다. 지나치게 몰두하면 엉뚱한 답변이 나올 수 있으므로 불필요한 생각은 삼간다.

(4) 인성검사는 대개 문항 수가 많기에 자칫 건너뛰는 경우가 있는데, 가능한 한 모든 문항에 답해야 한다. 응답하지 않은 문항이 많을 경우 평가자가 정확한 평가를 내리지 못해 불리한 평가를 내릴 수 있기 때문이다.

05 ▸ 인성검사 유형

유형 1

※ 다음 질문내용을 읽고 본인에 해당하는 응답의 '예', '아니요'에 ○표 하시오. [1~30]

번호	질문	응답	
1	조심스러운 성격이라고 생각한다.	예	아니요
2	사물을 신중하게 생각하는 편이라고 생각한다.	예	아니요
3	동작이 기민한 편이다.	예	아니요
4	포기하지 않고 노력하는 것이 중요하다.	예	아니요
5	일주일의 예정을 만드는 것을 좋아한다.	예	아니요
6	노력의 여하보다 결과가 중요하다.	예	아니요
7	자기주장이 강하다.	예	아니요
8	장래의 일을 생각하면 불안해질 때가 있다.	예	아니요
9	소외감을 느낄 때가 있다.	예	아니요
10	훌쩍 여행을 떠나고 싶을 때가 자주 있다.	예	아니요
11	대인관계가 귀찮다고 느낄 때가 있다.	예	아니요
12	자신의 권리를 주장하는 편이다.	예	아니요
13	낙천가라고 생각한다.	예	아니요
14	싸움을 한 적이 없다.	예	아니요
15	자신의 의견을 상대에게 잘 주장하지 못한다.	예	아니요
16	좀처럼 결단하지 못하는 경우가 있다.	예	아니요
17	하나의 취미를 오래 지속하는 편이다.	예	아니요
18	한 번 시작한 일은 끝을 맺는다.	예	아니요
19	행동으로 옮기기까지 시간이 걸린다.	예	아니요
20	다른 사람들이 하지 못하는 일을 하고 싶다.	예	아니요
21	해야 할 일은 신속하게 처리한다.	예	아니요
22	병이 아닌지 걱정이 들 때가 있다.	예	아니요
23	다른 사람의 충고를 기분 좋게 듣는 편이다.	예	아니요
24	다른 사람에게 의존적이 될 때가 많다.	예	아니요
25	타인에게 간섭받는 것은 싫다.	예	아니요
26	의식 과잉이라는 생각이 들 때가 있다.	예	아니요
27	수다를 좋아한다.	예	아니요
28	잘못된 일을 한 적이 한 번도 없다.	예	아니요
29	모르는 사람과 이야기하는 것은 용기가 필요하다.	예	아니요
30	끙끙거리며 생각할 때가 있다.	예	아니요

유형 2

※ 다음 질문내용을 읽고 A, B 중 해당되는 곳에 ○표 하시오. [1~15]

번호	질문	응답	
1	A 사람들 앞에서 잘 이야기하지 못한다. B 사람들 앞에서 이야기하는 것을 좋아한다.	A	B
2	A 엉뚱한 생각을 잘한다. B 비현실적인 것을 싫어한다.	A	B
3	A 친절한 사람이라는 말을 듣고 싶다. B 냉정한 사람이라는 말을 듣고 싶다.	A	B
4	A 예정에 얽매이는 것을 싫어한다. B 예정이 없는 상태를 싫어한다.	A	B
5	A 혼자 생각하는 것을 좋아한다. B 다른 사람과 이야기하는 것을 좋아한다.	A	B
6	A 정해진 절차에 따르는 것을 싫어한다. B 정해진 절차가 바뀌는 것을 싫어한다.	A	B
7	A 친절한 사람 밑에서 일하고 싶다. B 이성적인 사람 밑에서 일하고 싶다.	A	B
8	A 그때그때의 기분으로 행동하는 경우가 많다. B 미리 행동을 정해두는 경우가 많다.	A	B
9	A 다른 사람과 만났을 때 화제를 찾는 데 고생한다. B 다른 사람과 만났을 때 화제에 부족함이 없다.	A	B
10	A 학구적이라는 인상을 주고 싶다. B 실무적이라는 인상을 주고 싶다.	A	B
11	A 친구가 돈을 빌려달라고 하면 거절하지 못한다. B 본인에게 도움이 되지 않는 차금은 거절한다.	A	B
12	A 조직 안에서는 독자적으로 움직이는 타입이라고 생각한다. B 조직 안에서는 우등생 타입이라고 생각한다.	A	B
13	A 문장을 쓰는 것을 좋아한다. B 이야기하는 것을 좋아한다.	A	B
14	A 직감으로 판단한다. B 경험으로 판단한다.	A	B
15	A 다른 사람이 어떻게 생각하는지 신경 쓰인다. B 다른 사람이 어떻게 생각하든 신경 쓰지 않는다.	A	B

유형 3

※ 다음 질문을 읽고, '아니다', '대체로 아니다', '대체로 그렇다', '그렇다'에 체크하시오. [1~30]

번호	질문	아니다	대체로 아니다	대체로 그렇다	그렇다
1	충동구매는 절대 하지 않는다.				
2	컨디션에 따라 기분이 잘 변한다.				
3	옷 입는 취향이 오랫동안 바뀌지 않고 그대로이다.				
4	남의 물건이 좋아 보인다.				
5	반성하는 일이 거의 없다.				
6	남의 말을 호의적으로 받아들인다.				
7	혼자 있을 때가 편안하다.				
8	친구에게 불만이 있다.				
9	남의 말을 좋은 쪽으로 해석한다.				
10	남의 의견을 절대 참고하지 않는다.				
11	일을 시작할 때 계획을 세우는 편이다.				
12	부모님과 여행을 자주 간다.				
13	쉽게 짜증을 내는 편이다.				
14	사람을 상대하는 것을 좋아한다.				
15	컴퓨터로 일을 하는 것을 좋아한다.				
16	하루 종일 말하지 않고 지낼 수 있다.				
17	감정조절이 잘 안되는 편이다.				
18	평소 꼼꼼한 편이다.				
19	다시 태어나고 싶은 순간이 있다.				
20	운동을 하다가 다친 적이 있다.				
21	다른 사람의 말보다는 자신의 믿음을 믿는다.				
22	귀찮은 일이 있으면 먼저 해치운다.				
23	정리 정돈하는 것을 좋아한다.				
24	다른 사람의 대화에 끼고 싶다.				
25	카리스마가 있다는 말을 들어본 적이 있다.				
26	미래에 대한 고민이 많다.				
27	친구들의 성공 소식에 씁쓸한 적이 있다.				
28	내가 못하는 것이 있으면 참지 못한다.				
29	계획에 없는 일을 시키면 짜증이 난다.				
30	화가 나면 물건을 집어 던지는 버릇이 있다.				

유형 4

※ 다음 질문을 읽고, ①~⑥ 중 자신에게 해당되는 것을 고르시오. [1~3]

01 최대리가 신약을 개발했는데 치명적이지는 않지만 유해한 부작용이 발견됐다. 그런데 최대리는 묵인하고 신약을 유통시켰다.

1-(1) 당신은 이 상황에 대해 얼마나 동의하는가?

① 0% ② 20% ③ 40% ④ 60% ⑤ 80% ⑥ 100%

1-(2) 자신이라도 그렇게 할 것인가?

① 0% ② 20% ③ 40% ④ 60% ⑤ 80% ⑥ 100%

02 같은 팀 최대리가 자신의 성과를 높이기 위해 중요한 업무를 상사에게 요구한다.

2-(1) 다른 팀원도 그 상황에 동의할 것 같은가?

① 0% ② 20% ③ 40% ④ 60% ⑤ 80% ⑥ 100%

2-(2) 자신이라도 그렇게 할 것인가?

① 0% ② 20% ③ 40% ④ 60% ⑤ 80% ⑥ 100%

03 최대리가 회계 보고서 작성 후 오류를 발견했지만 바로잡기엔 시간이 부족하여 그냥 제출했다.

3-(1) 다른 직원들도 그 상황에 동의할 것 같은가?

① 0% ② 20% ③ 40% ④ 60% ⑤ 80% ⑥ 100%

3-(2) 자신이라도 그렇게 할 것인가?

① 0% ② 20% ③ 40% ④ 60% ⑤ 80% ⑥ 100%

유형 5

※ 각 문항을 읽고, ①~⑥ 중 자신의 성향과 가까운 정도에 따라 ① 전혀 그렇지 않다, ② 그렇지 않다, ③ 조금 그렇지 않다, ④ 조금 그렇다, ⑤ 그렇다, ⑥ 매우 그렇다 중 하나를 선택하시오. 그리고 3개의 문장 중 자신의 성향에 비추어볼 때 가장 먼 것(멀다)과 가장 가까운 것(가깝다)을 하나씩 선택하시오. [1~4]

01

질문	답안 1						답안 2	
	①	②	③	④	⑤	⑥	멀다	가깝다
1. 사물을 신중하게 생각하는 편이라고 생각한다.	☐	☐	☐	☐	☐	☐	☐	☐
2. 포기하지 않고 노력하는 것이 중요하다.	☐	☐	☐	☐	☐	☐	☐	☐
3. 자신의 권리를 주장하는 편이다.	☐	☐	☐	☐	☐	☐	☐	☐

02

질문	답안 1						답안 2	
	①	②	③	④	⑤	⑥	멀다	가깝다
1. 노력의 여하보다 결과가 중요하다.	☐	☐	☐	☐	☐	☐	☐	☐
2. 자기주장이 강하다.	☐	☐	☐	☐	☐	☐	☐	☐
3. 어떠한 일이 있어도 출세하고 싶다.	☐	☐	☐	☐	☐	☐	☐	☐

03

질문	답안 1						답안 2	
	①	②	③	④	⑤	⑥	멀다	가깝다
1. 다른 사람의 일에 관심이 없다.	☐	☐	☐	☐	☐	☐	☐	☐
2. 때로는 후회할 때도 있다.	☐	☐	☐	☐	☐	☐	☐	☐
3. 진정으로 마음을 허락할 수 있는 사람은 없다.	☐	☐	☐	☐	☐	☐	☐	☐

04

질문	답안 1						답안 2	
	①	②	③	④	⑤	⑥	멀다	가깝다
1. 타인에게 간섭받는 것은 싫다.	☐	☐	☐	☐	☐	☐	☐	☐
2. 신경이 예민한 편이라고 생각한다.	☐	☐	☐	☐	☐	☐	☐	☐
3. 난관에 봉착해도 포기하지 않고 열심히 해본다.	☐	☐	☐	☐	☐	☐	☐	☐

유형 6

※ 다음 질문을 읽고, ①~⑤ 중 자신에게 해당하는 것을 고르시오(① 전혀 그렇지 않다, ② 그렇지 않다, ③ 보통이다, ④ 그렇다, ⑤ 매우 그렇다). 그리고 4개의 문장 중 자신과 가장 먼 것(멀다)과 가장 가까운 것(가깝다)을 하나씩 선택하시오. [1~4]

01

						멀다	가깝다
A. 야망이 있다.	①	②	③	④	⑤	☐	☐
B. 평소 사회 문제에 관심이 많다.	①	②	③	④	⑤	☐	☐
C. 친구들의 생일을 잘 잊는 편이다.	①	②	③	④	⑤	☐	☐
D. 누군가를 챙겨주는 것에 행복을 느낀다.	①	②	③	④	⑤	☐	☐

02

						멀다	가깝다
A. 지시하는 것보다 명령에 따르는 것이 편하다.	①	②	③	④	⑤	☐	☐
B. 옆에 사람이 있는 것이 싫다.	①	②	③	④	⑤	☐	☐
C. 친구들과 남의 이야기를 하는 것을 좋아한다.	①	②	③	④	⑤	☐	☐
D. 모두가 싫증을 내는 일에도 혼자서 열심히 한다.	①	②	③	④	⑤	☐	☐

03

						멀다	가깝다
A. 완성된 것보다 미완성인 것에 흥미가 있다.	①	②	③	④	⑤	☐	☐
B. 능력을 살릴 수 있는 일을 하고 싶다.	①	②	③	④	⑤	☐	☐
C. 내 분야에서는 최고가 되고 싶다.	①	②	③	④	⑤	☐	☐
D. 다른 사람의 충고를 잘 받아들이지 못한다.	①	②	③	④	⑤	☐	☐

04

						멀다	가깝다
A. 다소 산만한 편이라는 이야기를 자주 듣는다.	①	②	③	④	⑤	☐	☐
B. 주변에 호기심이 많고, 새로운 상황에 잘 적응한다.	①	②	③	④	⑤	☐	☐
C. 타인의 의견을 잘 듣는 편이다.	①	②	③	④	⑤	☐	☐
D. 단체 생활을 좋아하지는 않지만 적응하려고 노력한다.	①	②	③	④	⑤	☐	☐

02 모의테스트

※ 인성검사 모의테스트는 질문 및 답변 유형 연습용이므로 실제 시험과 다를 수 있으며, 인성검사에는 정답이 존재하지 않습니다.

제1회 ▶ 인성검사

※ 다음 질문을 읽고, ①~⑤ 중 자신에게 해당하는 것을 고르시오(① 전혀 그렇지 않다 ② 약간 그렇지 않다 ③ 보통이다 ④ 약간 그렇다 ⑤ 매우 그렇다). [1~200]

번호	질문	응답
01	결점을 지적받아도 아무렇지 않다.	① ② ③ ④ ⑤
02	피곤할 때도 명랑하게 행동한다.	① ② ③ ④ ⑤
03	실패했던 경험을 생각하면서 고민하는 편이다.	① ② ③ ④ ⑤
04	언제나 생기가 있다.	① ② ③ ④ ⑤
05	선배의 지적을 순수하게 받아들일 수 있다.	① ② ③ ④ ⑤
06	매일 목표가 있는 생활을 하고 있다.	① ② ③ ④ ⑤
07	열등감으로 자주 고민한다.	① ② ③ ④ ⑤
08	남에게 무시당하면 화가 난다.	① ② ③ ④ ⑤
09	무엇이든지 하면 된다고 생각하는 편이다.	① ② ③ ④ ⑤
10	자신의 존재를 과시하고 싶다.	① ② ③ ④ ⑤
11	사람을 많이 만나는 것을 좋아한다.	① ② ③ ④ ⑤
12	보고 들은 것을 문장으로 옮기는 것을 좋아한다.	① ② ③ ④ ⑤
13	특정한 사람과 교제를 하는 편이다.	① ② ③ ④ ⑤
14	친구에게 먼저 말을 하는 편이다.	① ② ③ ④ ⑤
15	친구만 있으면 된다고 생각한다.	① ② ③ ④ ⑤
16	많은 사람 앞에서 말하는 것이 서툴다.	① ② ③ ④ ⑤
17	반 편성과 교실 이동을 싫어한다.	① ② ③ ④ ⑤
18	다과회 등에서 자주 책임을 맡는다.	① ② ③ ④ ⑤
19	새로운 환경에 쉽게 적응하지 못하는 편이다.	① ② ③ ④ ⑤
20	누구하고나 친하게 교제한다.	① ② ③ ④ ⑤

번호	질문	응답
21	충동구매는 절대 하지 않는다.	① ② ③ ④ ⑤
22	컨디션에 따라 기분이 잘 변한다.	① ② ③ ④ ⑤
23	옷 입는 취향이 오랫동안 바뀌지 않고 그대로이다.	① ② ③ ④ ⑤
24	남의 물건이 좋아보인다.	① ② ③ ④ ⑤
25	광고를 보면 그 물건을 사고 싶다.	① ② ③ ④ ⑤
26	자신이 낙천주의자라고 생각한다.	① ② ③ ④ ⑤
27	에스컬레이터에서 걷지 않는다.	① ② ③ ④ ⑤
28	꾸물대는 것을 싫어한다.	① ② ③ ④ ⑤
29	고민이 생겨도 심각하게 생각하지 않는다.	① ② ③ ④ ⑤
30	반성하는 일이 거의 없다.	① ② ③ ④ ⑤
31	남의 말을 호의적으로 받아들인다.	① ② ③ ④ ⑤
32	혼자 있을 때가 편안하다.	① ② ③ ④ ⑤
33	친구에게 불만이 있다.	① ② ③ ④ ⑤
34	남의 말을 좋은 쪽으로 해석한다.	① ② ③ ④ ⑤
35	남의 의견을 절대 참고하지 않는다.	① ② ③ ④ ⑤
36	기분 나쁜 일은 금세 잊는 편이다.	① ② ③ ④ ⑤
37	선배와 쉽게 친해진다.	① ② ③ ④ ⑤
38	슬럼프에 빠지면 좀처럼 헤어나지 못한다.	① ② ③ ④ ⑤
39	자신의 소문에 관심을 기울인다.	① ② ③ ④ ⑤
40	주위 사람에게 인사하는 것이 귀찮다.	① ② ③ ④ ⑤
41	기호에 맞지 않으면 거절하는 편이다.	① ② ③ ④ ⑤
42	여간해서 흥분하지 않는 편이다.	① ② ③ ④ ⑤
43	옳다고 생각하면 밀고 나간다.	① ② ③ ④ ⑤
44	항상 무슨 일이든지 해야만 한다.	① ② ③ ④ ⑤
45	휴식시간에도 일하고 싶다.	① ② ③ ④ ⑤
46	걱정거리가 생기면 머릿속에서 떠나지 않는 편이다.	① ② ③ ④ ⑤
47	매일 힘든 일이 너무 많다.	① ② ③ ④ ⑤
48	시험 전에도 노는 계획을 세운다.	① ② ③ ④ ⑤
49	슬픈 일만 머릿속에 남는다.	① ② ③ ④ ⑤
50	사는 것이 힘들다고 느낀 적은 없다.	① ② ③ ④ ⑤

번호	질문	응답
51	처음 만난 사람과 이야기하는 것이 피곤하다.	① ② ③ ④ ⑤
52	비난을 받으면 신경이 쓰인다.	① ② ③ ④ ⑤
53	실패해도 또 다시 도전한다.	① ② ③ ④ ⑤
54	남에게 비판을 받으면 불쾌하다.	① ② ③ ④ ⑤
55	다른 사람의 지적을 순수하게 받아들일 수 있다.	① ② ③ ④ ⑤
56	자신의 프라이드가 높다고 생각한다.	① ② ③ ④ ⑤
57	자신의 입장을 잊어버릴 때가 있다.	① ② ③ ④ ⑤
58	남보다 쉽게 우위에 서는 편이다.	① ② ③ ④ ⑤
59	목적이 없으면 마음이 불안하다.	① ② ③ ④ ⑤
60	일을 할 때에 자신이 없다.	① ② ③ ④ ⑤
61	상대방이 말을 걸어오기를 기다리는 편이다.	① ② ③ ④ ⑤
62	친구 말을 듣는 편이다.	① ② ③ ④ ⑤
63	싸움으로 친구를 잃은 경우가 있다.	① ② ③ ④ ⑤
64	모르는 사람과 말하는 것은 귀찮다.	① ② ③ ④ ⑤
65	아는 사람이 많아지는 것이 즐겁다.	① ② ③ ④ ⑤
66	신호 대기 중에도 조바심이 난다.	① ② ③ ④ ⑤
67	매사에 심각하게 생각하는 것을 싫어한다.	① ② ③ ④ ⑤
68	자신이 경솔하다고 자주 느낀다.	① ② ③ ④ ⑤
69	상대방이 통화 중이어도 자꾸 전화를 건다.	① ② ③ ④ ⑤
70	충동적인 행동을 하지 않는 편이다.	① ② ③ ④ ⑤
71	칭찬도 나쁘게 받아들이는 편이다.	① ② ③ ④ ⑤
72	자신이 손해를 보고 있다고 생각한다.	① ② ③ ④ ⑤
73	어떤 상황에서나 만족할 수 있다.	① ② ③ ④ ⑤
74	무슨 일이든지 자신의 생각대로 하지 못한다.	① ② ③ ④ ⑤
75	부모님에게 불만을 느낀다.	① ② ③ ④ ⑤
76	깜짝 놀라면 당황하는 편이다.	① ② ③ ④ ⑤
77	주위의 평판이 좋다고 생각한다.	① ② ③ ④ ⑤
78	자신이 소문에 휘말려도 좋다.	① ② ③ ④ ⑤
79	긴급사태에도 당황하지 않고 행동할 수 있다.	① ② ③ ④ ⑤
80	윗사람과 이야기하는 것이 불편하다.	① ② ③ ④ ⑤

번호	질문	응답
81	정색하고 화내기 쉬운 화제를 올릴 때가 있다.	① ② ③ ④ ⑤
82	자신이 좋아하는 연예인을 남들이 욕해도 화가 나지 않는다.	① ② ③ ④ ⑤
83	남을 비판할 때가 있다.	① ② ③ ④ ⑤
84	주체할 수 없을 만큼 여유가 많은 것은 싫어한다.	① ② ③ ④ ⑤
85	의견이 어긋날 때는 한발 양보한다.	① ② ③ ④ ⑤
86	싫은 사람과도 협력할 수 있다.	① ② ③ ④ ⑤
87	사람은 너무 고통거리가 많다고 생각한다.	① ② ③ ④ ⑤
88	걱정거리가 있으면 잠을 잘 수가 없다.	① ② ③ ④ ⑤
89	즐거운 일보다는 괴로운 일이 더 많다.	① ② ③ ④ ⑤
90	싫은 사람이라도 인사를 한다.	① ② ③ ④ ⑤
91	사소한 일에도 신경을 많이 쓰는 편이다.	① ② ③ ④ ⑤
92	누가 나에게 말을 걸기 전에 내가 먼저 말을 걸지 않는다.	① ② ③ ④ ⑤
93	이따금 결심을 빨리 하지 못하기 때문에 손해 보는 경우가 많다.	① ② ③ ④ ⑤
94	사람들은 누구나 곤경에서 벗어나기 위해 거짓말을 할 수 있다.	① ② ③ ④ ⑤
95	어떤 일을 실패하면 두고두고 생각한다.	① ② ③ ④ ⑤
96	비교적 말이 없는 편이다.	① ② ③ ④ ⑤
97	기왕 일을 한다면 꼼꼼하게 하는 편이다.	① ② ③ ④ ⑤
98	지나치게 깔끔한 척을 하는 편에 속한다.	① ② ③ ④ ⑤
99	나를 기분 나쁘게 한 사람을 쉽게 잊지 못하는 편이다.	① ② ③ ④ ⑤
100	수줍음을 많이 타서 많은 사람 앞에 나서길 싫어한다.	① ② ③ ④ ⑤
101	혼자 지내는 시간이 즐겁다.	① ② ③ ④ ⑤
102	주위 사람이 잘 되는 것을 보면 상대적으로 내가 실패한 것 같다.	① ② ③ ④ ⑤
103	어떤 일을 시도하다가 잘 안되면 금방 포기한다.	① ② ③ ④ ⑤
104	이성 친구와 웃고 떠드는 것을 별로 좋아하지 않는다.	① ② ③ ④ ⑤
105	낯선 사람과 만나는 것을 꺼리는 편이다.	① ② ③ ④ ⑤
106	밤낮없이 같이 다닐만한 친구들이 거의 없다.	① ② ③ ④ ⑤
107	연예인이 되고 싶은 마음은 조금도 가지고 있지 않다.	① ② ③ ④ ⑤
108	여럿이 모여서 이야기하는 데 잘 끼어들지 못한다.	① ② ③ ④ ⑤
109	사람들은 이득이 된다면 옳지 않은 방법이라도 쓸 것이다.	① ② ③ ④ ⑤
110	사람들이 정직하게 행동하는 것은 다른 사람의 비난이 두렵기 때문이다.	① ② ③ ④ ⑤

번호	질문	응답
111	처음 보는 사람들과 쉽게 이야기하거나 친해지는 편이다.	① ② ③ ④ ⑤
112	모르는 사람들이 많이 모여 있는 곳에서도 활발하게 행동하는 편이다.	① ② ③ ④ ⑤
113	여기저기에 친구나 아는 사람들이 많이 있다.	① ② ③ ④ ⑤
114	모임에서 말을 많이 하고 적극적으로 행동한다.	① ② ③ ④ ⑤
115	슬프거나 기쁜 일이 생기면 부모나 친구에게 이야기하는 편이다.	① ② ③ ④ ⑤
116	활발하고 적극적이라는 말을 자주 듣는다.	① ② ③ ④ ⑤
117	시간이 걸리는 일이나 놀이에 싫증을 내고, 새로운 놀이나 활동을 원한다.	① ② ③ ④ ⑤
118	혼자 조용히 있거나 책을 읽는 것보다는 사람들과 어울리는 것을 좋아한다.	① ② ③ ④ ⑤
119	새로운 유행이 시작되면 다른 사람보다 먼저 시도해 보는 편이다.	① ② ③ ④ ⑤
120	기분을 잘 드러내기 때문에 남들이 본인의 기분을 금방 알게 된다.	① ② ③ ④ ⑤
121	비유적이고 상징적인 표현보다는 구체적이고 정확한 표현을 더 잘 이해한다.	① ② ③ ④ ⑤
122	주변 사람들의 외모나 다른 특징들을 자세히 기억한다.	① ② ③ ④ ⑤
123	꾸준하고 참을성이 있다는 말을 자주 듣는다.	① ② ③ ④ ⑤
124	공부할 때 세부적인 내용을 암기할 수 있다.	① ② ③ ④ ⑤
125	손으로 직접 만지거나 조작하는 것을 좋아한다.	① ② ③ ④ ⑤
126	상상 속에서 이야기를 잘 만들어 내는 편이다.	① ② ③ ④ ⑤
127	종종 물건을 잃어버리거나 어디에 두었는지 기억을 못하는 때가 있다.	① ② ③ ④ ⑤
128	창의력과 상상력이 풍부하다는 이야기를 자주 듣는다.	① ② ③ ④ ⑤
129	다른 사람들이 생각하지도 않는 엉뚱한 행동이나 생각을 할 때가 종종 있다.	① ② ③ ④ ⑤
130	이것저것 새로운 것에 관심이 많고 새로운 것을 배우고 싶어 한다.	① ② ③ ④ ⑤
131	'왜'라는 질문을 자주 한다.	① ② ③ ④ ⑤
132	의지와 끈기가 강한 편이다.	① ② ③ ④ ⑤
133	궁금한 점이 있으면 꼬치꼬치 따져서 궁금증을 풀고 싶어 한다.	① ② ③ ④ ⑤
134	참을성이 있다는 말을 자주 듣는다.	① ② ③ ④ ⑤
135	남의 비난에도 잘 견딘다.	① ② ③ ④ ⑤
136	다른 사람의 감정에 민감하다.	① ② ③ ④ ⑤
137	자신의 잘못을 쉽게 인정하는 편이다.	① ② ③ ④ ⑤
138	싹싹하다는 소리를 잘 듣는다.	① ② ③ ④ ⑤
139	쉽게 양보를 하는 편이다.	① ② ③ ④ ⑤
140	음식을 선택할 때 쉽게 결정을 못 내릴 때가 많다.	① ② ③ ④ ⑤

번호	질문	응답
141	계획표를 세밀하게 짜 놓고 그 계획표에 따라 생활하는 것을 좋아한다.	① ② ③ ④ ⑤
142	대체로 할 일을 먼저 해 놓고 나서 노는 편이다.	① ② ③ ④ ⑤
143	시험보기 전에 미리 여유 있게 공부 계획표를 짜 놓는다.	① ② ③ ④ ⑤
144	마지막 순간에 쫓기면서 일하는 것을 싫어한다.	① ② ③ ④ ⑤
145	계획에 따라 규칙적인 생활을 하는 편이다.	① ② ③ ④ ⑤
146	자기 것을 잘 나누어주는 편이다.	① ② ③ ④ ⑤
147	자심의 소지품을 덜 챙기는 편이다.	① ② ③ ④ ⑤
148	신발이나 옷이 떨어져도 무관심한 편이다.	① ② ③ ④ ⑤
149	자기 것을 덜 주장하고, 덜 고집하는 편이다.	① ② ③ ④ ⑤
150	활동이 많으면서도 무난하고 점잖다는 말을 듣는 편이다.	① ② ③ ④ ⑤
151	몇 번이고 생각하고 검토한다.	① ② ③ ④ ⑤
152	여러 번 생각한 끝에 결정을 내린다.	① ② ③ ④ ⑤
153	어떤 일이든 따지려 든다.	① ② ③ ④ ⑤
154	일단 결정하면 행동으로 옮긴다.	① ② ③ ④ ⑤
155	앞에 나서기를 꺼린다.	① ② ③ ④ ⑤
156	규칙을 잘 지킨다.	① ② ③ ④ ⑤
157	나의 주장대로 행동한다.	① ② ③ ④ ⑤
158	지시나 충고를 받는 것이 싫다.	① ② ③ ④ ⑤
159	급진적인 변화를 좋아한다.	① ② ③ ④ ⑤
160	규칙은 반드시 지킬 필요가 없다.	① ② ③ ④ ⑤
161	혼자서 일하기를 좋아한다.	① ② ③ ④ ⑤
162	미래에 대해 별로 염려를 하지 않는다.	① ② ③ ④ ⑤
163	새로운 변화를 싫어한다.	① ② ③ ④ ⑤
164	조용한 분위기를 좋아한다.	① ② ③ ④ ⑤
165	도전적인 직업보다는 안정적인 직업이 좋다.	① ② ③ ④ ⑤
166	친구를 잘 바꾸지 않는다.	① ② ③ ④ ⑤
167	남의 명령을 듣기 싫어한다.	① ② ③ ④ ⑤
168	모든 일에 앞장서는 편이다.	① ② ③ ④ ⑤
169	다른 사람이 하는 일을 보면 답답하다.	① ② ③ ④ ⑤
170	남을 지배하는 사람이 되고 싶다.	① ② ③ ④ ⑤

번호	질문	응답
171	규칙적인 것이 싫다.	① ② ③ ④ ⑤
172	매사에 감동을 자주 받는다.	① ② ③ ④ ⑤
173	새로운 물건과 일에 대한 생각을 자주 한다.	① ② ③ ④ ⑤
174	창조적인 일을 하고 싶다.	① ② ③ ④ ⑤
175	나쁜 일은 오래 생각하지 않는다.	① ② ③ ④ ⑤
176	사람들의 이름을 잘 기억하는 편이다.	① ② ③ ④ ⑤
177	외딴 곳보다는 사람들이 북적거리는 곳에 살고 싶다.	① ② ③ ④ ⑤
178	제조업보다는 서비스업이 마음에 든다.	① ② ③ ④ ⑤
179	농사를 지으면서 자연과 더불어 살고 싶다.	① ② ③ ④ ⑤
180	예절 같은 것은 별로 신경 쓰지 않는다.	① ② ③ ④ ⑤
181	거칠고 반항적인 사람보다 예의바른 사람들과 어울리고 싶다.	① ② ③ ④ ⑤
182	대인관계에서 상황을 빨리 파악하는 편이다.	① ② ③ ④ ⑤
183	계산에 밝은 사람은 꺼려진다.	① ② ③ ④ ⑤
184	친구들과 노는 것보다 혼자 노는 것이 편하다.	① ② ③ ④ ⑤
185	교제범위가 넓은 편이라 사람을 만나는 데 많은 시간을 소비한다.	① ② ③ ④ ⑤
186	손재주는 비교적 있는 편이다.	① ② ③ ④ ⑤
187	기획과 섭외 중 기획을 더 잘할 수 있을 것 같다.	① ② ③ ④ ⑤
188	도서실 등에서 책을 정리하고 관리하는 일을 싫어하지 않는다.	① ② ③ ④ ⑤
189	선입견으로 판단하지 않고 이론적으로 판단하는 편이다.	① ② ③ ④ ⑤
190	예술제나 미술전 등에 관심이 많다.	① ② ③ ④ ⑤
191	행사의 사회나 방송 등 마이크를 사용하는 분야에 관심이 많다.	① ② ③ ④ ⑤
192	하루 종일 방에 틀어 박혀 연구하거나 몰두해야 하는 일은 싫다.	① ② ③ ④ ⑤
193	공상이나 상상을 많이 하는 편이다.	① ② ③ ④ ⑤
194	모르는 사람과도 마음이 맞으면 쉽게 마음을 터놓고 바로 친해진다.	① ② ③ ④ ⑤
195	물건을 만들거나 도구를 사용하는 일이 싫지는 않다.	① ② ③ ④ ⑤
196	새로운 아이디어를 생각해내는 일이 좋다.	① ② ③ ④ ⑤
197	회의에서 사회나 서기를 맡는다면 서기 쪽이 맞을 것 같다.	① ② ③ ④ ⑤
198	사건 뒤에 숨은 본질을 생각해 보기를 좋아한다.	① ② ③ ④ ⑤
199	색채감각이나 미적 센스가 풍부한 편이다.	① ② ③ ④ ⑤
200	다른 사람들의 눈길을 끌고 주목을 받는 것이 아무렇지도 않다.	① ② ③ ④ ⑤

제2회 ▸ 인성검사

※ 다음 질문을 읽고, ①~⑤ 중 자신에게 해당하는 것을 고르시오(① 전혀 그렇지 않다 ② 약간 그렇지 않다 ③ 보통이다 ④ 약간 그렇다 ⑤ 매우 그렇다). [1~200]

번호	질문	응답
01	문화재 위원과 체육대회 위원 중 체육대회 위원을 하고 싶다.	① ② ③ ④ ⑤
02	보고 들은 것을 문장으로 옮기기를 좋아한다.	① ② ③ ④ ⑤
03	남에게 뭔가 가르쳐 주는 일이 좋다.	① ② ③ ④ ⑤
04	많은 사람과 장시간 함께 있으면 피곤하다.	① ② ③ ④ ⑤
05	엉뚱한 일을 하기 좋아하고 발상도 개성적이다.	① ② ③ ④ ⑤
06	전표 계산 또는 장부 기입 같은 일을 싫증내지 않고 할 수 있다.	① ② ③ ④ ⑤
07	책이나 신문을 열심히 읽는 편이다.	① ② ③ ④ ⑤
08	신경이 예민한 편이며, 감수성도 풍부하다.	① ② ③ ④ ⑤
09	연회석에서 망설임 없이 노래를 부르거나 장기를 보이는 편이다.	① ② ③ ④ ⑤
10	즐거운 캠프를 위해 계획 세우기를 좋아한다.	① ② ③ ④ ⑤
11	데이터를 분류하거나 통계내는 일을 싫어하지는 않는다.	① ② ③ ④ ⑤
12	드라마나 소설 속 등장인물의 생활과 사고방식에 흥미가 있다.	① ② ③ ④ ⑤
13	자신의 미적 표현력을 살리면 상당히 좋은 작품이 나올 것 같다.	① ② ③ ④ ⑤
14	화려한 것을 좋아하며 주위의 평판에 신경을 쓰는 편이다.	① ② ③ ④ ⑤
15	여럿이서 여행할 기회가 있다면 즐겁게 참가한다.	① ② ③ ④ ⑤
16	여행 소감 쓰기를 좋아한다.	① ② ③ ④ ⑤
17	상품 전시회에서 상품 설명을 한다면 잘할 수 있을 것 같다.	① ② ③ ④ ⑤
18	변화가 적고 손이 많이 가는 일도 꾸준히 하는 편이다.	① ② ③ ④ ⑤
19	신제품 홍보에 흥미가 있다.	① ② ③ ④ ⑤
20	열차 시간표 한 페이지 정도라면 정확하게 옮겨 쓸 자신이 있다.	① ② ③ ④ ⑤
21	자신의 장래에 대해 자주 생각한다.	① ② ③ ④ ⑤
22	혼자 있는 것에 익숙하다.	① ② ③ ④ ⑤
23	별 근심이 없다.	① ② ③ ④ ⑤
24	나의 환경에 아주 만족한다.	① ② ③ ④ ⑤
25	상품을 고를 때 디자인과 색에 신경을 많이 쓴다.	① ② ③ ④ ⑤
26	극단이나 연기학원에서 공부해 보고 싶다는 생각을 한 적이 있다.	① ② ③ ④ ⑤
27	외출할 때 날씨가 좋지 않아도 그다지 신경 쓰지 않는다.	① ② ③ ④ ⑤
28	손님을 불러들이는 호객행위도 마음만 먹으면 할 수 있을 것 같다.	① ② ③ ④ ⑤
29	신중하고 주의 깊은 편이다.	① ② ③ ④ ⑤
30	하루 종일 책상 앞에 앉아 있어도 지루해하지 않는 편이다.	① ② ③ ④ ⑤

번호	질문	응답
31	알기 쉽게 요점을 정리한 다음 남에게 잘 설명하는 편이다.	① ② ③ ④ ⑤
32	생물 시간보다는 미술 시간에 흥미가 있다.	① ② ③ ④ ⑤
33	남이 자신에게 상담을 해오는 경우가 많다.	① ② ③ ④ ⑤
34	친목회나 송년회 등의 총무 역할을 좋아하는 편이다.	① ② ③ ④ ⑤
35	실패하든 성공하든 그 원인은 꼭 분석한다.	① ② ③ ④ ⑤
36	실내 장식품이나 액세서리 등에 관심이 많다.	① ② ③ ④ ⑤
37	남에게 보이기 좋아하고 지기 싫어하는 편이다.	① ② ③ ④ ⑤
38	대자연 속에서 마음대로 몸을 움직이는 일이 좋다.	① ② ③ ④ ⑤
39	파티나 모임에서 자연스럽게 돌아다니며 인사하는 성격이다.	① ② ③ ④ ⑤
40	무슨 일에 쉽게 빠져드는 편이며 주인의식도 강하다.	① ② ③ ④ ⑤
41	우리나라 분재를 파리에서 파는 방법 따위를 생각하기 좋아한다.	① ② ③ ④ ⑤
42	하루 종일 거리를 돌아다녀도 그다지 피로를 느끼지 않는다.	① ② ③ ④ ⑤
43	컴퓨터의 키보드 조작도 연습하면 잘할 수 있을 것 같다.	① ② ③ ④ ⑤
44	자동차나 모터보트 등의 운전에 흥미를 갖고 있다.	① ② ③ ④ ⑤
45	연예인의 인기 비결을 곧잘 생각해 본다.	① ② ③ ④ ⑤
46	과자나 빵을 판매하는 일보다 만드는 일이 나에게 맞을 것 같다.	① ② ③ ④ ⑤
47	대체로 걱정하거나 고민하지 않는다.	① ② ③ ④ ⑤
48	비판적인 말을 들어도 쉽게 상처받지 않는다.	① ② ③ ④ ⑤
49	초등학교 선생님보다는 등대지기가 더 재미있을 것 같다.	① ② ③ ④ ⑤
50	남의 생일이나 명절에 선물을 사러 다니는 일은 귀찮다.	① ② ③ ④ ⑤
51	조심스러운 성격이라고 생각한다.	① ② ③ ④ ⑤
52	훌쩍 여행을 떠나고 싶을 때가 자주 있다.	① ② ③ ④ ⑤
53	사물을 신중하게 생각하는 편이라고 생각한다.	① ② ③ ④ ⑤
54	다른 사람들이 하지 못하는 일을 하고 싶다.	① ② ③ ④ ⑤
55	소외감을 느낄 때가 있다.	① ② ③ ④ ⑤
56	노력의 여하보다 결과가 중요하다.	① ② ③ ④ ⑤
57	다른 사람에게 의존적이 될 때가 많다.	① ② ③ ④ ⑤
58	타인에게 간섭받는 것은 싫다.	① ② ③ ④ ⑤
59	동작이 기민한 편이다.	① ② ③ ④ ⑤
60	다른 사람에게 항상 움직이고 있다는 말을 듣는다.	① ② ③ ④ ⑤

번호	질문	응답
61	해야 할 일은 신속하게 처리한다.	① ② ③ ④ ⑤
62	일주일의 예정을 만드는 것을 좋아한다.	① ② ③ ④ ⑤
63	잘하지 못하는 게임은 하지 않으려고 한다.	① ② ③ ④ ⑤
64	자기주장이 강하다.	① ② ③ ④ ⑤
65	의식 과잉이라는 생각이 들 때가 있다.	① ② ③ ④ ⑤
66	포기하지 않고 노력하는 것이 중요하다.	① ② ③ ④ ⑤
67	어떠한 일이 있어도 출세하고 싶다.	① ② ③ ④ ⑤
68	대인관계가 귀찮다고 느낄 때가 있다.	① ② ③ ④ ⑤
69	수다를 좋아한다.	① ② ③ ④ ⑤
70	장래의 일을 생각하면 불안해질 때가 있다.	① ② ③ ④ ⑤
71	쉽게 침울해 한다.	① ② ③ ④ ⑤
72	한 번 시작한 일은 끝을 맺는다.	① ② ③ ④ ⑤
73	막무가내라는 말을 들을 때가 많다.	① ② ③ ④ ⑤
74	자신의 권리를 주장하는 편이다.	① ② ③ ④ ⑤
75	쉽게 싫증을 내는 편이다.	① ② ③ ④ ⑤
76	하나의 취미를 오래 지속하는 편이다.	① ② ③ ④ ⑤
77	옆에 사람이 있으면 싫다.	① ② ③ ④ ⑤
78	자신의 의견을 상대에게 잘 주장하지 못한다.	① ② ③ ④ ⑤
79	토론에서 이길 자신이 있다.	① ② ③ ④ ⑤
80	좀처럼 결단하지 못하는 경우가 있다.	① ② ③ ④ ⑤
81	남과 친해지려면 용기가 필요하다.	① ② ③ ④ ⑤
82	활력이 있다.	① ② ③ ④ ⑤
83	다른 사람의 일에 관심이 없다..	① ② ③ ④ ⑤
84	통찰력이 있다고 생각한다.	① ② ③ ④ ⑤
85	다른 사람에게 위해를 가할 것 같은 기분이 든 때가 있다.	① ② ③ ④ ⑤
86	지루하면 마구 떠들고 싶어진다.	① ② ③ ④ ⑤
87	매사에 느긋하고 차분하게 매달린다.	① ② ③ ④ ⑤
88	친구들이 진지한 사람으로 생각하고 있다.	① ② ③ ④ ⑤
89	때로는 후회할 때도 있다.	① ② ③ ④ ⑤
90	친구들과 남의 이야기를 하는 것을 좋아한다.	① ② ③ ④ ⑤

번호	질문	응답
91	사소한 일로 우는 일이 많다.	① ② ③ ④ ⑤
92	내성적이라고 생각한다.	① ② ③ ④ ⑤
93	당황하면 갑자기 땀이 나서 신경 쓰일 때가 있다.	① ② ③ ④ ⑤
94	어떤 일이 있어도 의욕을 가지고 열심히 하는 편이다.	① ② ③ ④ ⑤
95	진정으로 마음을 허락할 수 있는 사람은 없다.	① ② ③ ④ ⑤
96	집에서 가만히 있으면 기분이 우울해진다.	① ② ③ ④ ⑤
97	굳이 말하자면 시원시원하다.	① ② ③ ④ ⑤
98	난관에 봉착해도 포기하지 않고 열심히 해본다.	① ② ③ ④ ⑤
99	기다리는 것에 짜증내는 편이다.	① ② ③ ④ ⑤
100	감정적으로 될 때가 많다.	① ② ③ ④ ⑤
101	눈을 뜨면 바로 일어난다.	① ② ③ ④ ⑤
102	친구들로부터 줏대 없는 사람이라는 말을 듣는다.	① ② ③ ④ ⑤
103	리더로서 인정을 받고 싶다.	① ② ③ ④ ⑤
104	누구나 권력자를 동경하고 있다고 생각한다.	① ② ③ ④ ⑤
105	다른 사람들이 남을 배려하는 마음씨가 있다는 말을 한다.	① ② ③ ④ ⑤
106	인간관계가 폐쇄적이라는 말을 듣는다.	① ② ③ ④ ⑤
107	누구와도 편하게 이야기할 수 있다.	① ② ③ ④ ⑤
108	몸으로 부딪혀 도전하는 편이다.	① ② ③ ④ ⑤
109	가만히 있지 못할 정도로 침착하지 못할 때가 있다.	① ② ③ ④ ⑤
110	사물을 과장해서 말하지 않는 편이다.	① ② ③ ④ ⑤
111	그룹 내에서는 누군가의 주도하에 따라가는 경우가 많다.	① ② ③ ④ ⑤
112	굳이 말하자면 자의식 과잉이다.	① ② ③ ④ ⑤
113	무슨 일이든 자신을 가지고 행동한다.	① ② ③ ④ ⑤
114	여행을 가기 전에는 세세한 계획을 세운다.	① ② ③ ④ ⑤
115	다른 사람에게 자신이 소개되는 것을 좋아한다.	① ② ③ ④ ⑤
116	차분하다는 말을 듣는다.	① ② ③ ④ ⑤
117	몸을 움직이는 것을 좋아한다.	① ② ③ ④ ⑤
118	의견이 다른 사람과는 어울리지 않는다.	① ② ③ ④ ⑤
119	계획을 생각하기보다 빨리 실행하고 싶어한다.	① ② ③ ④ ⑤
120	스포츠 선수가 되고 싶다고 생각한 적이 있다.	① ② ③ ④ ⑤

번호	질문	응답
121	융통성이 없는 편이다.	① ② ③ ④ ⑤
122	자신을 쓸모없는 인간이라고 생각할 때가 있다.	① ② ③ ④ ⑤
123	완성된 것보다 미완성인 것에 흥미가 있다.	① ② ③ ④ ⑤
124	작은 소리도 신경 쓰인다.	① ② ③ ④ ⑤
125	굳이 말하자면 장거리 주자에 어울린다고 생각한다.	① ② ③ ④ ⑤
126	모두가 싫증을 내는 일에도 혼자서 열심히 한다.	① ② ③ ④ ⑤
127	커다란 일을 해보고 싶다.	① ② ③ ④ ⑤
128	주위의 영향을 받기 쉽다.	① ② ③ ④ ⑤
129	잘하지 못하는 것이라도 자진해서 한다.	① ② ③ ④ ⑤
130	나는 완고한 편이라고 생각한다.	① ② ③ ④ ⑤
131	타인의 일에는 별로 관여하고 싶지 않다고 생각한다.	① ② ③ ④ ⑤
132	휴일은 세부적인 예정을 세우고 보낸다.	① ② ③ ④ ⑤
133	번화한 곳에 외출하는 것을 좋아한다.	① ② ③ ④ ⑤
134	능력을 살릴 수 있는 일을 하고 싶다.	① ② ③ ④ ⑤
135	자주 깊은 생각에 잠긴다.	① ② ③ ④ ⑤
136	지인을 발견해도 만나고 싶지 않을 때가 많다.	① ② ③ ④ ⑤
137	나는 자질구레한 걱정이 많다.	① ② ③ ④ ⑤
138	가만히 있지 못할 정도로 불안해질 때가 많다.	① ② ③ ④ ⑤
139	이유도 없이 화가 치밀 때가 있다.	① ② ③ ④ ⑤
140	이유도 없이 다른 사람과 부딪힐 때가 있다.	① ② ③ ④ ⑤
141	나는 다른 사람보다 기가 세다.	① ② ③ ④ ⑤
142	친절한 사람 밑에서 일하고 싶다.	① ② ③ ④ ⑤
143	다른 사람이 나를 어떻게 생각하는지 궁금할 때가 많다.	① ② ③ ④ ⑤
144	직접 만나는 것보다 전화로 이야기하는 것이 편하다.	① ② ③ ④ ⑤
145	침울해지면서 아무 것도 손에 잡히지 않을 때가 있다.	① ② ③ ④ ⑤
146	이성적인 사람 밑에서 일하고 싶다.	① ② ③ ④ ⑤
147	다른 사람보다 쉽게 우쭐해진다.	① ② ③ ④ ⑤
148	시를 많이 읽는다.	① ② ③ ④ ⑤
149	성격이 밝다는 말을 듣는다.	① ② ③ ④ ⑤
150	실무적이라는 인상을 주고 싶다.	① ② ③ ④ ⑤

번호	질문	응답
151	어색해지면 입을 다무는 경우가 많다.	① ② ③ ④ ⑤
152	커피가 있어야 안심이 된다.	① ② ③ ④ ⑤
153	어린 시절로 돌아가고 싶을 때가 있다.	① ② ③ ④ ⑤
154	무모할 것 같은 일에 도전하고 싶다.	① ② ③ ④ ⑤
155	하루의 행동을 반성하는 경우가 많다.	① ② ③ ④ ⑤
156	학구적이라는 인상을 주고 싶다.	① ② ③ ④ ⑤
157	내가 아는 것을 남에게 알려주고 싶다.	① ② ③ ④ ⑤
158	굳이 말하자면 기가 센 편이다.	① ② ③ ④ ⑤
159	일의 보람보단 결과를 중요시 한다.	① ② ③ ④ ⑤
160	격렬한 운동도 그다지 힘들어하지 않는다.	① ② ③ ④ ⑤
161	가능성보단 현실성에 눈을 돌린다.	① ② ③ ④ ⑤
162	부탁을 잘 거절하지 못한다.	① ② ③ ④ ⑤
163	앞으로의 일을 생각하지 않으면 진정이 되지 않는다.	① ② ③ ④ ⑤
164	상상이 되는 것을 선호한다.	① ② ③ ④ ⑤
165	빌려준 것을 받지 못하는 편이다.	① ② ③ ④ ⑤
166	인생에서 중요한 것은 높은 목표를 갖는 것이다.	① ② ③ ④ ⑤
167	잠을 쉽게 자는 편이다.	① ② ③ ④ ⑤
168	다른 사람이 부럽다고 생각하지 않는다.	① ② ③ ④ ⑤
169	학문보다는 기술이다.	① ② ③ ④ ⑤
170	무슨 일이든 선수를 쳐야 이긴다고 생각한다.	① ② ③ ④ ⑤
171	SNS를 좋아하는 편이다.	① ② ③ ④ ⑤
172	뉴스를 자주 보는 편이다.	① ② ③ ④ ⑤
173	불우이웃을 돕는 편이다.	① ② ③ ④ ⑤
174	취미활동에 돈을 아끼지 않는다.	① ② ③ ④ ⑤
175	혼자서 밥을 먹어도 이상하지 않다.	① ② ③ ④ ⑤
176	기획하는 것보다 영업하는 것이 편하다.	① ② ③ ④ ⑤
177	나만의 특기를 가지고 있다.	① ② ③ ④ ⑤
178	토론자와 사회 중에서 토론자가 더 어울린다.	① ② ③ ④ ⑤
179	아기자기한 것을 좋아한다.	① ② ③ ④ ⑤
180	통계가 맞지 않으면 신경이 쓰인다.	① ② ③ ④ ⑤

번호	질문	응답
181	100년 전의 풍습에 흥미가 있다.	① ② ③ ④ ⑤
182	신제품 개발보다 기존 상품을 개선하는 것을 선호한다.	① ② ③ ④ ⑤
183	손으로 쓴 글씨에 자신이 있다.	① ② ③ ④ ⑤
184	현재의 삶에 만족한다.	① ② ③ ④ ⑤
185	내 미래를 밝다고 생각한다.	① ② ③ ④ ⑤
186	과학보다는 철학에 관심이 있다.	① ② ③ ④ ⑤
187	원인을 알 수 없으면 반드시 찾아야 한다.	① ② ③ ④ ⑤
188	무언가에 흥미를 느끼는 데 오래 걸린다.	① ② ③ ④ ⑤
189	처음 보는 사람에게 물건을 잘 팔 수 있다.	① ② ③ ④ ⑤
190	언어가 안 통하는 나라에서 잘 생활할 수 있다.	① ② ③ ④ ⑤
191	시각보다는 청각에 민감한 편이다.	① ② ③ ④ ⑤
192	큰 건물이 작은 건물보다 좋다.	① ② ③ ④ ⑤
193	음식을 만드는 것이 물건을 전시하는 것보다 쉽다.	① ② ③ ④ ⑤
194	안 쓰는 물건을 잘 버리는 편이다.	① ② ③ ④ ⑤
195	사람의 인상착의나 이름을 잘 외운다.	① ② ③ ④ ⑤
196	지시를 받는 것보다 지시를 하는 것이 어울린다.	① ② ③ ④ ⑤
197	규칙적으로 먹고 잔다.	① ② ③ ④ ⑤
198	처음 격는 상황에도 빠르게 대처할 수 있다.	① ② ③ ④ ⑤
199	내가 할 수 있는 것은 내가 한다.	① ② ③ ④ ⑤
200	이성하고 이야기하는 것이 어렵지 않다.	① ② ③ ④ ⑤

PART

2

직무능력검사

CHAPTER 01

언어논리력

합격 Cheat Key

| 출제유형 |

1 어휘력

어휘의 의미를 정확하게 알고 있는지 평가하는 유형으로, 밑줄 친 어휘와 같은 의미로 쓰인 어휘를 찾는 문제, 주어진 문장 속에서 사용이 적절하지 않은 어휘를 찾는 문제, 주어진 여러 단어의 뜻을 포괄하는 어휘를 찾는 문제 등이 출제되고 있다.

2 나열하기

문장과 문장 사이의 관계 및 글 전체의 흐름을 읽어낼 수 있는지 평가하는 유형으로, 논리적인 순서에 따라 주어진 글의 문장이나 문단을 나열하는 문제가 출제되고 있다.

3 빈칸추론

앞뒤 문맥과 글의 전체 흐름을 파악하여 제시된 글의 빈칸에 들어갈 알맞은 문장을 고르는 문제가 출제되고 있다.

4 독해

주어진 글의 내용과 일치하거나 일치하지 않는 것 고르기, 주제 / 제목 찾기, 글을 통해 추론할 수 있는 것이나 없는 것 고르기 등 다양한 유형의 독해문제가 출제되고 있다.

학습전략

1 어휘력

• 어휘가 가진 다양한 의미를 묻는 문제가 주로 출제되므로 어휘의 의미를 정확하게 알고 있어야 한다.
• 다의어의 경우 문장 속에서 어떤 의미로 활용되는지 파악하는 것이 중요하므로 예문과 함께 학습하도록 한다.

2 나열하기

• 문장과 문장을 연결하는 접속어의 쓰임에 대해 정확히 알고 있어야 문제를 풀 수 있다.
• 문장 속에 나타나는 지시어는 해당 문장의 앞에 어떤 내용이 오는지에 대한 힌트가 되므로 이에 집중한다.

3 빈칸추론

• 제시문을 처음부터 끝까지 다 읽기보다는 빈칸의 앞뒤 문장만으로 그 사이에 들어갈 내용을 유추하는 연습을 해야 한다.
• 선택지를 읽으며 빈칸에 들어갈 답을 고른 후 해설과 비교한다. 확실하게 정답을 선택한 경우를 제외하고, 왜 틀렸는지 파악하고 놓친 부분을 반드시 체크하는 습관을 들인다.

4 독해

• 다양한 분야의 제시문을 위해 평소에 여러 분야의 도서나 신문의 기사 등을 읽어 둔다.
• 단기간의 공부로 성적을 올릴 없으므로 평소에 독서를 통해 꾸준히 연습해야 한다.
• 무작정 제시문을 읽고 문제를 풀기보다는, 문제와 선택지를 먼저 읽고 제시문에서 찾아야 할 내용이 무엇인지를 먼저 파악한 후 글을 읽는다면 시간을 절약할 수 있다.
• 먼저 선택지의 키워드를 체크한 후, 제시문의 내용과의 일치 유무를 신속히 판단한다.

CHAPTER

01 | 언어논리력 핵심이론

01 ▶ 어휘의 의미

1. 의미 관계

(1) 유의 관계

유의어는 두 개 이상의 어휘가 서로 소리는 다르나 의미가 비슷한 경우로, 유의 관계의 대부분은 개념적 의미의 동일성을 전제로 한다.

(2) 반의 관계

반의어는 둘 이상의 단어에서 의미가 서로 짝을 이루어 대립하는 경우로, 어휘의 의미가 서로 대립되는 단어를 말하며, 이러한 어휘들의 관계를 반의 관계라고 한다. 한 쌍의 단어가 반의어가 되려면, 두 어휘 사이에 공통적인 의미 요소가 있으면서도 동시에 하나의 의미 요소만 달라야 한다.

(3) 상하 관계

상하 관계는 단어의 의미적 계층 구조에서 한쪽이 의미상 다른 쪽을 포함하거나 다른 쪽에 포섭되는 관계를 말한다. 상하 관계를 형성하는 단어들은 상위어일수록 일반적이고 포괄적인 의미를 지니며, 하위어일수록 개별적이고 한정적인 의미를 지니므로 하위어는 상위어를 의미적으로 함의하게 된다. 즉, 상위어가 가지고 있는 의미 특성을 하위어가 자동적으로 가지게 된다.

(4) 부분 관계

부분 관계는 한 단어가 다른 단어의 부분이 되는 관계를 말하며, 전체 – 부분 관계라고도 한다. 부분 관계에서 부분을 가리키는 단어를 부분어, 전체를 가리키는 단어를 전체어라고 한다. 예를 들면, '머리, 팔, 몸통, 다리'는 '몸'의 부분어이며, 이러한 부분어들에 의해 이루어진 '몸'은 전체어이다.

2. 다의어와 동음이의어

다의어(多義語)는 뜻이 여러 개인 낱말을 뜻하고, 동음이의어(同音異義語)는 소리는 같으나 뜻이 다른 낱말을 뜻한다. 중심 의미(본래의 의미)와 주변 의미(변형된 의미)로 나누어지면 다의어이고, 중심 의미와 주변 의미로 나누어지지 않고 전혀 다른 의미를 지니면 동음이의어라 한다.

02 ▸ 알맞은 어휘

1. 나이와 관련된 어휘

어휘	뜻
충년(沖年) 지학(志學)	10세 안팎의 어린 나이 15세가 되어 학문에 뜻을 둠
약관(弱冠)	남자 나이 20세 스무 살 전후의 여자 나이는 묘령(妙齡), 묘년(妙年), 방년(芳年), 방령(芳齡) 등이라 칭함
이립(而立)	30세, 『논어』에서 공자가 서른 살에 자립했다고 한 데서 나온 말로 인생관이 섰다는 뜻
불혹(不惑)	40세, 세상의 유혹에 빠지지 않음을 뜻함
지천명(知天命)	50세, 하늘의 뜻을 깨달음
이순(耳順) 화갑(華甲) 진갑(進甲)	60세, 경륜이 쌓이고 사려와 판단이 성숙하여 남의 어떤 말도 거슬리지 않음 61세, 회갑(回甲), 환갑(還甲) 62세, 환갑의 이듬해
고희(古稀) 희수(喜壽)	70세, 두보의 시에서 유래. 마음대로 한다는 뜻의 종심(從心)이라고도 함 77세, '喜'자의 초서체가 '七十七'을 세로로 써놓은 것과 비슷한 데서 유래
산수(傘壽) 망구(望九) 미수(米壽)	80세, '傘'자를 풀면 '八十'이 되는 데서 유래 81세, 90세를 바라봄 88세, '米'자를 풀면 '八十八'이 되는 데서 유래
졸수(卒壽) 망백(望百) 백수(白壽)	90세, '卒'의 초서체가 '九十'이 되는 데서 유래 91세, 100세를 바라봄 99세, '百'에서 '一'을 빼면 '白'
상수(上壽) 다수(茶壽) 천수(天壽)	100세, 사람의 수명 중 최상의 수명 108세, '茶'를 풀면, '十'이 두 개라서 '二十'이고, 아래 '八十八'이니 합하면 108 120세, 병 없이 늙어서 죽음을 맞이하면 하늘이 내려 준 나이를 다 살았다는 뜻

2. 단위와 관련된 어휘

구분	단위	뜻
길이	자	한 치의 열 배로 약 30.3cm
	마장	5리나 10리가 못 되는 거리
	발	두 팔을 양옆으로 펴서 벌렸을 때 한쪽 손끝에서 다른 쪽 손끝까지의 길이
	길	여덟 자 또는 열 자로 약 2.4m 또는 3m. 사람 키 정도의 길이
	치	한 자의 10분의 1 또는 약 3.03cm
	칸	여섯 자로, 1.81818m
	뼘	엄지손가락과 다른 손가락을 완전히 펴서 벌렸을 때에 두 끝 사이의 거리
넓이	길이	논밭 넓이의 단위. 소 한 마리가 하루에 갈 만한 넓이로, 약 2,000평 정도
	단보	땅 넓이의 단위. 1단보는 남한에서는 300평으로 991.74m^2, 북한에서는 30평으로 99.174m^2
	마지기	논밭 넓이의 단위. 볍씨 한 말의 모 또는 씨앗을 심을 만한 넓이로, 논은 약 150～300평, 밭은 약 100평 정도
	되지기	논밭 넓이의 단위. 볍씨 한 되의 모 또는 씨앗을 심을 만한 넓이로 한 마지기의 10분의 1
	섬지기	논밭 넓이의 단위. 볍씨 한 섬의 모 또는 씨앗을 심을 만한 넓이로 한 마지기의 열 배이며 논은 약 2,000평, 밭은 약 1,000평
	간	건물의 칸살의 넓이를 잴 때 사용. 한 간은 보통 여섯 자 제곱의 넓이

부피	홉	곡식, 가루, 액체 따위의 부피를 잴 때 쓰는 단위. 한 되의 10분의 1로 약 180mL
	되	곡식, 가루, 액체 따위의 부피를 잴 때 쓰는 단위. 한 말의 10분의 1, 한 홉의 열 배로 약 1.8L
	말	곡식, 액체, 가루 따위의 부피를 잴 때 쓰는 단위. 한 되의 10배로 약 18L
	섬	곡식, 액체, 가루 따위의 부피를 잴 때 쓰는 단위. 한 말의 10배로 약 180L
	되들이	한 되를 담을 수 있는 분량
	줌	한 손에 쥘 만한 분량
	춤	가늘고 기름한 물건을 한 손으로 쥘 만한 분량
무게	냥	귀금속이나 한약재 따위의 무게를 잴 때 쓰는 단위. 귀금속의 무게를 잴 때는 한 돈의 열 배이고, 한약재의 무게를 잴 때는 한 근의 16분의 1로 37.5g
	돈	귀금속이나 한약재 따위의 무게를 잴 때 쓰는 단위. 한 냥의 10분의 1, 한 푼의 열 배로 3.75g
	푼	귀금속이나 한약재 따위의 무게를 잴 때 쓰는 단위. 한 돈의 10분의 1로, 약 0.375g
	냥쭝	한 냥쯤 되는 무게
	돈쭝	한 돈쯤 되는 무게
묶음	갓	굴비·비웃 따위 10마리. 또는 고비·고사리 따위 10모숨을 한 줄로 엮은 것
	강다리	쪼갠 장작을 묶어 세는 단위. 쪼갠 장작 100개비
	거리	오이나 가지 50개
	고리	소주를 사발에 담은 것을 묶어 세는 단위로, 한 고리는 소주 10사발
	꾸러미	꾸리어 싼 물건을 세는 단위. 달걀 10개를 묶어 세는 단위
	담불	곡식이나 나무를 높이 쌓아 놓은 무더기. 벼 100섬씩 묶어 세는 단위
	동	물건을 묶어 세는 단위. 먹 10정, 붓 10자루, 생강 10접, 피륙 50필, 백지 100권, 곶감 100접, 볏짚 100단, 조기 1,000마리, 비웃 2,000마리
	마투리	곡식의 양을 섬이나 가마로 잴 때 한 섬이나 한 가마가 되지 못하고 남은 양
	모숨	길고 가느다란 물건의 한 줌 안에 들어올 만한 분량
	뭇	짚, 장작, 채소 따위의 작은 묶음을 세는 단위, 볏단을 세는 단위. 생선 10마리, 미역 10장
	새	피륙의 날을 세는 단위. 한 새는 날실 여든 올
	쌈	바늘을 묶어 세는 단위. 한 쌈은 바늘 24개
	손	한 손에 잡을 만한 분량을 세는 단위. 고등어 따위의 생선 2마리
	우리	기와를 세는 단위. 한 우리는 기와 2,000장
	접	채소나 과일 따위를 묶어 세는 단위. 한 접은 100개
	제	한약의 분량을 나타내는 단위. 한 제는 탕약 20첩
	죽	옷, 그릇 따위의 열 벌을 묶어 이르는 말
	축	오징어를 묶어 세는 단위. 한 축은 오징어 20마리
	쾌	북어를 묶어 세는 단위. 한 쾌는 북어 20마리
	톳	김을 묶어 세는 단위. 한 톳은 김 100장
	필	명주 40자

3. 지칭과 관련된 어휘

구분		생존	사망
본인	아버지	가친(家親), 엄친(嚴親), 가군(家君)	선친(先親), 선군(先君), 망부(亡父)
	어머니	자친(慈親)	선비(先妣), 선자(先慈), 망모(亡母)
타인	아버지	춘부장(椿府丈)	선대인(先大人)
	어머니	자당(慈堂)	선대부인(先大夫人)

4. 절기와 관련된 어휘

봄	입춘	봄의 문턱에 들어섰다는 뜻으로, 봄의 시작을 알리는 절기 [2월 4일경]
	우수	봄비가 내리는 시기라는 뜻 [2월 18일경]
	경칩	개구리가 잠에서 깨어난다는 의미로, 본격적인 봄의 계절이라는 뜻 [3월 5일경]
	춘분	봄의 한가운데로, 낮이 길어지는 시기 [3월 21일경]
	청명	하늘이 맑고 높다는 뜻으로, 전형적인 봄 날씨가 시작되므로 농사 준비를 하는 시기 [4월 5일경]
	곡우	농사에 필요한 비가 내리는 시기라는 뜻 [4월 20일경]
여름	입하	여름의 문턱에 들어섰다는 뜻으로, 여름의 시작을 알리는 절기 [5월 5일경]
	소만	조금씩 차기 시작한다는 뜻으로, 곡식이나 과일의 열매가 생장하여 가득 차기 시작하는 절기 [5월 21일경]
	망종	수염이 있는 곡식, 즉 보리·수수 같은 곡식은 추수를 하고 논에 모를 심는 절기 [6월 6일경]
	하지	여름의 중간으로 낮이 제일 긴 날 [6월 21일경]
	소서	작은 더위가 시작되는 절기로 한여름에 들어선 절기 [7월 7~8일경]
	대서	큰 더위가 시작되는 절기로 가장 더운 여름철이란 뜻 [7월 24일경]
가을	입추	가을의 문턱에 들어섰다는 뜻으로, 가을의 시작을 알리는 절기 [8월 8~9일경]
	처서	더위가 식고 일교차가 커지면서 식물들이 성장을 멈추고 겨울 준비를 하는 절기 [8월 23일경]
	백로	흰 이슬이 내리는 시기로 기온은 내려가고 본격적인 가을이 시작되는 시기 [9월 8일경]
	추분	밤이 길어지는 시기이며 가을의 한가운데라는 뜻 [9월 23일경]
	한로	찬 이슬이 내린다는 뜻 [10월 8일경]
	상강	서리가 내린다는 뜻 [10월 23일경]
겨울	입동	겨울의 문턱에 들어섰다는 뜻으로, 겨울의 시작을 알리는 절기 [11월 8일경]
	소설	작은 눈이 내린다는 뜻으로, 눈이 내리고 얼음이 얼기 시작하는 절기 [11월 22~23일경]
	대설	큰 눈이 내리는 절기 [12월 8일경]
	동지	밤이 가장 긴 날로, 겨울의 한가운데라는 뜻 [12월 22~23일경]
	소한	작은 추위라는 뜻으로, 본격적인 추위가 시작되는 절기 [1월 6~7일경]
	대한	큰 추위가 시작된다는 뜻으로, 한겨울 [1월 20일경]

5. 접속어

순접	앞의 내용을 순조롭게 받아 연결시켜 주는 역할 예 그리고, 그리하여, 그래서, 이와 같이, 그러므로 등
역접	앞의 내용과 상반된 내용을 이어 주는 역할 예 그러나, 그렇지만, 하지만, 그래도, 반면에 등
인과	앞뒤의 문장을 원인과 결과로 또는 결과와 원인으로 연결시켜 주는 역할 예 그래서, 따라서, 그러므로, 왜냐하면 등
환언·요약	앞 문장을 바꾸어 말하거나 간추려 짧게 말하며 이어 주는 역할 예 즉, 요컨대, 바꾸어 말하면, 다시 말하면 등
대등·병렬	앞 내용과 뒤의 내용을 대등하게 이어 주는 역할 예 또는, 혹은, 및, 한편 등
전환	뒤의 내용이 앞의 내용과는 다른 새로운 생각이나 사실을 서술하여 화제를 바꾸어 이어 주는 역할 예 그런데, 한편, 아무튼, 그러면 등
예시	앞 문장에 대한 구체적인 예를 들어 설명하며 이어 주는 역할 예 예컨대, 이를테면, 가령, 예를 들어 등

PART 2

03 ▸ 논리구조

논리구조에서는 주로 단락과 문장 간의 관계나 글 전체의 논리적 구조를 정확히 파악했는지를 묻는다. 글의 순서를 바르게 나열하는 유형이 출제되고 있다. 제시문의 전체적인 흐름을 바탕으로 각 문단의 특징, 단락 간의 역할 등을 논리적으로 구조화할 수 있는 능력을 길러야 한다.

(1) 문장의 관계와 원리

① 문장과 문장 간의 관계

㉠ 상세화 관계 : 주지 → 구체적 설명(비교, 대조, 유추, 분류, 분석, 인용, 예시, 비유, 부연, 상술 등)

㉡ 문제(제기)와 해결 관계 : 한 문장이 문제를 제기하고, 다른 문장이 그 해결책을 제시하는 관계(과제 제시 → 해결 방안, 문제 제기 → 해답 제시)

㉢ 선후 관계 : 한 문장이 먼저 발생한 내용을 담고, 다음 문장이 나중에 발생한 내용을 담고 있는 관계

㉣ 원인과 결과 관계 : 한 문장이 원인이 되고, 다른 문장이 그 결과가 되는 관계(원인 제시 → 결과 제시, 결과 제시 → 원인 제시)

㉤ 주장과 근거 관계 : 한 문장이 필자가 말하고자 하는 바(주지)가 되고, 다른 문장이 그 문장의 증거(근거)가 되는 관계(주장 제시 → 근거 제시, 의견 제안 → 의견 설명)

㉥ 전제와 결론 관계 : 앞 문장에서 조건이나 가정을 제시하고, 뒤 문장에서 이에 따른 결론을 제시하는 관계

② 문장의 연결 방식

㉠ 순접 : 원인과 결과, 부연 설명 등의 문장 연결에 쓰임

예 그래서, 그리고, 그러므로 등

㉡ 역접 : 앞글의 내용을 전면적 또는 부분적으로 부정

예 그러나, 그렇지만, 그래도, 하지만 등

㉢ 대등·병렬 : 앞뒤 문장의 대비와 반복에 의한 접속

예 및, 혹은, 또는, 이에 반하여 등

㉣ 보충·첨가 : 앞글의 내용을 보다 강조하거나 부족한 부분을 보충하기 위해 다른 말을 덧붙이는 문맥

예 단, 곧, 즉, 더욱이, 게다가, 왜냐하면 등

㉤ 화제 전환 : 앞글과는 다른 새로운 내용을 이야기하기 위한 문맥

㉥ 비유·예시 : 앞글에 대해 비유적으로 다시 말하거나 구체적인 예를 보임

예 예를 들면, 예컨대, 마치 등

③ 원리 접근법

앞뒤 문장의 중심 의미 파악	→	앞뒤 문장의 중심 내용이 어떤 관계인지 파악	→	문장 간의 접속어, 지시어의 의미와 기능	→	문장의 의미와 관계성 파악
각 문장의 의미를 어떤 관계로 연결해서 글을 전개하는지 파악해야 한다.		제시문 안의 모든 문장은 서로 논리적 관계성이 있다.		접속어와 지시어를 음미하는 것은 독해의 길잡이 역할을 한다.		문단의 중심 내용을 알기 위한 기본 분석 과정이다.

PART 2

04 ▸ 논리적 이해

(1) 전제의 추론

전제의 추론은 원칙적으로 주어진 내용의 이면에 내포되어 있는 이미 옳다고 인정된 사실을 유추하는 유형이다.

① 먼저 주장이 무엇인지 명확하게 파악해야 한다.

② 주장이 성립하기 위해서 논리적으로 필요한 요건이 무엇인지 생각해 본다.

③ 선택지 중 주장과 논리적으로 인과 관계를 형성할 수 있는 조건을 찾아낸다.

(2) 결론의 추론

주어진 내용을 명확히 이해한 다음, 이를 근거로 이끌어 낼 수 있는 올바른 결론이나 관련 사항을 논리적인 관점에서 찾는 문제 유형이다. 이와 같은 문제는 평상시 비판적이고 논리적인 관점으로 글을 읽는 연습을 충분히 해 두어야 유리하다고 볼 수 있다.

(3) 주제의 추론

주제와 관련된 추론 문제는 적성검사에서 자주 출제되는 유형으로서, 글의 표제, 부제, 주제, 주장, 의도를 파악하는 형태의 문제와 같은 유형이다. 이러한 유형의 문제는 주제를 글의 첫 문단이나 마지막 문단을 통해서 찾을 수 있으며, 그렇지 않으면 문단의 병렬·대등 관계를 파악하면 쉽게 찾을 수 있다. 여러 문단에서 공통된 주제를 추론할 때는, 각각의 제시문을 먼저 요약한 뒤, 핵심 키워드를 찾은 다음, 이를 토대로 주제문을 가려내어 하나의 주제를 유추하면 된다. 평소에 제시문을 읽고, 핵심 키워드를 찾아 문장을 구성하는 연습을 많이 해두어야 한다. 또한, 겉으로 드러난 주제나 정보를 찾는 데 그치지 않고 글 속에 숨겨진 의도나 정보를 찾기 위해 꼼꼼히 관찰하는 태도가 필요하다.

CHAPTER

01 언어논리력 기출예상문제

정답 및 해설 p.002

01 ▸ 어휘력

대표유형 1 유의어

다음 제시된 단어와 같거나 유사한 의미를 가진 것은?

수양

① 구별 ② 수련
③ 간단 ④ 단순

| 해설 | • 수양 : 몸과 마음을 갈고닦아 품성이나 지식, 도덕 따위를 높은 경지로 끌어올림
• 수련 : 인격, 기술, 학문 따위를 닦아서 단련함

오답분석
① 구별 : 성질이나 종류에 따라 차이가 남. 또는 성질이나 종류에 따라 갈라놓음
③ 간단 : 단순하고 간략함
④ 단순 : 복잡하지 않고 간단함

정답 ②

※ 다음 제시된 단어와 같거나 유사한 의미를 가진 단어를 고르시오. [1~7]

01

궁색하다

① 애매하다 ② 매정하다
③ 인자하다 ④ 옹색하다

02

주문하다

① 의미하다 ② 청하다
③ 알뜰하다 ④ 유려하다

03

정세

① 정설 ② 정취
③ 상황 ④ 여파

04

경상

① 경찰 ② 인상
③ 고전 ④ 고정

05

식견

① 풍채 ② 모습
③ 수습 ④ 견문

06

막역하다

① 영민하다 ② 허물없다
③ 신랄하다 ④ 날카롭다

07

사퇴하다

① 그만두다 ② 민감하다
③ 영특하다 ④ 사소하다

PART 2

대표유형 2 반의어

다음 제시된 단어와 반대되는 의미를 가진 것은?

정밀

① 조잡　② 해산
③ 억제　④ 촉진

| 해설 | • 정밀 : 아주 정교하고 치밀하여 빈틈이 없고 자세함
• 조잡 : 말이나 행동, 솜씨 따위가 거칠고 잡스러워 품위가 없음

오답분석
② 해산 : 모였던 사람이 흩어짐. 또는 흩어지게 함
③ 억제 : 감정이나 욕망, 충동적 행동 따위를 내리눌러서 그치게 함
④ 촉진 : 다그쳐 빨리 나아가게 함

정답 ①

※ 다음 제시된 단어와 반대되는 의미를 가진 단어를 고르시오. [8~14]

08

느긋하다

① 설면하다　② 성마르다
③ 평탄하다　④ 원만하다

09

남용

① 절용　② 오용
③ 과용　④ 난용

10

득의

① 민의　　② 실의
③ 호의　　④ 반의

11

영혼

① 영빈　　② 육체
③ 정신　　④ 결혼

12

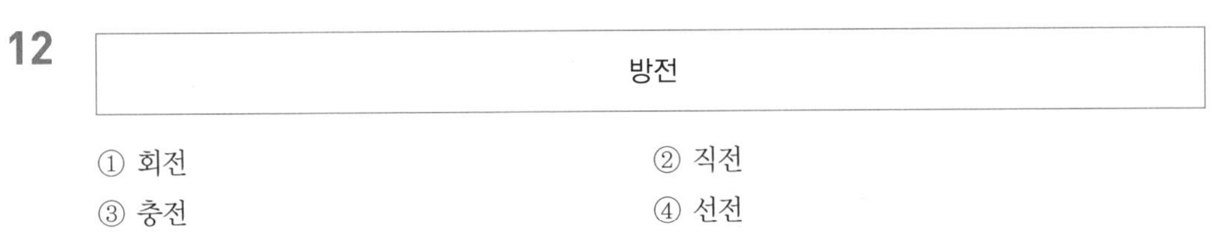

방전

① 회전　　② 직전
③ 충전　　④ 선전

13

부절

① 의절　　② 굴절
③ 두절　　④ 조절

14

취약하다

① 유약하다　　② 강인하다
③ 취합하다　　④ 촉진하다

대표유형 3 어휘

다음 중 제시된 의미를 가진 단어로 적절한 것은?

짧은 틈을 타서 불편하게 자는 잠

① 단잠 ② 귀잠
③ 발칫잠 ④ 쪽잠

| 해설 | 제시된 의미를 가진 단어는 '쪽잠'이다.

오답분석
① 단잠 : 아주 달게 곤히 자는 잠
② 귀잠 : 아주 깊이 든 잠
③ 발칫잠 : 남의 발이 닿는 쪽에서 불편하게 자는 잠

정답 ④

※ 다음 중 제시된 의미를 가진 단어를 고르시오. [15~22]

15

모자라거나 부족한 것을 보충하여 완전하게 하다.

① 복구하다 ② 보완하다
③ 복제하다 ④ 보류하다

16

천연덕스럽고 구수하다.

① 유지하다 ② 구성지다
③ 간수하다 ④ 건사하다

17

짜거나 엮은 것이 성기고 거칠다.

① 살피다 ② 망보다
③ 돌보다 ④ 설피다

18

해가 거의 넘어갈 무렵

① 일출
② 해돋이
③ 해거름
④ 해찰

19

남쪽 또는 앞쪽에서 불어오는 바람

① 마파람
② 황소바람
③ 하늬바람
④ 보라바람

20

눈이 와서 덮인 후에 아직 아무도 지나지 않은 상태의 눈

① 숫눈
② 살눈
③ 도둑눈
④ 싸라기눈

21

길고 가느다란 물건의, 한 줌 안에 들어올 만한 분량

① 축
② 모숨
③ 쌈
④ 우리

22

일의 갈피가 어수선하고 복잡한 데가 있다.

① 까다롭다
② 주저롭다
③ 정예롭다
④ 번거롭다

대표유형 4 관계유추

다음 제시된 단어의 대응 관계로 볼 때, 빈칸에 들어갈 가장 적절한 단어는?

치환 : 대치 = 포고 : ( )

① 국면
② 공포
③ 전위
④ 극명

| 해설 | 제시된 단어는 유의 관계이다.
- 치환 : 바꾸어 놓음
- 대치 : 다른 것으로 바꾸어 놓음
- 포고 : 일반에게 널리 알림
- 공포 : 일반 대중에게 널리 알림

오답분석

① 국면 : 어떤 일이 벌어진 장면이나 형편
③ 전위 : 위치가 변함
④ 극명 : 속속들이 똑똑하게 밝힘

정답 ②

※ 다음 제시된 단어의 대응 관계로 볼 때, 빈칸에 들어갈 가장 적절한 단어를 고르시오. [23~29]

23

참여 : 이탈 = ( ) : 종결

① 귀결
② 소외
③ 착수
④ 단락

24

분별 : 변별 = ( ) : 존망

① 절명
② 사멸
③ 종신
④ 사활

25

발산 : 수렴 = 일괄 : ( )

① 결집
② 분별
③ 분할
④ 집합

26

배제 : 배척 = 정세 : (　　)

① 상황　② 경우
③ 기회　④ 눈치

27

황공하다 : 황름하다 = (　　) : 아퀴짓다

① 두려워하다　② 거칠다
③ 마무리하다　④ 할퀴다

28

(　　) : 경쾌하다 = 패배 : 굴복

① 발걸음　② 흐무러지다
③ 참신하다　④ 가뿐하다

29

믿음 : 신용 = (　　) : 선의

① 선악　② 호의
③ 회의　④ 신뢰

대표유형 5 접속어

다음 글의 빈칸 ㉠, ㉡에 들어갈 접속어를 적절하게 나열한 것은?

일반적으로 공황발작이란 극심한 불안을 말한다. 사람은 누구나 생명의 위협을 느끼거나 매우 놀라는 위기상황에서 극심한 불안을 느끼며, 이는 정상적인 생리 반응이다. ㉠ 공황장애에서의 공황발작은 아무런 이유 없이 아무 때나 예기치 못하게 반복적으로 발생한다. 공황발작이 발생하게 되면 심장이 두근거리기도 하고 가슴이 답답하고 아플 수도 있으며, 숨쉬기 어렵거나 숨이 막힐 것 같은 기분이 들 수 있다. 또, 구역질이 나거나 복통이 있을 수도 있고, 두통이나 어지러움이 느껴져 기절할 것 같은 느낌이 들고 땀이 나면서 온몸에 힘이 빠지거나 손발이 저릿할 수도 있다. 이러한 여러 가지 증상들이 모두 다 나타날 수도 있고, 이 중에 몇 가지만 나타날 수도 있는데, 특징적으로 이러다 미쳐버릴 것 같거나, 이러다 죽을지도 모른다는 공포감을 느끼게 된다. 특별한 위기 상황이나 스트레스 상황이 아닌데도 길을 걷다가, 앉아서 수업을 듣다가, 자려고 누웠다가 공황발작이 발생할 수 있다. ㉡ 예기치 못하게 공황발작이 나타나게 되면 다음에 또다시 발작이 생길까 걱정하며 본인 나름의 발작 이유나 결과에 대해 생각하며 행동의 변화가 생기게 된다. 특히 언제 다시 발작이 생길지 몰라 불안해하며, 발작이 생기면 도움을 청할 수 있는 사람과 함께 있으려 한다든지, 혼자 외출을 못하고 집에만 있으려고 해 일상생활이 어려워지는 경우도 많다.

	㉠	㉡
①	그리고	그러므로
②	그리고	그러므로
③	그러나	하지만
④	그러나	이와 같이

| 해설 | ㉠의 앞에서는 일반적인 사람들이 위기상황에서 공황발작을 느끼는 것은 정상적인 생리 반응이라고 하였으나, ㉠의 뒤에서는 공황장애에서의 공황발작은 아무런 이유 없이 아무 때나 예기치 못하게 발생한다고 하였으므로 ㉠의 빈칸에는 역접의 의미가 있는 '그러나'가 와야 한다. ㉡의 앞에서는 특별한 위기 상황이 아니어도 공황발작이 발생할 수 있고, ㉡ 뒤에서는 이렇게 공황발작이 나타나면 행동의 변화가 생기게 된다고 하였으므로 ㉡의 빈칸에는 앞 내용의 양상을 받아 뒤의 문장을 이끄는 말인 '이와 같이'가 와야 한다.

정답 ④

※ 다음 글의 빈칸에 들어갈 접속어로 적절한 것을 고르시오. [30~31]

30

리튬 이차 배터리의 충전은 리튬이온이 충전 물질 속 결정 구조로 들어가는 방식으로 진행된다. 이때 급속충전기의 높은 전류로 전지를 충전하면 전극 재료 내부의 농도 편차가 증가하여 배터리 성능에 악영향을 미친다. ______ 급한 상황을 제외하고는 급속충전을 자제하고, 급하게 충전을 해야 할 경우에는 비행모드나 전원을 끈 상태에서 충전한다.

① 그러나
② 따라서
③ 그리고
④ 마침내

31

인도 대륙과 아시아 대륙이 충돌하며 발생한 강력한 압축력에 의해 아시아 대륙의 충돌 부분이 습곡이 되어 히말라야 산맥이 만들어지기 시작하였으며, 해양 지각 일부가 산 위로 밀려 올라갔다. ______ 인도 대륙의 앞부분이 아시아 대륙 밑으로 밀려 들어가면서 히말라야 산맥을 더 높이 밀어 올렸다.

① 그러나
② 왜냐하면
③ 그리고
④ 그러므로

※ 다음 글의 빈칸 ㉠ ~ ㉢에 들어갈 접속어를 바르게 나열한 것을 고르시오. [32~33]

32

맥주의 맛을 유지하는 데에는 거품의 역할이 중요하다. 맥주의 거품은 맥아와 홉이 효모 발효 과정에서 발생하는 탄산가스와 결합하면서 만들어진다. 콜라 등 일반 탄산음료 내의 탄산가스는 음료를 잔에 따르는 과정에서 바로 공기 중으로 날아간다. __㉠__ 맥주 내의 탄산가스는 공기 중으로 바로 날아가지 않는다. __㉡__ 맥아의 단백질과 홉의 폴리페놀이 거품을 이루어 탄산가스를 둘러싸면서 탄산가스가 공기 중으로 날아가는 것을 막아주기 때문이다. __㉢__ 맥주의 거품은 맥주와 공기 사이에서 둘의 접촉을 막아 탄산이 지속적으로 올라올 수 있게 돕기도 한다.

	㉠	㉡	㉢
①	그러나	그리고	한편
②	그러나	왜냐하면	또한
③	그러므로	왜냐하면	그러나
④	그러므로	그러나	그래서

33

아침, 저녁 기온차가 큰 가을에는 감기와 비염 등 환절기 질환을 호소하는 환자들이 늘어난다. 낮과 밤의 기온차가 크게 벌어지면서 신체는 이러한 온도 변화에 적응하기 위해 많은 에너지를 사용한다. __㉠__ 환절기에는 컨디션이 저하되고, 면역력이 떨어져 병에 걸리기 쉽다. 면역력이 약해진 가을 환절기에는 특히 대상포진을 주의해야 한다. 대상포진은 몸속에 잠복해 있던 바이러스가 면역력 저하로 인해 활성화되면서 염증과 통증을 일으키는 질병이다. 일단 발병하면 심한 통증과 감각 이상 증상이 나타나게 된다. __㉡__ 특정한 피부 부위에 신경을 따라 붉은 반점이 나타나거나 여러 개의 물집이 무리 지어 나타나는 것이 특징이다. __㉢__ 쓰리고 따가운 증상과 함께 칼로 베는 듯한 예리한 통증이 나타나고, 갑자기 붉은 반점이 나타난다면 대상포진을 의심해 볼 수 있다.

	㉠	㉡	㉢
①	그리고	그러나	즉
②	따라서	또한	그러므로
③	따라서	그래서	그러므로
④	그러나	그래서	게다가

02 ▸ 나열하기

대표유형 문장나열

다음 문단을 논리적 순서대로 바르게 나열한 것은?

(가) 그런데 '의사, 변호사, 사장' 등은 그 직업이나 직책에 있는 모든 사람을 가리키는 것이어야 함에도 불구하고, 실제로는 남성을 가리키는 데 주로 사용되고, 여성을 가리킬 때는 '여의사, 여변호사, 여사장' 등이 따로 사용되고 있다. 즉, 여성을 예외적인 경우로 취급함으로써 남녀 차별의 가치관을 이 말들에 반영하고 있는 것이다.

(나) 언어에는 사회상의 다양한 측면이 반영되어 있다. 그렇기 때문에 남성과 여성의 차이도 언어에 반영되어 있다. 한편 우리 사회는 꾸준히 양성평등을 향해서 변화하고 있지만, 언어의 변화 속도는 사회의 변화 속도를 따라가지 못한다. 따라서 국어에는 남녀차별의 사회상을 알게 해 주는 증거들이 있다.

(다) 오늘날 남녀의 사회적 위치가 과거와 다르고 지금 이 순간에도 계속 변하고 있다. 여성의 사회적 지위 향상의 결과가 앞으로 언어에 반영되겠지만, 현재 언어에 남아 있는 과거의 흔적은 우리 스스로의 노력으로 지워감으로써 남녀의 '차이'가 더 이상 '차별'이 되지 않도록 노력을 기울여야 한다.

(라) 우리말에는 그 자체에 성별을 구분해 주는 문법적 요소가 없다. 따라서 남성을 지칭하는 말과 여성을 지칭하는 말, 통틀어 지칭하는 말이 따로 존재해야 하지만, 국어에는 그런 경우도 있고 그렇지 않은 경우도 있다. 예를 들어 '아버지'와 '어머니'는 서로 대등하게 사용되고, '어린이'도 남녀를 구별하지 않고 가리킬 때 쓰인다.

① (나) – (가) – (라) – (다)
② (나) – (라) – (가) – (다)
③ (다) – (가) – (라) – (나)
④ (다) – (나) – (라) – (가)

| 해설 | 제시문은 사회의 변화 속도를 따라가지 못하는 언어의 변화 속도에 대해 문제를 제기하며 구체적 예시와 함께 이를 시정할 것을 촉구하고 있다. 따라서 (나) 사회의 변화 속도를 따라가지 못하고 있는 언어의 실정 – (라) 성별을 구분하는 문법적 요소가 없는 우리말 – (가) 성별을 구분하여 사용하는 단어들의 예시 – (다) 언어의 남녀 차별에 대한 시정노력 촉구의 순으로 나열하는 것이 적절하다.

정답 ②

※ 다음 문단을 논리적 순서대로 바르게 나열한 것을 고르시오. [1~5]

01

(가) 친환경 농업은 최소한의 농약과 화학비료만을 사용하거나 전혀 사용하지 않은 농산물을 일컫는다. 친환경 농산물이 각광받는 이유는 우리가 먹고 마시는 것들이 우리네 건강과 직결되기 때문이다.

(나) 사실상 병충해를 막고 수확량을 늘리는 데 있어, 농약은 전 세계에 걸쳐 관행적으로 사용됐다. 깨끗이 씻어도 쌀에 남아 있는 잔류농약을 완전히 제거하기는 어렵다. 잔류농약은 아토피와 각종 알레르기를 유발한다. 출산율을 저하시키고 유전자 변이의 원인이 되기도 한다. 특히 제초제 성분이 체내에 들어올 경우, 면역체계에 치명적인 손상을 일으킨다.

(다) 미국 환경보호청은 제초제 성분의 60%를 발암물질로 규정했다. 결국 더 많은 농산물을 재배하기 위한 농약과 제초제 사용이 오히려 인체에 치명적인 피해를 줄지 모를 '잠재적 위험요인'으로 자리매김한 셈이다.

① (가) – (나) – (다)
② (나) – (가) – (다)
③ (나) – (다) – (가)
④ (다) – (가) – (나)

02

(가) 역사 연구가는 대상을 마음대로 조립할 수 있다. 프랑스대혁명을 예로 들더라도 그는 그것을 그의 관점에 따라 다르게 조립할 수 있다.

(나) 문학과 역사의 차이는 문학 연구가와 역사 연구가를 비교할 때 더욱 뚜렷하게 드러난다.

(다) 그것은 수정 불가능한, 완전히 결정되어 있는 우주이다.

(라) 그러나 문학 연구가의 경우 그러한 조립은 불가능하다. 이광수의 『무정』은 그것이 처음으로 발표된 1917년이나 1973년이나 마찬가지 형태로 제시된다.

① (가) – (나) – (라) – (다)
② (나) – (가) – (라) – (다)
③ (다) – (나) – (가) – (라)
④ (라) – (나) – (다) – (가)

03

(가) 이번에 개소한 은퇴연구소는 연구조사팀, 퇴직연금팀 등 5개팀 외에 학계 인사와 전문가로 구성된 10명 내외의 외부 자문위원단도 포함된다.

(나) 은퇴연구소를 통해 일반인들의 안정된 노후준비를 돕는 지식 기반으로서, 은퇴 이후의 건강한 삶에 대한 다양한 정보를 제공하는 쌍방향의 소통 채널로 적극 활용할 계획이다.

(다) A회사는 10일, 우리나라의 급격한 고령화 진전상황에 따라 범사회적으로 바람직한 은퇴준비의 필요성을 부각하고, 선진형 은퇴설계 모델의 개발과 전파를 위한 국내 최대 규모의 '은퇴연구소'를 개소했다.

(라) 마지막으로 은퇴연구소는 은퇴 이후의 생활에 대한 의식과 준비 수준이 아직 선진국에 비해 크게 취약한 우리의 인식 변화를 위해 사회적 관심과 참여를 유도할 계획이다.

① (다) – (가) – (나) – (라)
② (다) – (나) – (라) – (가)
③ (나) – (가) – (라) – (다)
④ (라) – (다) – (가) – (나)

PART 2

04

(가) 새 술은 새 부대에 담아야 하듯이, 낯선 세계는 낯선 표현 방식을 통해 더욱 잘 드러낼 수 있다.
(나) 시에는 주관적이고 낯선 이미지들이, 철학책에는 이해하기 힘든 추상적 용어들이 산재해 있기 때문이다.
(다) 우리의 친숙한 삶에 '느낌'과 '위험'으로 충만한 낯선 세계를 불러들인다는 점에서 시와 철학은 동일한 역할을 수행한다고 볼 수 있는 것이다.
(라) 그러나 이것은 시인과 철학자가 친숙한 세계가 아니라 원초적으로 낯선 세계를 표현하고 있기 때문에 발생한 현상이다.
(마) 시집이나 철학책은 다른 장르의 글들보다 상대적으로 이해하기 어렵다.

① (마) – (가) – (다) – (나) – (라)
② (가) – (다) – (나) – (라) – (마)
③ (마) – (나) – (라) – (가) – (다)
④ (가) – (나) – (마) – (라) – (다)

05

(가) 이와 같이 임베디드 금융의 개선을 위해서는 효과적인 보안 시스템과 프라이버시 보호 방안을 도입하여 사용자의 개인정보를 안전하게 관리하는 것이 필요하다. 또한 디지털 기기의 접근성을 개선하고 사용자들이 편리하게 이용할 수 있는 환경을 조성해야 한다.
(나) 임베디드 금융은 기업과 소비자 모두에게 이점을 제공한다. 기업은 제품과 서비스에 금융 기능을 통합함으로써 자사 플랫폼 의존도를 높이고, 수집한 고객의 정보를 통해 매출을 증대시킬 수 있으며, 고객들에게 편리한 금융 서비스를 제공할 수 있다. 소비자의 경우는 모바일 앱을 통해 간편하게 금융 거래를 할 수 있고, 스마트기기 하나만으로 다양한 금융 상품에 접근할 수 있어 편의성과 접근성이 크게 향상된다.
(다) 그러나 임베디드 금융은 개인정보 보호와 안전성에 대한 관리가 필요하다. 사용자의 금융 데이터와 개인정보가 디지털 플랫폼이나 기기에 저장되므로 해킹이나 데이터 유출과 같은 사고가 발생할 수 있다. 이는 사용자의 프라이버시 침해와 금융 거래 안전성에 대한 심각한 위협이 될 수 있다. 또한 모든 사람들이 안정적인 인터넷 연결과 임베디드 금융이 포함된 최신 기기를 보유하고 있지는 않기 때문에 디지털 기기에 익숙하지 않은 사람들은 임베디드 금융 서비스를 제공받는 데 제한을 받을 수 있다.
(라) 임베디드 금융은 비금융 기업이 자신의 플랫폼이나 디지털 기기에 금융 서비스를 탑재하는 것을 뜻한다. 삼성페이나 애플페이 같은 결재 서비스부터 대출이나 보험까지 임베디드 금융은 제품과 서비스에 금융 기능을 통합하여 사용자에게 편의성과 접근성을 높여준다.

① (가) – (다) – (라) – (나)
② (나) – (라) – (다) – (가)
③ (나) – (가) – (다) – (라)
④ (라) – (나) – (다) – (가)

※ 다음 제시된 문단을 읽고 이어질 문단을 논리적 순서대로 바르게 나열한 것을 고르시오. [6~7]

06

선택적 함묵증(Selective Mutism)은 정상적인 언어발달 과정을 거쳐서 어떤 상황에서는 말을 하면서도 말을 해야 하는 특정한 사회적 상황에서는 말을 지속적으로 하지 않거나 다른 사람의 말에 언어적으로 반응하지 않는 것을 말하며, 이렇게 말을 하지 않는 증상이 1개월 이상 지속되고 교육적, 사회적 의사소통을 저해하는 요소로 작용할 때 선택적 함묵증으로 진단할 수 있으며, 이를 불안장애로 분류하고 있다.

(가) 이러한 불안을 잠재우기 위해서는 발생 원인에 따라서 적절한 심리치료 방법을 선택해 치료과정을 관찰하면서 복합적인 치료 방법을 혼용하여야 한다.
(나) 아동은 굳이 말을 사용하지 않고서도 자신의 생각을 자연스럽게 표현하는 긍정적인 경험을 갖게 되어 이는 부정적 정서로 인한 긴장과 위축을 이완시킬 수 있다.
(다) 그 중 하나인 미술치료는 아동의 저항을 줄이고, 언어의 한계성을 벗어나며, 육체적 활동을 통해 창조성을 생활화하고 미술표현이 사고와 감정을 객관화한다고 볼 수 있다.
(라) 불안장애의 한 유형인 선택적 함묵증은 불안이 표면화되어 행동으로 나타나는 경우라고 볼 수 있으며, 대체로 심한 부끄러움, 사회적 상황에 대한 두려움, 사회적 위축, 강박적 특성, 거절증, 반항 등의 행동으로 표출된다.

① (가) – (다) – (라) – (나)
② (가) – (라) – (다) – (나)
③ (라) – (가) – (나) – (다)
④ (라) – (가) – (다) – (나)

07

휘슬블로어란 호루라기를 뜻하는 휘슬(Whistle)과 부는 사람을 뜻하는 블로어(Blower)가 합쳐진 말이다. 즉, 호루라기를 부는 사람이라는 뜻으로 자신이 속해 있거나 속해 있었던 집단의 부정부패를 고발하는 사람을 뜻하며, 흔히 '내부고발자'라고도 불린다. 부정부패는 고발당해야 마땅한 것인데 이렇게 '휘슬블로어'라는 용어가 따로 있는 것은 그만큼 자신이 속한 집단의 부정부패를 고발하는 것이 쉽지 않다는 뜻일 것이다.

(가) 또한 법의 울타리 밖에서 행해지는 것에 대해서도 휘슬블로어는 보호받지 못한다. 일단 기업이나 조직 속에서 배신자가 되었다는 낙인과 상급자들로부터 괘씸죄로 인해 받게 되는 업무 스트레스, 집단 따돌림 등으로 인해 고립되게 되기 때문이다. 뿐만 아니라 익명성이 철저히 보장되어야 하지만 조직에서는 휘슬블로어를 찾기 위해 혈안이 된 상급자의 집요한 색출로 인해 밝혀지는 경우가 많다. 그렇게 될 경우 휘슬블로어들은 권고사직을 통해 해고를 당하거나 괴롭힘을 당한 채 일할 수밖에 없다.

(나) 실제로 휘슬블로어의 절반은 제보 후 1년간 자살충동 등 정신 및 신체적 질환으로 고통을 받는다고 한다. 또한 73%에 해당되는 상당수의 휘슬블로어들은 동료로부터 집단적으로 따돌림을 당하거나 가정에서도 불화를 겪는다고 한다. 우리는 이들이 공정한 사회와 개인의 양심에 손을 얹고 중대한 결정을 한 사람이라는 것을 외면할 수 없으며, 이러한 휘슬블로어들을 법적으로 보호할 필요가 있다.

(다) 내부고발이 어려운 큰 이유는 내부고발을 한 후에 맞게 되는 후폭풍 때문이다. 내부고발은 곧 기업의 이미지가 떨어지는 것부터 시작해 영업 정지와 같은 실질적 징벌로 이어지는 경우가 많기 때문에 내부고발자들은 배신자로 취급되는 경우가 많다. 실제 양심에 따라 내부고발을 한 이후 닥쳐오는 후폭풍에 못 이겨 자신의 발로 회사를 나오는 경우도 많으며, 또한 기업과 동료로부터 배신자로 취급되거나 보복성 업무, 인사이동 등으로 불이익을 받는 경우도 많다.

(라) 현재 이러한 휘슬블로어를 보호하기 위한 법으로는 2011년 9월부터 시행되어 오고 있는 공익신고자 보호법이 있다. 하지만 이러한 법 제도만으로는 휘슬블로어들을 보호하는 데에 무리가 있다. 공익신고자 보호법은 181개 법률 위반행위에 대해서만 공익신고로 보호하고 있는데, 만일 공익신고자 보호법에서 규정하고 있는 법률 위반행위가 아닌 경우에는 보호를 받지 못하고 있는 것이다.

① (다) – (나) – (라) – (가)
② (라) – (다) – (가) – (나)
③ (다) – (가) – (라) – (나)
④ (라) – (가) – (다) – (나)

03 ▸ 빈칸추론

대표유형 빈칸추론

다음 글의 빈칸에 들어갈 내용으로 가장 적절한 것은?

> 경기적 실업이란 경기 침체의 영향으로 기업 활동이 위축되고 이로 인해 노동에 대한 수요가 감소하여 고용량이 줄어들어 발생하는 실업이다. 다시 말해 경기적 실업은 노동 시장에서 노동의 수요와 공급이 균형을 이루고 있는 상태라고 가정할 때, 경기가 침체되어 물가가 하락하게 되면 ______________________________ 경기적 실업은 다른 종류의 실업에 비해 생산량 측면에서 경제적으로 큰 손실을 발생시킬 수 있기에 경제학자들은 이를 해결하기 위한 정부의 역할에 대해 다양한 의견을 제시한다.

① 기업은 생산량을 줄이게 되고 이로 인해 노동에 대한 공급이 감소하여 발생한다.
② 기업은 생산량을 늘리게 되고 이로 인해 노동에 대한 수요가 증가하여 발생한다.
③ 기업은 생산량을 늘리게 되고 이로 인해 노동에 대한 공급이 감소하여 발생한다.
④ 기업은 생산량을 줄이게 되고 이로 인해 노동에 대한 수요가 감소하여 발생한다.

| 해설 | 첫 번째 문장에서 경기적 실업이란 노동에 대한 수요가 감소하여 고용량이 줄어들어 발생하는 실업이라고 하였으므로, 빈칸에는 기업이 생산량을 줄임으로써 노동에 대한 수요가 감소한다는 내용이 와야 한다.

정답 ④

※ 다음 글의 빈칸에 들어갈 내용으로 가장 적절한 것을 고르시오. [1~7]

01

> 과학은 한 형태의 자연에 대한 지식이라는 사실 그 자체만으로도 한없이 귀중하고, 과학적 기술이 인류에게 가져온 지금까지의 혜택은 아무리 부정하려 해도 부정될 수 없다. 앞으로도 보다 많고 보다 정확한 과학 지식과 고도로 개발된 과학적 기술이 필요하다. 그러나 문제의 핵심은 생태학적이고 예술적인 자연관, 즉 존재 일반에 대한 넓고 새로운 시각, 포괄적인 맥락에서 과학적 지식과 기술의 의미에 눈을 뜨고 그러한 지식과 기술을 활용함에 있다. 그렇지 않고 오늘날과 같은 추세로 그러한 지식과 기술을 당장의 욕망을 위해서 인간 중심적으로 개발하고 이용한다면 그 효과가 당장에는 인간에게 만족스럽다 해도 머지않아 자연의 파괴뿐만 아니라 인간적 삶의 파괴, 그리고 궁극적으로는 인간 자신의 멸망을 초래하고 말 것이다. 한마디로 지금 우리에게 필요한 것은 과학적 비전과 과학적 기술의 의미를 보다 포괄적인 의미에서 이해하는 작업이다. 이러한 작업을 __________라 불러도 좋을 것 같다.

① 예술의 다양화
② 예술의 기술화
③ 과학의 예술화
④ 과학의 현실화

02

1969년 미국 공중위생국 장관은 "전염병의 시대는 이제 그 막을 내렸다."라고 공식 선언을 한 적이 있다. 19세기까지 엄청나게 많은 목숨을 앗아 갔던 소아마비 · 천연두 · 임질 등에 의한 사망률이 공중위생의 개선과 항생제의 개발로 현저하게 떨어진 데 고무되어 섣부르게 내지른 이 호언장담은 결국 경솔함의 극치로 드러나고 말았다. 그로부터 50년이 흐른 오늘 우리 주변에는 그의 예측과는 너무나 다른 상황이 벌어지고 있다. ______________________________

① 인간의 평균수명이 길어져서 노령화 사회가 도래하고 있다.
② 인류는 지금 제2의 전염병 시대를 겪고 있다.
③ 소아마비 · 천연두 · 임질 등에 의한 사망률이 현저히 떨어지고 있다.
④ 항생제의 남용이 인간의 건강을 더욱 해치고 있다.

03

글을 쓰다 보면 어휘력이 부족하여 적당한 단어를 찾지 못하고 고민을 하는 경우가 많이 있다. 특히 사용빈도가 낮은 단어들은 일상적인 회화 상황에서 자연스럽게 익힐 기회가 적다. 대개 글에서는 일상적인 회화에서 사용하는 것보다 훨씬 고급 수준의 단어를 많이 사용하게 되므로 이런 어휘력 습득은 광범위한 독서를 통해서 가능하다. ______________________________

① 그러므로 평소 국어사전을 활용하여 어휘력을 습득하는 습관이 필요하다.
② 그러므로 평소에 수준 높은 좋은 책들을 많이 읽는 것이 필요하다.
③ 그러므로 사용빈도가 낮은 단어들은 사용하지 않는 것이 좋다.
④ 그러므로 고급수준의 단어들을 사용하는 것보다는 평범한 단어를 사용하는 것이 의미 전달을 분명히 한다.

04

우리의 생각과 판단은 언어에 의해 결정되는가 아니면 경험에 의해 결정되는가? 언어결정론자들은 우리의 생각과 판단이 언어를 반영하고 있고 실제로 언어에 의해 결정된다고 주장한다. 언어결정론자들의 주장에 따르면 에스키모인들은 눈에 관한 다양한 언어 표현을 갖고 있어서 눈이 올 때 우리가 미처 파악하지 못한 미묘한 차이점들을 찾아낼 수 있다. 또 언어결정론자들은 '노랗다', '샛노랗다', '누르스름하다' 등 노랑에 대한 다양한 우리말 표현들이 있어서 노란색들의 미묘한 차이가 구분되고 그 덕분에 색에 관한 우리의 인지능력이 다른 언어 사용자들보다 뛰어나다고 본다. 이렇듯 언어결정론자들은 사용하는 언어에 의해서 우리의 사고 능력이 결정된다고 본다.
정말 그럴까? 모든 색은 명도와 채도에 따라 구성된 스펙트럼 속에 놓이고, 각각의 색은 여러 언어로 표현될 수 있다. 이러한 사실에 비추어보면 우리말이 다른 언어에 비해 보다 풍부한 표현을 갖고 있다고 볼 수 없다. 나아가 ______________________________ 따라서 우리의 생각과 판단은 언어가 아닌 경험에 의해 결정된다고 보는 쪽이 더 설득력이 있다.

① 개개인의 언어습득능력과 속도는 모두 다르기 때문에 인지능력에 대한 언어의 영향도 제각기 다르다.

② 경험이 언어에 미치는 영향과 경험이 언어에 미치는 영향을 계량화하여 비교하기는 곤란한 일이다.

③ 어떤 것을 가리키는 단어가 있을 때에만 우리는 그 단어에 대하여 사고할 수 있다.

④ 더 풍부한 표현을 가진 언어를 사용함에도 불구하고 인지능력이 뛰어나지 못한 경우들도 있다.

05

얼음의 녹는점이 0℃라는 사실은 누구나 알고 있는 보편적인 상식이다. 그런데 얼음이 녹아내리는 과정은 어떠할까? 아마도 대부분의 사람들은 주위의 온도가 0℃보다 높아야 얼음이 녹기 시작하며 물이 될 때까지 지속적으로 녹아내린다고 생각할 것이다. 하지만 실제로 얼음이 녹는 과정의 양상은 이러한 생각과는 조금 다르다.
약 150년 전, 영국의 과학자 마이클 패러데이(Michael Faraday)는 0℃ 이하의 온도에서 얼음의 표면에 액체와 비슷한 얇은 층이 존재한다는 것을 처음 밝혀냈다. 이후 얼음이 미끄러지고 빙하가 움직이는 데 이 층이 중요한 역할을 한다는 사실과, 0℃에서는 이 층의 두께가 약 45nm까지 두꺼워지는 것이 밝혀졌다. 하지만 최근까지도 이 층이 몇 ℃에서 생기는지, 온도에 따라 두께가 어떻게 달라지는지에 대해서는 알 수 없었다.
그런데 2016년 12월 독일의 막스플랑크 고분자연구소 엘렌 바쿠스 그룹 리더팀이 이 문제에 대한 중요한 연구결과를 발표하였다. 연구팀은 단결정 얼음의 표면에서 분자들의 상호작용을 관찰하기 위해, 고체일 때보다 액체일 때 물 분자의 수소결합이 약하다는 점을 이용해 얼음 표면에 적외선을 쏜 뒤 온도에 따라 어떻게 달라지는지를 분석하였다.
그 결과 연구팀은 −38℃에서 이미 얼음 표면의 분자 층 하나가 준 액체로 변해 있는 것을 발견했다. 온도를 더 높이자 −16℃에서 두 번째 분자 층이 준 액체로 변했다. 우리가 흔히 생각하는 것과는 달리 영하의 온도에서 이미 얼음의 표면은 녹아내리기 시작하며 그것이 지속적으로 녹는 것이 아니라 ______________________

① 특정 온도에 도달할 때마다 한 층씩 녹아내린다는 것이다.

② −38℃와 −16℃, 그리고 0℃에서 각각 녹는다는 것이다.

③ −38℃와 −16℃ 사이에서만 지속적으로 녹지 않는다는 것이다.

④ 준 액체 상태로 유지된다는 것이다.

06

탁월함은 어떻게 습득되는가, 그것을 가르칠 수 있는가? 이 물음에 대하여 아리스토텔레스는 지성의 탁월함은 가르칠 수 있지만, 성품의 탁월함은 비이성적인 것이어서 가르칠 수 없고, 훈련을 통해서 얻을 수 있다고 대답한다.

그는 좋은 성품을 얻는 것을 기술을 습득하는 것에 비유한다. 그에 따르면, 리라(Lyra)를 켬으로써 리라를 켜는 법을 배우며 말을 탐으로써 말을 타는 법을 배운다. 어떤 기술을 얻고자 할 때 처음에는 교사의 지시대로 행동한다. 그리고 반복 연습을 통하여 그 행동이 점점 더 하기 쉽게 되고 마침내 제2의 천성이 된다. 이와 마찬가지로 어린아이는 어떤 상황에서 어떻게 행동해야 진실되고 관대하며 예의를 차리게 되는지 일일이 배워야 한다. 훈련과 반복을 통하여 그런 행위들을 연마하다 보면 그것들을 점점 더 쉽게 하게 되고, 결국에는 스스로 판단할 수 있게 된다.

그는 올바른 훈련이란 강제가 아니고 그 자체가 즐거움이 되어야 한다고 지적한다. 또한 그렇게 훈련받은 사람은 일을 바르게 처리하는 것을 즐기게 되고, 일을 바르게 처리하고 싶어하게 되며, 올바른 일을 하는 것을 어려워하지 않게 된다. 이처럼 성품의 탁월함이란 사람들이 '하는 것'만이 아니라 사람들이 '하고 싶어 하는 것'과도 관련된다. 그리고 한두 번 관대한 행동을 한 것으로 충분하지 않으며, 늘 관대한 행동을 하고 그런 행동에 감정적으로 끌리는 성향을 갖고 있어야 비로소 관대함에 관하여 성품의 탁월함을 갖고 있다고 할 수 있다.

다음과 같은 예를 통해 아리스토텔레스의 견해를 생각해 보자. 갑돌이는 성품이 곧고 자신감이 충만하다. 그가 한 모임에 참석하였는데, 거기서 다수의 사람들이 옳지 않은 행동을 한다고 생각했을 때, 그는 다수의 행동에 대하여 비판의 목소리를 낼 것이며 그렇게 하는 데에 별 어려움을 느끼지 않을 것이다. 한편, 수줍어하고 우유부단한 병식이도 한 모임에 참석하였는데, 그 역시 다수의 행동이 잘못되었다는 판단을 했다고 하자. 이런 경우에 병식이는 일어나서 다수의 행동이 잘못되었다고 말할 수 있겠지만, 그렇게 하려면 엄청난 의지를 발휘해야 할 것이고 자신과 힘든 싸움도 해야 할 것이다. 그런데도 병식이가 그렇게 행동했다면 우리는 병식이가 용기있게 행동하였다고 칭찬할 것이다. 그러나 아리스토텔레스가 보기에 성품의 탁월함을 가진 사람은 갑돌이다. 왜냐하면 ____________________ 우리가 어떠한 사람을 존경할 것인가가 아니라, 우리 아이를 어떤 사람으로 키우고 싶은가라는 질문을 받는다면 우리는 아리스토텔레스의 견해에 가까워질 것이다. 왜냐하면 우리는 우리 아이들을 갑돌이와 같은 사람으로 키우고 싶어 할 것이기 때문이다.

① 그는 내적인 갈등이 없이 옳은 일을 하기 때문이다.
② 그는 옳은 일을 하는 천성을 타고났기 때문이다.
③ 그는 주체적 판단에 따라 옳은 일을 하기 때문이다.
④ 그는 자신이 옳다는 확신을 가지고 옳은 일을 하기 때문이다.

07

고대 희랍의 누드 조각, 르네상스의 누드화, 인상파, 로댕, 피카소 등에 이르기까지 서양의 에로티시즘은 생명을 새롭게 파악하여 현실의 여러 의미를 보여 준다. 발가벗은 인체를 예술의 소재로 삼는다는 것은 우리 인간의 생명의 비밀을 직시하려는 태도의 표명이며, 삶의 근원을 찾아내려는 모색의 과정이다. 또한 에로티시즘의 조형화(造型化)는 삶의 단순한 향유가 아니라 현실의 재확인이다. 그러므로 대중들이 즐기고 욕망하는 현실 감정이 가장 쉽게 그리고 직접적으로 누드에 반영된다. 우리의 미술사에서도 어느 정도 이러한 점을 확인할 수 있다. 성(性)을 경원시하고 남녀유별(男女有別)에 철저했던, 유교적 도덕으로 무장한 조선의 풍토에서 혜원 신윤복의 존재는 무엇을 말해주는가? 왜 혜원의 춘의도(春意圖)가 그 시대 산수도보다 대중들에게 잘 수용되었던가? 그것은 그가 당대의 사회적 풍토로 인해 억압되어 있었던 ____________________을 잘 드러냈기 때문이다. 그런데 근래의 우리 누드 화가들은 어떠한가? 누드를 통해 어떤 현실을 인식시키고 어떤 진실을 표현하려 하였던가? 가령 김승인의 〈나부(裸婦)〉를 놓고 보자. 이국적인 용모를 지닌 풍요한 여체가 옆면으로 등을 보이면서 소파 위에 앉아 있다. 주위의 실내 배경은 서구 스타일의 장식으로 간략히 정돈된 고전풍이다. 그에 따라 나부가 효과적으로 중심을 드러낸다. 기법은 인상주의 이전의 사실주의 수법으로 객관미를 표출하고 있다. 그럼에도 그의 누드는 우리에게 위화감을 불러일으킨다. 무엇 때문인가?

우리는 그의 누드 속의 인물, 즉 이국적 호사 취미에 알맞은 장식적 인물에서 그 단서를 발견할 수 있다. 우리가 보아온 누드 어디에 그 같은 취향이 있었던가? 이 누드의 풍요성과 같은 안정된 현실을 어느 시대에서 향유할 수 있었단 말인가? 결국 그의 누드에 담긴 장식적 현실은 부르주아적 모방 취미가 아닐 수 없다. 그런 누드화는 부유층의 수요에 의하여 생산되는 사치품에 불과하다. 이처럼 근래의 우리 누드화는 민중의 현실 속으로 파고들지 못했다.

① 도덕적 불감증
② 전통적인 가치관
③ 지배층의 물질적 욕망
④ 보편적인 감정의 진실

04 ▶ 독해

대표유형 1 단문독해

다음 글의 주제로 가장 적절한 것은?

임신 중 고지방식의 섭취가 태어날 자식의 생식기에서 종양의 발생 가능성을 높일 수 있다는 것이 밝혀졌다. 이 결과는 임신한 암쥐 261마리 중 130마리의 암쥐에게는 고지방식을, 131마리의 암쥐에게는 저지방식을 제공한 연구를 통해 얻었다. 실험 결과, 고지방식을 섭취한 암쥐에게서 태어난 새끼 가운데 54%가 생식기에 종양이 생겼지만 저지방식을 섭취한 암쥐가 낳은 새끼 중 종양이 생긴 것은 21%였다.
한편, 사지 중 하나 이상의 절단 수술이 심장병으로 사망할 가능성을 증가시킬 수 있다는 것이 밝혀졌다. 이것은 제2차 세계대전 중에 부상을 당한 9,000명의 군인에 대한 진료 기록을 조사한 결과이다. 이들 중 4,000명은 사지 중 하나 이상의 절단 수술을 받은 사람이었고, 5,000명은 사지 절단 수술을 받지 않았지만 중상을 입은 사람이었다. 이들에 대한 기록을 추적 조사한 결과, 사지 중 하나 이상의 절단 수술을 받은 사람이 심장병으로 사망한 비율은 그렇지 않은 사람의 1.5배였다. 즉, 사지 중 하나 이상의 절단 수술을 받은 사람 중 600명은 심장병으로 사망하였고, 그렇지 않은 사람 중 500명이 심장병으로 사망하였다.

① 발생 부위에 따른 뇌종양 증상
② 염색체 이상 유전병의 위험을 높이는 요인
③ 절단 수술과 종양의 상관관계
④ 의외의 질병 원인과 질병 사이의 상관관계

| 해설 | 제시문의 첫 번째 문단은 임신 중 고지방식 섭취로 인한 자식의 생식기에 종양 발생 가능성에 대한 연구 결과를 이야기하고 있고, 두 번째 문단은 사지 절단 수술로 인해 심장병으로 사망할 가능성에 대한 조사 결과를 이야기하고 있다. 따라서 주제로 적절한 것은 '의외의 질병 원인과 질병 사이의 상관관계'이다.

정답 ④

※ 다음 글의 제목으로 가장 적절한 것을 고르시오. [1~2]

01

반대는 필수불가결한 것이다. 지각 있는 대부분의 사람이 그러하듯 훌륭한 정치가는 항상 열렬한 지지자보다는 반대자로부터 더 많은 것을 배운다. 만약 반대자들이 위험이 있는 곳을 지적해 주지 않는다면, 그는 지지자들에 떠밀려 파멸의 길을 걷게 될 수 있기 때문이다. 따라서 현명한 정치가라면 그는 종종 친구들로부터 벗어나기를 기도할 것이다. 친구들이 자신을 파멸시킬 수도 있다는 것을 알기 때문이다. 그리고 비록 고통스럽다 할지라도 결코 반대자 없이 홀로 남겨지는 일이 일어나지 않기를 기도할 것이다. 반대자들이 자신을 이성과 양식의 길에서 멀리 벗어나지 않도록 해준다는 사실을 알기 때문이다. 자유의지를 가진 국민의 범국가적 화합은 정부의 독단과 반대당의 혁명적 비타협성을 무력화시키는 정치권력의 충분한 균형에 의존하고 있다. 그 균형이 어떤 상황 때문에 강제로 타협하게 되지 않는 한, 그리고 모든 시민이 어떤 정책에 영향을 미칠 수는 있으나 누구도 혼자 정책을 지배할 수 없다는 것을 느끼게 되지 않는 한, 그리고 습관과 필요에 의해서 서로 조금씩 양보하지 않는 한, 자유는 유지될 수 없기 때문이다.

① 민주주의와 사회주의
② 반대의 필요성과 민주주의
③ 민주주의와 일방적인 의사소통
④ 권력을 가진 자와 혁명을 꿈꾸는 집단

02

높은 유류세는 자동차를 사용함으로써 발생하는 다음과 같은 문제들을 줄이는 교정적 역할을 수행한다. 첫째, 유류세는 사람들의 대중교통수단 이용을 유도하고, 자가용 사용을 억제함으로써 교통 혼잡을 줄여 준다. 둘째, 교통사고 발생 시 대형 차량이나 승합차가 중소형 차량에 비해 보다 치명적인 피해를 줄 가능성이 높다. 이와 관련해서 유류세는 유류를 많이 소비하는 대형 차량을 운행하는 사람에게 보다 높은 비용을 치르게 함으로써 교통사고 위험에 대한 간접적인 비용을 징수하는 효과를 가진다. 셋째, 유류세는 유류 소비를 억제함으로써 대기오염을 줄이는 데 기여한다.

① 유류세의 용도
② 높은 유류세의 정당성
③ 유류세의 지속적 인상
④ 에너지 소비 절약

※ 다음 글의 내용으로 가장 적절한 것을 고르시오. [3~4]

03

뉴턴은 빛이 눈에 보이지 않는 작은 입자라고 주장하였고, 이것은 그의 권위에 의지하여 오랫동안 정설로 여겨졌다. 그러나 19세기 초에 토머스 영의 겹실틈 실험은 빛의 파동성을 증명하였다. 이 실험의 방법은 먼저 한 개의 실틈을 거쳐 생긴 빛이 다음에 설치된 두 개의 겹실틈을 지나가게 하여 스크린에 나타나는 무늬를 관찰하는 것이다.
이때 빛이 파동이냐 입자냐에 따라 결과 값이 달라진다. 즉, 빛이 입자라면 일자 형태의 띠가 두 개 나타나야 하는데, 실험 결과 스크린에는 예상과 다른 무늬가 나타났다. 마치 두 개의 파도가 만나면 골과 마루가 상쇄와 간섭을 일으키듯이, 보강 간섭이 일어난 곳은 밝아지고 상쇄 간섭이 일어난 곳은 어두워지는 간섭무늬가 연속적으로 나타난 것이다. 그러나 19세기 말부터 빛의 파동성으로는 설명할 수 없는 몇 가지 실험적 사실이 나타났다. 1905년에 아인슈타인은 빛은 광량자라고 하는 작은 입자로 이루어졌다는 광량자설을 주장하였다. 빛의 파동성은 명백한 사실이었으므로 이것은 빛이 파동이면서 입자인 이중적인 본질을 가지고 있다는 것을 의미하는 것이었다.

① 뉴턴의 가설은 그의 권위에 의해 현재까지도 정설로 여겨진다.
② 아인슈타인의 광량자설은 뉴턴과 토머스 영의 가설을 모두 포함한다.
③ 겹실틈 실험 결과, 일자 형태의 띠가 두 개 나타났으므로, 빛은 입자이다.
④ 토머스 영의 겹실틈 실험은 빛의 파동성을 증명하였지만, 이는 아인슈타인에 의해서 거짓으로 판명 났다.

04

포화지방산에서 나타나는 탄소 결합 형태는 연결된 탄소끼리 모두 단일 결합하는 모습을 띤다. 이때 각각의 탄소에는 수소가 두 개씩 결합한다. 이 결합 형태는 지방산 분자의 모양을 일자형으로 만들어 이웃하는 지방산 분자들이 조밀하게 연결될 수 있으므로, 분자 간 인력이 높아 지방산 분자들이 단단하게 뭉치게 된다. 이 인력을 느슨하게 만들려면 많은 열에너지가 필요하다. 따라서 이 지방산을 함유한 지방은 녹는점이 높아 상온에서 고체로 존재하게 된다. 그리고 이 지방산 분자에는 탄소 사슬에 수소가 충분히 결합되어, 수소가 분자 내에 포화되어 있으므로 포화지방산이라 부르며, 이것이 들어 있는 지방을 포화지방이라고 한다. 포화지방은 체내의 장기 주변에 쌓여 장기를 보호하고 체내에 저장되어 있다가 에너지로 전환되어 몸에 열량을 내는 데 이용된다. 그러나 이 지방이 저밀도 단백질과 결합하면, 콜레스테롤이 혈관 내부에 쌓여 혈액의 흐름을 방해하고 혈관 내부의 압력을 높여 심혈관계 질병을 유발하는 것으로 알려져 있다.

① 포화지방은 포화지방산이 들어 있는 지방을 가리킨다.
② 분자 간 인력을 느슨하게 하면 지방산 분자들의 연결이 조밀해진다.
③ 탄소에 수소가 두 개씩 결합하는 형태는 열에너지가 많아서 지방산 분자들이 단단하게 뭉치게 된다.
④ 포화지방산에서 나타나는 탄소 결합은 각각의 탄소에 수소가 두 개씩 결합하므로 다중 결합한다고 할 수 있다.

※ 다음 글의 내용으로 적절하지 않은 것을 고르시오. [5~6]

05

2022년 기초생활보장 생계급여는 1인 기준 중위소득(1,944,812원)의 30%인 583,444원으로 국민기초생활수급자의 수급비가 현실을 반영하지 못한 채 여전히 불충분한 상황에 놓여있다. 여기에 애초 신청조차 할 수 없도록 한 복지제도가 많아 역차별 논란까지 빚고 있다.
통계청에 따르면 전국의 만 18세 이상 34세 이하 청년들의 생활비는 월 849,222원인 것으로 나타났으며, 나이가 많아질수록 생활비는 더 늘어났다.
하지만 생계급여 수급비 액수 자체가 물가인상률 등 현실적인 요소를 제대로 반영하지 못하고 있는데다가, 수급자들의 근로소득 공제율이 낮아 근로를 하고 싶어도 수급자 탈락을 우려해 일을 하지 않거나 일부러 적게 하는 경우도 생겨나고 있다.
특히 현 제도하에서의 소득하위 20%인 수급자들은 생필품조차 제대로 구입하지 못하고 있는 것으로 나타났으며, 이들은 취업시장과도 거리가 멀어져 탈수급도 요원해지는 상황이다. 여기에다 기초수급자들은 생계급여를 받는다는 이유로 긴급복지지원제도 · 국민내일배움카드 · 노인일자리사업 · 구직촉진수당 · 연금(기초 · 공적연금) 등 5가지 복지제도에 신청조차 할 수 없어, 기초수급비가 충분한 금액이 아니기 때문에 조그마한 일이 생겨도 위기상황에 처하는 등 위험에 노출돼 있어 극단적 선택을 하는 경우가 많아지고 있다.

① 복지혜택이 가장 시급한 이들이 일부 복지제도에서 제외되고 있다.
② 수급자들이 근로를 할 경우 오히려 근로 이전보다 생계가 어려워질 수도 있다.
③ 근로소득 공제율을 높이면 탈수급을 촉진할 수 있다.
④ 현 생계급여 수급비로는 생계유지가 곤란한 상황이다.

06

참여예산제는 예산 편성의 단계에서 시민들의 참여를 가능하게 하는 제도이다. 행정부의 독점적인 예산 편성은 계층제적 권위에 의한 참여의 부족을 불러와 비효율성의 또 다른 원인이 될 수 있기 때문에, 참여예산제의 시행은 재정 민주주의의 실현을 위해서일 뿐만 아니라 예산 배분의 효율성 제고를 위해서도 필요한 것이라 할 수 있다. 그러나 참여가 형식에 그치게 되거나 예기치 못한 형태의 주민 간 갈등이 나타날 수 있다는 문제점이 존재한다. 또한, 인기 영합적 예산 편성과 예산 수요의 증가 및 행정부 의사 결정의 곤란과 같은 문제점도 지적된다.

① 참여예산제의 시행은 민주성의 실현이라는 의의가 있다.
② 참여예산제의 시행은 예산 편성상의 효율성을 제고할 것이다.
③ 참여예산제는 주민들의 다양한 이익을 반영할 수 있을 것이다.
④ 참여예산제는 재정 상태를 악화시킬 것이다.

대표유형 2 장문독해

※ 다음 글을 읽고 이어지는 질문에 답하시오. [1~2]

『조선왕조실록』에 기록된 지진만 1,900여 건, 가뭄과 홍수는 이루 헤아릴 수 없을 정도다. 농경 사회였던 조선시대 백성의 삶을 더욱 힘들게 했던 재난・재해, 특히 목조 건물과 초가가 대부분이던 당시에 화재는 즉각적인 재앙이었고 공포였다. 우리 조상은 화재를 귀신이 장난치거나, 땅에 불의 기운이 넘쳐서라 여겼다. 화재 예방을 위해 벽사(僻邪)를 상징하는 조형물을 세우며 안녕을 기원했다.

고대 건축에서 안전관리를 상징하는 대표적인 예로 지붕 용마루 끝에 장식 기와로 사용하는 '치미(鴟尾)'를 들 수 있다. 전설에 따르면 불이 나자 큰 새가 꼬리로 거센 물결을 일으키며 비를 내려 불을 껐다는 기록이 남아있다. 약 1,700년 전에 중국에서 처음 시작돼 화재 예방을 위한 주술적 의미로 쓰였고, 우리나라에선 황룡사 '치미'가 대표적이다.

조선 건국 초기, 관악산의 화기를 잠재우기 위해 '해치(해태)'를 광화문에 세웠다. '해치'는 물의 기운을 지닌 수호신으로 현재 서울의 상징이기도 한 상상 속 동물이다. 또한 궁정이나 관아의 안전을 수호하는 상징물로 '잡상(雜像)'을 세웠다. 궁궐 관련 건물에만 등장하는 '잡상'은 건물의 지붕 내림마루에 『서유기』에 등장하는 기린, 용, 원숭이 등 다양한 종류의 신화적 형상으로 장식한 기와이다. 그 밖에 경복궁 화재를 막기 위해 경회루에 오조룡(발톱이 다섯인 전설의 용) 두 마리를 넣었다는 기록이 전해진다. 실제 1997년 경회루 공사 중 오조룡이 발견되면서 화제가 됐었다. 불을 상징하는 구리 재질의 오조룡을 물속에 가둬놓고 불이 나지 않기를 기원했던 것이다.

조선시대에는 도성 내 화재 예방에 각별히 신경 썼다. 궁궐을 지을 때 불이 번지는 것을 막기 위해 건물 간 10m 이상 떨어져 지었고, 창고는 더 큰 피해를 입기에 30m 이상 간격을 뒀다. 민간에선 다섯 집마다 물독을 비치해 방화수로 활용했고, 행랑이나 관청에 우물을 파게 해 화재 진압용수로 사용했다. 지붕 화재에 대비해 사다리를 비치하거나 지붕에 쇠고리를 박고, 타고 올라갈 수 있도록 쇠줄을 늘여놓기도 했다. 오늘날 소화기나 완강기 등과 같은 이치다. 특히 세종대왕은 '금화도감'이라는 소방기구를 설치해 인접 가옥 간에 '방화장(防火墻)'을 쌓고, 방화범을 엄히 다루는 등 화재 예방에 만전을 기했다.

01 윗글의 제목으로 가장 적절한 것은?

① 불귀신을 호령하기 위한 조상들의 노력
② 화재 예방을 위해 지켜야 할 법칙들
③ 미신에 관한 과학적 증거들
④ 자연재해에 어떻게 대처해야 하는가?

| 해설 | 첫 번째 문단에 따르면 '우리 조상은 화재를 귀신이 장난치거나, 땅에 불의 기운이 넘쳐서라 여겼다.'라고 하면서 안녕을 기원하기 위해 조상들이 시도했던 여러 가지 노력을 제시하고 있다. 따라서 제목으로 적절한 것은 '불귀신을 호령하기 위한 조상들의 노력'이다.

정답 ①

02 윗글의 내용으로 적절하지 않은 것은?

① 조선시대의 재난·재해 중 특히 화재는 백성들을 더욱 힘들게 했다.

② 해치는 화재 예방을 위한 주술적 의미로 쓰인 '치미'의 예이다.

③ 잡상은 『서유기』에 등장하는 다양한 종류의 신화적 형상을 장식한 기와를 말한다.

④ 오조룡은 실제 경회루 공사 중에 발견되었다.

| 해설 | 화재 예방을 위한 주술적 의미로 쓰인 것은 지붕 용마루 끝에 장식 기와로 사용하는 '치미'이다. 물의 기운을 지닌 수호신인 해치는 화기를 잠재운다는 의미로 동상으로 세워졌다.

오답분석

① 첫 번째 문단에서 농경사회였던 조선시대의 백성들의 삶을 힘들게 했던 재난·재해 특히 화재는 즉각적인 재앙이었고 공포였다고 하였다.

③ 세 번째 문단에서 '잡상은 건물의 지붕 내림마루에 『서유기』에 등장하는 기린, 용, 원숭이 등 다양한 종류의 신화적 형상으로 장식한 기와'라고 하였다.

④ 네 번째 문단에서 '실제 1997년 경회루 공사 중 오조룡이 발견되면서 화제가 됐었다.'고 하였다.

정답 ②

PART 2

※ 다음 글을 읽고 이어지는 질문에 답하시오. [7~8]

나이가 들면서 크고 작은 신체 장애가 오는 것은 동서고금의 진리이고 어쩔 수 없는 사실이다. 노화로 인한 신체 장애는 사십대 중반의 갱년기를 넘기면 누구에게나 나타날 수 있는 현상이다.
원시가 된다든가, 치아가 약해진다든가, 높은 계단을 빨리 오를 수 없다든가, 귀가 잘 안 들려서 자신도 모르게 큰 소리로 이야기한다든가, 기억력이 감퇴하는 것 등이 그 현상이다. 노인들에게 '당신들도 젊은이들처럼 할 수 있다.'라고 헛된 자존심을 부추길 것이 아니라, ____㉠____ 우리가 장애인들에게 특별한 배려를 하는 것은 그들의 인권을 위해서이다. 그것은 건강한 사람과 동등하게 그들을 인간으로 대하는 태도이다. 늙음이라는 신체적 장애를 느끼는 노인들에 대한 배려도 그들의 인권을 보호하는 차원에서 이루어져야 할 것이다.
집안의 어르신을 잘 모시는 것을 효도의 관점에서만 볼 것이 아니라, 인권의 관점에서 볼 줄도 알아야 한다. 노부모에 대한 효도가 좀 더 보편적 차원의 성격을 갖지 못한다면, 앞으로의 세대들에게 설득력을 얻기 어려울 것이다. 나는 장애인을 위한 자원 봉사에는 열심인 한 젊은이가 자립 능력이 없는 병약한 노부모 모시기를 거부하며, 효도의 ㉡ 시대착오적 측면을 적극 비판하는 경우를 보았다. 이렇게 인권의 사각 지대는 가정 안에도 있을 수 있다. 보편적 관점에서 보면, 노부모를 잘 모시는 것은 효도의 차원을 넘어선 인권 존중이라고 할 수 있다. 인권 존중은 가까운 곳에서부터 시작되어야 하고, 인권은 그것이 누구의 인권이든, 언제 어디서든 존중되어야 한다.

07 윗글의 ㉠에 들어갈 말로 가장 적절한 것은?

① 모든 노인들을 가족처럼 공경해야 한다.
② 노인 스스로 그 문제를 해결할 수 있도록 해야 한다.
③ 노인들의 장애로 인한 부담을 사회가 나누어 가져야 한다.
④ 노인성 질환 치료를 위해 노력해야 한다.

08 윗글의 ㉡의 사례로 적절하지 않은 것은?

① 정민주씨는 투표할 때마다 반드시 입후보자들의 출신 고교를 확인한다.
② 차사랑씨는 직장에서 승진하였기에 자가용 자동차를 고급차로 바꾸었다.
③ 이규제씨는 학생들의 효율적인 생활지도를 위해 두발 규제를 제안했다.
④ 한지방씨는 생활비를 아끼기 위해 직장에 도시락을 싸가기로 했다.

※ 다음 글을 읽고 이어지는 질문에 답하시오. [9~10]

천연가스가 화석연료라는 큰 틀에서 공통의 감축 대상임은 분명하지만, 천연가스는 석유와 석탄 대비 오염물질과 온실가스 배출량이 낮고, 발전소 건설이 용이하며, 운영상의 부하추종이 용이하다는 경쟁력이 있다. 천연가스가 온실가스 배출량 감축의 실행적인 측면에서 석유, 석탄 등 기존의 주요 화석 에너지를 대체하는 에너지원이라는 점이 미국, EU 등 주요국의 사례에서 확인되고 있다. 이런 이유로 새로이 시작되는 신기후체제에서 석탄을 가스로 대체하려는 움직임은 당연한 방향으로 여겨지고 있다. 또한 궁극적으로 신재생에너지로의 전환 과정에서 필수불가결한 ＿＿＿＿＿＿을 담당하는 에너지원으로서 국가 에너지 믹스에서 역할이 더욱 기대되고 있다.

이러한 세계적인 추세와는 다르게 우리나라 국가 정책에서 천연가스의 역할은 그 잠재력이 충분히 발현되지 못하는 방향으로 진행되고 있어 우려가 높아지고 있다. 우리나라는 거의 모든 천연가스를 수입에 의존하고 있기 때문에 가스 부국들의 에너지 환경을 그대로 적용하기에는 무리가 있다. 여기에 최근의 저유가 기조, 글로벌 LNG 가격의 하락, 국제 및 국내 가스 수요의 둔화 등 급변하는 에너지 시장의 여건도 고려해야 할 과제에 포함된다.

그러나 이러한 난제들이 신기후체제에서 천연가스의 역할에 대한 기대를 본질적으로 바꿀 수는 없을 것이다. 국가의 에너지 선택은 경제성장, 수급 여건, 인프라와 연관 산업 등에 광범위하고도 매우 밀접한 영향력을 주고받는다. 이러한 이유로 단시간 내에 한 국가의 에너지 정책에 있어 획기적인 변화의 예는 찾아보기 어려웠다. 이제 그 어려운 에너지 선택에서 신기후체제라는 새로운 제약조건이 국제 사회의 전면에서 부각되고 있는 것이다. 파리협약 타결 초기에 팽배했던 국제사회의 동조와 자발적인 참여 등 협약의 이행상 구속력에 대한 불투명성이 빠른 속도로 해소되고 있다. 우리나라가 이미 표방한 온실가스 감축 목표 달성이 전제되는 한, 국가 에너지 정책상 선택은 더 이상 석탄이냐 가스냐 하는 양자택일의 문제를 넘어선지 오래이다. 수급 안정성과 경제성 측면에서 천연가스의 역할에 대한 잠재력을 최대한 실현하는 정책의지와 구체적인 이행 방안이 위에서 언급한 여러 에너지 정책에 효과적으로 반영되어야 할 것이다.

09 윗글의 빈칸에 들어갈 말로 적절한 것은?

① 심의 역할 ② 가교 역할
③ 대체 역할 ④ 리더 역할

10 윗글의 주제로 가장 적절한 것은?

① 신재생에너지로서의 천연가스
② 신기후체제에 맞선 천연가스의 반란
③ 화석연료의 오해와 진실
④ 국가 에너지 믹스에서 천연가스의 역할

CHAPTER 02

수리력

합격 Cheat Key

| 출제유형 |

1 응용수리

수의 관계에 대해 알고 그것을 응용하여 계산할 수 있는지 그리고 미지수를 구하기 위해 필요한 계산식을 세울 수 있는지를 평가하는 유형이다. 기초적인 유형을 정확하게 알고, 이를 활용하는 난이도 있는 문제도 연습해야 한다.

2 자료해석

표나 그래프 등 주어진 자료를 보고 필요한 정보를 빠르게 찾아 해석할 수 있는지를 평가하는 유형이다. 자료계산, 자료해석은 그래프 해석이나 변환, 묶음 문제 추리 등 다양한 유형으로 출제하고 있으므로 여러 문제 풀이를 통해 익숙해질 수 있도록 한다.

학습전략

1 응용수리

- 정확하게 답을 구하지 못하면 답을 맞출 수 없게 출제되고 있으므로 정확하게 계산하는 연습을 해야 한다.
- 정형화된 유형을 풀어보고 숙지하여 기본을 튼튼히 해야 한다.
- 경우의 수나 확률과 같은 유형은 고등학교 수준의 문제를 풀어 보는 것이 도움이 될 수 있다.

2 자료해석

- 표, 꺾은선그래프, 막대그래프, 원그래프 등 다양한 형태의 자료를 눈에 익힌다. 그래야 실제 시험에서 자료가 제시되었을 때 중점을 두고 파악해야 할 부분이 더욱 선명하게 보일 것이다.
- 자료해석 유형의 문제는 제시되는 정보의 양이 매우 많으므로, 시간을 절약하기 위해서는 문제를 읽은 후 바로 자료 분석에 들어가는 것보다는 선택지를 먼저 읽고 필요한 정보만 추출하여 답을 찾는 것이 좋다.

CHAPTER

02 수리력 핵심이론

01 응용수리

1. 수의 관계

(1) 약수와 배수

a가 b로 나누어떨어질 때, a는 b의 배수, b는 a의 약수

(2) 소수

1과 자기 자신만을 약수로 갖는 수. 즉, 약수의 개수가 2개인 수

(3) 합성수

1과 자신 이외의 수를 약수로 갖는 수. 즉, 소수가 아닌 수 또는 약수의 개수가 3개 이상인 수

(4) 최대공약수

2개 이상의 자연수의 공통된 약수 중에서 가장 큰 수

(5) 최소공배수

2개 이상의 자연수의 공통된 배수 중에서 가장 작은 수

(6) 서로소

1 이외에 공약수를 갖지 않는 두 자연수. 즉, 최대공약수가 1인 두 자연수

(7) 소인수분해

주어진 합성수를 소수의 거듭제곱의 형태로 나타내는 것

(8) 약수의 개수

자연수 $\mathrm{N}=a^m \times b^n$에 대하여, N의 약수의 개수는 $(m+1)\times(n+1)$개

(9) 최대공약수와 최소공배수의 관계

두 자연수 A, B에 대하여, 최소공배수와 최대공약수를 각각 L, G라고 하면 $\mathrm{A}\times\mathrm{B}=\mathrm{L}\times\mathrm{G}$가 성립한다.

2. 방정식의 활용

(1) 날짜 · 요일 · 시계

① 날짜 · 요일

㉠ 1일=24시간=1,440분=86,400초

㉡ 날짜 · 요일 관련 문제는 대부분 나머지를 이용해 계산한다.

② 시계

㉠ 시침이 1시간 동안 이동하는 각도 : 30°

㉡ 시침이 1분 동안 이동하는 각도 : 0.5°

㉢ 분침이 1분 동안 이동하는 각도 : 6°

(2) 시간 · 거리 · 속력

① $(\text{시간})=\frac{(\text{거리})}{(\text{속력})}$

② (거리)=(속력)×(시간)

㉠ 기차가 터널을 통과하거나 다리를 지나가는 경우

: (기차가 움직인 거리)=(기차의 길이)+(터널 또는 다리의 길이)

㉡ 두 사람이 반대 방향 또는 같은 방향으로 움직이는 경우

: (두 사람 사이의 거리)=(두 사람이 움직인 거리의 합 또는 차)

③ $(\text{속력})=\frac{(\text{거리})}{(\text{시간})}$

㉠ 흐르는 물에서 배를 타는 경우

: (하류로 내려갈 때의 속력)=(배 자체의 속력)+(물의 속력)

(상류로 올라갈 때의 속력)=(배 자체의 속력)−(물의 속력)

(3) 나이 · 인원 · 개수

구하고자 하는 것을 미지수로 놓고 식을 세운다. 동물의 경우 다리의 개수에 유의해야 한다.

(4) 원가 · 정가

① (정가)=(원가)+(이익), (이익)=(정가)−(원가)

② a원에서 $b\%$ 할인한 가격$=a\times\left(1-\frac{b}{100}\right)$

(5) 일률 · 톱니바퀴

① 일률

전체 일의 양을 1로 놓고, 시간 동안 한 일의 양을 미지수로 놓고 식을 세운다.

- $(\text{일률})=\dfrac{(\text{작업량})}{(\text{작업기간})}$
- $(\text{작업기간})=\dfrac{(\text{작업량})}{(\text{일률})}$
- (작업량)=(일률)×(작업기간)

② 톱니바퀴

(톱니 수)×(회전수)=(총 맞물린 톱니 수)

즉, A, B 두 톱니에 대하여, (A의 톱니 수)×(A의 회전수)=(B의 톱니 수)×(B의 회전수)가 성립한다.

(6) 농도

① $(\text{농도})=\dfrac{(\text{용질의 양})}{(\text{용액의 양})}$

② $(\text{용질의 양})=\dfrac{(\text{농도})}{100}\times(\text{용액의 양})$

(7) 수 I

① 연속하는 세 자연수 : $x-1,\ x,\ x+1$

② 연속하는 세 짝수(홀수) : $x-2,\ x,\ x+2$

(8) 수 II

① 십의 자릿수가 x, 일의 자릿수가 y인 두 자리 자연수 : $10x+y$

이 수에 대해, 십의 자리와 일의 자리를 바꾼 수 : $10y+x$

② 백의 자릿수가 x, 십의 자릿수가 y, 일의 자릿수가 z인 세 자리 자연수 : $100x+10y+z$

(9) 증가 · 감소에 관한 문제

① x가 $a\%$ 증가 : $\left(1+\dfrac{a}{100}\right)x$

② y가 $b\%$ 감소 : $\left(1-\dfrac{b}{100}\right)y$

3. 경우의 수 · 확률

(1) 경우의 수

① 경우의 수 : 어떤 사건이 일어날 수 있는 모든 가짓수

② 합의 법칙

㉠ 두 사건 A, B가 동시에 일어나지 않을 때, A가 일어나는 경우의 수를 m, B가 일어나는 경우의 수를 n이라고 하면, 사건 A 또는 B가 일어나는 경우의 수는 $m+n$이다.

㉡ '또는', '~이거나'라는 말이 나오면 합의 법칙을 사용한다.

③ 곱의 법칙

㉠ A가 일어나는 경우의 수를 m, B가 일어나는 경우의 수를 n이라고 하면, 사건 A와 B가 동시에 일어나는 경우의 수는 $m \times n$이다.

㉡ '그리고', '동시에'라는 말이 나오면 곱의 법칙을 사용한다.

④ 여러 가지 경우의 수

㉠ 동전 n개를 던졌을 때, 경우의 수 : 2^n

㉡ 주사위 m개를 던졌을 때, 경우의 수 : 6^m

㉢ 동전 n개와 주사위 m개를 던졌을 때, 경우의 수 : $2^n \times 6^m$

㉣ n명을 한 줄로 세우는 경우의 수 : $n! = n \times (n-1) \times (n-2) \times \cdots \times 2 \times 1$

㉤ n명 중, m명을 뽑아 한 줄로 세우는 경우의 수 : ${}_n\mathrm{P}_m = n \times (n-1) \times \cdots \times (n-m+1)$

㉥ n명을 한 줄로 세울 때, m명을 이웃하여 세우는 경우의 수 : $(n-m+1)! \times m!$

㉦ 0이 아닌 서로 다른 한 자리 숫자가 적힌 n장의 카드에서, m장을 뽑아 만들 수 있는 m자리 정수의 개수 : ${}_n\mathrm{P}_m$

㉧ 0을 포함한 서로 다른 한 자리 숫자가 적힌 n장의 카드에서, m장을 뽑아 만들 수 있는 m자리 정수의 개수 : $(n-1) \times {}_{n-1}\mathrm{P}_{m-1}$

㉨ n명 중, 자격이 다른 m명을 뽑는 경우의 수 : ${}_n\mathrm{P}_m$

㉩ n명 중, 자격이 같은 m명을 뽑는 경우의 수 : ${}_n\mathrm{C}_m = \dfrac{{}_n\mathrm{P}_m}{m!}$

㉪ 원형 모양의 탁자에 n명을 앉히는 경우의 수 : $(n-1)!$

⑤ 최단거리 문제 : A에서 B 사이에 P가 주어져 있다면, A와 P의 최단거리, B와 P의 최단거리를 각각 구하여 곱한다.

(2) 확률

① $(\text{사건 A가 일어날 확률}) = \dfrac{(\text{사건 A가 일어나는 경우의 수})}{(\text{모든 경우의 수})}$

② 여사건의 확률

㉠ 사건 A가 일어날 확률이 p일 때, 사건 A가 일어나지 않을 확률은 $(1-p)$이다.

㉡ '적어도'라는 말이 나오면 주로 사용한다.

③ 확률의 계산

㉠ 확률의 덧셈

두 사건 A, B가 동시에 일어나지 않을 때, A가 일어날 확률을 p, B가 일어날 확률을 q라고 하면, 사건 A 또는 B가 일어날 확률은 $(p+q)$이다.

㉡ 확률의 곱셈

A가 일어날 확률을 p, B가 일어날 확률을 q라고 하면, 사건 A와 B가 동시에 일어날 확률은 $(p\times q)$이다.

④ 여러 가지 확률

㉠ 연속하여 뽑을 때, 꺼낸 것을 다시 넣고 뽑는 경우 : 처음과 나중의 모든 경우의 수는 같다.

㉡ 연속하여 뽑을 때, 꺼낸 것을 다시 넣지 않고 뽑는 경우 : 나중의 모든 경우의 수는 처음의 모든 경우의 수보다 1만큼 작다.

㉢ $(\text{도형에서의 확률})=\dfrac{(\text{해당하는 부분의 넓이})}{(\text{전체 넓이})}$

02 ▸ 자료해석

(1) 꺾은선(절선)그래프

① 시간적 추이(시계열 변화)를 표시하는 데 적합하다.

예 연도별 매출액 추이 변화 등

② 경과・비교・분포를 비롯하여 상관관계 등을 나타낼 때 사용한다.

〈한국 자동차부품 수입 국가별 의존도〉

(단위 : %)

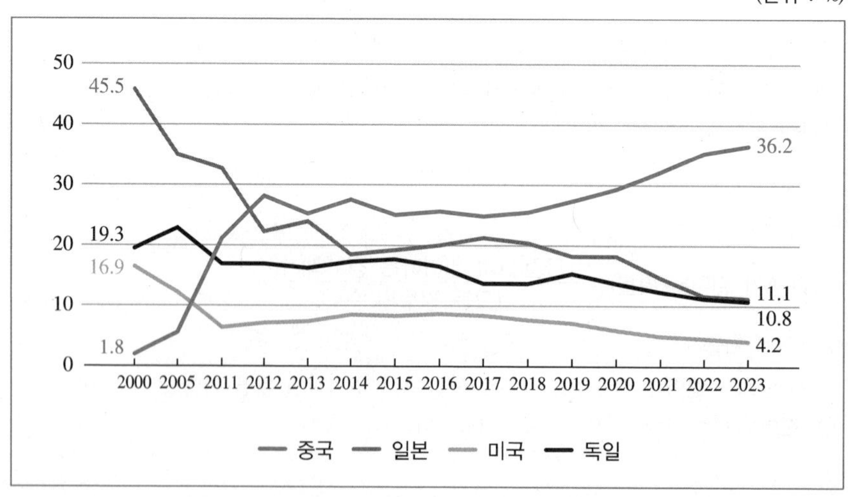

(2) 막대그래프

① 비교하고자 하는 수량을 막대 길이로 표시하고, 그 길이를 비교하여 각 수량 간의 대소 관계를 나타내는 데 적합하다.

예 영업소별 매출액, 성적별 인원분포 등

② 가장 간단한 형태로 내역·비교·경과·도수 등을 표시하는 용도로 사용한다.

〈경상수지 추이〉

(잠정치, 단위 : 억 달러)

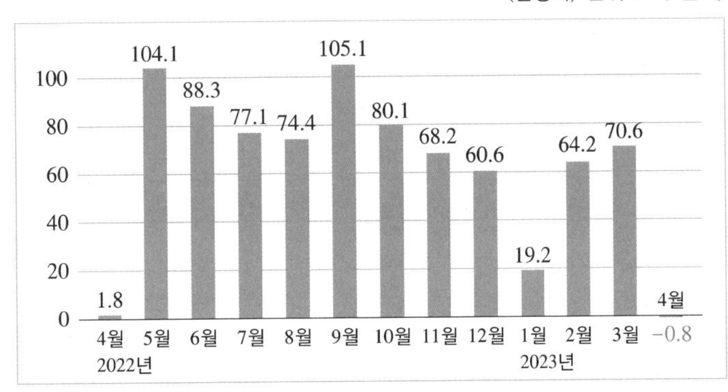

(3) 원그래프

① 내역이나 내용의 구성비를 분할하여 나타내는 데 적합하다.

예 제품별 매출액 구성비 등

② 원그래프를 정교하게 작성할 때는 수치를 각도로 환산해야 한다.

〈C국의 가계 금융자산 구성비〉

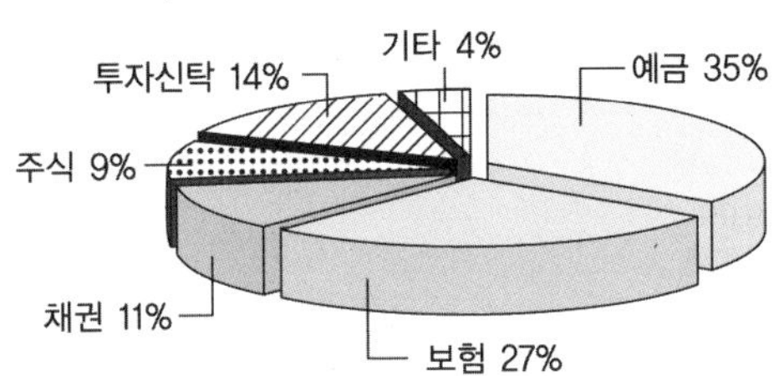

(4) 점그래프

① 지역분포를 비롯하여 도시, 지방, 기업, 상품 등의 평가나 위치, 성격을 표시하는 데 적합하다.

　예 광고비율과 이익률의 관계 등

② 종축과 횡축에 두 요소를 두고, 보고자 하는 것이 어떤 위치에 있는가를 알고자 할 때 사용한다.

〈OECD 국가의 대학졸업자 취업률 및 경제활동인구 비중〉

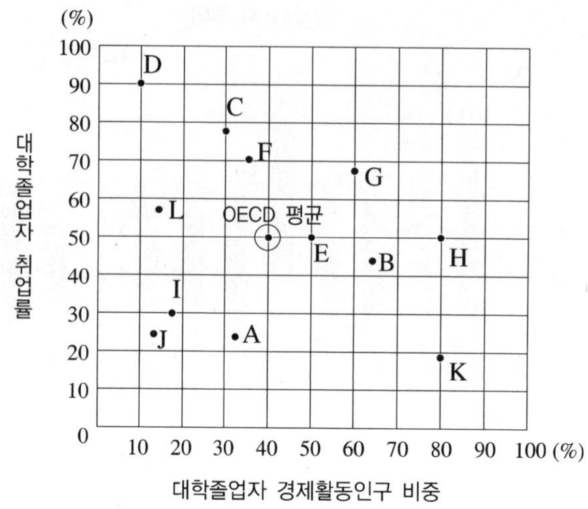

(5) 층별그래프

① 합계와 각 부분의 크기를 백분율로 나타내고 시간적 변화를 보는 데 적합하다.

② 합계와 각 부분의 크기를 실수로 나타내고 시간적 변화를 보는 데 적합하다.

　예 상품별 매출액 추이 등

③ 선의 움직임보다는 선과 선 사이의 크기로써 데이터 변화를 나타내는 그래프이다.

〈경제고통지수 추이〉

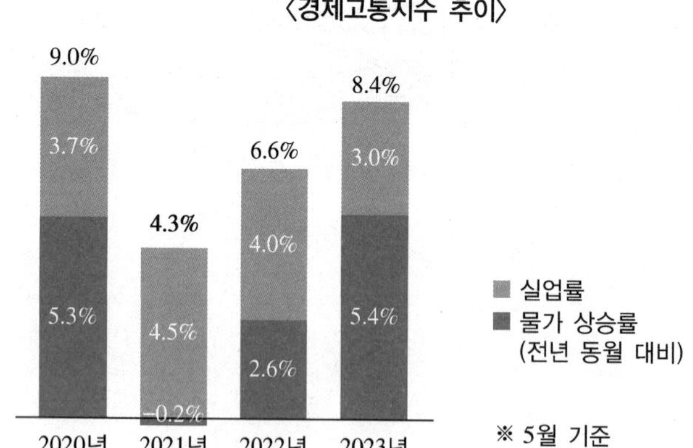

(6) 레이더 차트(거미줄그래프)

① 다양한 요소를 비교할 때, 경과를 나타내는 데 적합하다.

예 매출액의 계절변동 등

② 비교하는 수량을 직경, 또는 반경으로 나누어 원의 중심에서의 거리에 따라 각 수량의 관계를 나타내는 그래프이다.

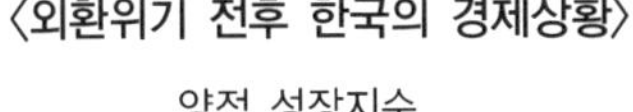

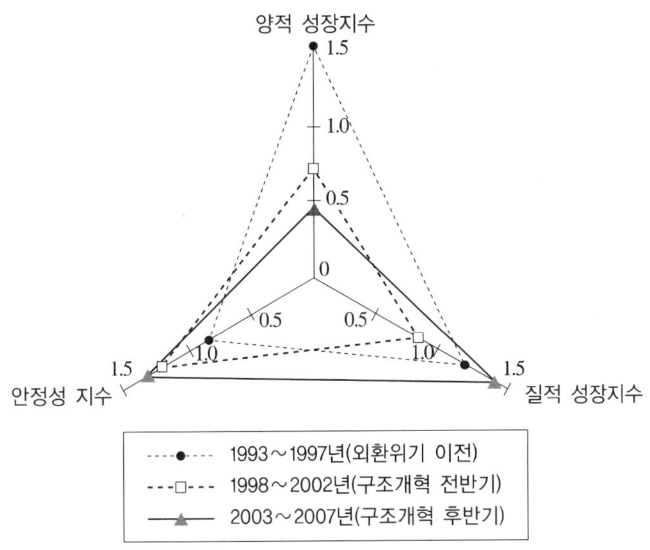

CHAPTER

02 수리력 기출예상문제

정답 및 해설 p.009

01 ▶ 기본계산

대표유형 1 사칙연산

다음 식을 계산한 값으로 옳은 것은?

48.231−19.292+59.124

① 85.023
② 98.063
③ 76.033
④ 88.063

| 해설 | 48.231−19.292+59.124=28.939+59.124=88.063

정답 ④

※ 다음 식을 계산한 값으로 옳은 것을 고르시오. [1~6]

01

5,634+1,341+4,604+2,497

① 14,076
② 14,066
③ 14,056
④ 14,046

02

$4^2+5^2\times6^2$

① 816
② 916
③ 1,016
④ 1,106

03

$$843+537-347$$

① 1,054
② 1,027
③ 1,030
④ 1,033

04

$$0.901+5.468-2.166$$

① 2.194
② 4.203
③ 6.206
④ 8.535

05

$$\left(\frac{1}{4}-\frac{2}{9}\right)\times\frac{9}{4}+\frac{1}{8}$$

① $\frac{1}{16}$
② $\frac{2}{16}$
③ $\frac{3}{16}$
④ $\frac{4}{16}$

06

$$\frac{7}{2}\times\frac{2}{3}-\frac{1}{2}$$

① $\frac{8}{6}$
② $\frac{11}{6}$
③ $\frac{15}{6}$
④ $\frac{17}{6}$

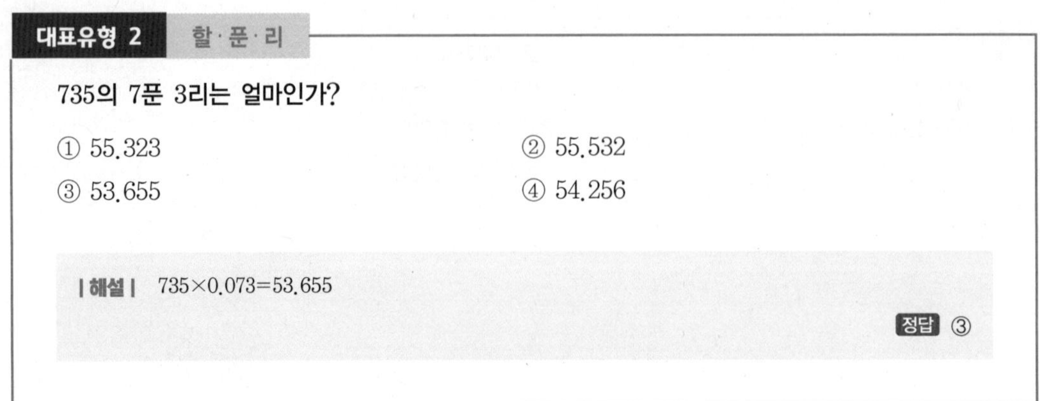

대표유형 2 할·푼·리

735의 7푼 3리는 얼마인가?

① 55.323
② 55.532
③ 53.655
④ 54.256

| 해설 | 735×0.073=53.655

정답 ③

07 856의 3할 5푼 2리는 얼마인가?

① 300.541
② 301.312
③ 303.681
④ 310.135

08 71의 2할 5푼은 얼마인가?

① 17.55
② 17.65
③ 17.75
④ 17.85

09 25개의 과일 중에서 망고가 9개라면 망고를 뽑을 확률은 얼마인가?

① 3푼 6리
② 3할 6리
③ 3할 6푼
④ 3할 6푼 9리

10 동윤이는 농구공을 40번 던져 27번 골인시켰다. 동윤이의 골 성공률은 얼마인가?

① 3할 7푼 5리
② 5할 7푼 5리
③ 6할 7푼 5리
④ 7할 7푼 5리

대표유형 3 약속연산

※ 제시된 〈조건〉을 이용해 식을 계산한 값으로 옳은 것을 고르시오. [1~2]

조건

$$a \blacktriangleright b = (3a+2b)ab$$
$$a \triangleright b = \sqrt{a^2 - 2ab + b^2}$$

01

$7 \blacktriangleright 12$

① 3,760　② 3,555
③ 3,646　④ 3,780

| 해설 | $7 \blacktriangleright 12 = (3\times7+2\times12)\times7\times12 = 3,780$

 ④

02

$8 \triangleright 13 \blacktriangleright 7$

① 1,055　② 1,015
③ 1,046　④ 1,064

| 해설 | $8 \triangleright 13 = \sqrt{8^2 - 2\times8\times13 + 13^2} = \sqrt{25} = 5$
$(8 \triangleright 13) \blacktriangleright 7 = 5 \blacktriangleright 7 = (3\times5+2\times7)\times5\times7 = 1,015$

 ②

※ 제시된 〈조건〉을 이용해 식을 계산한 값으로 옳은 것을 고르시오. [11~13]

조건

$$a \clubsuit b = 3a - \frac{a}{b}$$

$$a \spadesuit b = \frac{b}{a} + 2b$$

11

$$27 \clubsuit 3$$

① 72 ② 88
③ 99 ④ 101

12

$$4 \spadesuit 36$$

① 81 ② 83
③ 85 ④ 87

13

$$(21 \clubsuit 7) \spadesuit \frac{5}{2}$$

① $\frac{211}{24}$ ② $\frac{111}{24}$
③ $\frac{121}{24}$ ④ $\frac{221}{24}$

※ 제시된 〈조건〉을 이용해 식을 계산한 값으로 옳은 것을 고르시오. [14~16]

조건

$$a\Diamond b=5a-3b^2$$

$$a\blacklozenge b=\frac{b}{a}+\frac{a^2}{b}$$

14

$$3\Diamond 4$$

① 35
② -33
③ -35
④ 33

15

$$8\blacklozenge 10$$

① $\frac{153}{20}$
② $\frac{137}{20}$
③ $\frac{113}{20}$
④ $\frac{97}{20}$

16

$$(2\blacklozenge 4)\Diamond \frac{1}{\sqrt{3}}$$

① 12
② 13
③ 14
④ 15

PART 2

대표유형 4 대소비교

다음 빈칸에 들어갈 수로 옳은 것은?

$$\frac{22}{9}<(\quad)<\frac{11}{4}$$

① $\frac{33}{17}$ ② $\frac{59}{19}$

③ $\frac{62}{21}$ ④ $\frac{66}{25}$

| 해설 | $\frac{22}{9}\fallingdotseq 2.44<\left(\frac{66}{25}\fallingdotseq 2.64\right)<\frac{11}{4}\fallingdotseq 2.75$

오답분석

① $\frac{33}{17}\fallingdotseq 1.94$, ② $\frac{59}{19}\fallingdotseq 3.11$, ③ $\frac{62}{21}\fallingdotseq 2.95$

정답 ④

※ 다음 빈칸에 들어갈 수로 옳은 것을 고르시오. [17~20]

17

$$1.148<(\quad)<\frac{122}{95}$$

① $\frac{93}{76}$ ② $\frac{88}{67}$

③ $\frac{66}{47}$ ④ $\frac{54}{39}$

18

$$2\frac{5}{6}<(\quad)<3\frac{12}{19}$$

① $\frac{167}{45}$ ② $\frac{132}{53}$

③ $\frac{144}{53}$ ④ $\frac{178}{55}$

19

$$\frac{21}{8}<(\quad)<3$$

① $\frac{5}{2}$　② $\frac{8}{3}$

③ $\frac{9}{4}$　④ $\frac{18}{7}$

20

$$-\frac{13}{8}<(\quad)<-\frac{2}{5}$$

① $-\frac{16}{9}$　② $-\frac{14}{11}$

③ $-\frac{3}{8}$　④ $-\frac{1}{7}$

02 ▸ 응용수리

대표유형 1 거리 · 속력 · 시간

집에서 할아버지 댁까지는 총 50km이다. 10km/h의 속력으로 25km를 갔더니 도착하기로 한 시간이 얼마 남지 않아서 15km/h의 속력으로 뛰어가 오후 4시에 할아버지 댁에 도착할 수 있었다. 집에서 나온 시각은 언제인가?

① 오전 11시 50분 ② 오후 12시 10분
③ 오후 12시 50분 ④ 오후 1시 10분

| 해설 | $\frac{25}{10}+\frac{25}{15}=\frac{25}{6}=4\frac{1}{6}$

따라서 걸린 시간은 4시간 10분이므로 오후 4시에 도착했다면 오전 11시 50분에 집에서 나왔다는 것을 알 수 있다.

정답 ①

01 A가 30km 가는 데 45분 걸렸고, B가 시속 30km/h로 $x$km만큼 갔을 때, B는 A보다 5분 덜 걸렸다. B가 이동한 거리는?

① 15km ② 20km
③ 25km ④ 30km

02 효진이가 집에서 서점까지 갈 때에는 시속 4km의 속력으로 걷고 집으로 되돌아올 때에는 시속 3km의 속력으로 걸어왔더니 이동시간만 7시간이 걸렸다고 한다. 집에서 서점까지의 거리는?

① 10km ② 11km
③ 12km ④ 13km

03 길이가 40m인 열차가 200m의 터널을 통과하는 데 10초가 걸렸다. 이 열차가 320m인 터널을 통과하는 데 걸리는 시간은 몇 초인가?

① 15초 ② 16초
③ 18초 ④ 20초

대표유형 2 나이 · 수

어머니의 나이는 10대인 아들 나이의 3배이다. 아들과 어머니의 나이의 합이 62보다 작다면 아들은 최대 몇 살인가?

① 14살 ② 15살
③ 16살 ④ 17살

| 해설 | 아들의 나이를 x세라고 하면, 어머니의 나이는 $3x$세이다.
$x+3x<62 \rightarrow x<15.5$
따라서 아들의 최대 나이는 15살이다.

정답 ②

PART 2

04 작년 C고등학교의 학생 수는 재작년에 비해 10% 증가하였고, 올해는 55명이 전학을 와서 작년보다 10% 증가하였다. 그렇다면 재작년 C고등학교의 학생 수는 몇 명인가?

① 400명 ② 455명
③ 500명 ④ 555명

05 형과 동생의 나이를 더하면 22, 곱하면 117이라고 할 때, 동생의 나이는?

① 9세 ② 10세
③ 11세 ④ 12세

06 아버지와 어머니의 나이 차는 4세이고 형과 동생의 나이 차는 2세이다. 또한, 아버지와 어머니의 나이의 합은 형의 나이보다 6배 많다고 한다. 형과 동생의 나이의 합이 40세라면 아버지의 나이는 몇 세인가?(단, 아버지가 어머니보다 나이가 더 많다)

① 59세 ② 60세
③ 63세 ④ 65세

대표유형 3 금액

어떤 물건을 원가의 50% 이익을 붙여 팔았지만 잘 팔리지 않아서 다시 20% 할인해서 팔았더니, 물건 1개당 1,000원의 이익을 얻었다. 이 물건의 원가는 얼마인가?

① 5,000원　　② 5,500원
③ 6,000원　　④ 6,500원

| 해설 | 원가를 x원이라 할 때, 원가에 50% 이익을 붙일 경우 가격은 $1.5x$이다.
잘 팔리지 않아서 다시 20% 할인할 경우 가격은 $1.5x \times 0.8 = 1.2x$이다.
물건 1개당 1,000원의 이익을 얻었으므로 $1.2x - x = 1{,}000$원
$0.2x = 1{,}000$원
$\therefore\ x = 5{,}000$

 ①

07 어떤 백화점에서 20% 할인해서 팔던 옷을 할인된 가격의 30%를 추가로 할인하여 28만 원에 구매하였다면 할인받은 금액은?

① 14만 원　　② 18만 원
③ 22만 원　　④ 28만 원

08 처음 생산된 물건을 도매업자가 구매하여 1.2배의 가격으로 판매하고, 이를 소매업자가 구매하여 2배의 가격으로 판매한다. 소매업자가 온라인으로 판매하는 데 100개당 3,000원의 배송비가 든다. 500개를 온라인으로 구매했을 때의 가격이 447,000원이라고 하면 이 물건의 원가는 얼마인가?

① 360원　　② 380원
③ 400원　　④ 420원

09 조각 케이크 1조각을 정가로 팔면 3,000원의 이익을 얻는다. 만일, 장사가 되지 않아 정가에 20%를 할인하여 5개 팔았을 때 순이익과 조각 케이크 1개당 정가에서 2,000원씩 할인하여 4개를 팔았을 때의 매출액이 같다면 이 상품의 정가는 얼마인가?

① 4,200원　　② 4,400원
③ 4,600원　　④ 4,800원

대표유형 4 일의 양

책을 읽는데 첫날은 전체의 $\frac{1}{3}$, 둘째 날은 남은 양의 $\frac{1}{4}$, 셋째 날은 100쪽을 읽었더니 92쪽이 남았다. 책의 전체 쪽수는?

① 356쪽 ② 372쪽
③ 384쪽 ④ 394쪽

| 해설 | 책의 전체 쪽수를 x라고 하면,

$x-\frac{1}{3}x-\frac{1}{4}\left(x-\frac{1}{3}x\right)-100=92$

$\therefore\ x=384$

 ③

10 갑, 을, 병 3명에게 같은 양의 물건을 한 사람씩 똑같이 나누어 주면 각각 30일, 60일, 40일 동안 사용할 수 있다고 한다. 만약 세 사람에게 나누어 줄 물건의 양을 모두 합하여 세 사람이 함께 사용한다면, 세 사람이 함께 모든 물건을 사용하는 데 걸리는 시간은 얼마인가?

① 20일 ② 30일
③ 35일 ④ 40일

11 서로 맞물려 도는 두 톱니바퀴 A, B가 있다. A의 톱니 수는 54개, B의 톱니 수는 78개이다. 두 톱니바퀴가 같은 톱니에서 출발하여 다시 처음으로 같은 톱니끼리 맞물리는 것은 B톱니바퀴가 몇 회전한 후인가?

① 8회전 ② 9회전
③ 10회전 ④ 11회전

12 100L짜리 물통에 물을 받기 위해 큰 호스로 물을 부었더니 30분 만에 물통이 가득 찼다. 이 물통에 물을 좀 더 빨리 받기 위해서 큰 호스와 1시간에 50L의 물을 낼 수 있는 작은 호스로 동시에 물을 채우면 물통에 물이 가득 차는 데 시간이 얼마나 걸리겠는가?

① 16분 ② 20분
③ 24분 ④ 28분

대표유형 5 점수 계산

온라인 쇼핑몰에서 두 유형의 설문조사를 실시하였다. A형 설문조사에서는 2,000명이 응하였고 만족도는 평균 8점이었으며, B형 설문조사에서는 500명이 응하였고 만족도는 평균 6점이었다. A, B형 설문조사 전체 평균 만족도는 몇 점인가?

① 7.6점
② 7.8점
③ 8.0점
④ 8.2점

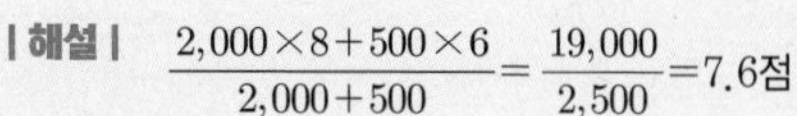

| 해설 | $\frac{2,000\times8+500\times6}{2,000+500}=\frac{19,000}{2,500}=7.6$점

정답 ①

13 수학, 영어 점수의 평균이 85점이고, 수학, 국어 점수의 평균이 91점일 때, 영어와 국어 점수의 차이는 몇 점인가?

① 12점
② 13점
③ 15점
④ 16점

14 학원선생님 A씨는 갑, 을, 병, 정 4명의 학생들의 평균이 80점 이상일 경우 아이스크림을 사겠다고 약속했다. 갑, 을, 병의 성적이 각각 76점, 68점, 89점일 때 정이 몇 점 이상이어야 아이스크림을 먹을 수 있는가?

① 87점
② 88점
③ 89점
④ 90점

15 가영, 태림, 규현, 한일이는 모두 초등학교 학생이다. 1년에 1번 보는 수행평가에서 가영이는 30점을, 태림이는 40점을, 한일이는 45점을 맞았다. 50점 만점에 4명의 평균점수가 40점이었을 때, 규현이는 몇 점인가?

① 30점
② 35점
③ 40점
④ 45점

대표유형 6 농도

농도가 9%인 묽은 염산 100g이 있다. 여기에 물을 섞어서 6%의 묽은 염산을 만들고자 한다면, 물이 얼마나 필요한가?

① 10g ② 30g

③ 50g ④ 70g

| 해설 | 더 넣어야 할 물의 양을 xg이라 하면

$\frac{9}{100}\times100=\frac{6}{100}\times(100+x) \rightarrow 900=600+6x \rightarrow 300=6x$

$\therefore x=50$

 ③

16 농도가 3%로 오염된 물 30L가 있다. 깨끗한 물을 채워서 오염물질의 농도를 0.5%p 줄이려고 한다. 깨끗한 물은 얼마나 더 넣어야 할까?

① 3L ② 4L

③ 5L ④ 6L

17 5%의 소금물 200g에 x%의 소금물 200g을 넣었더니 15%의 소금물이 되었다. x의 값은?

① 10 ② 15

③ 20 ④ 25

18 A씨는 25% 농도의 코코아 700mL를 즐겨 마신다. A씨가 마시는 코코아에 들어간 코코아 분말의 양은 얼마인가?(단, 1mL=1g이다)

① 170g ② 175g

③ 180g ④ 185g

대표유형 7 최대공약수 · 최소공배수

U사는 야유회에서 가로의 길이가 40cm, 세로의 길이가 16cm인 돗자리를 붙여 하나의 큰 정사각형 모양을 만들려고 한다. 필요한 돗자리는 최소 몇 개인가?

① 8개
② 10개
③ 12개
④ 14개

| 해설 | 큰 정사각형의 한 변의 길이는 40과 16의 최소공배수인 80cm이므로 가로에는 2개, 세로에는 5개를 두어야 한다.
따라서 돗자리는 최소 10개가 필요하다.

정답 ②

19 A빵집에서 크루아상 60개, 소보로 52개, 단팥빵 48개를 똑같이 나누어 가능한 많은 상자를 포장하려고 할 때, 상자의 최대 개수는?

① 1상자
② 2상자
③ 3상자
④ 4상자

20 볼펜 29자루, 지우개 38개, 샤프 26개를 가지고 가능한 한 많은 학생들에게 똑같이 나누어 주면 볼펜은 1개가 부족하고, 샤프와 지우개는 2개가 남는다. 이때 학생 수는 몇 명인가?

① 5명
② 6명
③ 7명
④ 8명

21 가로 240m, 세로 400m인 어느 부지에 정사각형으로 구역을 나누어 경작하려고 한다. 구역을 최소로 나눈다고 할 때 구역은 총 몇 개가 되는가?(단, 남겨지는 땅은 없다)

① 14개
② 15개
③ 16개
④ 17개

대표유형 8 경우의 수

고등학생 8명이 래프팅을 하러 여행을 떠났다. 보트는 3명, 5명 두 팀으로 나눠 타기로 했다. 이때 8명 중 반장, 부반장은 서로 다른 팀이 된다고 할 때, 가능한 경우의 수는 몇 가지인가?(단, 반장과 부반장은 각각 한 명이다)

① 15가지 ② 18가지
③ 30가지 ④ 32가지

| 해설 | 반장과 부반장을 서로 다른 팀에 배치하는 경우는 2가지이다. 두 명을 제외한 인원을 2명, 4명으로 나누는 경우는 먼저 6명 중 2명을 뽑는 방법과 같으므로 ${}_6C_2=\frac{6\times5}{2}=15$가지이다.
따라서 보트를 두 팀으로 나눠 타는 경우의 수는 $2\times15=30$가지이다.

 ③

22 은경이는 태국 여행에서 A ~ D 네 종류의 손수건을 총 9장 구매했으며, 그중 B손수건은 3장, 나머지는 각각 같은 개수를 구매했다. 기념품으로 친구 3명에게 종류가 다른 손수건을 3장씩 나눠줬을 때, 가능한 경우의 수는?

① 5가지 ② 6가지
③ 7가지 ④ 8가지

23 9 이하의 자연수 중 2의 배수를 중복 없이 선택하여 세 자리 숫자를 만들려고 한다. 3개의 숫자를 선택한 후 만들 수 있는 가장 큰 수와 가장 작은 수의 차이가 594일 때, 이를 만족하는 경우의 수는 몇 가지인가?

① 1가지 ② 2가지
③ 3가지 ④ 4가지

24 A상자에는 흰 공 2개가 들어있고, B상자에는 빨간 공 3개가 들어있다. 각 상자에서 공을 한 개씩 꺼낸다고 할 때, 나올 수 있는 모든 경우의 수는?(단, 각 상자의 공은 색깔만 같을 뿐 서로 다른 공이다)

① 6가지 ② 5가지
③ 4가지 ④ 3가지

대표유형 9 확률

흰 구슬 4개, 검은 구슬 6개가 들어 있는 주머니에서 연속으로 2개의 구슬을 꺼낼 때, 흰 구슬, 검은 구슬을 각각 1개씩 뽑을 확률은?(단, 꺼낸 구슬은 다시 넣지 않는다)

① $\frac{2}{15}$　② $\frac{4}{15}$

③ $\frac{7}{15}$　④ $\frac{8}{15}$

| 해설 | • 흰 구슬을 먼저 뽑고, 검은 구슬을 뽑을 확률 : $\frac{4}{10}\times\frac{6}{9}=\frac{4}{15}$

• 검은 구슬을 먼저 뽑고, 흰 구슬을 뽑을 확률 : $\frac{6}{10}\times\frac{4}{9}=\frac{4}{15}$

$\therefore\ \frac{4}{15}+\frac{4}{15}=\frac{8}{15}$

정답 ④

25 상자에 빨간색 수건이 3장, 노란색 수건이 4장, 파란색 수건이 3장 들어 있는데 두 번에 걸쳐 한 장씩 뽑는 시행을 하려고 한다. 이때 처음에 빨간색 수건을, 다음에 파란색 수건을 뽑을 확률은? (단, 한 번 꺼낸 수건은 다시 넣지 않는다)

① $\frac{1}{10}$　② $\frac{2}{10}$

③ $\frac{1}{15}$　④ $\frac{2}{15}$

26 A, B, C 세 사람이 가위바위보를 한 번 할 때, A만 이길 확률은?

① $\frac{1}{5}$　② $\frac{1}{6}$

③ $\frac{1}{7}$　④ $\frac{1}{9}$

27 귤 상자 2개에 각각 귤이 들어있다고 한다. 한 상자당 귤이 안 익었을 확률이 10%, 썩었을 확률이 15%이고 나머지는 잘 익은 귤일 때, 두 사람이 각각 다른 상자에서 귤을 꺼낼 때 한 사람은 잘 익은 귤을 꺼내고, 다른 한 사람은 썩거나 안 익은 귤을 꺼낼 확률은 몇 %인가?

① 31.5%　② 33.5%

③ 35.5%　④ 37.5%

대표유형 1 자료계산

※ U사 직원들의 명함을 아래의 명함 제작 기준에 따라 제작한다. 이어지는 질문에 답하시오. [1~2]

〈명함 제작 기준〉

(단위 : 원)

구분	100장	추가 50장
국문	10,000	3,000
영문	15,000	5,000

※ 고급종이로 제작할 경우 정가의 10% 가격 추가

01 올해 신입사원이 입사해서 국문 명함을 만들었다. 명함은 1인당 150장씩 지급하며, 일반종이로 만들어 총 제작비용은 195,000원이다. 신입사원은 총 몇 명인가?

① 12명 ② 13명
③ 14명 ④ 15명

| 해설 | 신입사원의 수를 x명이라고 하자.
1인당 지급하는 국문명함은 150장이므로 1인 기준 국문명함 제작비용은 10,000(∵ 100장)+3,000(∵ 추가 50장)=13,000원이다.
$13,000x=195,000$
$\therefore x=15$

정답 ④

02 이번 신입사원 중 해외영업부로 배치받은 사원이 있다. 해외영업부 사원들에게는 고급종이로 영문 명함을 200장씩 만들어 주려고 한다. 총인원이 8명일 때 총액은 얼마인가?

① 158,400원 ② 192,500원
③ 210,000원 ④ 220,000원

| 해설 | 1인당 지급하는 영문 명함은 200장이므로 1인 기준 영문 명함 제작비용(일반종이 기준)은 15,000(∵ 100장)+10,000(∵ 추가 100장)=25,000원이다.
이때 고급종이로 영문 명함을 제작하므로 해외영업부 사원들의 1인 기준 영문 명함 제작비용은 $25,000\left(1+\frac{1}{10}\right)=27,500$원이다.
따라서 8명의 영문 명함 제작비용은 27,500×8=220,000원이다.

정답 ④

01 다음은 OECD 6개국의 행복지수와 경제지수를 나타낸 그래프이다. 경제지수 대비 행복지수가 가장 큰 나라는?

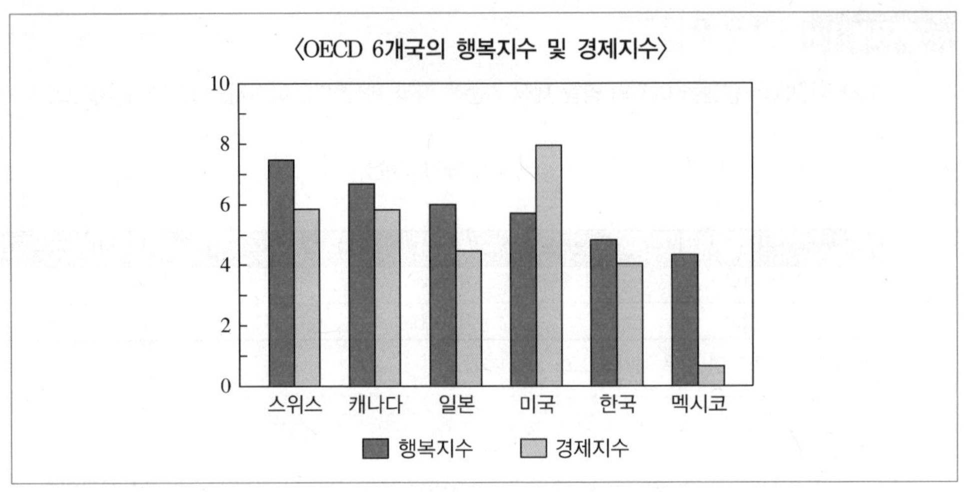

① 스위스
② 미국
③ 한국
④ 멕시코

02 다음은 A국의 치료감호소 수용자 현황에 대한 자료이다. 빈칸 (가)~(라)에 해당하는 수를 모두 더한 값은?

〈치료감호소 수용자 현황〉

(단위 : 명)

구분	약물	성폭력	심신장애자	합계
2016년	89	77	520	686
2017년	(가)	76	551	723
2018년	145	(나)	579	824
2019년	137	131	(다)	887
2020년	114	146	688	(라)
2021년	88	174	688	950

① 1,524
② 1,639
③ 1,751
④ 1,763

※ 다음은 연도별 운수업의 기업체 수 추이를 나타낸 그래프이다. 이어지는 질문에 답하시오. **[3~4]**

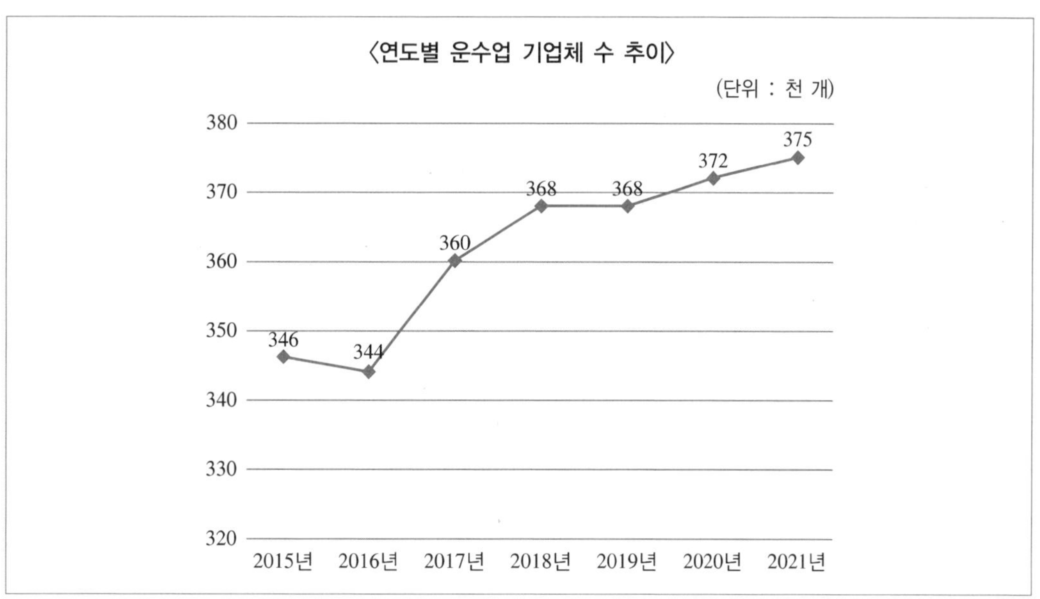

03 2016년 대비 2017년의 기업체 수 증가율과 2017년 대비 2018년의 기업체 수 증가율의 차이는 몇 %p인가?(단, 증가율은 소수점 둘째 자리에서 반올림한다)

① 2.5%p
② 3.0%p
③ 3.5%p
④ 4.0%p

04 2016 ~ 2021년까지 전년 대비 기업체 수 증감량을 모두 합하면 얼마인가?(단, 증감량은 절댓값으로 계산한다)

① 23천 개
② 33천 개
③ 43천 개
④ 53천 개

※ 다음은 S초등학교 남학생과 여학생의 도서 선호 분야를 비율로 나타낸 그래프이다. 이어지는 질문에 답하시오. **[5~6]**

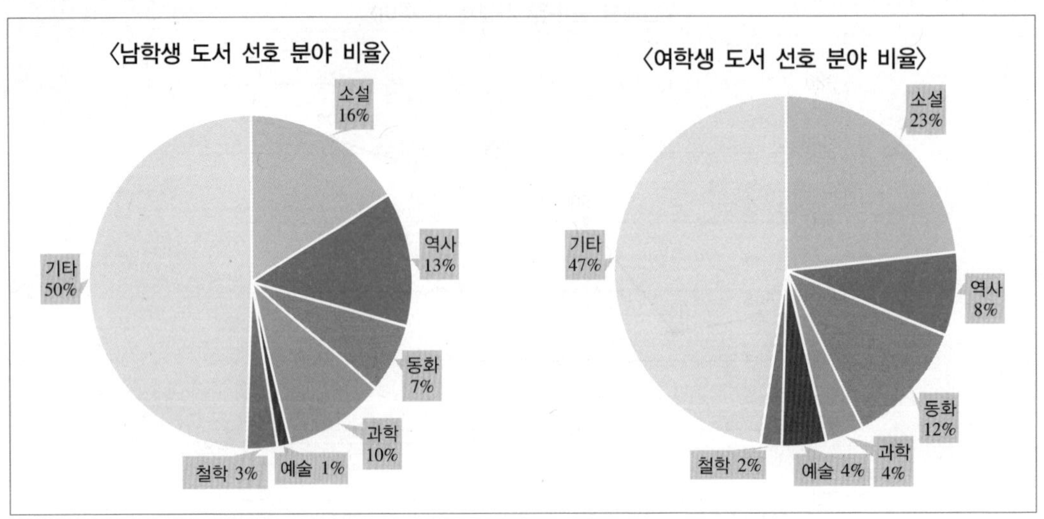

05 제시된 그래프가 S초등학교 남학생 470명, 여학생 450명을 대상으로 조사한 결과일 때, 과학 분야를 선호하는 총 학생 수는 몇 명인가?

① 60명 ② 65명

③ 70명 ④ 75명

06 기타를 제외한 도서 선호 분야에서 남학생과 여학생 각각 가장 낮은 비율을 차지하는 분야의 학생 수를 구하려고 한다. 여기서 구한 학생 수 합의 10배는 몇 명인가?(단, 조사 대상 인원은 남학생 500명, 여학생 450명이다)

① 104명 ② 115명

③ 126명 ④ 140명

대표유형 2 자료추론

다음은 5월 15일부터 22일까지의 수박 1개의 판매가에 대한 자료이다. 이에 대한 설명으로 옳지 않은 것은?

〈5월 15일 ~ 5월 22일 수박 판매가〉

(단위 : 원/개)

구분		5월 15일	5월 16일	5월 17일	5월 18일	5월 19일	5월 22일
평균		18,200	17,400	16,800	17,000	17,200	17,400
최고값		20,000	20,000	20,000	20,000	20,000	18,000
최저값		16,000	15,000	15,000	15,000	16,000	16,000
등락률		−4.4%	0.0%	3.6%	2.4%	1.2%	−
지역별	서울	16,000	15,000	15,000	15,000	17,000	18,000
	부산	18,000	17,000	16,000	16,000	16,000	16,000
	대구	19,000	19,000	18,000	18,000	18,000	18,000
	광주	18,000	16,000	15,000	16,000	17,000	18,000

① 대구의 경우 5월 16일까지는 가격 변동이 없었지만, 5월 17일 이후에 가격이 감소했다.
② 5월 17일부터 전체 수박의 평균 가격은 200원씩 일정하게 증가하고 있다.
③ 5월 16일부터 증가한 서울의 수박 가격은 최근 높아진 기온의 영향을 받은 것이다.
④ 5월 15 ~ 19일 서울의 수박 평균 가격은 동기간 부산의 수박 평균 가격보다 낮다.

| 해설 | 서울의 수박 가격은 5월 16일에 감소했다가 5월 19일부터 다시 증가하고 있으며, 수박 가격 증가의 원인이 높은 기온 때문인지는 제시된 자료만으로는 알 수 없다.

정답  ③

07 다음은 연도별 우편 매출액에 대한 자료이다. 이에 대한 설명으로 옳지 않은 것은?

〈연도별 우편 매출액〉

(단위 : 백만 원)

구분	2019년	2020년	2021년	2022년	2023년				
					소계	1분기	2분기	3분기	4분기
일반통상	113	105	101	104	102	28	22	25	27
특수통상	52	57	58	56	52	12	15	15	10
소포우편	30	35	37	40	42	10	12	12	8
합계	195	197	196	200	196	50	49	52	45

① 매년 매출액이 가장 높은 분야는 일반통상 분야이다.

② 1년 집계를 기준으로 매년 매출액이 증가하고 있는 분야는 소포우편 분야뿐이다.

③ 2023년 1분기 매출액에서 특수통상 분야의 매출액이 차지하는 비중은 20% 이상이다.

④ 2023년 소포우편 분야의 2019년 대비 매출액 증가율은 60% 이상이다.

08 다음은 연령대별 골다공증 진료 현황에 대한 자료이다. 이에 대한 설명으로 옳지 않은 것은?

〈연령대별 골다공증 진료 현황〉

(단위 : 천 명)

구분	전체	20대 이하	30대	40대	50대	60대	70대	80대 이상
남성	388	2	2	8	90	100	122	64
여성	492	1	5	26	103	164	133	60
합계	880	3	7	34	193	264	255	124

① 골다공증 발병이 진료로 이어진다면 여성의 발병률이 남성보다 높다.

② 전체 골다공증 진료 인원 중 40대 이하가 차지하는 비율은 5%이다.

③ 전체 골다공증 진료 인원 중 골다공증 진료 인원이 가장 많은 연령대는 60대로, 그 비율은 30%이다.

④ 골다공증 진료율이 가장 높은 연령대는 남성과 여성이 같다.

09 다음은 자동차 생산 · 내수 · 수출 현황에 대한 자료이다. 이에 대한 설명으로 옳지 않은 것은?

〈자동차 생산 · 내수 · 수출 현황〉

(단위 : 대, %)

구분		2019년	2020년	2021년	2022년	2023년
생산	차량 대수	4,086,308	3,826,682	3,512,926	4,271,741	4,657,094
	증감률	(6.4)	(▽6.4)	(▽8.2)	(21.6)	(9.0)
내수	차량 대수	1,219,335	1,154,483	1,394,000	1,465,426	1,474,637
	증감률	(4.7)	(▽5.3)	(20.7)	(5.1)	(0.6)
수출	차량 대수	2,847,138	2,683,965	2,148,862	2,772,107	3,151,708
	증감률	(7.5)	(▽5.7)	(▽19.9)	(29.0)	(13.7)

① 2019년에는 전년 대비 생산, 내수, 수출이 모두 증가했다.
② 생산이 증가했지만 내수나 수출이 감소한 해가 있다.
③ 수출이 증가했던 해는 생산과 내수 모두 증가했다.
④ 내수가 가장 큰 폭으로 증가한 해에는 생산과 수출이 모두 감소했다.

10 다음은 산림병해충 방제 현황에 대한 자료이다. 이에 대한 설명으로 옳은 것은?

〈산림병해충 방제 현황〉

(단위 : 건)

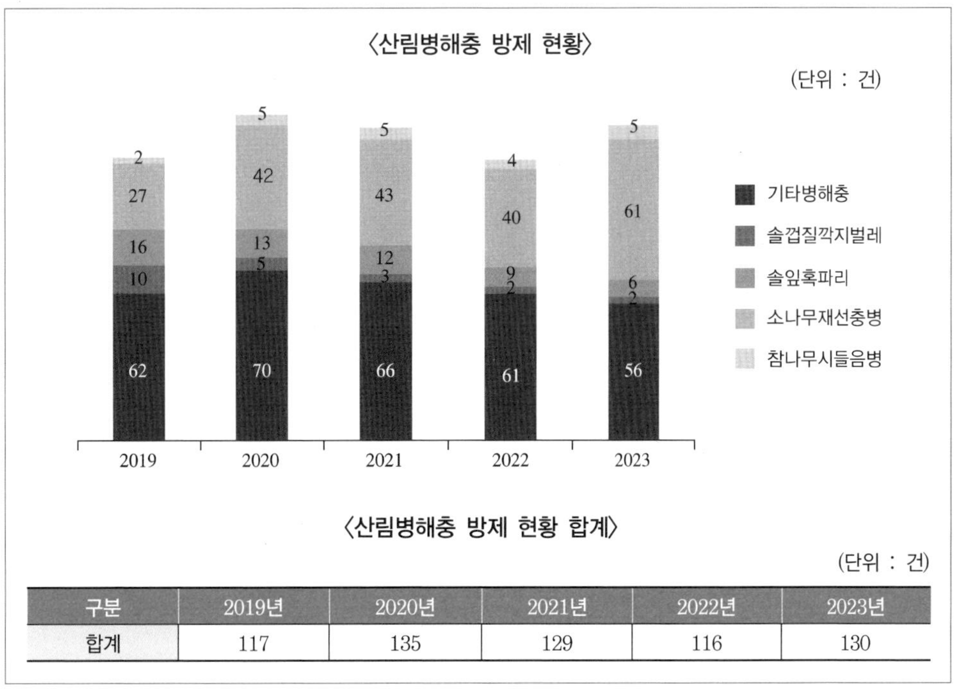

〈산림병해충 방제 현황 합계〉

(단위 : 건)

구분	2019년	2020년	2021년	2022년	2023년
합계	117	135	129	116	130

① 기타병해충에 대한 방제는 매해 두 번째로 큰 비율을 차지한다.
② 매해 솔잎혹파리가 차지하는 방제 비율은 10% 미만이다.
③ 단일 항목 중 조사기간 내 변동폭이 가장 큰 방제는 소나무재선충병에 대한 방제이다.
④ 기타병해충과 소나무재선충병에 대한 방제는 서로 동일한 증감 추이를 보인다.

11 다음은 주요 국가의 연도별 이산화탄소 배출량을 나타낸 자료이다. 이에 대한 〈보기〉의 설명 중 옳은 것을 모두 고르면?(단, 주요 국가는 2023년 이산화탄소 배출량 상위 10개국을 말한다)

〈주요 국가의 연도별 이산화탄소 배출량〉

(단위 : 백만 TC)

구분	2017년	2018년	2019년	2020년	2021년	2022년	2023년
중국	2,244.1	3,022.1	3,077.2	5,103.1	6,071.8	6,549.0	6,877.2
미국	4,868.7	5,138.7	5,698.1	5,771.7	5,762.7	5,586.8	5,195.0
인도	582.3	776.6	972.5	1,160.4	1,357.2	1,431.3	1,585.8
러시아	2,178.8	1,574.5	1,505.5	1,516.2	1,578.5	1,593.4	1,532.6
일본	1,064.4	1,147.9	1,184.0	1,220.7	1,242.3	1,152.6	1,092.9
독일	950.4	869.4	827.1	811.8	800.1	804.1	750.2
이란	179.6	252.3	316.7	426.8	500.8	522.7	533.2
캐나다	432.3	465.2	532.8	558.8	568.0	551.1	520.7
한국	229.3	358.6	437.7	467.9	490.3	501.7	515.5
영국	549.3	516.6	523.8	533.1	521.5	512.1	465.8
전 세계	20,966.3	21,791.6	23,492.9	27,188.3	29,047.9	29,454.0	28,999.4

보기

ㄱ. 전 세계의 이산화탄소 배출량은 매년 증가하였다.

ㄴ. 2023년 이산화탄소 배출량이 가장 많은 국가는 중국이며, 2023년 중국의 이산화탄소 배출량은 전 세계 이산화탄소 배출량의 20% 이상이다.

ㄷ. 러시아의 2017년과 2023년 이산화탄소 배출량 차이는 이란의 2017년과 2023년 이산화탄소 배출량 차이보다 크다.

ㄹ. 2017년 대비 2023년 한국의 이산화탄소 배출량의 증가율은 100% 이상이다.

① ㄱ, ㄴ
② ㄴ, ㄷ
③ ㄱ, ㄷ, ㄹ
④ ㄴ, ㄷ, ㄹ

12 다음은 2022년 9개 국가의 실질세부담률에 대한 자료이다. 〈조건〉에 근거하여 A~E에 해당하는 국가를 바르게 나열한 것은?

〈2022년 국가별 실질세부담률〉

국가 \ 구분	독신 가구 실질세부담률(%)			다자녀 가구 실질세부담률(%)	독신 가구와 다자녀 가구의 실질세부담률 차이(%p)
		2012년 대비 증감(%p)	전년 대비 증감(%p)		
A	55.3	−0.20	−0.28	40.5	14.8
일본	32.2	4.49	0.26	26.8	5.4
B	39.0	−2.00	−1.27	38.1	0.9
C	42.1	5.26	0.86	30.7	11.4
한국	21.9	4.59	0.19	19.6	2.3
D	31.6	−0.23	0.05	18.8	12.8
멕시코	19.7	4.98	0.20	19.7	0.0
E	39.6	0.59	−1.16	33.8	5.8
덴마크	36.4	−2.36	0.21	26.0	10.4

조건

- 2022년 독신 가구와 다자녀 가구의 실질세부담률 차이가 덴마크보다 큰 국가는 캐나다, 벨기에, 포르투갈이다.
- 2022년 독신 가구 실질세부담률이 전년 대비 감소한 국가는 벨기에, 그리스, 스페인이다.
- 스페인의 2022년 독신 가구 실질세부담률은 그리스의 2022년 독신 가구 실질세부담률보다 높다.
- 2012년 대비 2022년 독신 가구 실질세부담률이 가장 큰 폭으로 증가한 국가는 포르투갈이다.

	A	B	C	D	E
①	벨기에	그리스	포르투갈	캐나다	스페인
②	벨기에	스페인	캐나다	포르투갈	그리스
③	캐나다	스페인	포르투갈	벨기에	그리스
④	캐나다	그리스	스페인	포르투갈	벨기에

PART 2

13 다음은 제54회 전국기능경기대회 지역별 결과이다. 이에 대한 설명으로 옳은 것은?

〈제54회 전국기능경기대회 지역별 결과표〉

(단위 : 개)

지역＼상	금메달	은메달	동메달	최우수상	우수상	장려상
합계(점)	3,200	2,170	900	1,640	780	1,120
서울	2	5		10		
부산	9		11	3	4	
대구	2					16
인천			1	2	15	
울산	3				7	18
대전	7		3	8		
제주		10				
경기도	13	1				22
경상도	4	8		12		
충청도		7		6		

※ 합계는 전체 참가지역의 각 메달 및 상의 점수합계임

① 메달 한 개당 점수는 금메달은 80점, 은메달은 70점, 동메달은 60점이다.
② 메달 및 상을 가장 많이 획득한 지역은 경상도이다.
③ 전국기능경기대회 결과표에서 메달 및 상 중 동메달 개수가 가장 많다.
④ 울산 지역에서 획득한 메달 및 상의 총점은 800점이다.

14 다음은 시도별 자전거도로 현황에 대한 자료이다. 이에 대한 설명으로 옳은 것은?

〈시도별 자전거도로 현황〉

(단위 : km)

구분	합계	자전거전용도로	자전거보행자 겸용도로	자전거전용차로	자전거우선도로
전국	21,176	2,843	16,331	825	1,177
서울특별시	869	104	597	55	113
부산광역시	425	49	374	1	1
대구광역시	885	111	758	12	4
인천광역시	742	197	539	6	–
광주광역시	638	109	484	18	27
대전광역시	754	73	636	45	–
울산광역시	503	32	408	21	42
세종특별자치시	207	50	129	6	22
경기도	4,675	409	4,027	194	45
강원도	1,498	105	1,233	62	98
충청북도	1,259	202	824	76	157
충청남도	928	204	661	13	50
전라북도	1,371	163	1,042	112	54
전라남도	1,262	208	899	29	126
경상북도	1,992	414	1,235	99	244
경상남도	1,844	406	1,186	76	176
제주특별자치도	1,324	7	1,299	0	18

① 제주특별자치도는 전국에서 다섯 번째로 자전거도로가 길다.

② 광주광역시를 볼 때, 전국 대비 자전거전용도로의 비율이 자전거보행자겸용도로의 비율보다 낮다.

③ 경상남도의 모든 자전거도로는 전국에서 9% 이상의 비율을 가진다.

④ 전국에서 자전거전용도로의 비율은 약 13.4%의 비율을 차지한다.

PART 2

CHAPTER 03

공간지각력

합격 Cheat Key

| 출제유형 |

1 평면도형

종이를 접어 구멍을 뚫은 후 다시 펼쳤을 때의 모습을 찾는 펀칭 문제와 일정 규칙에 따른 도형의 변화를 보고 빈칸에 들어갈 도형을 찾는 패턴 찾기 문제, 전개도를 접었을 때 나올 수 없는 도형을 찾는 전개도 문제 등이 출제되고 있다.

2 입체도형

단면도를 보고 입체도형을 찾는 단면도 문제와 모양이 다른 하나를 찾는 투상도 문제, 블록을 결합했을 때 모습 또는 빈칸에 들어갈 블록을 찾는 블록결합 문제 등이 출제되고 있다.

학습전략

1 평면도형

• 공부를 하다가 잘 이해가 되지 않는 경우에는 머릿속으로 상상하는 것에 그치지 말고 실제로 종이를 접어 구멍을 뚫어 보거나 잘라 보는 것이 좋다.

2 입체도형

• 여러 시점에서 바라본 도형의 모습을 연상하며, 보이지 않는 부분까지도 유추할 수 있는 능력을 키워야 한다.
• 입체도형은 큰 덩어리보다 작고 세밀한 부분에서 답이 나올 확률이 높다. 따라서 눈대중으로 훑어보아서는 안되며, 작은 부분까지 꼼꼼하게 체크하면서 답을 찾아야 한다.

CHAPTER

03 공간지각력 핵심이론

01 ▶ 평면도형

1. 펀칭

주어진 종이를 조건에 맞게 접은 후 구멍을 뚫고 펼쳤을 때 나타나는 모양을 고르는 유형이 출제된다.

• 펀칭 유형은 종이에 구멍을 낸 후 다시 종이를 펼쳐가며 구멍의 위치와 모양을 추적하는 방법으로 해결할 수 있다.

• 종이를 펼쳤을 때 구멍의 개수와 위치를 판별하는 것이 핵심이다. 이를 위해서는 '대칭'에 대한 이해가 필요하다. 구멍은 종이를 접은 선을 기준으로 대칭되어 나타난다는 것에 유의한다.

  – 개수 : 면에 구멍을 뚫으면 종이를 펼쳤을 때 구멍이 2개 나타나고, 접은 선 위에 구멍을 뚫으면 종이를 펼쳤을 때 구멍이 1개 나타난다.

  – 위치 : 종이를 접는 방향을 주의 깊게 살펴야 한다. 종이를 왼쪽에서 오른쪽으로 접은 경우, 구멍의 위치는 오른쪽에서 왼쪽으로 표시하며 단계를 거슬러 올라간다.

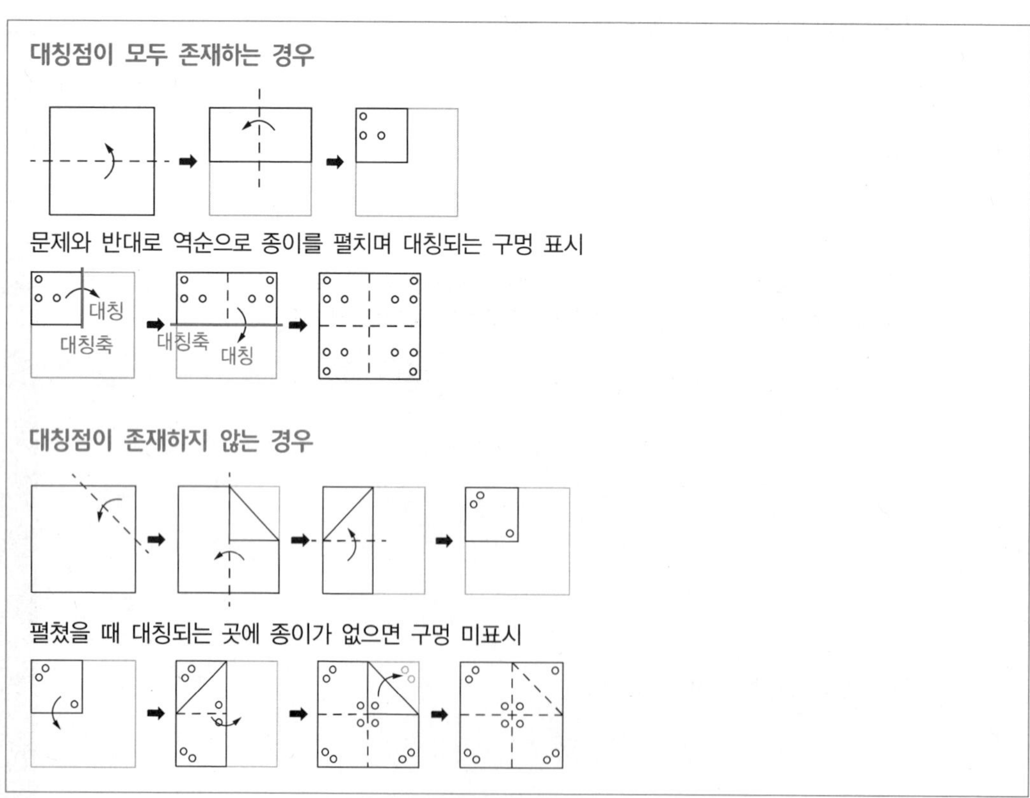

2. 도형추리

(1) 180° 회전한 도형은 좌우와 상하가 모두 대칭된 모양이 된다.

예

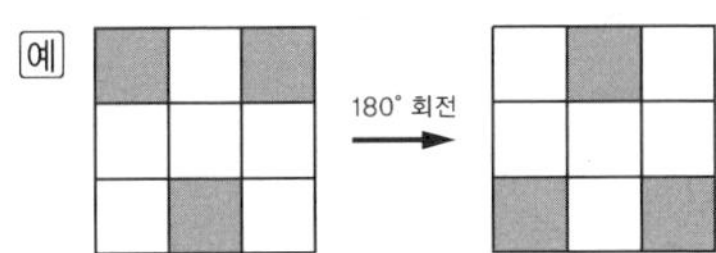

(2) 시계 방향으로 90° 회전한 도형은 시계 반대 방향 270° 회전한 도형과 같다.

예

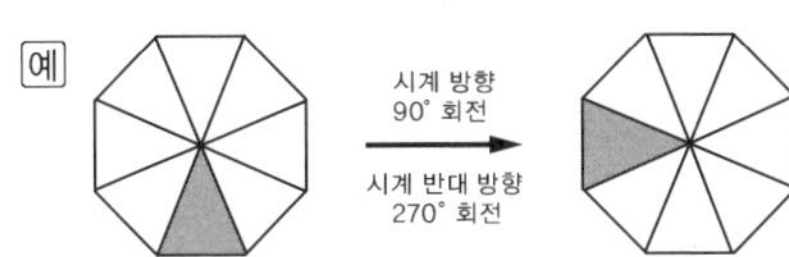

(3) 좌우 반전 → 좌우 반전, 상하 반전 → 상하 반전은 같은 도형이 된다.

예

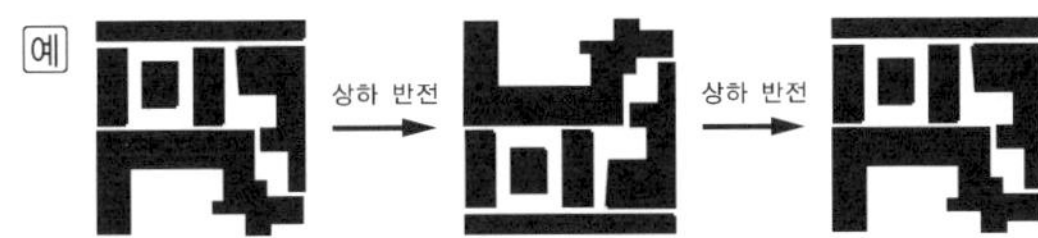

(4) 도형을 거울에 비친 모습은 방향에 따라 좌우 또는 상하로 대칭된 모습이 나타난다.

예

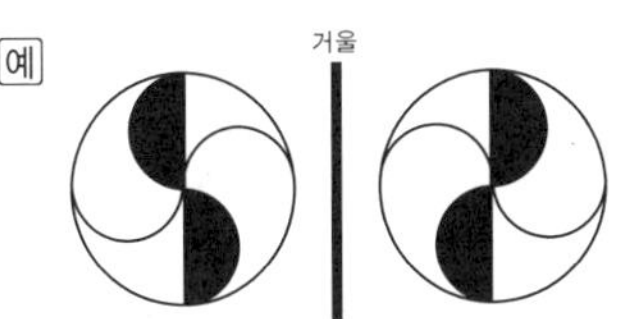

PART 2

02 ▸ 입체도형

1. 전개도

제시된 전개도를 이용하여 만들 수 있는 입체도형을 찾는 문제와 제시된 입체도형의 전개도로 알맞은 것을 고르는 유형이 출제된다.

- 전개도상에서는 떨어져 있지만 입체도형으로 만들었을 때 서로 연결되는 면을 주의 깊게 살핀다.
- 마주보는 면과 인접하는 면을 구분하여 학습한다.
- 평면이었던 전개도가 입체도형이 되면서 면의 그림이 회전되는 모양을 확인한다.
- 많이 출제되는 전개도는 미리 마주보는 면과 인접하는 면, 만나는 꼭짓점을 학습한다.
  - ①~⑥은 접었을 때 마주보는 면을 의미한다. 즉, 두 수의 합이 7이 되는 면끼리 마주 보는 면이다. 또한 각 전개도에서 ①에 위치하는 면이 같다고 할 때, 전개도마다 면이 어떻게 배열되는지도 나타낸다.
  - 1~8은 접었을 때 만나는 점을 의미한다. 즉 접었을 때 같은 숫자가 적힌 점끼리 만난다.

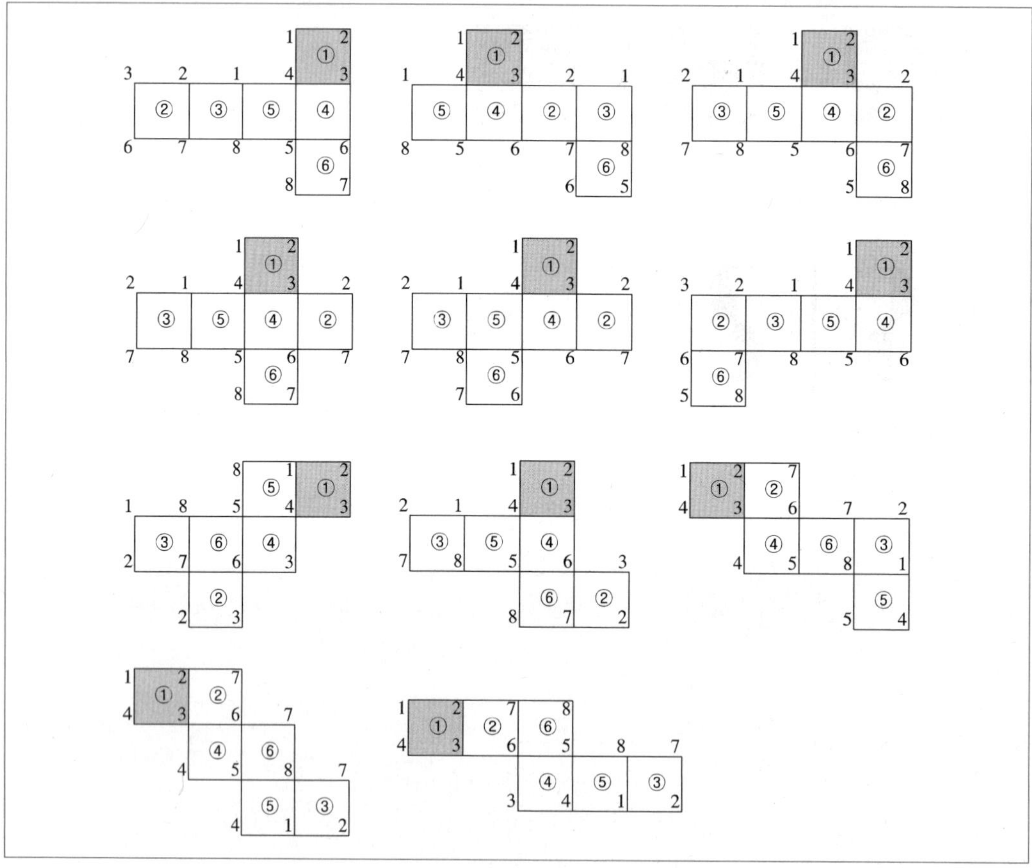

2. 단면도

입체도형을 세 방향에서 봤을 때 나타나는 단면과 일치하는 것을 고르는 유형이 출제된다.

- 제시된 세 단면이 입체도형을 어느 방향에서 바라본 단면인지 파악한다.
- 보기에 제시된 입체도형에서 서로 다른 부분을 표시한다.
- 입체도형에 표시된 부분을 기준으로 제시된 단면과 일치하지 않는 입체도형을 지워나간다.

3. 투상도

여러 방향으로 회전된 입체도형 중에 일치하지 않는 것을 고르는 유형이 출제된다.

- 주로 밖으로 나와 있는 모양이나 안으로 들어가 있는 모양이 반대로 되어 있거나 입체도형을 회전하였을 때 모양이 왼쪽, 오른쪽이 반대로 되어 있는 경우가 많으므로 이 부분을 중점으로 확인한다.

4. 블록결합

직육면체로 쌓아진 블록을 세 개의 블록으로 분리했을 때 제시되지 않은 하나의 블록을 고르는 유형이 출제된다.

- 쉽게 파악되지 않는 블록의 경우 블록을 한 층씩 나누어 생각한다.
- 블록은 다양한 방향과 각도로 회전하여 결합할 수 있으므로 결합되는 여러 가지 경우의 수를 판단한다.

직육면체의 입체도형을 세 개의 블록으로 분리했을 때, 들어갈 블록의 모양으로 옳은 것을 고르는 유형

〈전체〉 〈A〉 〈B〉 〈C〉

- 개별 블록과 완성된 입체도형을 비교하여 공통된 부분을 찾는다.
- 완성된 입체도형에서 각각의 블록에 해당되는 부분을 소거한다. 전체 블록은 16개의 정육면체가 2단으로 쌓인 것으로, 〈A〉와 〈B〉를 제하면 윗단은 이 되고, 아랫단은 이 되어 〈C〉에는

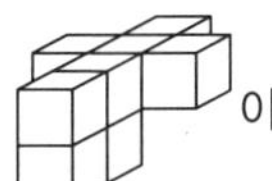

이 들어가야 함을 알 수 있다.

CHAPTER

03 공간지각력 기출예상문제

정답 및 해설 p.016

01 ▸ 평면도형

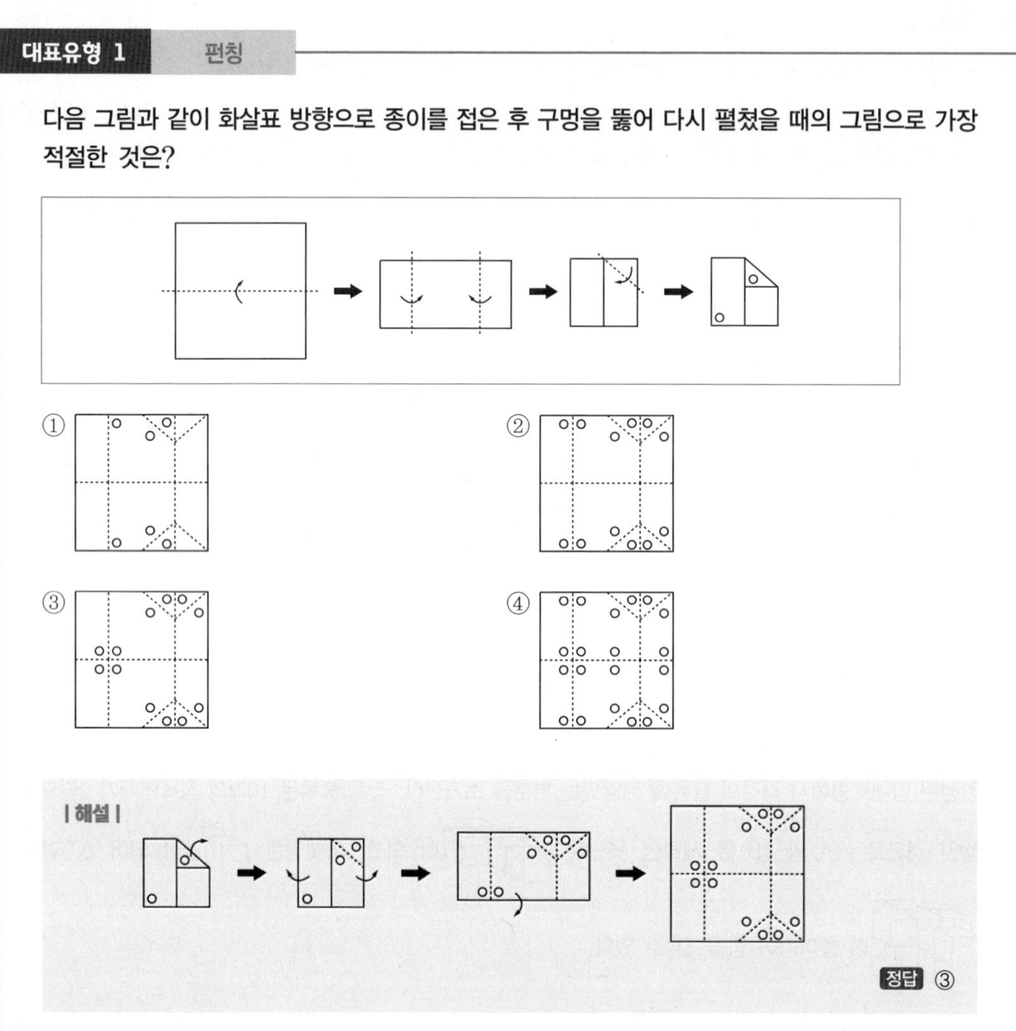

대표유형 1 편칭

다음 그림과 같이 화살표 방향으로 종이를 접은 후 구멍을 뚫어 다시 펼쳤을 때의 그림으로 가장 적절한 것은?

①

②

③

④

| 해설 |

정답 ③

※ 다음 그림과 같이 화살표 방향으로 종이를 접은 후, 펀치로 구멍을 뚫어 다시 펼쳤을 때의 그림으로 옳은 것을 고르시오. [1~2]

01

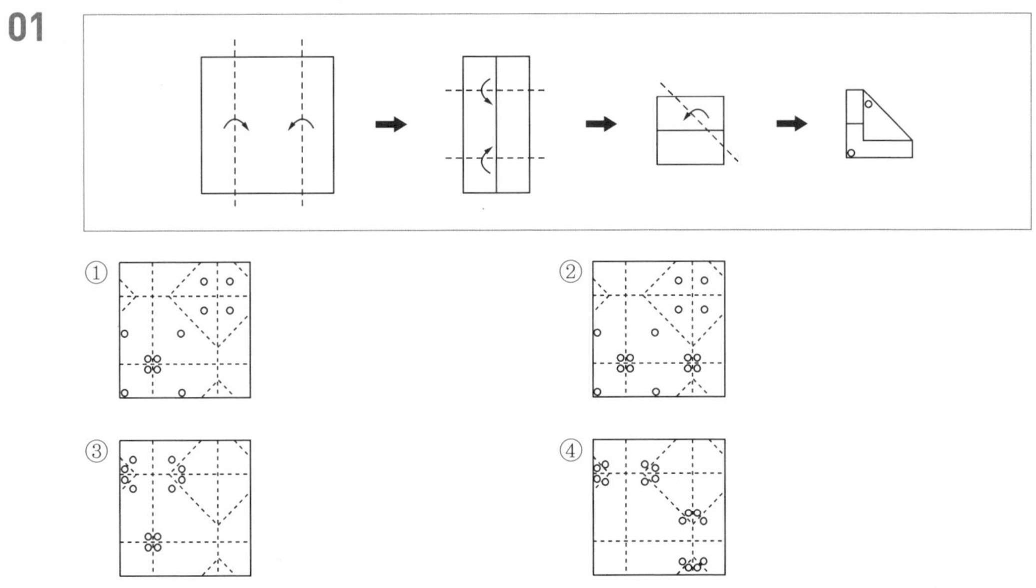

02

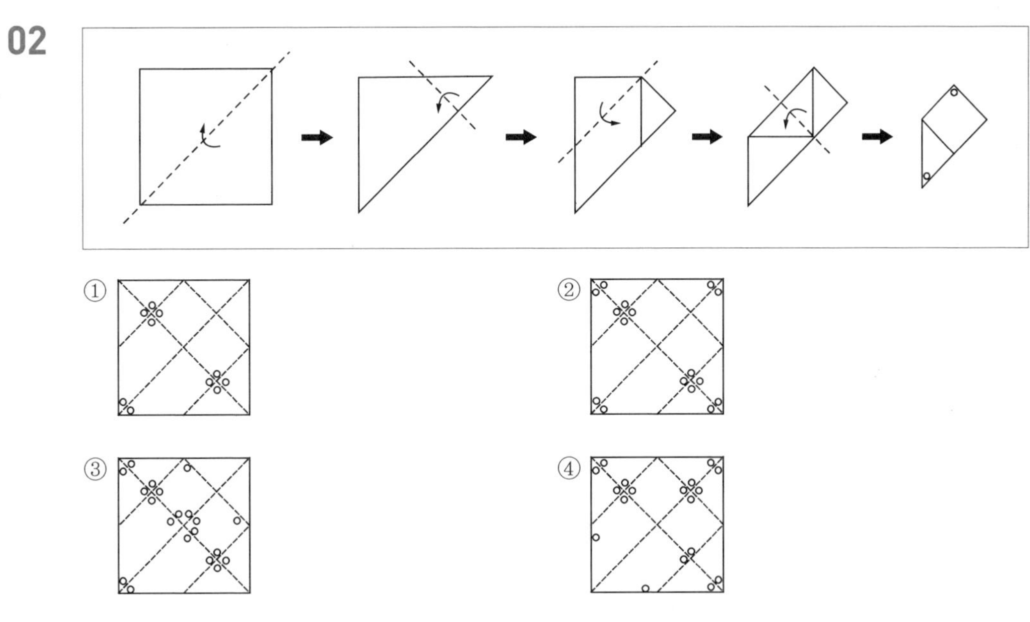

03 다음과 같은 정사각형의 종이를 화살표 방향으로 접고 〈보기〉의 좌표가 가리키는 위치에 구멍을 뚫었다. 다시 펼쳤을 때 뚫린 구멍의 위치를 좌표로 나타낸 것으로 옳은 것은?(단, 좌표가 그려진 사각형의 크기와 종이의 크기는 일치하며, 종이가 접힐 때 종이의 위치는 바뀌지 않는다)

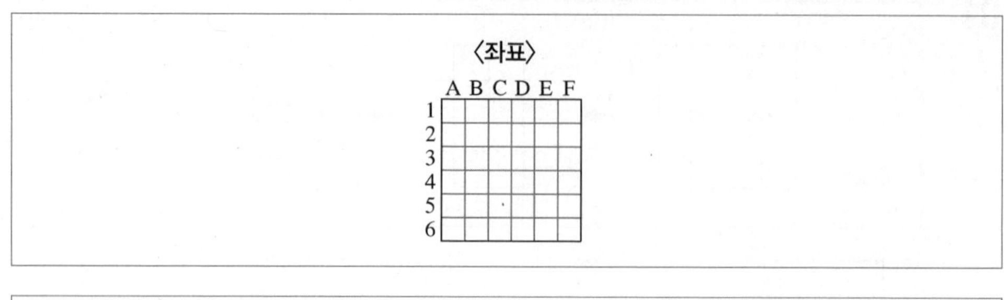

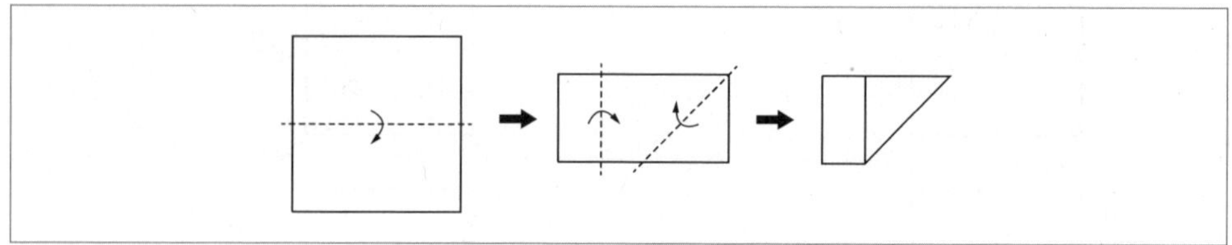

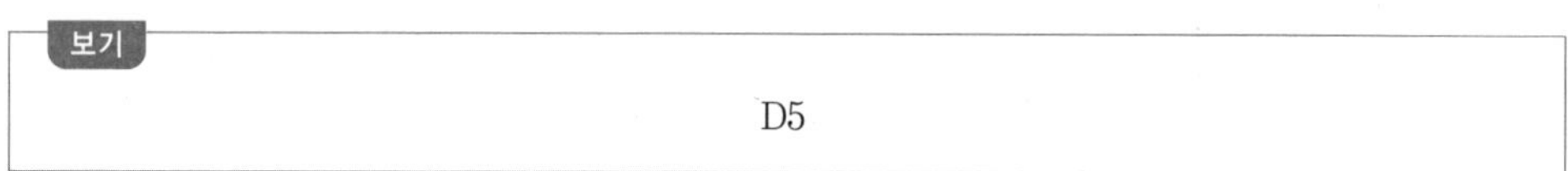

① C3, C4, D2, D5, D6

② C3, C5, C6, D6

③ C3, C6, D5, D6

④ D2, D5, E1, E6

대표유형 2 그림비교

다음 중 제시된 도형과 같은 것은?

①  ②

③  ④

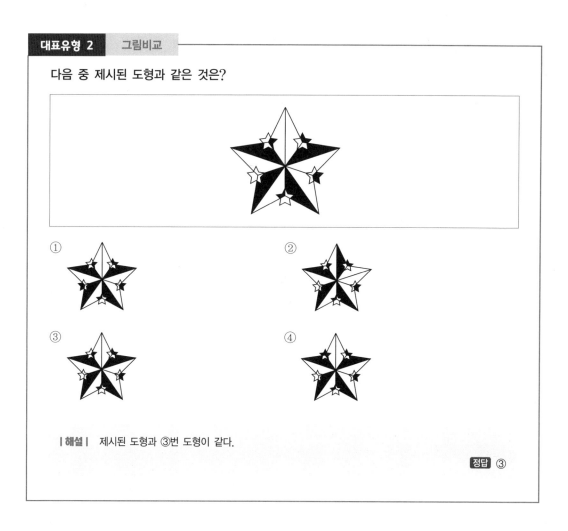

| 해설 | 제시된 도형과 ③번 도형이 같다.

정답 ③

※ 다음 중 나머지 도형과 모양이 다른 것을 고르시오. **[4~6]**

04

05

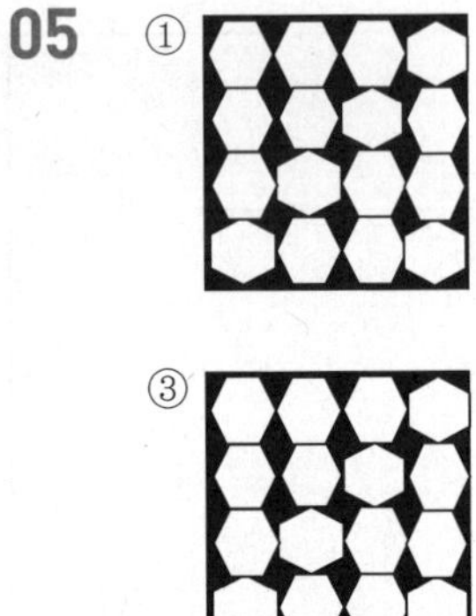

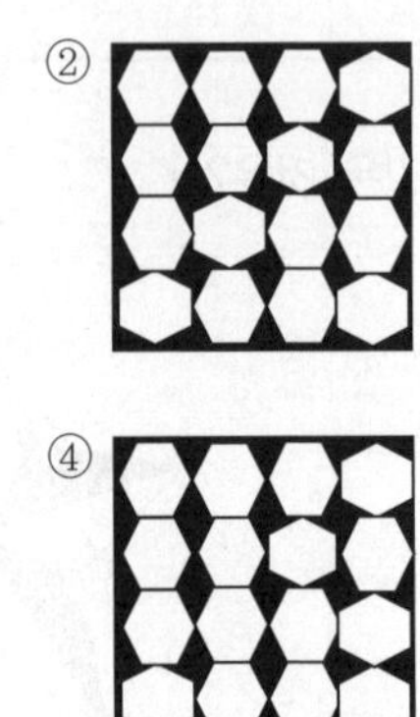

06

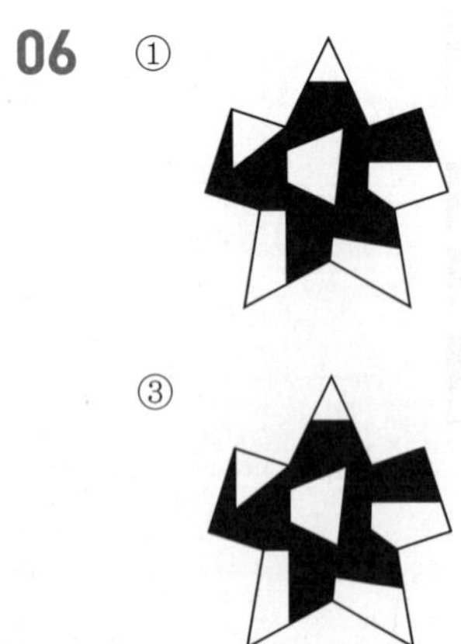

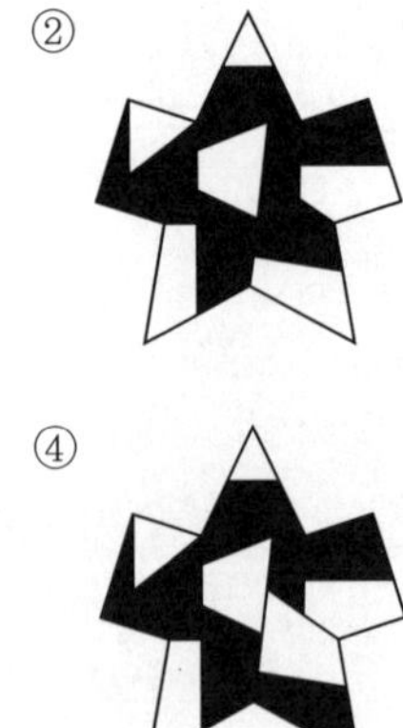

※ 다음 중 제시된 도형과 같은 것을 고르시오. [7~8]

07

①

②

③

④

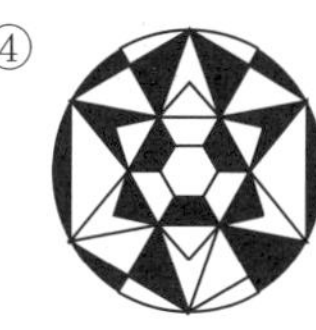

08

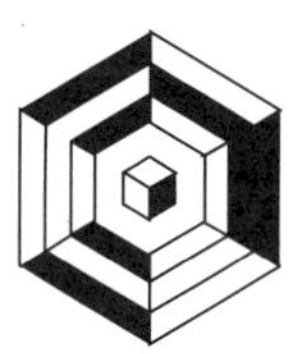

①

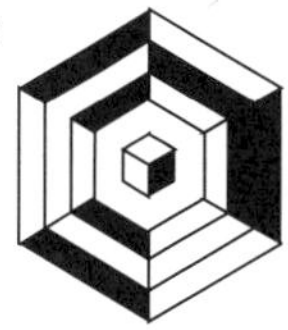

②

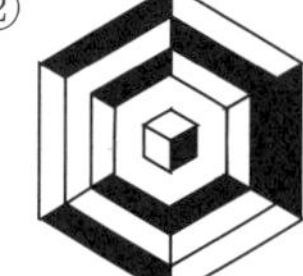

③

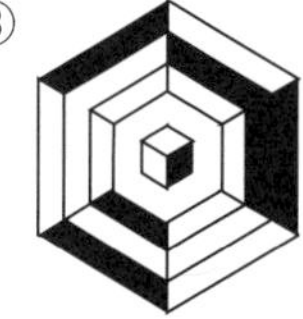

④

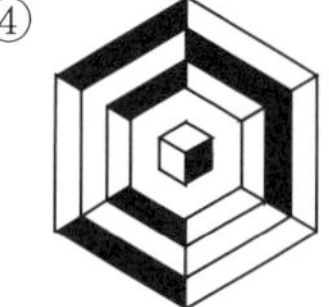

PART 2

대표유형 3 그림배열

다음 그림을 순서대로 나열한 것은?

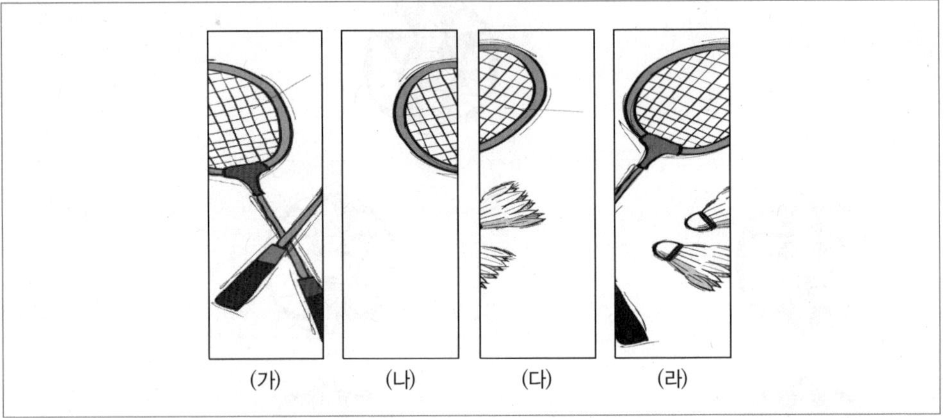

① (나) – (라) – (가) – (다)
② (나) – (다) – (가) – (라)
③ (나) – (가) – (라) – (다)
④ (다) – (가) – (라) – (나)

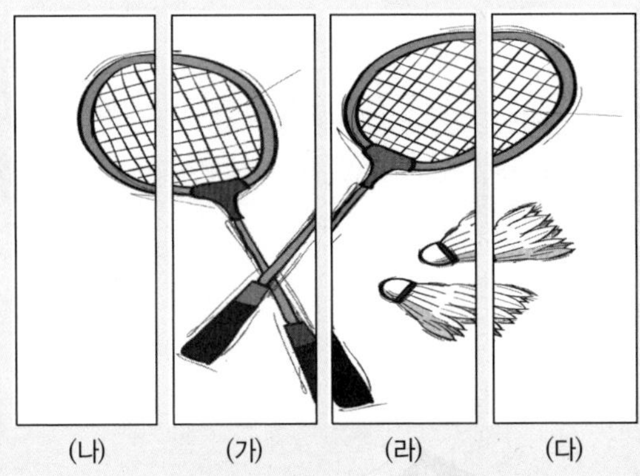

정답 ③

※ 다음 그림을 순서대로 나열한 것을 고르시오. [9~11]

09

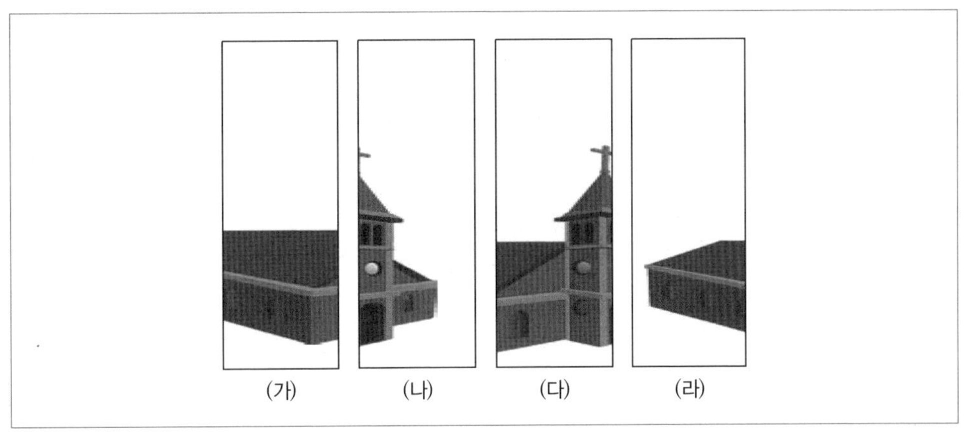

① (다) – (가) – (라) – (나)
② (라) – (가) – (다) – (나)
③ (나) – (가) – (라) – (다)
④ (나) – (라) – (다) – (가)

10

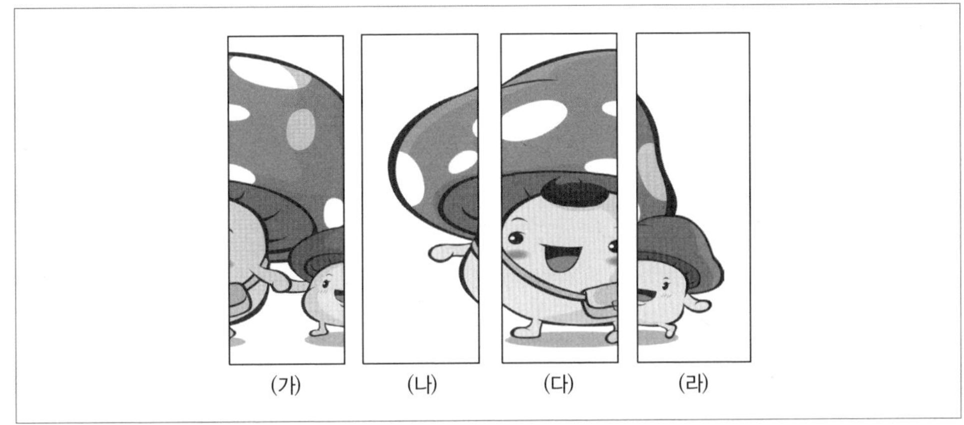

① (가) – (라) – (다) – (나)
② (나) – (가) – (라) – (다)
③ (나) – (다) – (가) – (라)
④ (다) – (가) – (라) – (나)

11

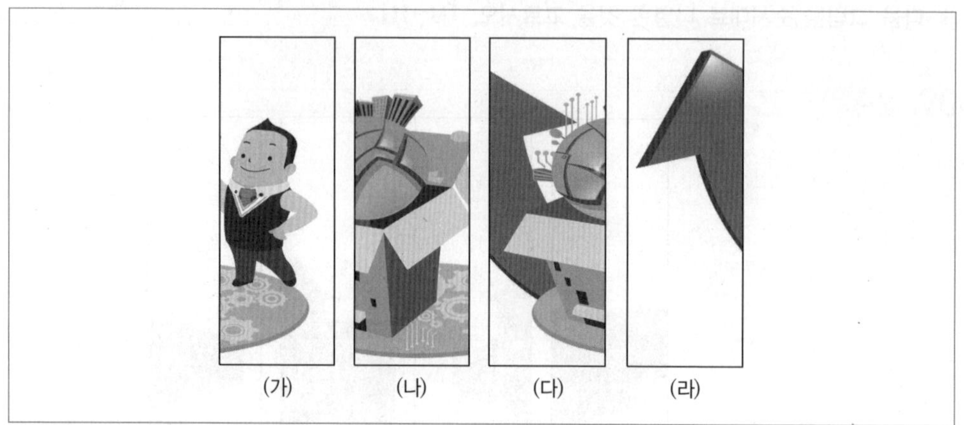

① (가) – (라) – (다) – (나)

② (나) – (가) – (라) – (다)

③ (라) – (다) – (나) – (가)

④ (다) – (가) – (라) – (나)

대표유형 4 그림 회전

다음 도형을 시계 방향으로 270° 회전한 후, 상하 반전했을 때의 모양은?

①

②

③

④

| 해설 |

도형을 시계 방향으로 270° 회전하면  , 이를 상하 반전하면  이 된다.

정답 ②

12 다음 제시된 도형을 회전하였을 때, 나올 수 있는 도형으로 옳은 것은?

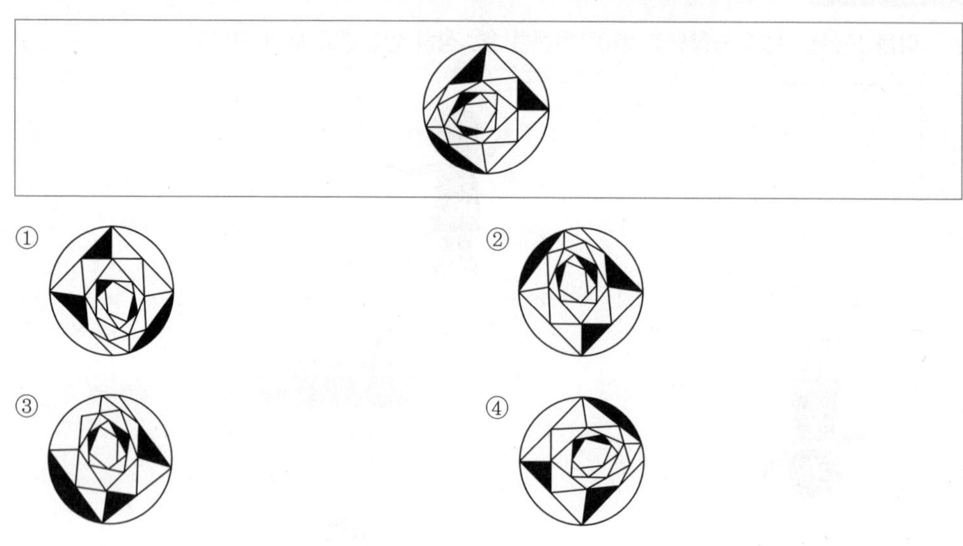

13 다음 도형을 시계 반대 방향으로 90° 회전한 후, 상하 반전한 모양은?

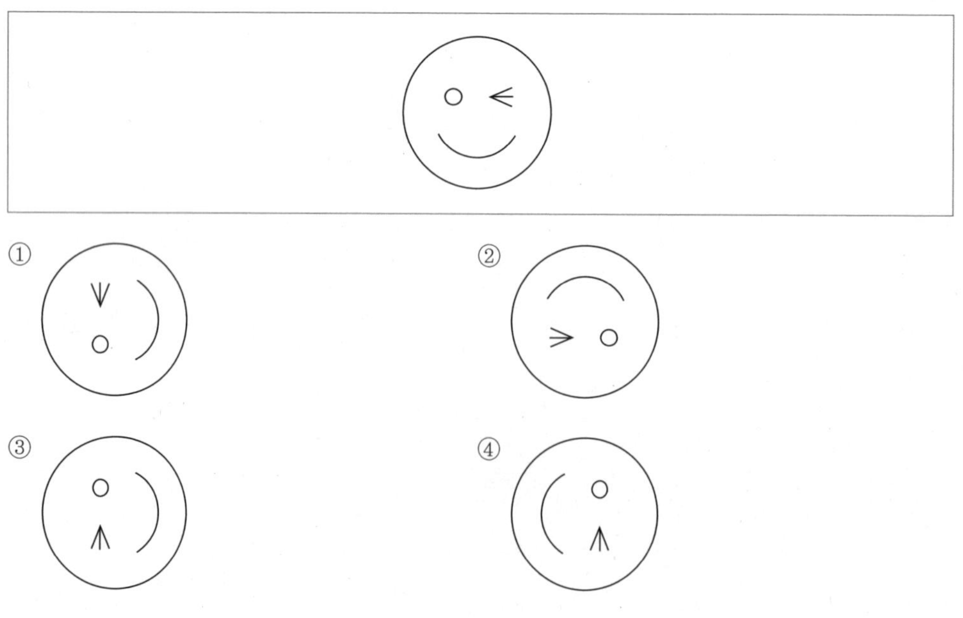

14 다음 도형을 좌우 반전한 후, 180° 회전한 모양은?

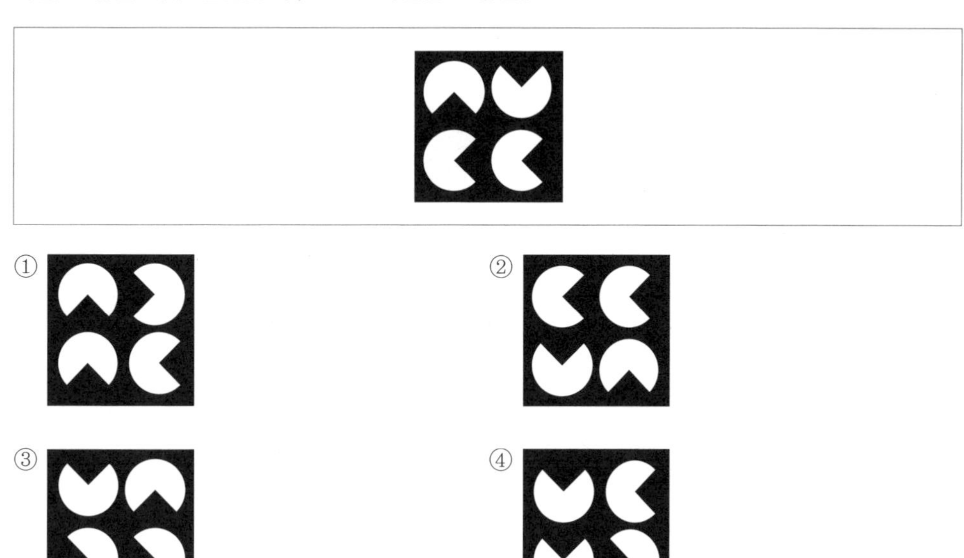

15 다음 도형을 상하 반전하고 시계 반대 방향으로 90° 회전한 후, 좌우 반전한 모양은?

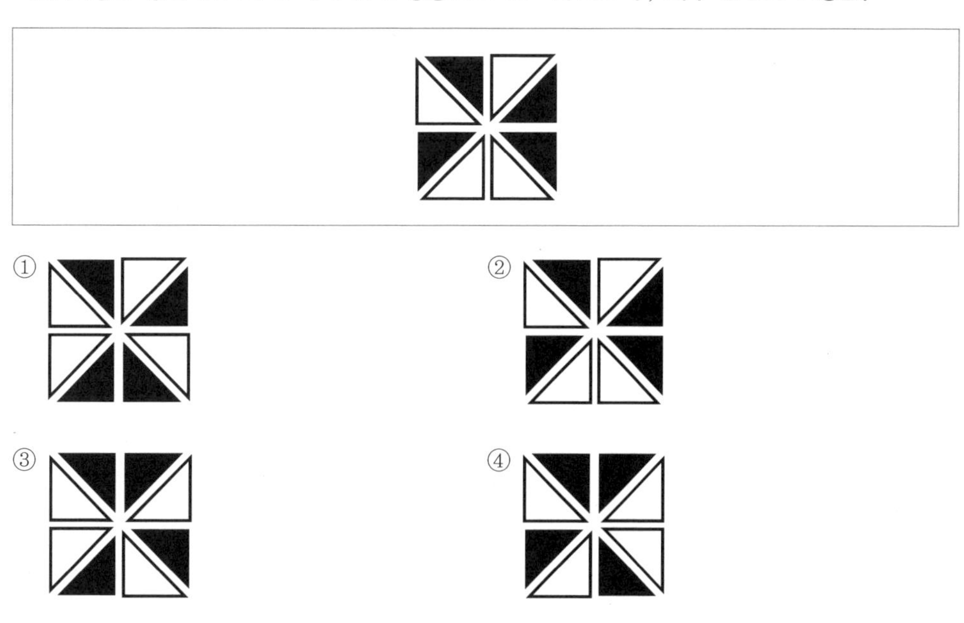

PART 2

16 다음 도형을 시계 방향으로 90° 회전한 후, 거울에 비춘 모양은?

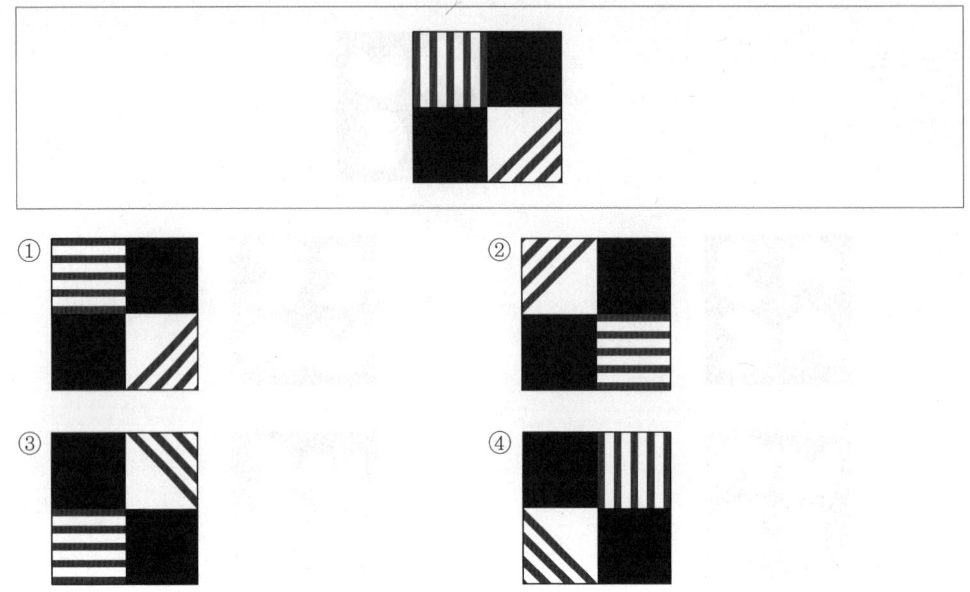

02 ▶ 입체도형

대표유형 1 전개도

제시된 전개도를 접었을 때 나타나는 입체도형은?

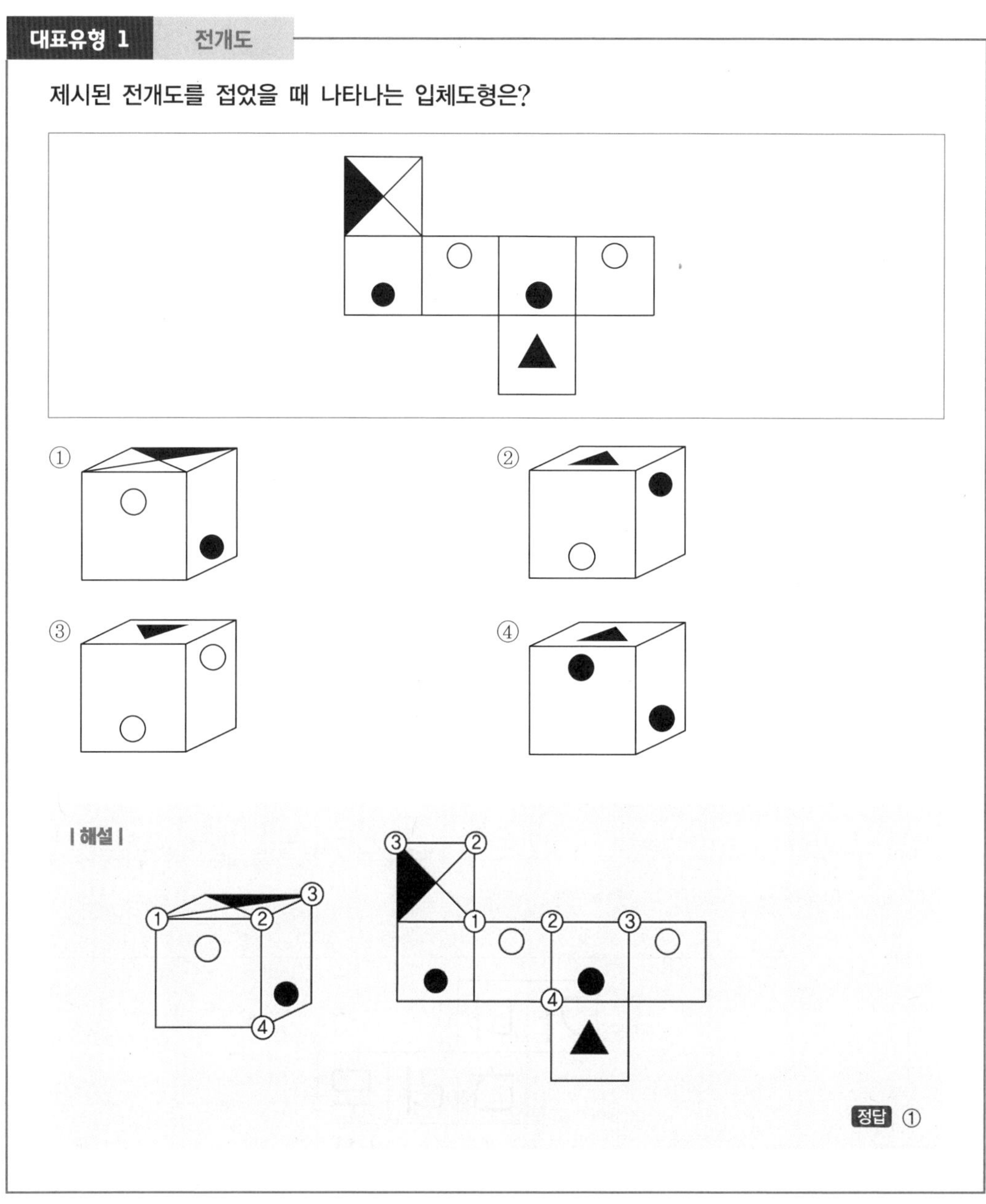

| 해설 |

정답 ①

※ 제시된 전개도로 입체도형을 만들었을 때, 만들어질 수 없는 것을 고르시오. **[1~3]**

01

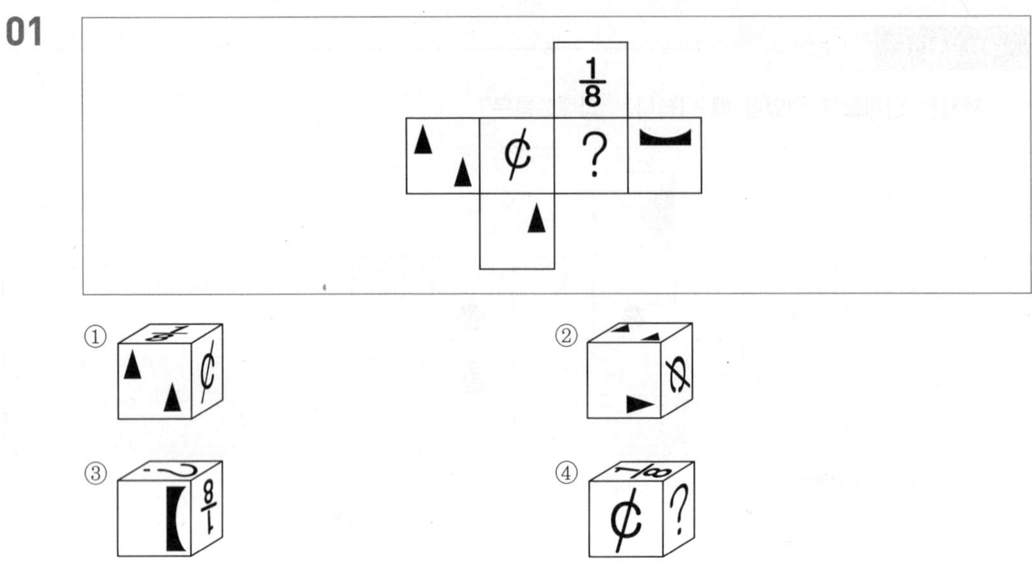

02

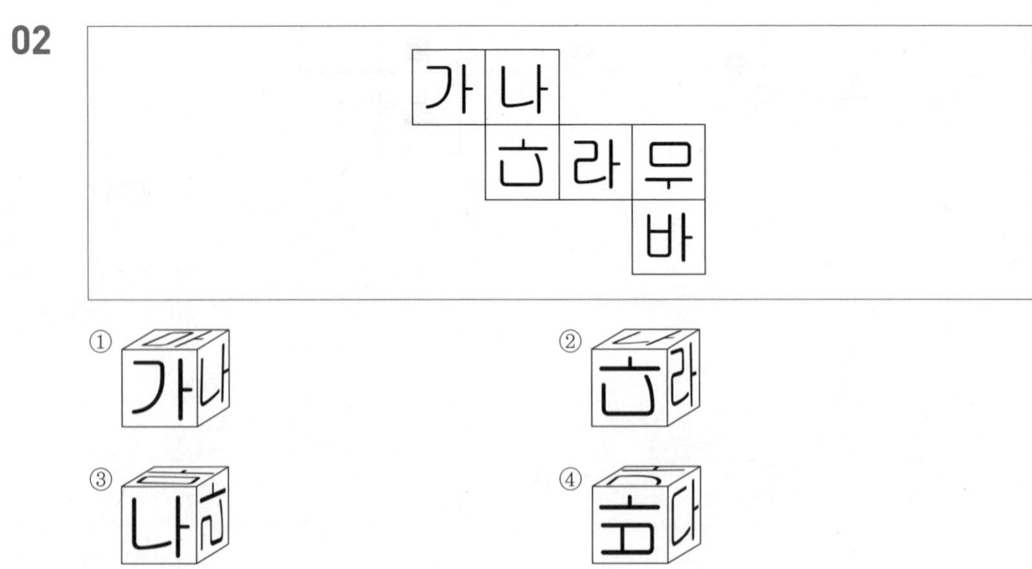

03

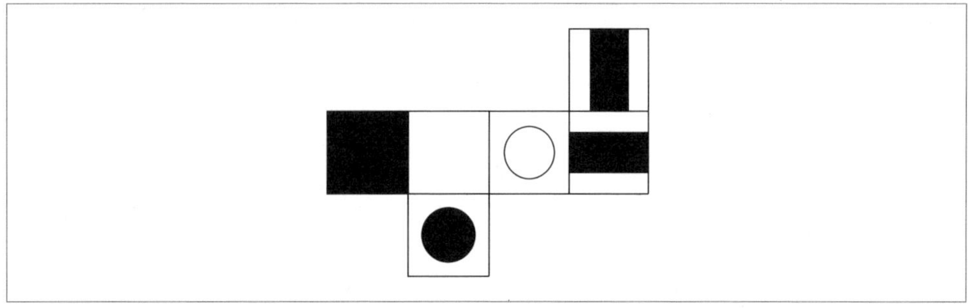

①
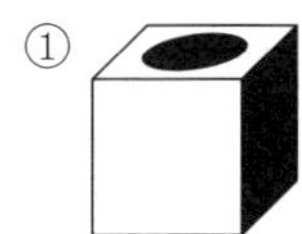

②
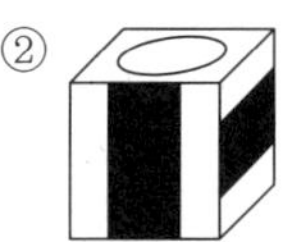

③
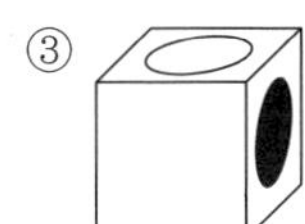

④
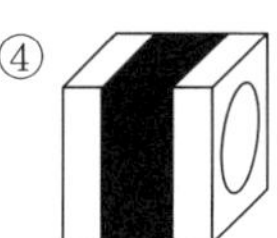

PART 2

04 **다음 중 입체도형을 만들었을 때, 나머지와 모양이 다른 것은?**

①
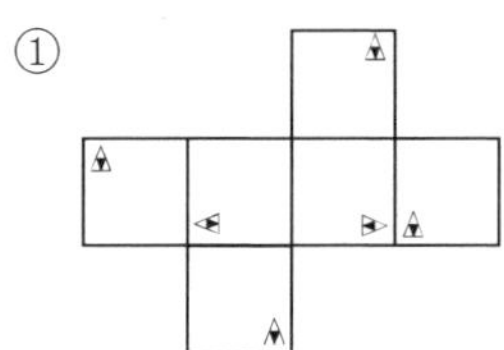

②
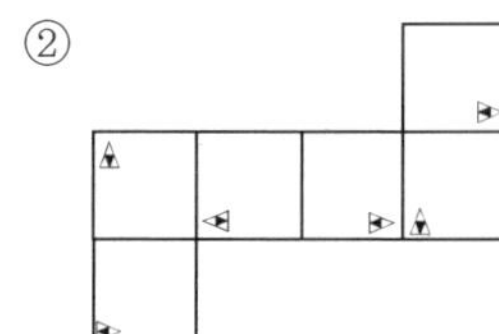

③
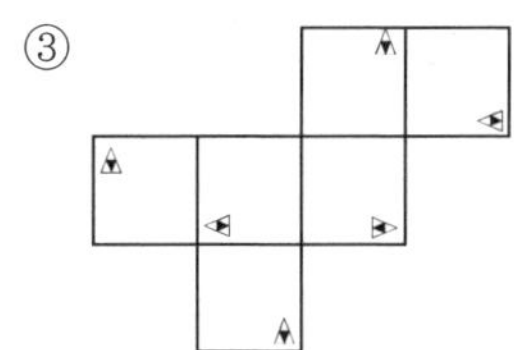

④
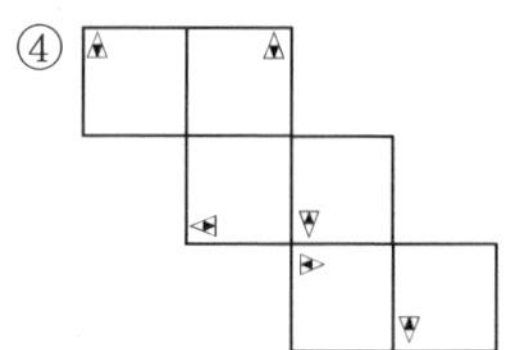

※ 제시된 전개도로 입체도형을 만들었을 때, 만들어질 수 있는 것을 고르시오. [5~6]

05

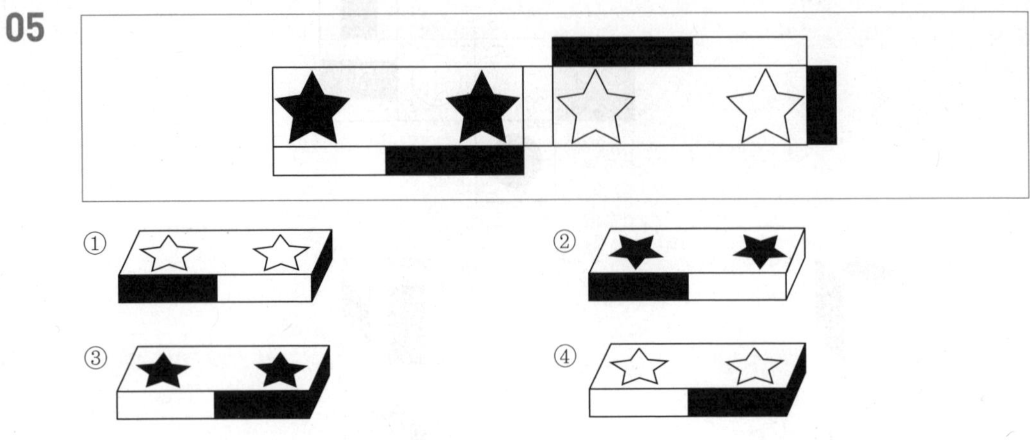

06

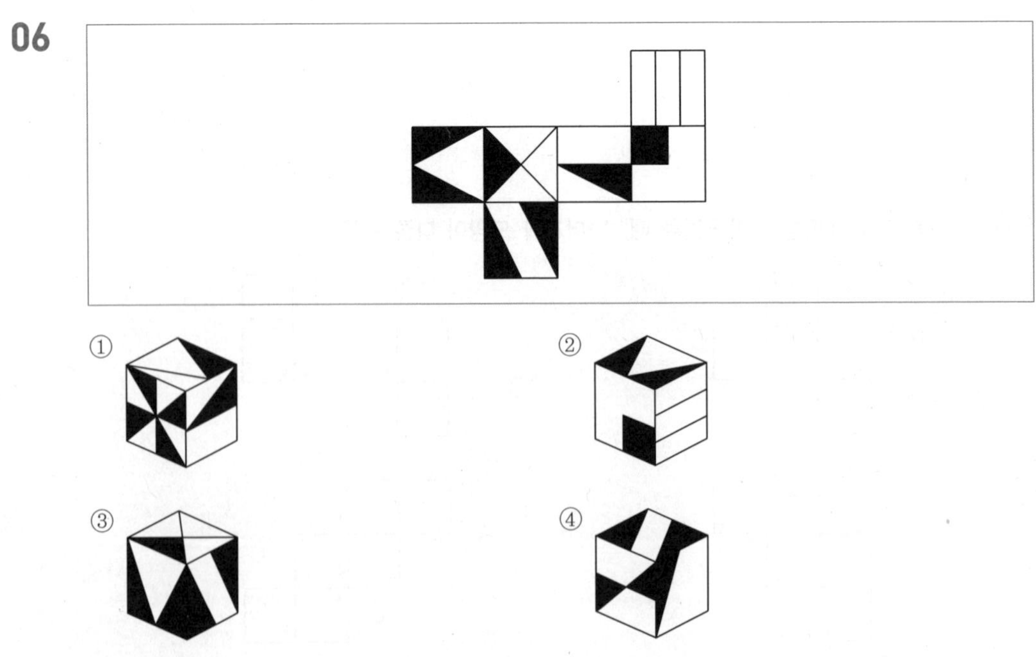

대표유형 2 블록 개수

다음 블록의 개수는 몇 개인가?

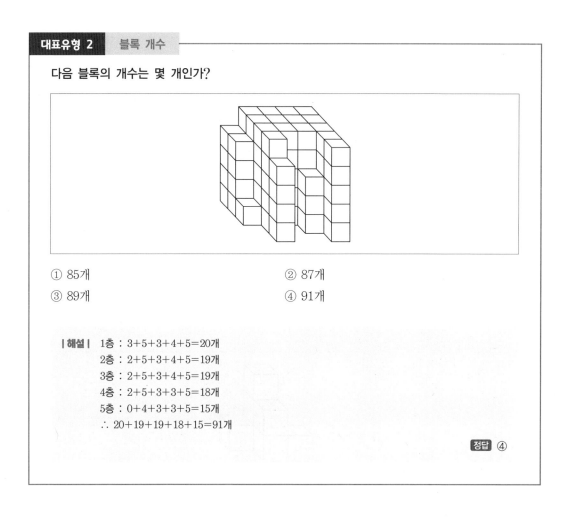

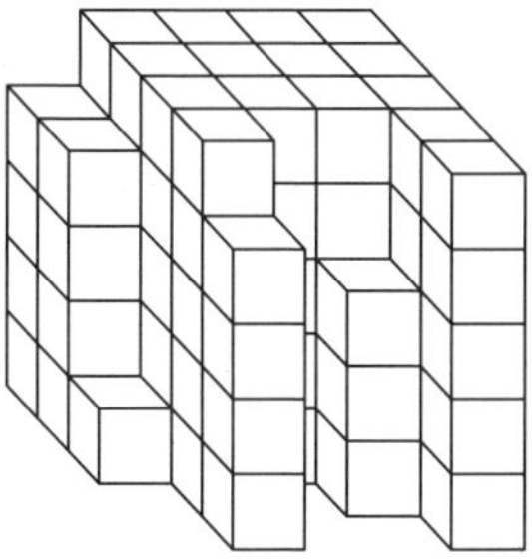

① 85개　　② 87개
③ 89개　　④ 91개

| 해설 | 1층 : 3+5+3+4+5=20개
2층 : 2+5+3+4+5=19개
3층 : 2+5+3+4+5=19개
4층 : 2+5+3+3+5=18개
5층 : 0+4+3+3+5=15개
∴ 20+19+19+18+15=91개

정답 ④

※ 다음 블록의 개수는 몇 개인지 고르시오(단, 보이지 않는 곳의 블록은 있다고 가정한다). **[7~10]**

07

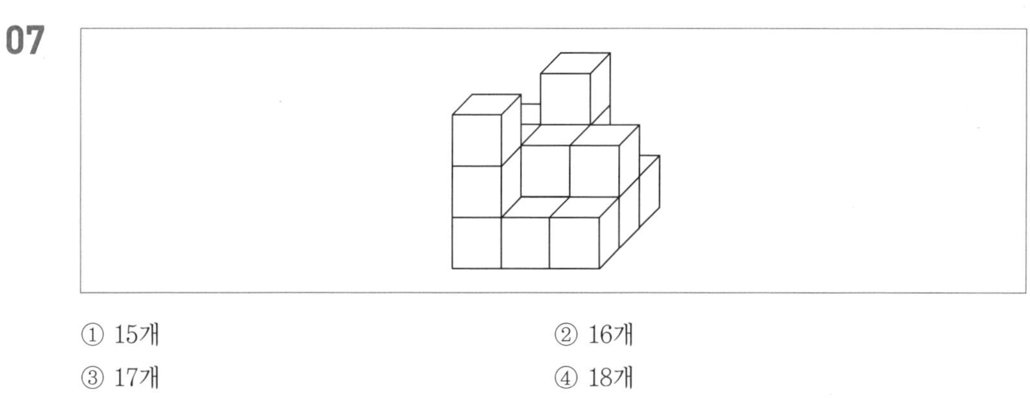

① 15개　　② 16개
③ 17개　　④ 18개

08

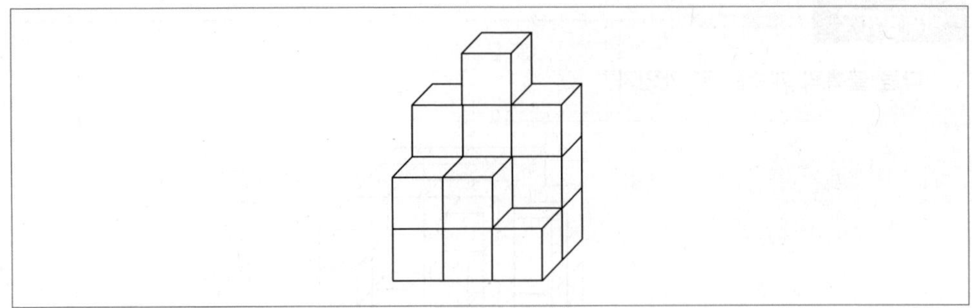

① 15개 ② 16개
③ 17개 ④ 18개

09

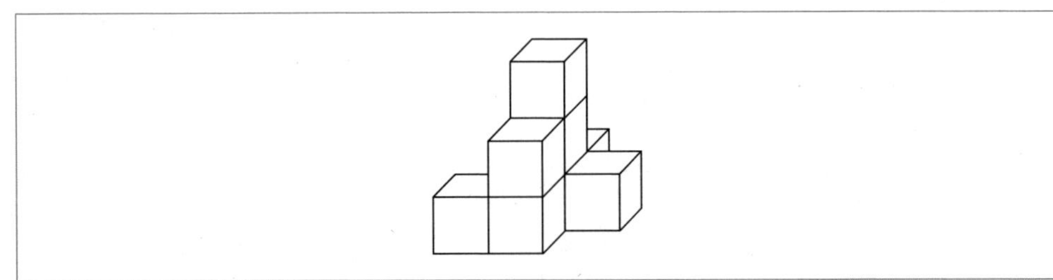

① 8개 ② 9개
③ 10개 ④ 11개

10

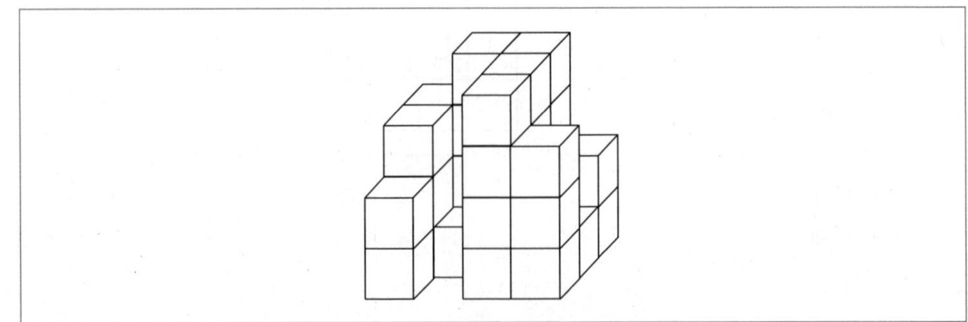

① 30개 ② 31개
③ 32개 ④ 33개

대표유형 3 블록 결합

다음 두 블록을 합쳤을 때, 나올 수 있는 형태는?

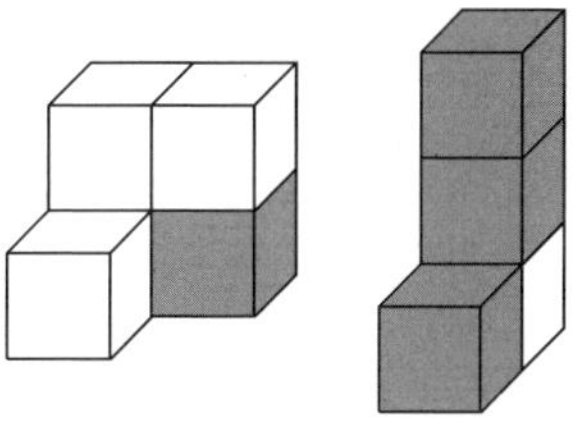

①

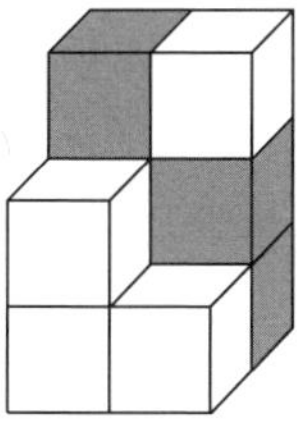

②

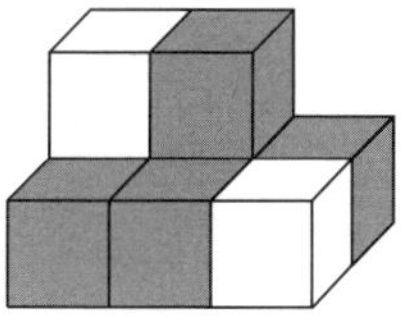

③

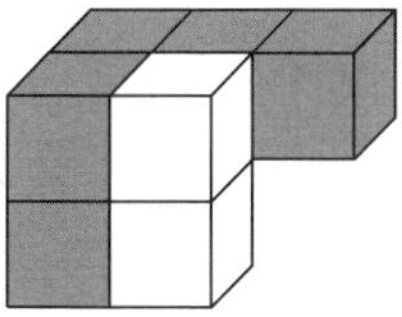

④

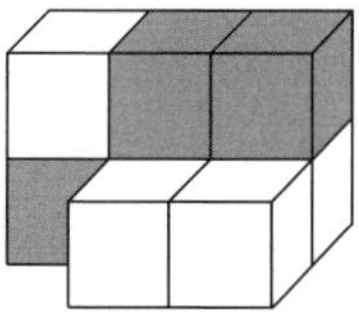

| 해설 |

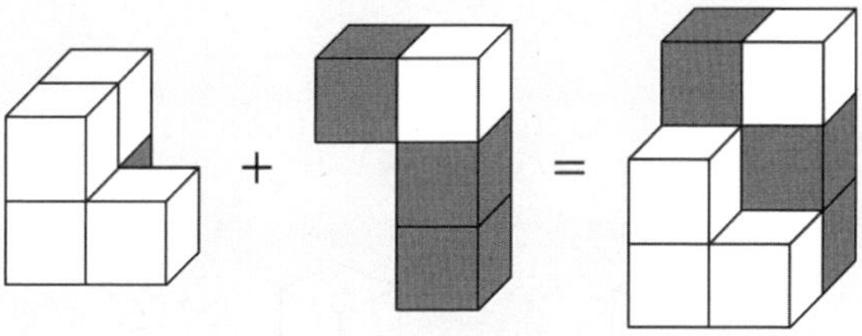

+

=

정답 ①

PART 2

※ 다음 두 블록을 합쳤을 때, 나올 수 없는 형태를 고르시오. [11~12]

11

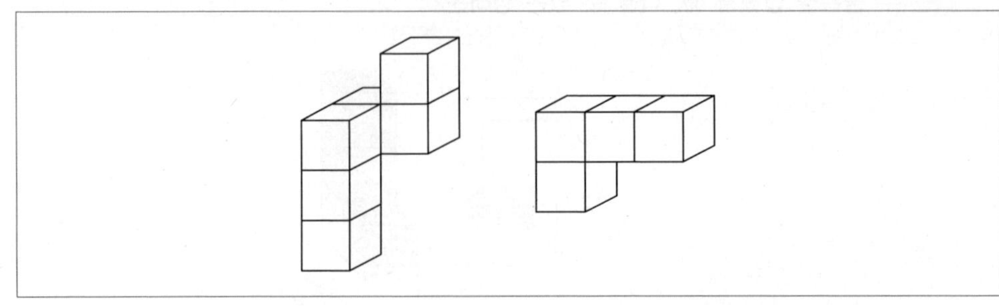

①

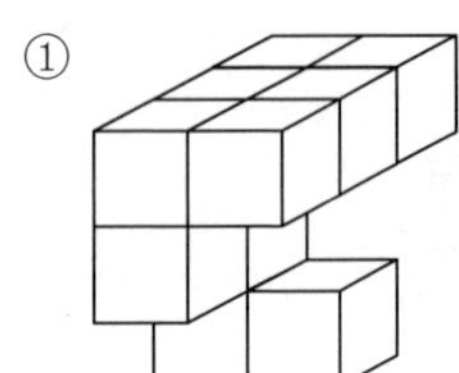

②

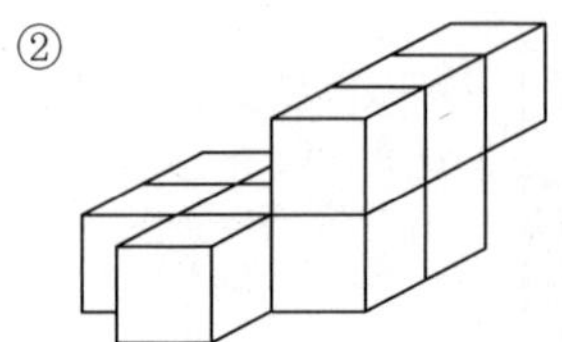

③

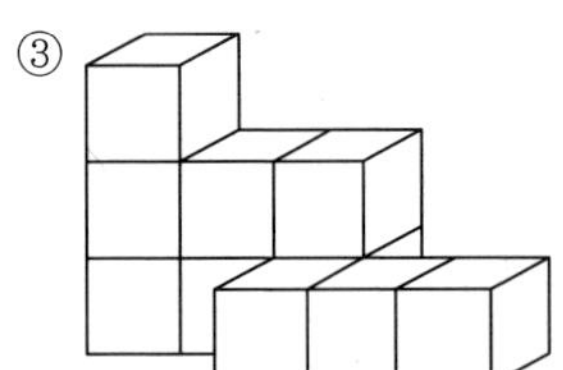

④

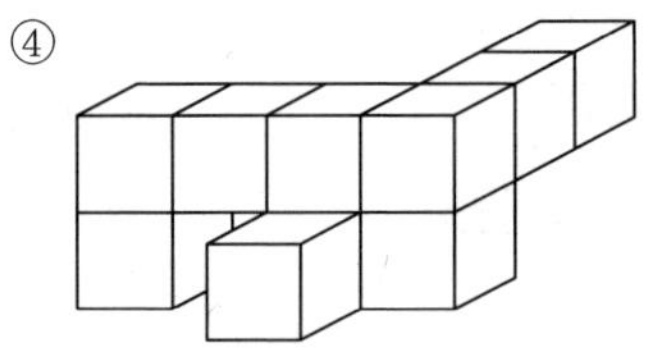

12

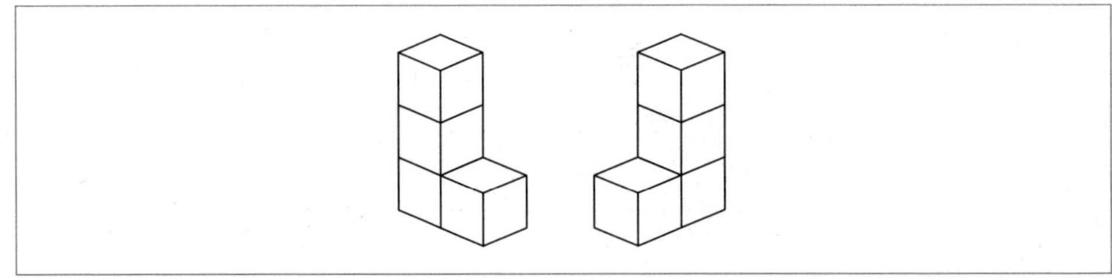

①

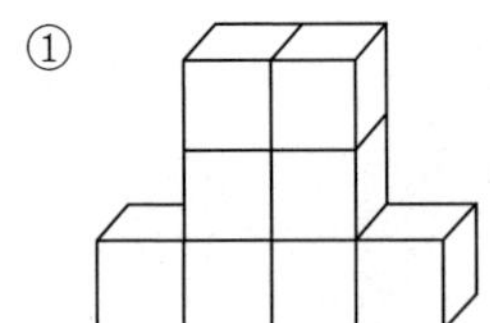

②

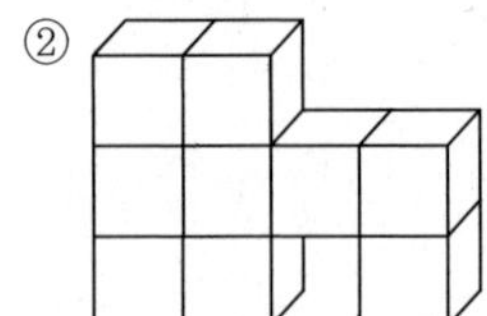

③

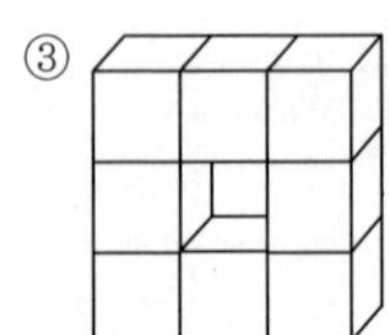

④

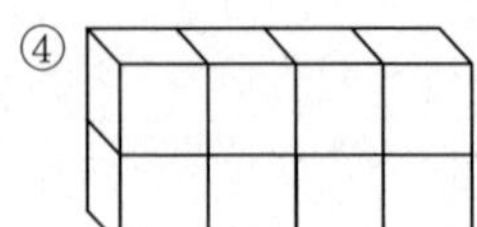

※ 다음 두 블록을 합쳤을 때, 나올 수 있는 형태를 고르시오. [13~14]

13

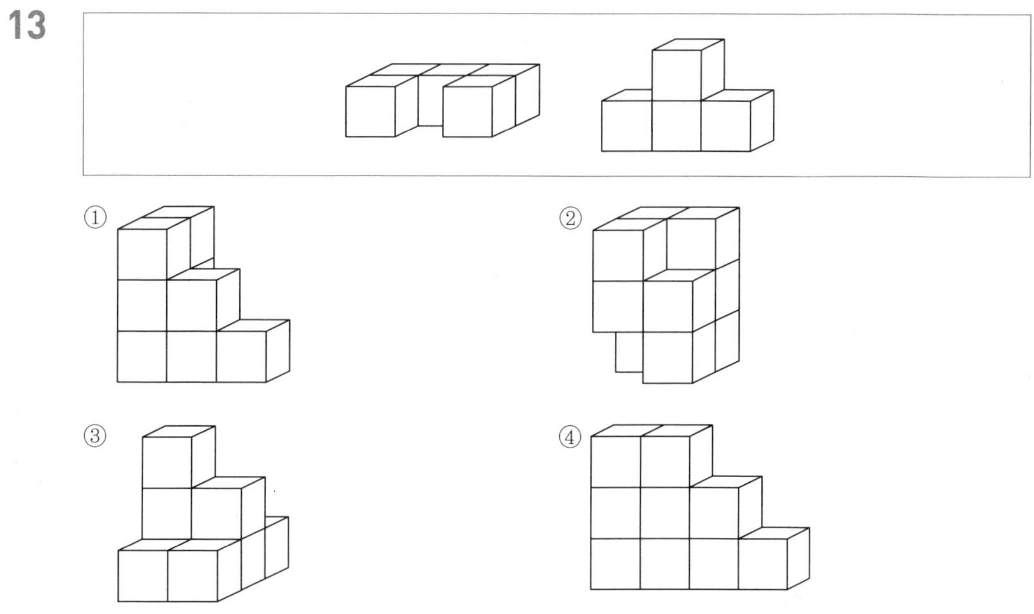

14

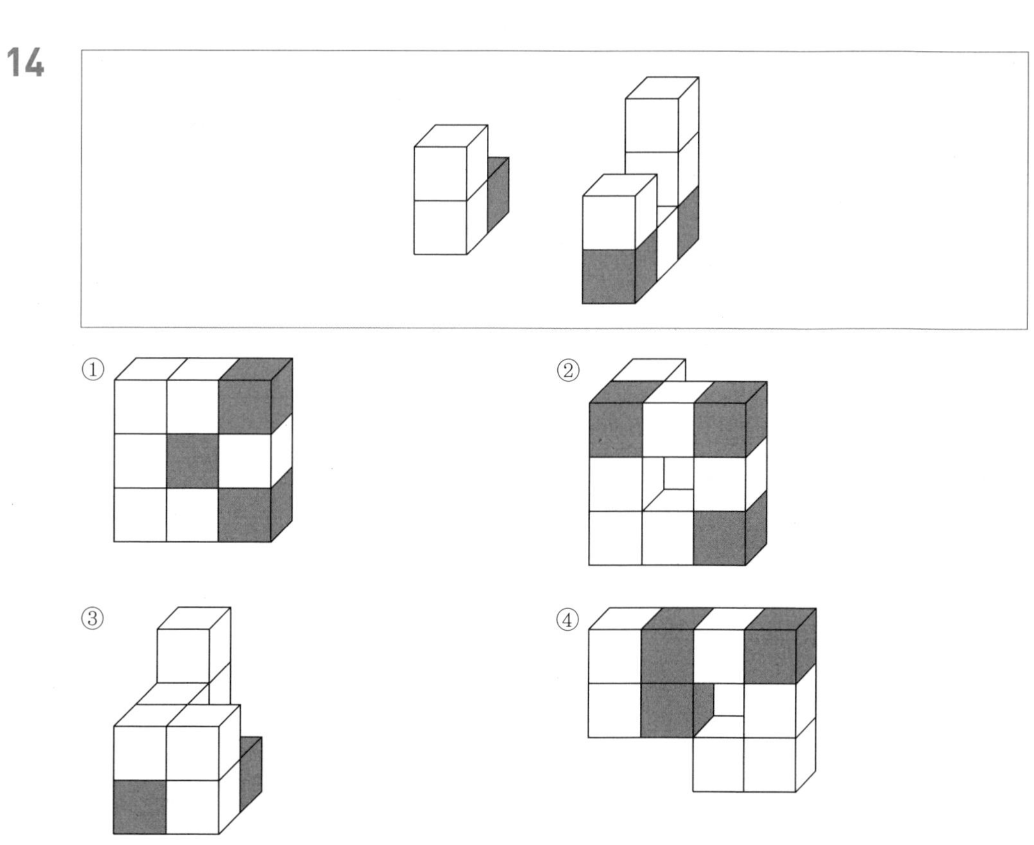

대표유형 4 단면도

제시된 단면과 일치하는 입체도형은?

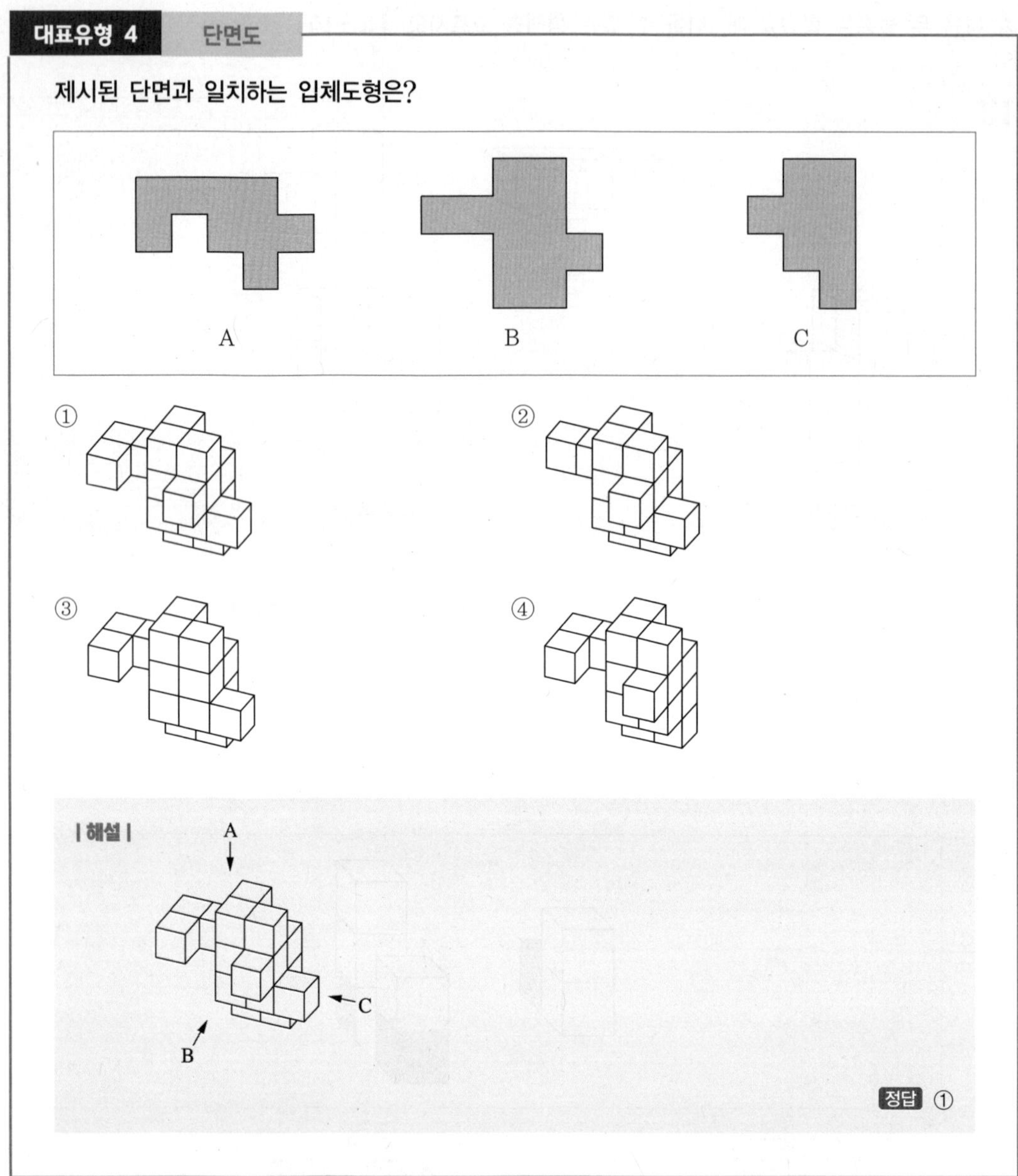

| 해설 |

정답 ①

※ 다음 제시된 단면과 일치하는 입체도형을 고르시오. **[15~17]**

15

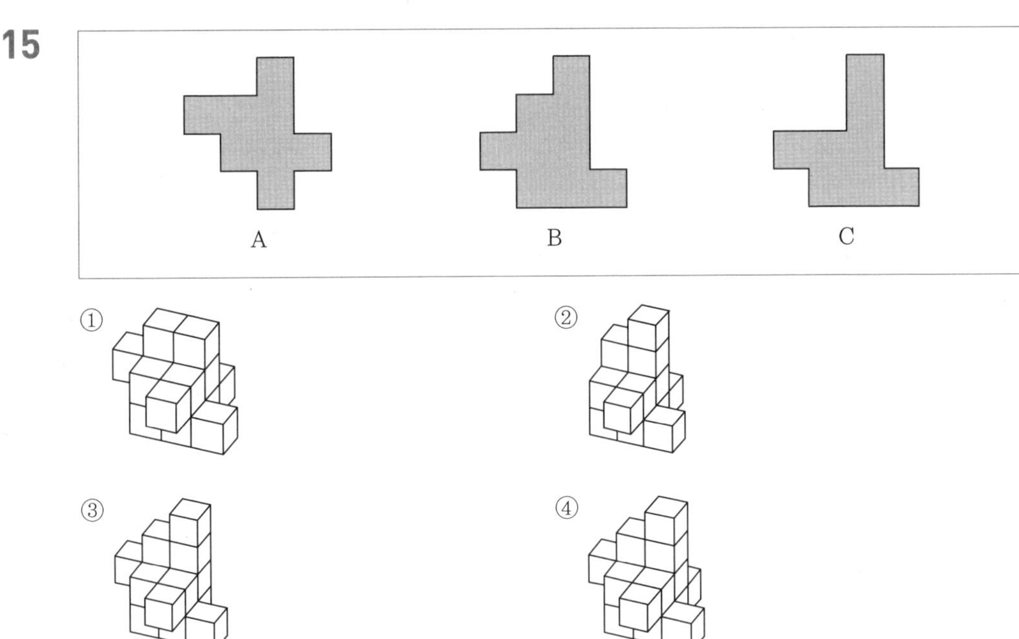

16

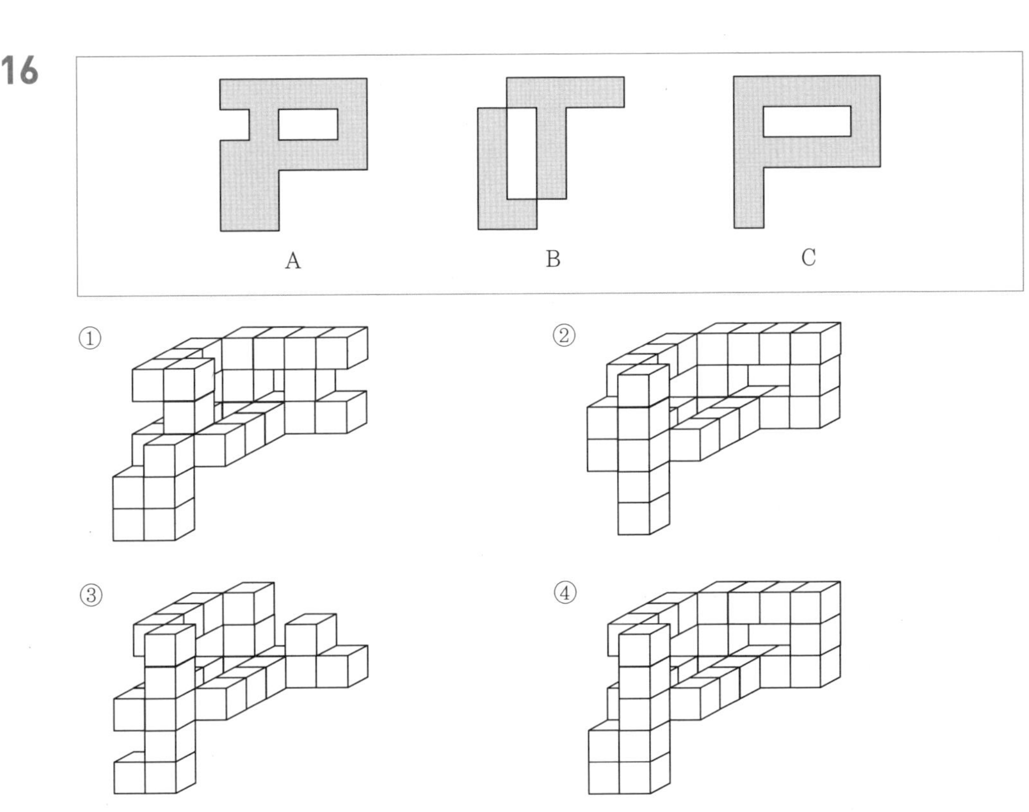

PART 2

17

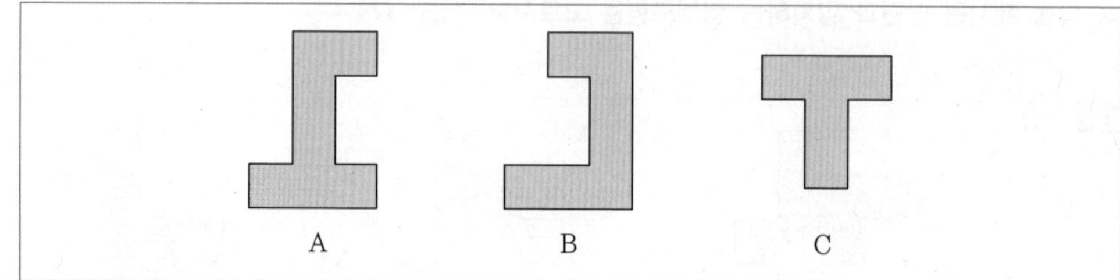

①
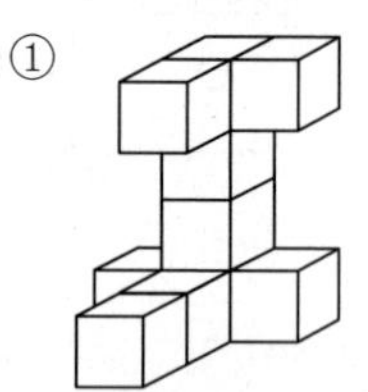

②
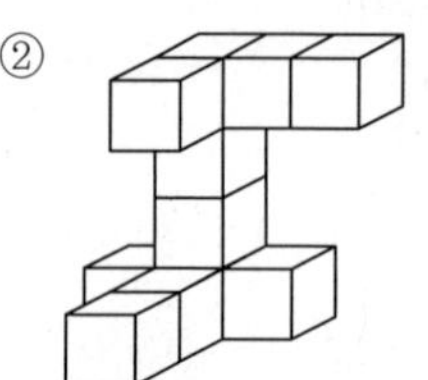

③
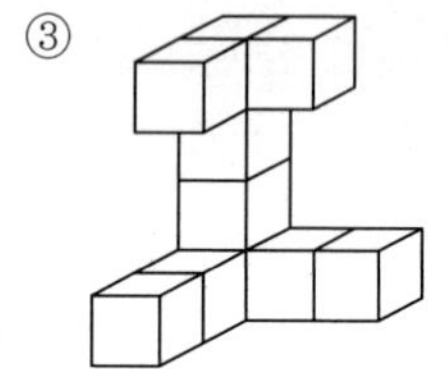

④
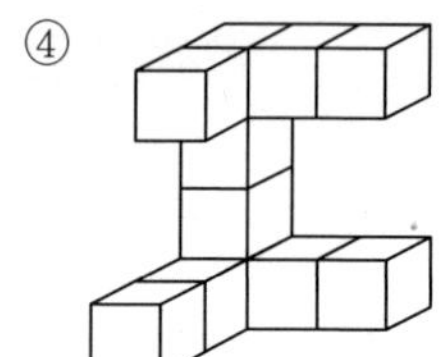

실패는 성공의 첫걸음이다.

- 월트 디즈니 -

CHAPTER 04

문제해결력

합격 Cheat Key

| 출제유형 |

1 수 · 문자추리

나열된 수열 또는 문자열을 보고 규칙을 찾아서 빈칸에 들어갈 알맞은 수 또는 문자를 고르는 유형으로, 기본적인 수열 또는 문자열뿐 아니라 복잡한 형태의 종잡을 수 없는 규칙도 출제된다.

2 언어추리

3 ~ 4개의 주어진 명제나 조건으로부터 결론을 도출하거나, 이를 바탕으로 옳거나 옳지 않은 보기를 고르는 문제가 출제되고 있다.

학습전략

1 수 · 문자추리

- 눈으로만 규칙을 찾고자 할 경우 변화된 값을 모두 외우기 어려우므로 나열된 수나 문자의 변화된 값을 적어두면 규칙을 발견하기 용이하다.
- 규칙이 발견되지 않는 경우에는 홀수 항과 짝수 항을 분리해서 파악하거나 군수열을 생각해본다.

2 언어추리

- 세 개 이상의 비교 대상이 등장하며, '~보다', '가장' 등의 표현에 유의해 풀어야 한다.
- '어떤'과 '모든'이 나오는 명제는 벤다이어그램을 활용한다.
- 주어진 규칙과 조건을 파악한 후 이를 도식화(표, 기호 등으로 정리)하여 문제에 접근한다.
- 〈조건〉에 사용된 조사의 의미와 제한사항 등을 제대로 이해해야 정답을 찾을 수 있으므로 문제와 제시된 문장을 꼼꼼히 읽는 습관을 기른다.

CHAPTER

04 문제해결력 핵심이론

01 수추리

(1) 등차수열 : 앞의 항에 일정한 수를 더해 이루어지는 수열

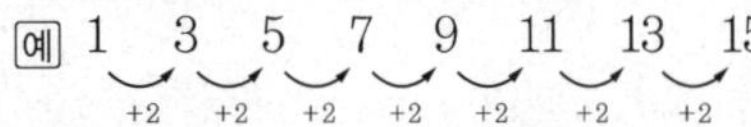

(2) 등비수열 : 앞의 항에 일정한 수를 곱해 이루어지는 수열

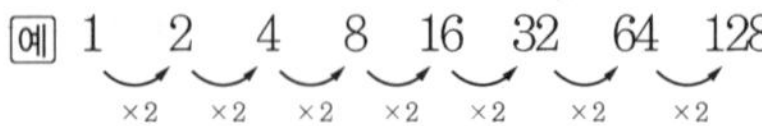

(3) 계차수열 : 앞의 항과의 차가 일정하게 증가하는 수열

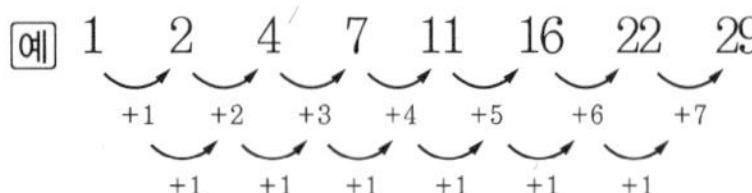

(4) 피보나치 수열 : 앞의 두 항의 합이 그 다음 항의 수가 되는 수열

$a_n = a_{n-1} + a_{n-2}$ $(n \geq 3,\ a_n = 1,\ a_2 = 1)$

예 1 1 $\underset{1+1}{2}$ $\underset{1+2}{3}$ $\underset{2+3}{5}$ $\underset{3+5}{8}$ $\underset{5+8}{13}$ $\underset{8+13}{21}$

(5) 건너뛰기 수열 : 두 개 이상의 수열이 일정한 간격을 두고 번갈아가며 나타나는 수열

예 1 1 3 7 5 13 7 19

- 홀수 항 : 1 3 5 7 (+2 +2 +2)
- 짝수 항 : 1 7 13 19 (+6 +6 +6)

(6) 군수열 : 일정한 규칙성으로 몇 항씩 묶어 나눈 수열

예
- 1 1 2 1 2 3 1 2 3 4
  ⇒ 1 1 2 (1+1=2) 1 2 3 (1+2=3) 1 2 3 4 (1+2+3=4)
- 1 3 4 6 5 11 2 6 8 9 3 12
  ⇒ 1 3 4 (1+3=4) 6 5 11 (6+5=11) 2 6 8 (2+6=8) 9 3 12 (9+3=12)
- 1 3 3 2 4 8 5 6 30 7 2 14
  ⇒ 1 3 3 (1×3=3) 2 4 8 (2×4=8) 5 6 30 (5×6=30) 7 2 14 (7×2=14)

02 ▸ 언어추리

1. 연역 추론

이미 알고 있는 판단(전제)을 근거로 새로운 판단(결론)을 유도하는 추론이다. 연역 추론은 진리일 가능성을 따지는 귀납 추론과는 달리, 명제 간의 관계와 논리적 타당성을 따진다. 즉 연역 추론은 전제들로부터 절대적인 필연성을 가진 결론을 이끌어내는 추론이다.

(1) 직접 추론

한 개의 전제로부터 중간적 매개 없이 새로운 결론을 이끌어내는 추론이며, 대우 명제가 그 대표적인 예이다.

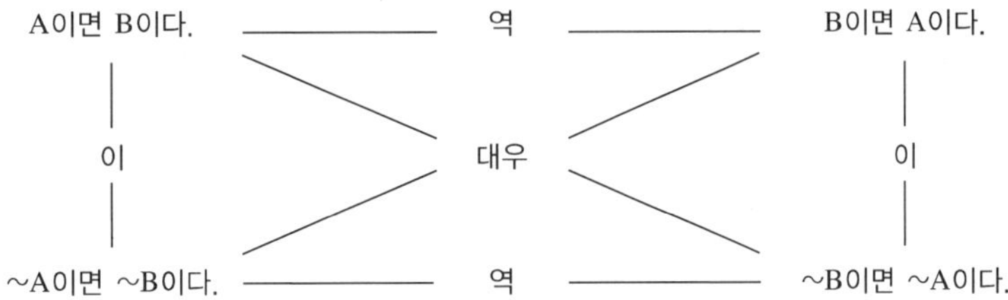

• 한국인은 모두 황인종이다.	(전제)
• 그러므로 황인종이 아닌 사람이 모두 한국인은 아니다.	(결론 1)
• 그러므로 황인종 중에는 한국인이 아닌 사람도 있다.	(결론 2)

(2) 간접 추론

둘 이상의 전제로부터 새로운 결론을 이끌어내는 추론이다. 삼단논법이 가장 대표적인 예이다.

① **정언 삼단논법** : 세 개의 정언명제로 구성된 간접추론 방식이다. 세 개의 명제 가운데 두 개의 명제는 전제이고, 나머지 한 개의 명제는 결론이다. 세 명제의 주어와 술어는 세 개의 서로 다른 개념을 표현한다.

② **가언 삼단논법** : 가언명제로 이루어진 삼단논법을 말한다. 가언명제란 두 개의 정언명제가 '만일 ~이라면'이라는 접속사에 의해 결합된 복합명제이다. 여기서 '만일'에 의해 이끌리는 명제를 전건이라고 하고, 그 뒤의 명제를 후건이라고 한다. 가언 삼단논법의 종류로는 혼합가언 삼단논법과 순수가언 삼단논법이 있다.

㉠ **혼합가언 삼단논법** : 대전제만 가언명제로 구성된 삼단논법이다. 긍정식과 부정식 두 가지가 있으며, 긍정식은 'A면 B이다. A이다. 그러므로 B이다.'이고, 부정식은 'A면 B이다. B가 아니다. 그러므로 A가 아니다.'이다.

> • 만약 A라면 B이다.
> • B가 아니다.
> • 그러므로 A가 아니다.

㉡ **순수가언 삼단논법** : 대전제와 소전제 및 결론까지 모두 가언명제들로 구성된 삼단논법이다.

> • 만약 A라면 B이다.
> • 만약 B라면 C이다.
> • 그러므로 만약 A라면 C이다.

③ **선언 삼단논법** : '~이거나 ~이다.'의 형식으로 표현되며 전제 속에 선언 명제를 포함하고 있는 삼단논법이다.

> • 내일은 비가 오거나 눈이 온다(A 또는 B이다).
> • 내일은 비가 오지 않는다(A가 아니다).
> • 그러므로 내일은 눈이 온다(그러므로 B이다).

④ **딜레마 논법** : 대전제는 두 개의 가언명제로, 소전제는 하나의 선언명제로 이루어진 삼단논법으로, 양도추론이라고도 한다.

> • 만일 네가 거짓말을 하면, 신이 미워할 것이다. (대전제)
> • 만일 네가 거짓말을 하지 않으면, 사람들이 미워할 것이다. (대전제)
> • 너는 거짓말을 하거나, 거짓말을 하지 않을 것이다. (소전제)
> • 그러므로 너는 미움을 받게 될 것이다. (결론)

2. 귀납 추론

특수한 또는 개별적인 사실로부터 일반적인 결론을 이끌어 내는 추론을 말한다. 귀납 추론은 구체적 사실들을 기반으로 하여 결론을 이끌어 내기 때문에 필연성을 따지기보다는 개연성과 유관성, 표본성 등을 중시하게 된다. 여기서 개연성이란, 관찰된 어떤 사실이 같은 조건하에서 앞으로도 관찰될 수 있는가 하는 가능성을 말하고, 유관성은 추론에 사용된 자료가 관찰하려는 사실과 관련되어야 하는 것을 일컬으며, 표본성은 추론을 위한 자료의 표본 추출이 공정하게 이루어져야 하는 것을 가리킨다. 이러한 귀납 추론은 일상생활 속에서 많이 사용하고, 우리가 알고 있는 과학적 사실도 이와 같은 방법으로 밝혀졌다.
그러나 전제들이 참이어도 결론이 항상 참인 것은 아니다. 단 하나의 예외로 인하여 결론이 거짓이 될 수 있다.

> • 성냥불은 뜨겁다.
> • 연탄불도 뜨겁다.
> • 그러므로 모든 불은 뜨겁다.

위 예문에서 '성냥불이나 연탄불이 뜨거우므로 모든 불은 뜨겁다.'라는 결론이 나왔는데, 반딧불은 뜨겁지 않으므로 '모든 불이 뜨겁다.'라는 결론은 거짓이 된다.

(1) 완전 귀납 추론

관찰하고자 하는 집합의 전체를 다 검증함으로써 대상의 공통 특질을 밝혀내는 방법이다. 이는 예외 없는 진실을 발견할 수 있다는 장점은 있으나, 집합의 규모가 크고 속성의 변화가 다양할 경우에는 적용하기 어려운 단점이 있다.

예 1부터 10까지의 수를 다 더하여 그 합이 55임을 밝혀내는 방법

(2) 통계적 귀납 추론

통계적 귀납 추론은 관찰하고자 하는 집합의 일부에서 발견한 몇 가지 사실을 열거함으로써 그 공통점을 결론으로 이끌어 내려는 방식을 가리킨다. 관찰하려는 집합의 규모가 클 때 그 일부를 표본으로 추출하여 조사하는 방식이 이에 해당하며, 표본 추출의 기준이 얼마나 적합하고 공정한가에 따라 그 결과에 대한 신뢰도가 달라진다는 단점이 있다.

예 여론조사에서 일부의 국민에 대한 설문 내용을 바탕으로, 이를 전체 국민의 여론으로 제시하는 것

(3) 인과적 귀납 추론

관찰하고자 하는 집합의 일부 원소들이 지닌 인과 관계를 인식하여 그 원인이나 결과를 이끌어 내려는 방식을 말한다.

① **일치법** : 공통적인 현상을 지닌 몇 가지 사실 중에서 각기 지닌 요소 중 어느 한 가지만 일치한다면 이 요소가 공통 현상의 원인이라고 판단

예 마을 잔칫집에서 돼지고기를 먹은 사람들이 집단 식중독을 일으켰다. 따라서 식중독의 원인은 상한 돼지고기가 아닌가 생각한다.

② **차이법** : 어떤 현상이 나타나는 경우와 나타나지 않은 경우를 놓고 보았을 때, 각 경우의 여러 조건 중 단 하나만이 차이를 보인다면 그 차이를 보이는 조건이 원인이 된다고 판단

예 현수와 승재는 둘 다 지능이나 학습 시간, 학습 환경 등이 비슷한데 공부하는 태도에는 약간의 차이가 있다. 따라서 두 사람이 성적이 차이를 보이는 것은 학습 태도의 차이 때문으로 생각된다.

③ **일치・차이 병용법** : 몇 개의 공통 현상이 나타나는 경우와 몇 개의 그렇지 않은 경우를 놓고 일치법과 차이법을 병용하여 적용함으로써 그 원인을 판단

예 학업 능력 정도가 비슷한 두 아동 집단에 대해 처음에는 같은 분량의 과제를 부여하고 나중에는 각기 다른 분량의 과제를 부여한 결과, 많이 부여한 집단의 성적이 훨씬 높게 나타났다. 이로 보아, 과제를 많이 부여하는 것이 적게 부여하는 것보다 학생의 학업 성적 향상에 도움이 된다고 판단할 수 있다.

④ **공변법** : 관찰하는 어떤 사실의 변화에 따라 현상의 변화가 일어날 때 그 변화의 원인이 무엇인지 판단

예 담배를 피우는 양이 각기 다른 사람들의 집단을 조사한 결과, 담배를 많이 피울수록 폐암에 걸릴 확률이 높다는 사실이 발견되었다.

⑤ **잉여법** : 앞의 몇 가지 현상이 뒤의 몇 가지 현상의 원인이며, 선행 현상의 일부분이 후행 현상의 일부분이라면, 선행 현상의 나머지 부분이 후행 현상의 나머지 부분의 원인임을 판단

예 어젯밤 일어난 사건의 혐의자는 정은이와 규민이 두 사람인데, 정은이는 알리바이가 성립되어 혐의 사실이 없는 것으로 밝혀졌다. 따라서 그 사건의 범인은 규민이일 가능성이 높다.

3. 유비 추론

두 개의 대상 사이에 일련의 속성이 동일하다는 사실에 근거하여 그것들의 나머지 속성도 동일하리라는 결론을 이끌어내는 추론, 즉 이미 알고 있는 것에서 다른 유사한 점을 찾아내는 추론을 말한다. 그렇기 때문에 유비 추론은 잣대(기준)가 되는 사물이나 현상이 있어야 한다. 유비 추론은 가설을 세우는 데 유용하다. 이미 알고 있는 사례로부터 아직 알지 못하는 것을 생각해 봄으로써 쉽게 가설을 세울 수 있다. 이때 유의할 점은 이미 알고 있는 사례와 이제 알고자 하는 사례가 매우 유사하다는 확신과 증거가 있어야 한다. 그렇지 않은 상태에서 유비 추론에 의해 결론을 이끌어 내면, 그것은 개연성이 거의 없고 잘못된 결론이 될 수도 있다.

- 지구에는 공기, 물, 흙, 햇빛이 있다(A는 a, b, c, d의 속성을 가지고 있다).
- 화성에는 공기, 물, 흙, 햇빛이 있다(B는 a, b, c, d의 속성을 가지고 있다).
- 지구에 생물이 살고 있다(A는 e의 속성을 가지고 있다).
- 그러므로 화성에도 생물이 살고 있을 것이다(그러므로 B도 e의 속성을 가지고 있을 것이다).

04 문제해결력 기출예상문제

정답 및 해설 p.023

01 ▶ 수 · 문자추리

대표유형 1 수추리

※ 일정한 규칙으로 수를 나열할 때, 빈칸에 들어갈 숫자로 옳은 것을 고르시오. [1~2]

01

11 45 182 731 2,928 ( )

① 11,737 ② 10,727
③ 11,717 ④ 11,707

| 해설 | 앞의 항에 4를 곱하고 1, 2, 3, 4, …을 더하는 수열이다.
따라서 ( )=2,928×4+5=11,717이다.

정답 ③

02

4 8 10 20 22 44 ( )

① 46 ② 48
③ 60 ④ 88

| 해설 | ×2, +2가 반복되는 수열이다.
따라서 ( )=44+2=46이다.

정답 ①

※ 일정한 규칙으로 수를 나열할 때, 빈칸에 들어갈 수로 옳은 것을 고르시오. [1~10]

01

1 2 5 12 27 58 121 ( )

① 209　　② 213
③ 225　　④ 248

02

24 60 120 ( ) 336 504 720

① 190　　② 210
③ 240　　④ 260

03

1 4 13 40 121 ( ) 1,093

① 351　　② 363
③ 364　　④ 370

04

$\frac{39}{16}$ $\frac{13}{8}$ $\frac{13}{12}$ $\frac{13}{18}$ ( ) $\frac{26}{81}$

① $\frac{13}{9}$　　② $\frac{14}{18}$
③ $\frac{13}{18}$　　④ $\frac{13}{27}$

05

7.2 6.1 7.3 6.2 ( ) 6.3 7.5 6.4

① 6.4　　② 6.8
③ 7.1　　④ 7.4

06

−2 −0.4 −2.8 0.4 −3.6 ( )

① −2.1
② −1.3
③ −0.9
④ 1.2

07

111 79 63 55 ( ) 49 48

① 54
② 53
③ 52
④ 51

08

3 4 ( ) 5 3 125 6 2 36

① 16
② 27
③ 64
④ 81

09

14 5 1 14 8 10 14 ( ) 22

① 5
② 8
③ 10
④ 12

10

3 5 34 ( ) 2 68 6 11 157

① 6
② 8
③ 10
④ 12

대표유형 2 문자추리

※ 일정한 규칙으로 문자를 나열할 때, 빈칸에 들어갈 문자로 옳은 것을 고르시오(단, 모음은 일반모음만 고려한다). [1~2]

01

ㅜ ㄷ ( ) ㅅ ㅓ ㅋ

① ㅠ ② ㅂ

③ ㅅ ④ ㅗ

| 해설 | 홀수항은 2씩 빼고, 짝수항은 4씩 더하는 수열이다.

ㅜ	ㄷ	(ㅗ)	ㅅ	ㅓ	ㅋ
7	3	5	7	3	11

정답 ④

02

c A ( ) D g P

① b ② c

③ d ④ e

| 해설 | 홀수항은 2씩 더하고, 짝수항은 4씩 곱하는 수열이다.

c	A	(e)	D	g	P
3	1	5	4	7	16

정답 ④

※ 일정한 규칙으로 문자를 나열할 때, 빈칸에 들어갈 문자로 옳은 것을 고르시오(단, 모음은 일반모음만 고려한다). **[11~15]**

11

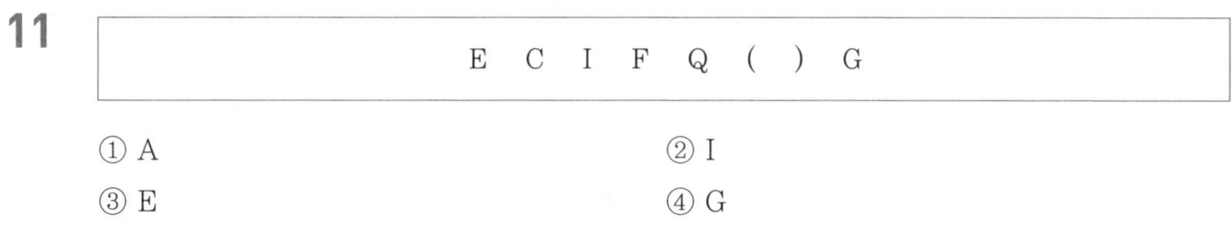

① A　② I
③ E　④ G

12

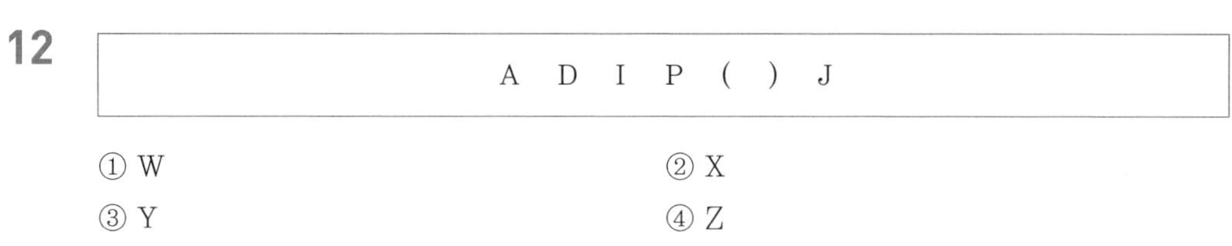

① W　② X
③ Y　④ Z

13

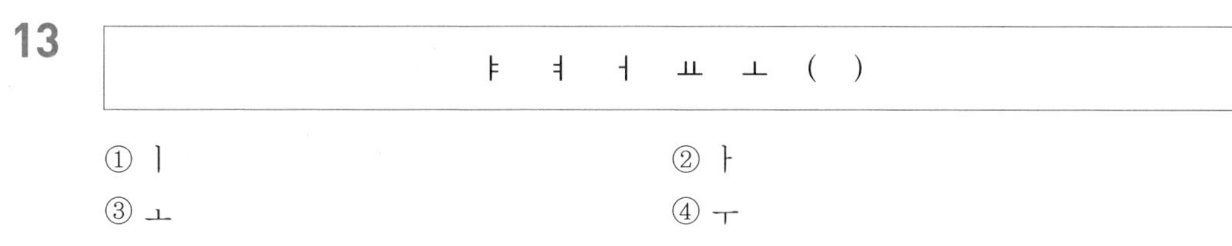

① ㅣ　② ㅏ
③ ㅗ　④ ㅜ

14

① ㅅ　② ㅇ
③ ㅈ　④ ㅊ

15

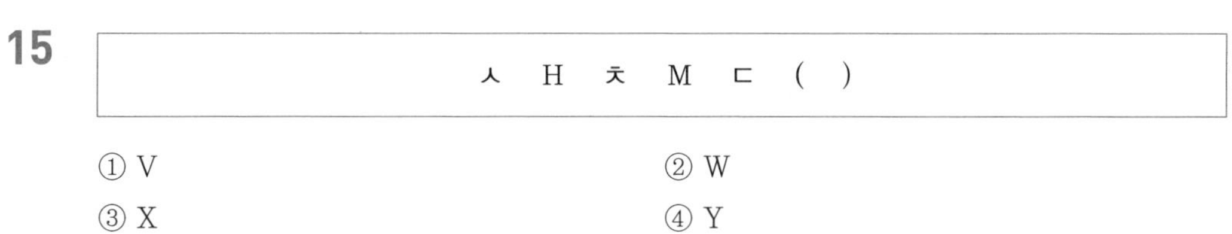

① V　② W
③ X　④ Y

※ 다음 중 규칙이 다른 하나를 고르시오. [16~20]

16 ① 도로보조 ② 냐너녀노
③ IJLO ④ PQSV

17 ① FLJT ② 서쇼셔슈
③ 2424 ④ 리이시히

18 ① 부두주투 ② ㄹㅅㅊㅍ
③ 혀하허효 ④ EBFI

19 ① ZWSP ② 티투텨타
③ PMJG ④ 파차사라

20 ① 도보토초 ② DHLP
③ CFLX ④ 카캬켜큐

02 ▶ 언어추리

대표유형 1 논리추론

01 다음 제시문을 바탕으로 추론할 수 있는 것은?

- 달리기를 잘하는 모든 사람은 영어를 잘한다.
- 영어를 잘하는 모든 사람은 부자이다.
- 나는 달리기를 잘한다.

① 부자는 반드시 영어를 잘한다.
② 부자는 반드시 달리기를 잘한다.
③ 나는 부자이다.
④ 영어를 잘하는 사람은 반드시 달리기를 잘한다.

| 해설 | 달리기를 잘한다. → 영어를 잘한다. → 부자이다.
따라서 달리기를 잘하는 '나'는 부자이다.

정답 ③

02 다음 명제가 모두 참일 때, 빈칸에 들어갈 명제로 적절한 것은?

- 낡은 것을 버려야 새로운 것을 채울 수 있다.
- ____________________
- 새로운 것을 채우지 않는다면 더 많은 세계를 경험할 수 없다.

① 새로운 것을 채운다면 낡은 것을 버릴 수 있다.
② 낡은 것을 버리지 않는다면 새로운 것을 채울 수 없다.
③ 새로운 것을 채운다면 더 많은 세계를 경험할 수 있다.
④ 낡은 것을 버리지 않는다면 더 많은 세계를 경험할 수 없다.

| 해설 | '낡은 것을 버리다.'를 p, '새로운 것을 채우다.'를 q, '더 많은 세계를 경험하다.'를 r이라고 하면, 첫 번째 명제는 $p \rightarrow q$이며, 마지막 명제는 $\sim q \rightarrow \sim r$이다. 이때 첫 번째 명제의 대우는 $\sim q \rightarrow \sim p$이므로 마지막 명제가 참이 되기 위해서는 $\sim p \rightarrow \sim r$이 필요하다. 따라서 빈칸에 들어갈 명제는 $\sim p \rightarrow \sim r$의 '낡은 것을 버리지 않는다면 더 많은 세계를 경험할 수 없다.'이다.

정답 ④

※ 다음 제시문을 바탕으로 추론할 수 있는 것을 고르시오. [1~6]

01

- 희정이는 세영이보다 낮은 층에 산다.
- 세영이는 은솔이보다 높은 층에 산다.
- 은솔이는 희진이 옆집에 산다.

① 세영이는 희진이보다 높은 층에 산다.
② 희진이는 희정이보다 높은 층에 산다.
③ 은솔이는 희정이보다 높은 층에 산다.
④ 세영이가 가장 낮은 층에 산다.

02

- 정은이는 오늘 커피를 한 잔 마셨다.
- 슬기는 오늘 정은이보다 커피를 두 잔 더 마셨다.
- 은주는 오늘 슬기보다 커피를 적게 마셨다.

① 정은이가 오늘 커피를 가장 많이 마셨다.
② 은주가 오늘 커피를 가장 많이 마셨다.
③ 슬기가 오늘 커피를 가장 많이 마셨다.
④ 은주는 오늘 정은이보다 커피를 많이 마셨다.

03

- 지후의 키는 178cm이다.
- 시후는 지후보다 3cm 더 크다.
- 재호는 시후보다 5cm 더 작다.

① 지후의 키가 가장 크다.
② 재호의 키가 가장 크다.
③ 시후의 키가 가장 작다.
④ 재호의 키는 176cm이다.

04

- 마라톤을 좋아하는 사람은 인내심이 있다.
- 몸무게가 무거운 사람은 체력이 좋다.
- 명랑한 사람은 마라톤을 좋아한다.

① 체력이 좋은 사람은 인내심이 없다.
② 인내심이 없는 사람은 명랑하지 않다.
③ 마라톤을 좋아하는 사람은 몸무게가 가볍다.
④ 몸무게가 무겁지 않은 사람은 인내심이 있다.

05

- 사탕을 좋아하는 사람은 밥을 좋아한다.
- 초밥을 좋아하는 사람은 짬뽕을 좋아한다.
- 밥을 좋아하지 않는 사람은 짬뽕을 좋아하지 않는다.

① 사탕을 좋아하지 않는 사람은 짬뽕을 좋아한다.
② 밥을 좋아하는 사람은 짬뽕을 좋아하지 않는다.
③ 짬뽕을 좋아하는 사람은 사탕을 좋아하지 않는다.
④ 초밥을 좋아하는 사람은 밥을 좋아한다.

06

- 클래식을 좋아하는 사람은 고전을 좋아한다.
- 사진을 좋아하는 사람은 운동을 좋아한다.
- 고전을 좋아하지 않는 사람은 운동을 좋아하지 않는다.

① 클래식을 좋아하지 않는 사람은 운동을 좋아한다.
② 고전을 좋아하는 사람은 운동을 좋아하지 않는다.
③ 운동을 좋아하는 사람은 클래식을 좋아하지 않는다.
④ 사진을 좋아하는 사람은 고전을 좋아한다.

※ 제시된 명제가 모두 참일 때, 빈칸에 들어갈 명제로 가장 적절한 것을 고르시오. [7~10]

07

- 허리에 통증이 심하면 나쁜 자세로 공부했다는 것이다.
- 공부를 오래 하면 성적이 올라간다.
- ______________________________
- 성적이 떨어졌다는 것은 나쁜 자세로 공부했다는 것이다.

① 허리에 통증이 약하면 공부를 오래 할 수 있다.
② 좋은 자세로 공부한다고 해도 허리의 통증은 그대로이다.
③ 성적이 떨어졌다는 것은 공부를 별로 하지 않았다는 증거다.
④ 좋은 자세로 공부한다고 해도 공부를 오래 하긴 힘들다.

08

- 채소를 좋아하는 사람은 해산물을 싫어한다.
- ______________________________
- 디저트를 좋아하는 사람은 채소를 싫어한다.

① 채소를 싫어하는 사람은 해산물을 좋아한다.
② 디저트를 좋아하는 사람은 해산물을 싫어한다.
③ 채소를 싫어하는 사람은 디저트를 싫어한다.
④ 디저트를 좋아하는 사람은 해산물을 좋아한다.

09

- 비가 오지 않으면 개구리가 울지 않는다.
- 비가 오지 않으면 제비가 낮게 날지 않는다.
- ______________________________

① 비가 오면 제비가 낮게 난다.
② 제비가 낮게 나는 날은 비가 온다.
③ 개구리가 울지 않으면 제비가 낮게 날지 않는다.
④ 제비가 낮게 나는 날에는 개구리가 울지 않는다.

10

- 음악을 좋아하는 사람은 상상력이 풍부하다.
- 음악을 좋아하지 않는 사람은 노란색을 좋아하지 않는다.
- ______________________

① 노란색을 좋아하지 않는 사람은 음악을 좋아한다.
② 음악을 좋아하지 않는 사람은 상상력이 풍부하지 않다.
③ 상상력이 풍부한 사람은 노란색을 좋아하지 않는다.
④ 노란색을 좋아하는 사람은 상상력이 풍부하다.

11 **A～E는 각각 월요일～금요일 중 하루씩 돌아가며 당직을 선다. 이 중 2명이 거짓말을 하고 있다고 할 때, 다음 중 이번 주 수요일에 당직을 서는 사람은 누구인가?**

- A : 이번 주 화요일은 내가 당직이야.
- B : 나는 수요일 당직이 아니야. D가 이번 주 수요일 당직이야.
- C : 나와 D는 이번 주 수요일 당직이 아니야.
- D : B는 이번 주 목요일 당직이고, C는 다음날인 금요일 당직이야.
- E : 나는 이번 주 월요일 당직이야. 그리고 C의 말은 모두 사실이야.

① A ② B
③ C ④ D

12 **윤지, 순영, 재철, 영민이는 영국, 프랑스, 미국, 일본으로 출장을 간다. 출장은 나라별로 한 명씩 가야 하며, 출장 기간은 서로 중복되지 않아야 한다. 다음 〈조건〉을 통해 추론할 때, 항상 참인 것은?**

조건

- 윤지는 가장 먼저 출장을 가지 않는다.
- 재철은 영국 또는 프랑스로 출장을 가야 한다.
- 영민은 순영보다는 먼저 출장을 가야 하고, 윤지보다는 늦게 가야 한다.
- 가장 마지막 출장지는 미국이다.
- 영국 출장과 프랑스 출장은 일정이 연달아 잡히지 않는다.

① 윤지는 프랑스로 출장을 간다.
② 재철이는 영국으로 출장을 간다.
③ 영민이는 세 번째로 출장을 간다.
④ 순영이는 두 번째로 출장을 간다.

13 다음 〈조건〉을 통해 추론할 때, 항상 거짓인 것은?

조건

- A ~ E 다섯 명의 이름을 입사한 지 오래된 순서로 이름을 적었다.
- A와 B의 이름은 바로 연달아서 적혔다.
- C와 D의 이름은 연달아서 적히지 않았다.
- E는 C보다 먼저 입사하였다.
- 가장 최근에 입사한 사람은 입사한지 2년된 D이다.

① C의 이름은 A의 이름보다 먼저 적혔다.
② B는 E보다 먼저 입사하였다.
③ E의 이름 바로 다음에 C의 이름이 적혔다.
④ A와 B 중 누가 먼저 입사했는지 알 수 없다.

14 A는 서점에서 소설, 에세이, 만화, 수험서, 잡지를 구매했다. 다음 〈조건〉이 참일 때 A가 세 번째로 구매한 책으로 옳은 것은?

조건

- A는 만화와 소설보다 잡지를 먼저 구매했다.
- A는 수험서를 가장 먼저 구매하지 않았다.
- A는 에세이와 만화를 연달아 구매하지 않았다.
- A는 수험서를 구매한 다음 곧바로 에세이를 구매했다.
- A는 에세이나 소설을 마지막에 구매하지 않았다.

① 소설 ② 만화
③ 에세이 ④ 잡지

대표유형 2 참 / 거짓

제시문 A를 읽고, 제시문 B가 참인지 거짓인지 혹은 알 수 없는지 고르면?

[제시문 A]
• 아침잠이 많은 사람은 지각을 자주 한다.
• 지각을 자주 하는 사람은 해당 벌점이 높다.

[제시문 B]
아침잠이 많은 재은이는 지각 벌점이 높다.

① 참 ② 거짓 ③ 알 수 없음

| 해설 | 아침잠이 많으면 지각을 자주 하고, 지각을 자주 하면 해당 벌점이 높기 때문에 아침잠이 많은 재은이는 지각 벌점이 높다.

정답 ①

※ **제시문 A를 읽고, 제시문 B가 참인지 거짓인지 혹은 알 수 없는지 고르시오. [15~16]**

15

[제시문 A]
• 다리가 아픈 모든 사람은 계단을 빨리 오르지 못한다.
• 계단을 빨리 오르지 못하는 모든 사람은 평소에 운동을 하지 않는 사람이다.

[제시문 B]
평소에 운동을 하는 사람은 다리가 아프지 않다.

① 참 ② 거짓 ③ 알 수 없음

16

[제시문 A]
• 노화가 오면 귀가 잘 들리지 않는다.
• 귀가 잘 안 들리면 큰 소리로 이야기한다.

[제시문 B]
큰 소리로 이야기하는 사람은 노화가 온 사람이다.

① 참 ② 거짓 ③ 알 수 없음

※ 다음 명제가 모두 참일 때, 옳은 것을 고르시오. [17~20]

17

- 정육점에는 다섯 종류의 고기를 팔고 있다.
- 소고기가 닭고기보다 비싸다.
- 오리고기보다 비싸다면 돼지고기이다.
- 소고기 2kg의 가격이 염소고기 4kg의 가격과 같다.

A : 닭고기보다 비싼 고기 종류는 세 가지이다.
B : 가격의 순위를 정하는 경우의 수는 세 가지이다.

① A만 옳다.
② B만 옳다.
③ A, B 모두 옳다.
④ A, B 모두 틀리다.

18

- 월요일부터 금요일까지 초등학생 방과 후 교실 도우미(1~5)를 배치할 계획이다.
- 도우미 1은 화요일 또는 수요일에 배치한다.
- 도우미 2는 도우미 3이 배치된 다음 날에 배치한다.
- 도우미 5는 목요일에 배치한다.

A : 도우미 4는 금요일에 배치된다.
B : 도우미 2는 화요일에 배치된다.

① A만 옳다.
② B만 옳다.
③ A, B 모두 옳다.
④ A, B 모두 틀리다.

19

• 서울에서 부산으로 가려고 한다.
• 갈 수 있는 교통편은 비행기, 기차, 버스가 있다.
• 요금은 비행기 > 기차 > 버스 순으로 비싸다.
• 걸리는 시간은 비행기와 기차는 일정하지만, 버스는 교통량 사정에 따라 기차보다 늦어질 수 있다.
• 평소에는 비행기 > 버스 > 기차 순으로 빠르게 도착한다.

A : 예산이 충분하다면 비행기를 이용하는 게 낫다.
B : 소요 시간을 가장 고려할 때, 서울에서 부산으로 피서객이 많을 것으로 예상된다면, 버스를 이용하는 것이 가장 비합리적이다.

① A만 옳다.
② B만 옳다.
③ A, B 모두 옳다.
④ A, B 모두 틀리다.

PART 2

20

• 연호는 일본, 중국, 러시아, 대만, 태국 5개국을 여행하고자 한다.
• 인구가 가장 많이 사는 나라를 먼저 여행하고자 한다.
• 영토가 가장 넓은 나라를 마지막에 여행하고자 한다.
• 섬나라 사이에서는 면적이 작은 나라를 먼저 여행한다.

A : 태국을 두 번째로 여행한다고 하면, 중국과 일본 사이에 간다.
B : 러시아를 마지막에 여행한다.

① A만 옳다.
② B만 옳다.
③ A, B 모두 옳다.
④ A, B 모두 틀리다.

CHAPTER 05

관찰탐구력

합격 Cheat Key

| 출제유형 |

과학추리

힘과 운동, 일과 에너지 등 물리・화학・생활과학 문제가 출제된다. 내용을 깊이 학습해야 풀 수 있는 문제는 출제되지 않지만, 범위가 넓은 편이다.

학습전략

과학추리

- 과학 관련 기초 지식을 정리해야 한다.
- 문제를 풀면서 모르는 부분은 추가로 정리를 하는 것이 좋다.

CHAPTER

05 관찰탐구력 핵심이론

1. 힘

(1) 여러 가지 힘

① **힘** : 물체의 모양이나 운동 상태를 변화시키는 원인이 되는 것

② **탄성력** : 탄성체가 변형되었을 때 원래의 상태로 되돌아가려는 힘

㉠ 탄성체 : 용수철, 고무줄, 강철판 등

㉡ 방향 : 변형된 방향과 반대로 작용한다.

③ **마찰력** : 두 물체의 접촉면 사이에서 물체의 운동을 방해하는 힘

㉠ 방향 : 물체의 운동 방향과 반대

㉡ 크기 : 접촉면이 거칠수록, 누르는 힘이 클수록 커진다(접촉면의 넓이와는 무관).

④ **자기력** : 자석과 자석, 자석과 금속 사이에 작용하는 힘

⑤ **전기력** : 전기를 띤 물체 사이에 작용하는 힘

⑥ **중력** : 지구와 지구상의 물체 사이에 작용하는 힘

㉠ 방향 : 지구 중심 방향

㉡ 크기 : 물체의 질량에 비례

(2) 힘의 작용과 크기

① 힘의 작용

㉠ 접촉하여 작용하는 힘 : 탄성력, 마찰력, 사람의 힘

㉡ 떨어져서 작용하는 힘 : 자기력, 중력, 전기력

㉢ 쌍으로 작용하는 힘 : 물체에 힘이 작용하면 반드시 반대 방향으로 반작용의 힘이 작용한다.

② 힘의 크기

㉠ 크기 측정 : 용수철의 늘어나는 길이는 힘의 크기에 비례하므로 이를 이용하여 힘의 크기를 측정

㉡ 힘의 단위 : N, kgf(1kgf=9.8N)

〈힘의 화살표〉

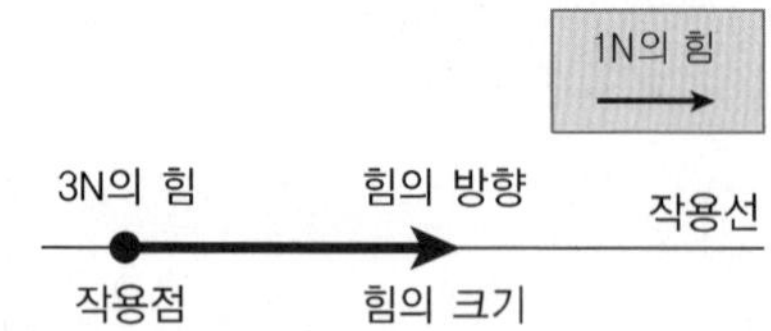

(3) 힘의 합성과 평형

① **힘의 합성** : 두 개 이상의 힘이 작용하여 나타나는 효과를 하나의 힘으로 표현

㉠ 방향이 같은 두 힘의 합력 : $F = F_1 + F_2$

㉡ 방향이 반대인 두 힘의 합력 : $F = F_1 - F_2 (F_1 > F_2)$

㉢ 나란하지 않은 두 힘의 합력 : 평행사변형법

② **힘의 평형** : 한 물체에 여러 힘이 동시에 작용하여도 움직이지 않을 때이며, 합력은 0이다.

㉠ 두 힘의 평형 조건 : 크기가 같고 방향이 반대이며, 같은 작용선상에 있어야 한다.

㉡ 평형의 예 : 실에 매달린 추, 물체를 당겨도 움직이지 않을 때

2. 힘과 운동의 관계

(1) 물체의 운동

① 물체의 위치 변화

㉠ 위치 표시 : 기준점에서 방향과 거리로 표시

㉡ (이동 거리)=(나중 위치)−(처음 위치)

② 속력 : 단위 시간 동안 이동한 거리

㉠ $(\text{속력}) = \frac{(\text{이동거리})}{(\text{걸린시간})} = \frac{(\text{나중위치}) - (\text{처음위치})}{(\text{걸린시간})}$

㉡ 단위 : m/s, km/h 등

(2) 여러 가지 운동

① 속력이 변하지 않는 운동 : 등속(직선)운동

② 속력이 일정하게 변하는 운동 : 낙하 운동

$(\text{속력}) = \frac{(\text{처음 속력}) + (\text{나중 속력})}{2}$

③ 방향만 변하는 운동 : 등속 원운동

④ 속력과 방향이 모두 변하는 운동 : 진자의 운동, 포물선 운동

(3) 힘과 운동의 관계

① 힘과 속력의 변화

㉠ 힘이 가해지면 물체의 속력이 변한다.

㉡ 힘이 클수록, 물체의 질량이 작을수록 속력의 변화가 크다.

② 힘과 운동 방향의 변화

㉠ 힘이 가해지면 힘의 방향과 운동 방향에 따라 방향이 변할 수도 있고 속력만 변할 수도 있다.

㉡ 힘이 클수록, 물체의 질량이 작을수록 물체의 운동 방향 변화가 크다.

③ 뉴턴의 운동 법칙

㉠ 운동의 제1법칙(관성의 법칙) : 물체는 외부로부터 힘이 작용하지 않는 한 현재의 운동상태를 계속 유지하려 한다.

㉡ 운동의 제2법칙(가속도의 법칙) : 속력의 변화는 힘의 크기(F)에 비례하고 질량(m)에 반비례한다.

〈운동의 제2법칙〉

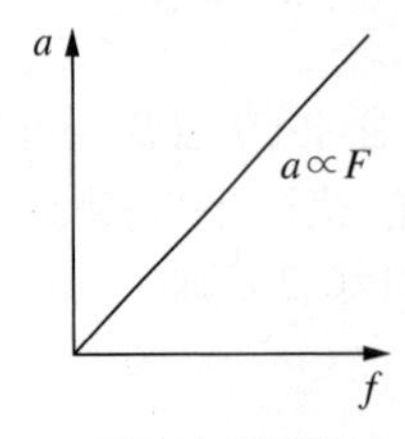

질량이 일정할 때,
가속도는 힘의 크기에 비례

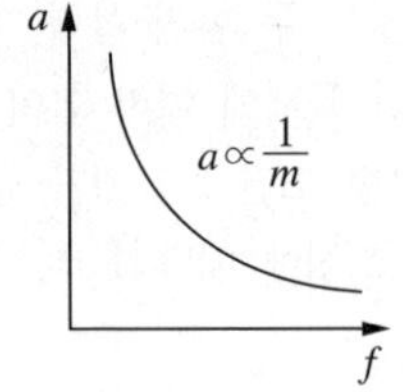

힘이 일정할 때,
가속도는 질량에 반비례

㉢ 운동의 제3법칙(작용·반작용의 법칙) : 한 물체가 다른 물체에 힘을 가할 때, 힘을 받는 물체도 상대 물체에 같은 크기의 힘이 반대 방향으로 작용한다.

3. 일과 에너지

(1) 일

① 일의 크기와 단위

㉠ 일의 크기 : 힘의 크기(F)와 물체가 이동한 거리(S)의 곱으로 나타낸다.

$W = F \times S$

㉡ 단위 : 1N의 힘으로 물체를 1m만큼 이동시킨 경우의 크기를 1J이라 한다.

$1J = 1N \times 1m = 1N \cdot m$

② 들어 올리는 힘과 미는 힘

㉠ 물체를 들어 올리는 일 : 물체의 무게만큼 힘이 필요하다.

드는 일(중력에 대한 일)=(물체의 무게)×(높이)

㉡ 물체를 수평면상에서 밀거나 끄는 일 : 마찰력만큼의 힘이 필요하다.

미는 일(마찰력에 대한 일)=(마찰력)×(거리)

㉢ 무게와 질량

- 무게 : 지구가 잡아당기는 중력의 크기
- 무게의 단위 : 힘의 단위(N)와 같다.
- 무게는 질량에 비례한다.

(2) 일의 원리

① **도르래를 사용할 때**

㉠ 고정 도르래 : 도르래축이 벽에 고정되어 있다.

- 힘과 일의 이득이 없고, 방향만 바꾼다.
- 힘＝물체의 무게($F=w=m\times g$)
- 물체의 이동 거리(h)＝줄을 잡아당긴 거리(s)
- 힘이 한 일＝도르래가 물체에 한 일

㉡ 움직 도르래 : 힘에는 이득이 있으나 일에는 이득이 없다.

- 힘의 이득 : 물체 무게의 절반$\left(F=\dfrac{w}{2}\right)$
- (물체의 이동 거리)＝(줄을 잡아당긴 거리)$\times\dfrac{1}{2}$

② **지레를 사용할 때** : 힘의 이득은 있으나, 일에는 이득이 없다.

㉠ 원리 : 그림에서 물체의 무게를 W, 누르는 힘을 F라 하면 식은 다음과 같다.

$W\times b=F\times a$, r＝반지름, R＝지름

㉡ 거리 관계

물체가 움직인 거리(h)＜사람이 지레를 움직인 거리(s)

〈지레의 원리〉

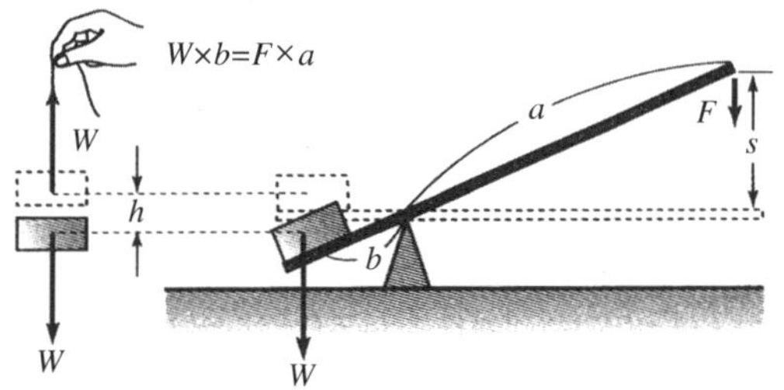

③ **축바퀴를 사용할 때**

㉠ 축바퀴의 원리 : 지레의 원리를 응용한 도구

㉡ 줄을 당기는 힘

$F=\dfrac{w\times r}{R}$(r＝반지름, R＝지름)

㉢ 물체가 움직인 거리＜당긴 줄의 길이

㉣ 일의 이득 : 일의 이득은 없다.

④ **빗면을 이용할 때**

㉠ 힘의 이득 : 빗면의 경사가 완만할수록 힘의 이득이 커진다.

(힘)＝(물체의 무게)$\times\dfrac{(\text{수직높이})}{(\text{빗면의 길이})}\left(F=w\times\dfrac{h}{s}\right)$

㉡ 일의 이득 : 일의 이득은 없다.

㉢ 빗면을 이용한 도구 : 나사, 쐐기, 볼트와 너트

⑤ **일의 원리** : 도르래나 지레, 빗면 등의 도구를 사용하여도 일의 이득이 없지만, 작은 힘으로 물체를 이동시킬 수 있다.

(3) 역학적 에너지

① **위치 에너지** : 어떤 높이에 있는 물체가 가지는 에너지

㉠ (위치 에너지)=9.8×(질량)×(높이) → $9.8mh$

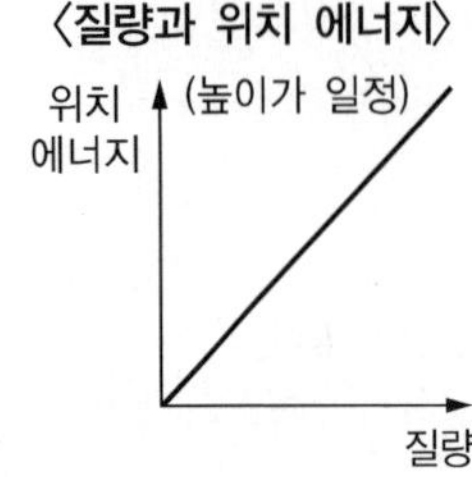

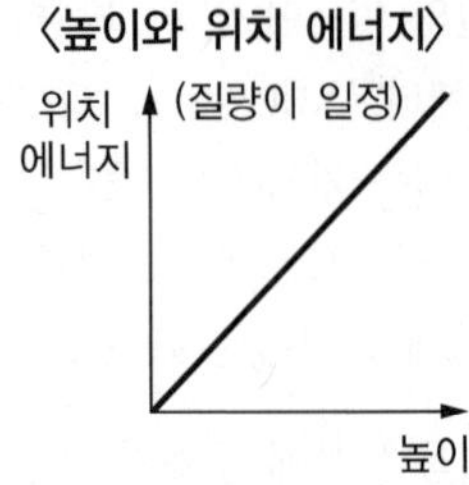

㉡ 위치 에너지와 일

- 물체를 끌어올릴 때 : 물체를 끌어올리면서 한 일은 위치 에너지로 전환된다.
- 물체가 낙하할 때 : 물체의 위치 에너지는 지면에 대하여 한 일로 전환된다.

㉢ 위치 에너지의 기준면

- 기준면에 따라 위치 에너지의 크기가 다르다.
- 기준면은 편리하게 정할 수 있으나, 보통 지면을 기준으로 한다.
- 기준면에서의 위치 에너지는 0이다.

② **운동 에너지** : 운동하고 있는 물체가 갖는 에너지(단위 : J)

㉠ 운동 에너지의 크기 : 물체의 질량과 (속력)^{2}에 비례한다.

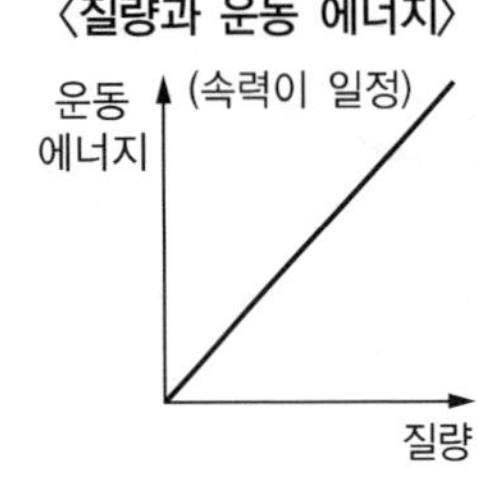

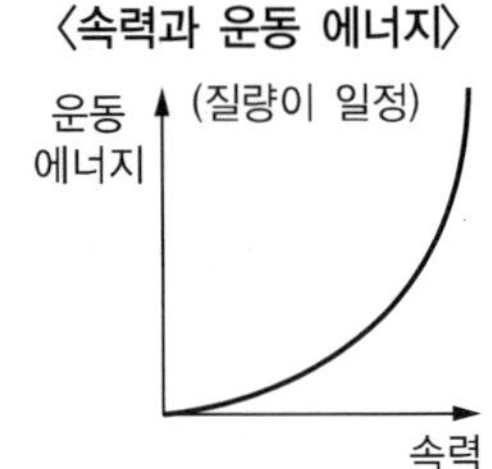

㉡ (운동 에너지)=$\frac{1}{2}$×(질량)×(속력)^2 → $\frac{1}{2}mv^2$

③ **역학적 에너지**

㉠ 역학적 에너지의 전환 : 높이가 변하는 모든 운동에서는 위치 에너지와 운동 에너지가 서로 전환된다.

- 높이가 낮아지면 : 위치 에너지 → 운동 에너지
- 높이가 높아지면 : 운동 에너지 → 위치 에너지

㉡ 역학적 에너지의 보존

- 운동하는 물체의 역학적 에너지
  - 물체가 올라갈 때 : (감소한 운동 에너지)=(증가한 위치 에너지)
  - 물체가 내려갈 때 : (감소한 위치 에너지)=(증가한 운동 에너지)

- 역학적 에너지의 보존 법칙 : 물체가 운동하고 있는 동안 마찰이 없다면 역학적 에너지는 일정하게 보존된다[(위치 에너지)+(운동 에너지)=(일정)].
- 낙하하는 물체의 역학적 에너지 보존
  - (감소한 위치 에너지)$=9.8mh_1-9.8mh_2=9.8m(h_1-h_2)$
  - (증가한 운동 에너지)$=\frac{1}{2}mv_2^2-\frac{1}{2}mv_1^2=\frac{1}{2}m(v_2^2-v_1^2)$

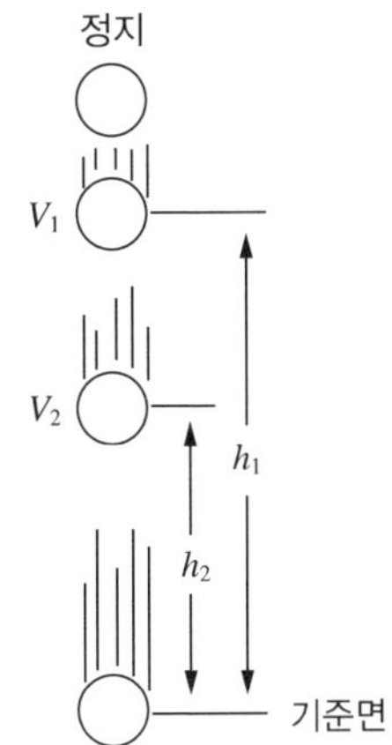

4. 전압 · 전류 · 저항

(1) 전류의 방향과 세기

① 전류의 방향 : (+)극 → (−)극

② 전자의 이동 방향 : (−)극 → (+)극

③ 전류의 세기(A) : 1초 동안에 도선에 흐르는 전하의 양

④ 전하량(C)=전류의 세기(A)×시간(s)

(2) 전압과 전류의 관계

① 전류의 세기는 전압에 비례한다.

② 전기 저항(R) : 전류의 흐름을 방해하는 정도

③ 옴의 법칙 : 전류의 세기(A)는 전압(V)에 비례하고, 전기 저항(R)에 반비례한다.

〈저항이 일정할 때〉

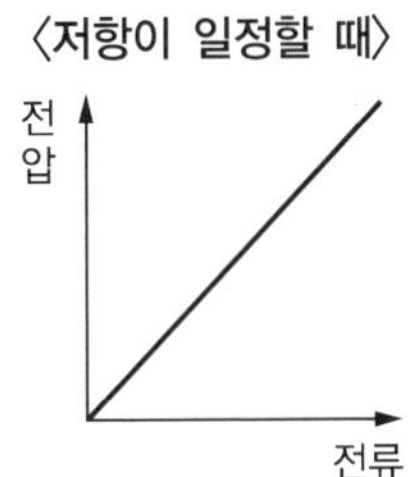

〈전류가 일정할 때〉

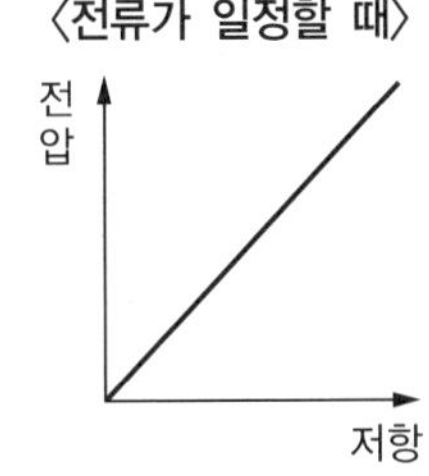

〈전압이 일정할 때〉

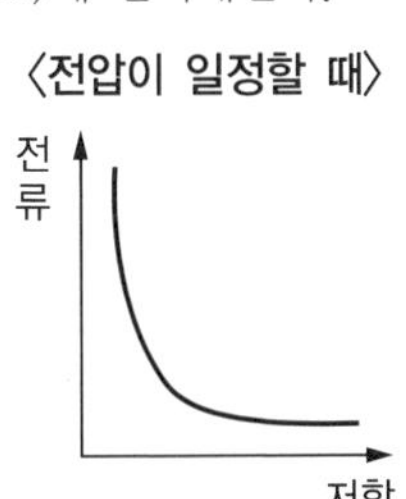

(3) 저항의 연결

① **직렬 연결** : 저항을 한 줄로 연결

㉠ 전류 : $I = I_1 = I_2$

㉡ 각 저항의 전합 : $V_1 : V_2 = R_1 : R_2$

㉢ 전체 전압 : $V = V_1 + V_2$

㉣ 전체 저항 : $R = R_1 + R_2$

② **병렬 연결** : 저항의 양끝을 묶어서 연결

㉠ 전체 전류 : $I = I_1 + I_2$

㉡ 전체 전압 : $V = V_1 = V_2$

㉢ 전체 저항 : $\frac{1}{R} = \frac{1}{R_1} + \frac{1}{R_2}$

③ **혼합 연결** : 직렬 연결과 병렬 연결을 혼합

④ $V = IR$

CHAPTER

05 관찰탐구력 기출예상문제

정답 및 해설 p.030

대표유형 과학추리

다음 〈보기〉의 여러 가지 현상 중 관성과 관계있는 것으로만 짝지어진 것은?

보기

㉠ 두 보트에서 서로 밀면 함께 밀려난다.
㉡ 달리던 사람은 갑자기 멈추기가 어렵다.
㉢ 동쪽으로 굴러가던 공이 멈추었다.

① ㉠　　② ㉡
③ ㉢　　④ ㉠, ㉡

| 해설 | 오답분석

㉠ 작용・반작용의 법칙과 관련이 있다.
㉢ 마찰력과 관련이 있다.

정답 ②

01 다음 현상과 같은 원리로 설명할 수 있는 현상은?

단진자를 진동시키면 그 진동면이 지면에 대하여 회전한다. 진자를 장시간 진동시키면, 진동면이 북반구에서는 시계 방향으로, 남반구에서는 시계 반대 방향으로 천천히 돌게 된다. 이는 진자의 진동면이 변하지 않는데도 지면에서 보면 진동면이 회전하는 것처럼 보이기 때문이다.

① 별빛 스펙트럼의 연주 변화　　② 인공위성의 서편 이동
③ 연주 시차　　④ 계절의 변화

02 P형 반도체와 N형 반도체를 접합시킨 다이오드가 전류를 한쪽 방향으로만 흐르게 하는 작용은?

① 정류 작용
② 만유인력 법칙
③ 강한 상호 작용
④ 작용 반작용 법칙

03 다음과 같은 풍력 발전 과정에서 일어나는 에너지 전환으로 옳은 것은?

① 열에너지 → 빛에너지
② 열에너지 → 전기 에너지
③ 운동 에너지 → 전기 에너지
④ 화학 에너지 → 운동 에너지

04 자연계에 존재하는 기본 힘 중에서 크기가 가장 큰 것은?

① 중력
② 전자기력
③ 강력(강한 상호 작용)
④ 약력(약한 상호 작용)

05 다음 그림과 같이 크기는 같고 질량이 다른 물체 A, B, C를 같은 높이 h에서 가만히 놓았을 때, 바닥에 도달하는 순간 운동 에너지가 가장 큰 것은?(단, 모든 저항은 무시한다)

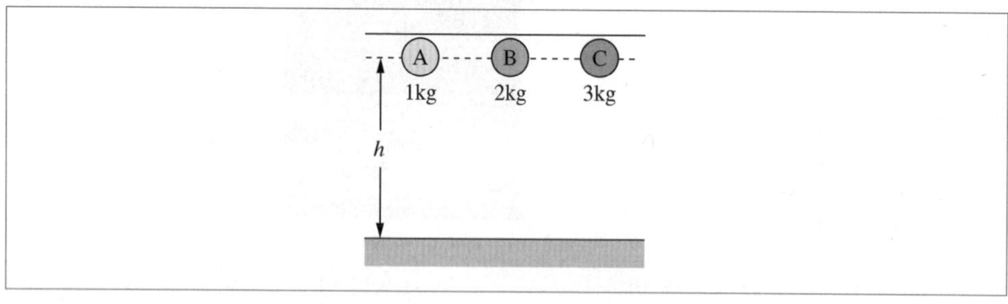

① A
② B
③ C
④ 모두 같다.

06 전기 회로에서 저항이 5Ω인 2개의 전구를 직렬로 연결하고, 전압이 6V인 건전지를 연결하였다. 이 회로에서 흐르는 전체 전류는 몇 A인가?

① 0.3A ② 0.4A
③ 0.5A ④ 0.6A

07 다음 중 양성자를 구성하는 기본 입자는?

① 쿼크 ② 이온
③ 분자 ④ 중성자

08 다음 제시된 액체 혼합물 분리 실험에서 고려된 물질의 특성은 무엇인가?

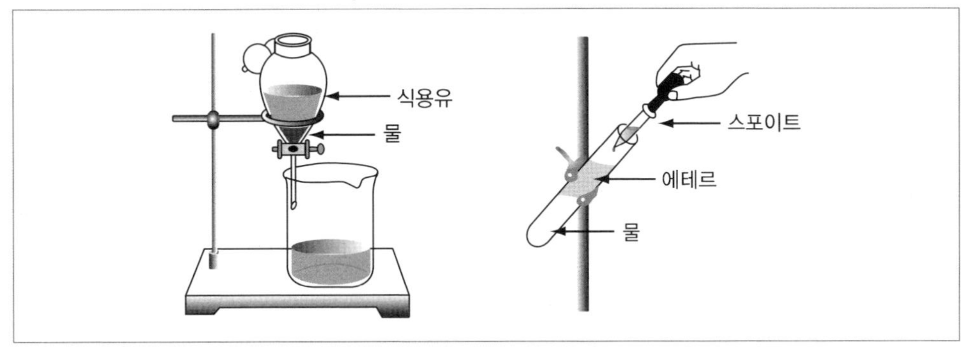

① 밀도 ② 온도
③ 용해도 ④ 농도

09 다음과 같은 에너지 전환을 주로 이용하는 장치는?

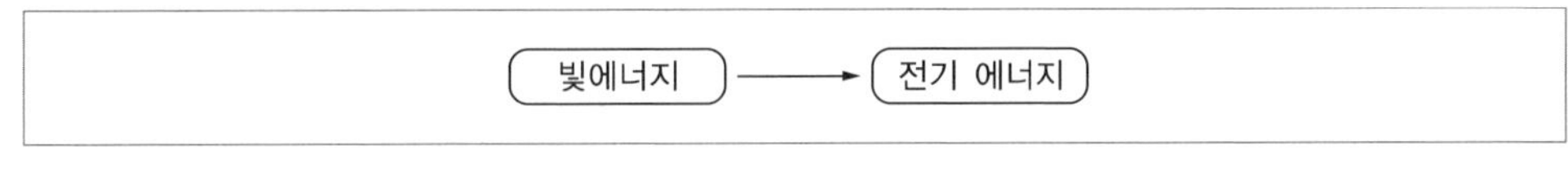

① 냉장고 ② 프리즘
③ 전기난로 ④ 태양 전지

10 저항 5Ω에 10V의 전압이 걸릴 경우 회로에 흐르는 전류의 세기는?

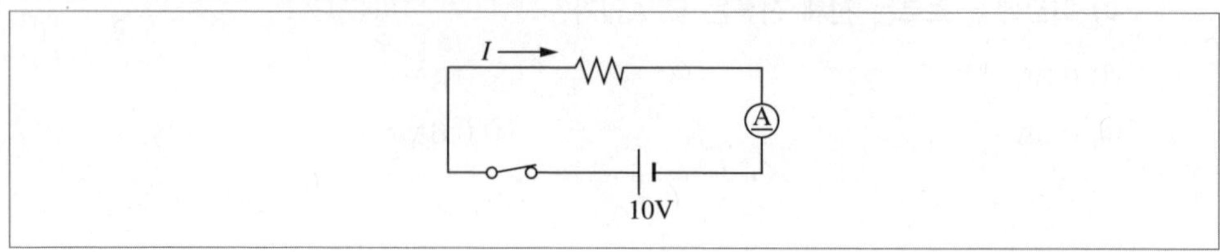

① 2A ② 5A
③ 10A ④ 50A

11 방사성원소란 방사능을 가진 원소들을 총칭하는 용어이다. 다음에서 설명하는 방사성 원소는?

- 주기율표 2족 7주기 속하는 알칼리 토금속원소이다.
- 898년에 퀴리 부부에 의해 발견된 천연 방사성원소이다.

① 우라늄 ② 라듐
③ 폴로늄 ④ 악티늄

12 반응 속도에 영향을 미치는 요인 중 다음과 관련 있는 것은?

- 김치를 냉장고에 보관하면 빨리 시어지지 않는다.
- 생선 가게에서 생선을 얼음 위에 올려놓고 판매한다.

① 농도 ② 촉매
③ 온도 ④ 표면적

13 다음 설명에 해당하는 운동 법칙은?

- 로켓이 가스를 뒤로 분출하면서 앞으로 나아간다.
- 얼음판 위에서 사람이 벽을 밀면 사람이 뒤로 밀려난다.

① 관성의 법칙 ② 케플러 법칙
③ 가속도의 법칙 ④ 작용·반작용의 법칙

14 다음 중 바이오연료인 에탄올을 뽑아낼 수 있는 식물이 아닌 것은?

① 쌀겨　　② 옥수수
③ 사탕수수　　④ 감자

15 다음 〈보기〉 중 우주에서 벌어질 수 있는 일을 모두 고르면?

보기
ㄱ. 음료를 빨대로 빨아 먹는다.
ㄴ. 땀이 흐른다.
ㄷ. 물건을 던지면 포물선을 그리며 떨어진다.
ㄹ. 촛불을 켜면 불꽃이 둥근 모양을 띤다.

① ㄱ　　② ㄱ, ㄴ
③ ㄱ, ㄹ　　④ ㄱ, ㄴ, ㄹ

16 다음 〈보기〉 중 지레의 원리가 작용된 생활 속 제품을 모두 고르면?

보기
ㄱ. 병따개　　ㄴ. 가위
ㄷ. 손톱깎이　　ㄹ. 젓가락

① ㄱ, ㄷ　　② ㄱ, ㄹ
③ ㄱ, ㄴ, ㄷ　　④ ㄱ, ㄴ, ㄷ, ㄹ

17 물리학자들은 우주가 보통물질과 암흑물질, 암흑에너지로 구성돼 있다고 말한다. 이 가운데 암흑물질은 우주의 23%가량을 차지하면서도 그 정체가 밝혀지지 않고 있는데, 여러 현상을 통해 암흑물질의 존재를 간접 확인할 수는 있다. 다음 중 우주의 암흑물질의 존재를 간접적으로 확인할 수 있는 현상과 관련이 적은 것은?

① 별빛의 휨　　② 초신성 폭발
③ 중력렌즈 효과　　④ 은하의 운동속도

18 **소리가 낮에는 높은 곳으로 휘어져 진행하고 밤에는 지면으로 휘어져 진행하는 현상은 파동의 어떤 현상인가?**

① 굴절
② 회절
③ 간섭
④ 반사

19 **다음 중 지구의 자전에 대한 설명으로 옳지 않은 것은?**

① 남극과 북극을 잇는 선을 축으로 지구가 시계 방향으로 회전하는 현상이다.
② 별의 일주운동과 지구에 밤과 낮이 나타나는 원인이 된다.
③ 우리나라에서는 김석문이 처음으로 지전설을 주장하였다.
④ 지구는 태양을 기준으로 24시간마다 한 바퀴 회전한다.

20 **다음 설명에 해당하는 영양소는?**

- 세포의 주요 에너지원이다.
- 포도당, 과당, 녹말 등이 이에 속한다.
- 쌀, 밀, 감자 등에 많이 포함되어 있다.

① 지방
② 단백질
③ 탄수화물
④ 비타민

PART

3

최종점검 모의고사

모바일 OMR
답안채점/성적분석
서비스

제1회 최종점검 모의고사

☑ 응시시간 : 50분　☑ 문항 수 : 45문항

정답 및 해설 p.034

※ 다음 제시된 단어와 같거나 유사한 의미를 가진 단어를 고르시오. [1~3]

01

이목

① 괄목　② 경계
③ 기습　④ 시선

02

긴축

① 긴장　② 절약
③ 수축　④ 수렴

03

본보기

① 조치　② 심문
③ 방문　④ 귀감

※ 다음 제시된 단어와 반대되는 의미를 가진 단어를 고르시오. [4~5]

04

유동

① 고정
② 본성
③ 성향
④ 기성

05

달변

① 웅변
② 능변
③ 답변
④ 눌변

06 **다음 글의 빈칸에 들어갈 접속어로 가장 적절한 것은?**

> 토론이 의견 대립이 존재한다는 것을 인정하고 주어진 논제에 대해 자신의 입장에서 타인을 설득하는 것이 목적이라면 토의는 협의를 통해 답을 구하는 것이 목적이다. _______ 토의와 달리 토론의 주제는 찬반의 명확한 입장이 잘 드러나야 한다.

① 그러므로
② 그러나
③ 이를 통해
④ 마침내

07 다음 글에서 도킨스의 논리에 대한 필자의 문제 제기로 가장 적절한 것은?

도킨스는 인간의 모든 행동이 유전자의 자기 보존 본능에 따라 일어난다고 주장했다. 사실 도킨스는 플라톤에서부터 쇼펜하우어에 이르기까지 통용되던 철학적 생각을 유전자라는 과학적 발견을 이용하여 반복하고 있을 뿐이다. 이에 따르면 인간 개체는 유전자라는 진정한 주체의 매체에 지나지 않게 된다. 그런데 이와 같은 도킨스의 논리에 근거하면 우리 인간은 이제 자신의 몸과 관련된 모든 행동에 대해 면죄부를 받게 된다. 모든 것이 이미 유전자가 가진 이기적 욕망으로부터 나왔다고 볼 수 있기 때문이다. 그래서 도킨스의 생각에는 살아가고 있는 구체적 생명체를 경시하게 되는 논리가 잠재되어 있다.

① 고대의 철학은 현대의 과학과 양립할 수 있는가?
② 유전자의 자기 보존 본능이 초래하게 되는 결과는 무엇인가?
③ 인간을 포함한 생명체는 진정한 주체가 아니란 말인가?
④ 생명 경시 풍조의 근원이 되는 사상은 무엇인가?

08 다음 글의 제목으로 가장 적절한 것은?

물은 너무 넘쳐도 문제고, 부족해도 문제다. 무엇보다 충분한 양을 안전하게 저장하면서 효율적으로 관리하는 것이 중요하다. 하지만 예기치 못한 자연재해가 불러오는 또 다른 물의 재해도 우리를 위협한다. 지진의 여파로 쓰나미(지진해일)가 몰려오고 댐이 붕괴되면서 상상도 못 한 피해를 불러올 수 있다. 이는 역사 속에서 실제로 반복되어 온 일이다.
1755년 11월 1일 아침, 15·16세기 대항해 시대를 거치며 해양 강국으로 자리매김한 포르투갈의 수도 리스본에 대지진이 발생했다. 도시 건물 중 85%가 파괴될 정도로 강력한 지진이었다. 하지만 지진은 재해의 전주곡에 불과했다.
지진이 덮치고 약 40분 후 쓰나미(지진해일)가 항구와 도심지로 쇄도했다. 해일은 리스본뿐 아니라 인근 알가르브 지역의 해안 요새 중 일부를 박살냈고, 숱한 가옥을 무너뜨렸다. 6만 ~ 9만 명이 귀한 목숨을 잃었다. 이 대지진과 이후의 쓰나미는 포르투갈 문명의 역사를 바꿔버렸다. 포르투갈은 이후 강대국 대열에서 밀려나 옛 영화를 찾지 못한 채 지금에 이르고 있다.
또한, 1985년 7월 19일 지진에 의해 이탈리아의 스타바댐이 붕괴하면서 그 여파로 발생한 약 20만 톤의 진흙과 모래, 물이 태세로 마을을 덮쳐 268명이 사망하고 63개의 건물과 8개의 다리가 파괴되는 사고가 일어났다.

① 우리나라는 '물 스트레스 국가'
② 도를 지나치는 '물 부족'
③ 강력한 물의 재해 '지진'
④ 누구도 피해갈 수 없는 '자연 재해'

09 다음 글에서 추론할 수 있는 내용으로 가장 적절한 것은?

조선이 임진왜란 중에도 필사적으로 보존하고자 한 서적이 바로 조선왕조실록이다. 실록은 원래 서울의 춘추관과 성주 · 충주 · 전주 4곳의 사고(史庫)에 보관되었으나, 임진왜란 이후 전주 사고의 실록만 온전한 상태였다. 전란이 끝난 후 단 1벌 남은 실록을 다시 여러 벌 등서하자는 주장이 제기되었다. 우여곡절 끝에 실록 인쇄가 끝난 시기는 1606년이었다. 재인쇄 작업의 결과 원본을 포함해 모두 5벌의 실록을 갖추게 되었다. 원본은 강화도 마니산에 봉안하고 나머지 4벌은 서울의 춘추관과 평안도 묘향산, 강원도의 태백산과 오대산에 봉안했다.

이 5벌 중에서 서울 춘추관의 것은 1624년 이괄의 난 때 불에 타 없어졌고, 묘향산의 것은 1633년 후금과의 관계가 악화되자 전라도 무주의 적상산에 사고를 새로 지어 옮겼다. 강화도 마니산의 것은 1636년 병자호란 때 청군에 의해 일부 훼손되었던 것을 현종 때 보수하여 숙종 때 강화도 정족산에 다시 봉안했다. 결국 내란과 외적 침입으로 인해 5곳 가운데 1곳의 실록은 소실되었고, 1곳의 실록은 장소를 옮겼으며, 1곳의 실록은 손상을 입었던 것이다.

정족산, 태백산, 적상산, 오대산 4곳의 실록은 그 후 안전하게 지켜졌다. 그러나 일본이 다시 여기에 손을 대었다. 1910년 조선 강점 이후 일제는 정족산과 태백산에 있던 실록을 조선총독부로 이관하고, 적상산의 실록은 구황궁 장서각으로 옮겼으며, 오대산의 실록은 일본 동경제국대학으로 반출했다. 일본으로 반출한 것은 1923년 관동 대지진 때 거의 소실되었다. 정족산과 태백산의 실록은 1930년에 경성제국대학으로 옮겨져 지금까지 서울대학교에 보존되어 있다. 한편 장서각의 실록은 6 · 25 전쟁 때 북한으로 옮겨져 현재 김일성종합대학에 소장되어 있다.

① 현존하는 실록 중에서 가장 오래된 것은 서울대학교에 있다.
② 태백산에 보관하였던 실록은 현재 일본에 있다.
③ 현재 한반도에 남아 있는 실록은 모두 4벌이다.
④ 적상산에 보관하였던 실록은 일부가 훼손되었다.

10 다음 글과 가장 관련 있는 한자성어는?

서로 다른 산업 분야의 기업 간 협업이 그 어느 때보다 절실해진 상황에서 기업은 '협업'과 '소통'을 고민하지 않을 수 없다. 협업과 소통의 중요성은 기업의 경쟁력 강화를 위해 항상 강조되어 왔지만, 한 기업 내에서조차 성공적으로 운영하기가 쉽지 않았다. 그런데 이제는 서로 다른 산업 분야에서 기업 간의 원활한 협업과 소통까지 이뤄내야 하니, 기업의 고민은 깊어질 수밖에 없다.

협업과 소통의 문화 · 환경을 성공적으로 정착시키는 길은 결코 쉽게 갈 수 없다. 하지만 그 길을 가기 위해 첫걸음을 내디딜 수만 있다면 절반의 성공은 담보할 수 있다. 우선 직원 개인에게 '혼자서 큰일을 할 수 있는 시대는 끝이 났음'을 명확하게 인지시키고, 협업과 소통을 통한 실질적 성공 사례들을 탐구하여 그 가치를 직접 깨닫게 해야 한다.

그런 다음에는 협업과 소통을 위한 시스템을 갖추는 데 힘을 쏟아야 한다. 당장 협업 시스템을 전사 차원에서 적용하라는 것은 결코 아니다. 작은 변화를 통해 직원들 간 또는 협력업체 간, 고객들 간의 협업과 소통을 조금이나마 도울 수 있는 노력을 시작하라는 것이다. 동시에 시스템을 십분 활용할 수 있도록 독려하는 노력도 간과하지 말아야 한다.

① 장삼이사(張三李四) ② 하석상대(下石上臺)
③ 등고자비(登高自卑) ④ 내유외강(內柔外剛)

PART 3

11 **다음 글의 내용으로 적절하지 않은 것은?**

블록체인이 무엇일까. 일반적으로 블록체인은 '분산화된 거래장부' 방식의 시스템으로 거래 정보를 개인 간 거래(P2P) 네트워크에 분산해 장부에 기록하고 참가자가 그 장부를 공동관리함으로써 중앙 집중형 거래 기록보관 방식보다 보안성이 높은 시스템이라고 정의한다. 보통 사람들은 모든 사용자가 동일한 장부를 보유하고 거래가 일어나면 한쪽에서 고친 내용이 네트워크를 타고 전체에 전파된다는 사실까지는 쉽게 이해하지만, 왜 이런 분산원장 방식이 중앙집중형 관리 방식보다 안전한지까지는 쉽사리 납득하지 못하고 있다. 이는 블록체인에 대한 중요한 특성 한 가지를 간과했기 때문인데, 이것이 바로 합의(Consensus) 알고리즘이다. 블록체인 네트워크에서 '합의'는 모든 네트워크 참여자가 같은 결괏값을 결정해 나아가는 과정을 뜻한다. 블록체인은 탈중앙화된 즉, 분산된 원장을 지니고 있는 개개인이 운영해나가는 시스템으로 개인들이 보유하고 있는 장부에 대한 절대 일치성(Conformity)이 매우 중요하며, 이를 위해 블록체인은 작업증명(Proof of Work)이라는 합의 알고리즘을 사용한다.
작업증명은 컴퓨터의 계산 능력을 활용하여 거래 장부(블록)를 생성하기 위한 특정 숫자값을 산출하고 이를 네트워크에 참여한 사람에게 전파함으로써 장부를 확정한다. 여기서 특정 숫자값을 산출하는 행위를 채굴이라 하고 이 숫자값을 가장 먼저 찾아내서 전파한 노드 참가자에게 비트코인과 같은 보상이 주어진다. 네트워크 참여자들은 장부를 확정하기 위한 특정 숫자값을 찾아내려는 목적으로 지속적으로 경쟁하며, 한 명의 채굴자가 해답을 산출하여 블록을 생성 전파하면 타 채굴자는 해당 블록에 대한 채굴을 멈추고 전파된 블록을 연결하는 작업을 수행한다. 그렇다면 동시에 여러 블록들이 완성되어 전파되고 있다면 어떤 일이 발생할까?
예를 들어 내가 100번 블록까지 연결된 체인을 가지고 있고, 101번째 블록을 채굴하고 있던 도중 이웃으로부터 101번(a)이라는 블록을 받아 채택한 후 102번째 블록을 채굴하고 있었다. 그런데 타 참가자로부터 101번(b)이라는 블록으로부터 생성된 102번째 블록이 완성되어 전파되었다. 이런 경우, 나는 102번째 블록과 103번째 블록을 한꺼번에 채굴하여 전파하지 않는 이상 101(a)를 포기하고 101(b)와 102번째 블록을 채택, 103번째 블록을 채굴하는 것이 가장 합리적이다.
블록체인의 일치성은 이처럼 개별 참여자가 자기의 이익을 최대로 얻기 위해 더 긴 블록체인으로 갈아타게 되면서 유지되는 것이다. 마치 선거를 하듯 노드 투표를 통해 과반수의 지지를 받은 블록체인이 살아남아 승자가 되는 방식으로 블록체인 네트워크 참여자들은 장부의 일치성을 유지시켜 나간다. 이 점 때문에 블록체인 네트워크에서 이미 기록이 완료된 장부를 조작하려면, 과반수 이상의 참여자가 가지고 있는 장부를 동시에 조작해야 하는데 실질적으로 이는 거의 불가능에 가까워 "분산원장 방식이 중앙 집중형 방식보다 보안에 강하다."라는 주장이 도출되는 것이다.

① 작업증명에서 특정 숫자값을 먼저 찾아내서 전파할 경우 보상이 주어진다.
② 블록체인의 일치성은 개별 참여자가 더 긴 블록체인으로 갈아타게 되면서 유지된다.
③ 거래장부 기록 방식은 분산원장 방식이 중앙집중형 관리 방식보다 안전하다.
④ 타인으로부터 특정 블록이 완성되어 전파된 경우, 특정 블록에 대해 경쟁하는 것이 합리적이다.

12 비가 온 다음 날 비가 올 확률은 $\frac{1}{3}$, 비가 안 온 다음 날 비가 올 확률은 $\frac{1}{8}$이다. 내일 비가 올 확률이 $\frac{1}{5}$일 때, 모레 비가 안 올 확률은?

① $\frac{1}{4}$
② $\frac{5}{6}$
③ $\frac{5}{7}$
④ $\frac{6}{11}$

13 A지역에서 B지역까지 80km/h의 속력으로 가서 120km/h의 속력으로 되돌아온다. 갈 때의 시간보다 올 때의 시간이 30분 덜 걸린다면, A지역과 B지역 사이의 거리는 몇 km인가?

① 90km
② 100km
③ 110km
④ 120km

14 두 사람이 이번 주 토요일에 함께 미용실을 가기로 약속했다. 두 사람이 약속한 토요일에 함께 미용실에 다녀온 후에는 한 명은 20일마다, 한 명은 15일마다 미용실에 간다. 처음으로 다시 두 사람이 함께 미용실에 가게 되는 날은 무슨 요일인가?

① 월요일
② 화요일
③ 수요일
④ 목요일

15 지혜는 농도가 7%인 300g 소금물과 농도가 8%인 500g 소금물을 모두 섞었다. 섞은 소금물의 물을 증발시켜 농도가 10% 이상인 소금물을 만들려고 할 때, 지혜가 증발시켜야 하는 물의 양은 최소 몇 g인가?

① 200g
② 190g
③ 185g
④ 175g

16 다음은 A, B작업장의 작업 환경 유해 요인을 조사한 자료이다. 〈보기〉 중 이에 대한 설명으로 옳은 것을 모두 고르면?

〈A, B작업장의 작업 환경 유해 요인〉

작업 환경 유해 요인	사례 수(건)		
	A작업장	B작업장	합계
소음	3	1	4
분진	1	2	3
진동	3	0	3
바이러스	0	5	5
부자연스러운 자세	5	3	8
합계	12	11	23

※ 물리적 요인 : 소음, 진동, 고열, 조명, 유해광선, 방사선 등
※ 화학적 요인 : 독성, 부식성, 분진, 미스트, 흄, 증기 등
※ 생물학적 요인 : 세균, 곰팡이, 각종 바이러스 등
※ 인간 공학적 요인 : 작업 방법, 작업 자세, 작업 시간, 사용공구 등

보기

ㄱ. A작업장에서 발생하는 작업 환경 유해 사례는 화학적 요인으로 인해서 가장 많이 발생되었다.
ㄴ. B작업장에서 발생하는 작업 환경 유해 사례는 생물학적 요인으로 인해서 가장 많이 발생되었다.
ㄷ. A작업장과 B작업장에서 화학적 요인으로 발생되는 작업 환경의 유해 요인은 집진 장치를 설치하여 예방할 수 있다.

① ㄱ
② ㄴ
③ ㄱ, ㄷ
④ ㄴ, ㄷ

※ 다음은 지역별 상수도 민원 건수에 대한 자료이다. 이어지는 질문에 답하시오. **[17~18]**

〈지역별 상수도 민원 건수〉

(단위 : 건)

구분	민원내용				
	낮은 수압	녹물	누수	냄새	유충
서울	554	682	102	244	118
경기	120	203	84	152	21
대구	228	327	87	414	64
인천	243	469	183	382	72
부산	248	345	125	274	68
강원	65	81	28	36	7
대전	133	108	56	88	18
광주	107	122	87	98	11
울산	128	204	88	107	16
제주	12	76	21	23	3
세종	47	62	41	31	9

※ 수도권은 서울, 경기, 인천 지역이며 광역시는 6곳임

17 다음 자료에 대한 설명으로 옳은 것을 〈보기〉에서 모두 고르면?

보기

ㄱ. 경기 지역의 민원 중 40%는 녹물에 대한 것이다.
ㄴ. 대구의 냄새에 대한 민원 건수는 강원의 11.5배이고, 제주의 18배이다.
ㄷ. 세종과 대전의 민원내용별 민원 건수의 합계는 부산보다 작다.
ㄹ. 수도권에서 가장 많은 민원은 녹물에 대한 것이고, 가장 적은 민원은 유충에 대한 것이다.

① ㄱ
② ㄹ
③ ㄱ, ㄷ
④ ㄴ, ㄷ

18 다음 중 자료를 보고 나타낼 수 없는 그래프는 무엇인가?

① 수도권과 수도권 외 지역의 상수도 민원 건수 발생 현황
② 광역시의 녹물 민원 건수 발생 현황
③ 수도권 전체 민원 건수 중 녹물에 대한 민원 비율
④ 지역별 유충 발생 건수 현황

19 U교육청에서 근무하고 있는 H씨는 교무실에서 5년 동안 사용할 커피기계를 대여하려고 한다. A ~D 네 회사 중 5년간 대여비용이 가장 저렴한 업체 한 곳을 선정해 대여하려고 할 때, H씨가 선택할 회사는?

〈회사별 커피기계 대여비용〉

구분	설치비	대여비용(월)	비고
A회사	57,000원	92,000원	20개월 단위로 대여 시 150만 원
B회사	무료	75,000원	–
C회사	무료	101,000원	30개월 단위로 대여 시 220만 원
D회사	48,000원	87,000원	최초 대여 시 5개월 무료

① A회사 ② B회사
③ C회사 ④ D회사

20 다음은 계절별 강수량 추이를 나타낸 그래프이다. 이에 대한 내용으로 옳은 것은?

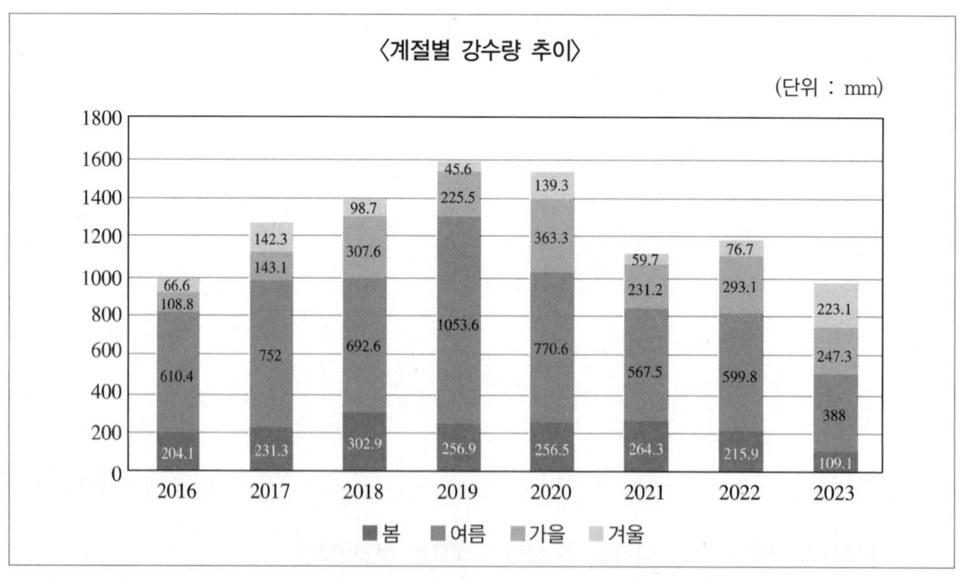

① 2016년부터 2023년까지 가을철 평균 강수량은 210mm 미만이다.
② 여름철 강수량이 두 번째로 높았던 해의 가을·겨울철 강수량의 합은 봄철 강수량의 2배 이상이다.
③ 강수량이 제일 낮은 해에 우리나라는 가뭄이었다.
④ 제시된 기간 중 전년 대비 강수량의 변화가 가장 큰 때는 2021년이다.

※ 다음은 A지역의 연령대별 장애인 취업 현황을 나타낸 자료이다. 이어지는 질문에 답하시오. **[21~22]**

〈A지역 연령대별 장애인 취업 현황〉

(단위 : 명)

구분	전체 장애인 취업자 수	연령대		
		20대	30대	60대 이상
2015년	9,364	2,233	1,283	339
2016년	9,526	2,208	1,407	1,034
2017년	9,706	2,128	1,510	1,073
2018년	9,826	2,096	1,612	1,118
2019년	9,774	2,051	1,714	1,123
2020년	9,772	1,978	1,794	1,132
2021년	9,914	1,946	1,921	1,135
2022년	10,091	1,918	2,051	1,191

PART 3

21 장애인 취업자 중 20대와 30대가 각각 가장 많이 취업한 해끼리 바르게 짝지어진 것은?

	20대	30대
①	2015년	2020년
②	2017년	2020년
③	2015년	2022년
④	2017년	2022년

22 다음 중 자료에 대한 설명으로 옳지 않은 것은?

① 20대 장애인 취업자 수는 매년 감소하였다.

② 2022년 20대 장애인 취업자는 전년 대비 3% 이상 감소하였다.

③ 30대 장애인 취업자가 20대 장애인 취업자보다 많은 연도는 2022년 한 해뿐이다.

④ 전년 대비 전체 장애인 취업자의 증가 인원은 2021년에 비해 2022년이 크다.

※ 다음과 같은 정사각형의 종이를 화살표 방향으로 접고 〈보기〉의 좌표가 가리키는 위치에 구멍을 뚫었다. 다시 펼쳤을 때 뚫린 구멍의 위치를 좌표로 나타낸 것으로 옳은 것을 고르시오(단, 좌표가 그려진 사각형의 크기와 종이의 크기는 일치하며, 종이가 접힐 때 종이의 위치는 바뀌지 않는다). [23~24]

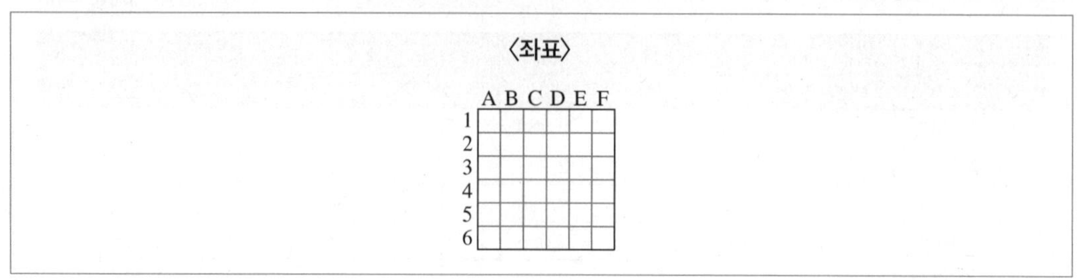

23

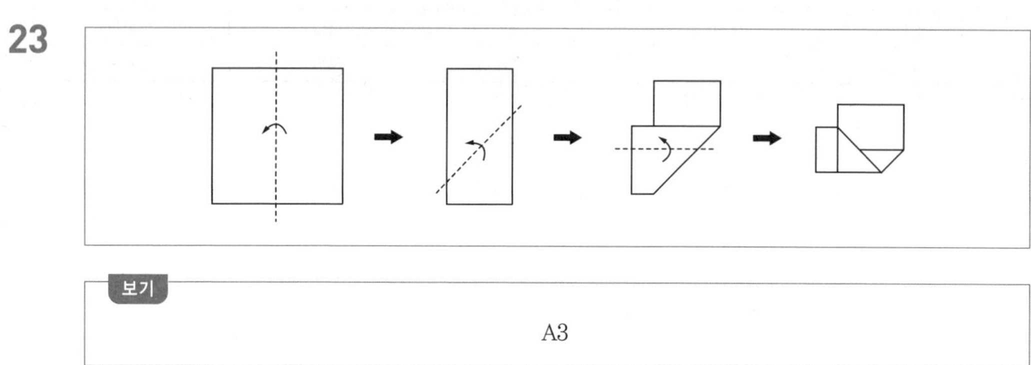

보기

A3

① A2, A5, B5, C5, D5, E5, F2, F5
② A5, B3, B4, C5, D5, E3, E4, F5
③ A3, A4, B5, C5, D5, E5, F3, F4
④ A3, A4, B4, C4, D4, E4, F3, F4

24

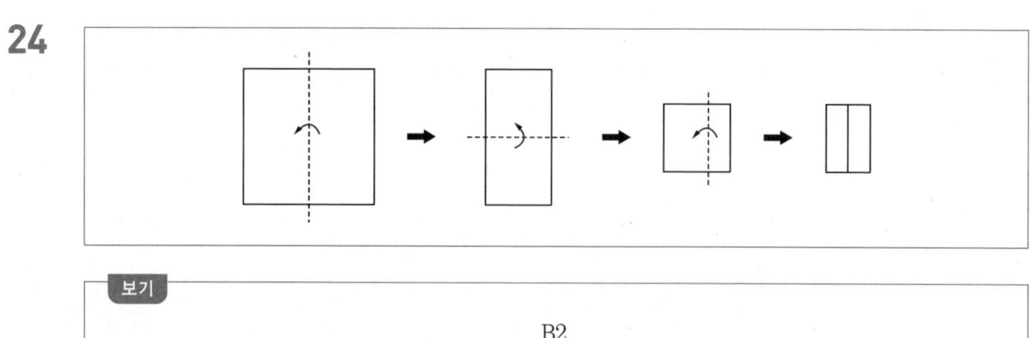

보기

B2

① B1, B6, C1, C6, D1, D6, E1, E6
② A2, A5, C2, C5, D2, D5, F2, F5
③ B2, B5, C1, C6, D1, D6, E2, E5
④ B2, B5, C2, C5, D2, D5, E2, E5

25 다음 중 제시된 도형과 같은 것은?(단, 도형은 회전이 가능하다)

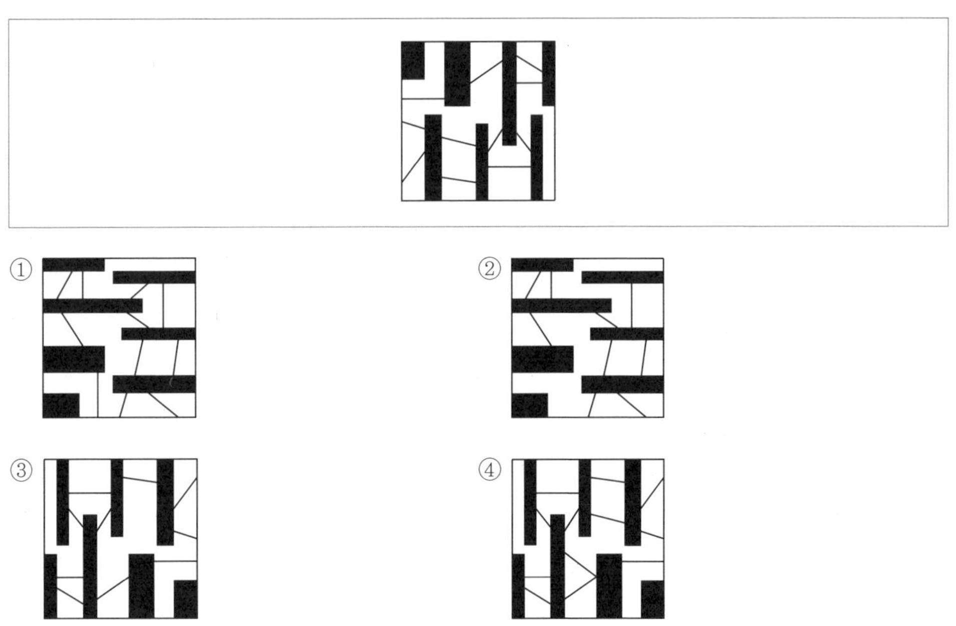

26 다음 도형을 시계 방향으로 90° 회전한 후, 좌우 반전한 모양은?

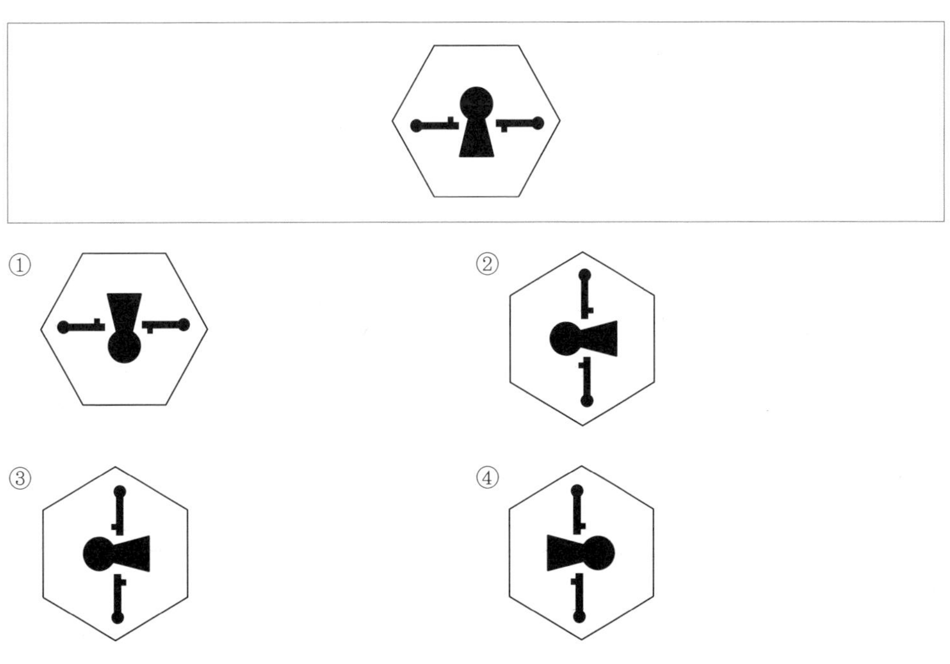

PART 3

※ 다음 블록의 개수는 몇 개인지 고르시오(단, 보이지 않는 곳의 블록은 있다고 가정한다). **[27~28]**

27

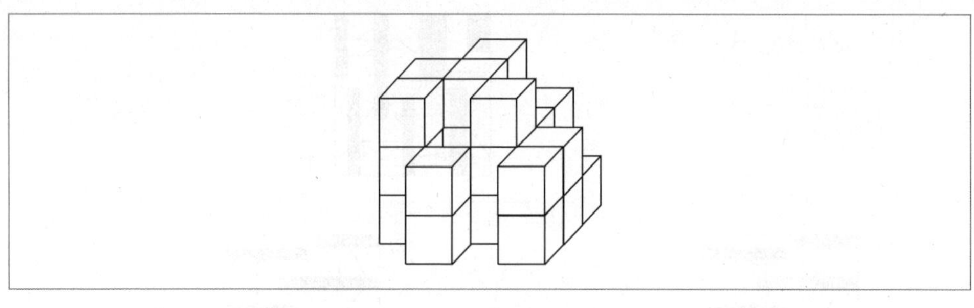

① 32개　　② 31개
③ 30개　　④ 29개

28

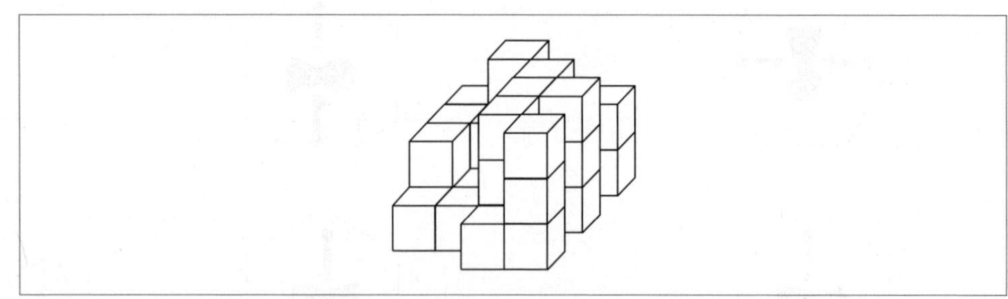

① 34개　　② 35개
③ 36개　　④ 37개

29 제시된 단면과 일치하는 입체도형은?

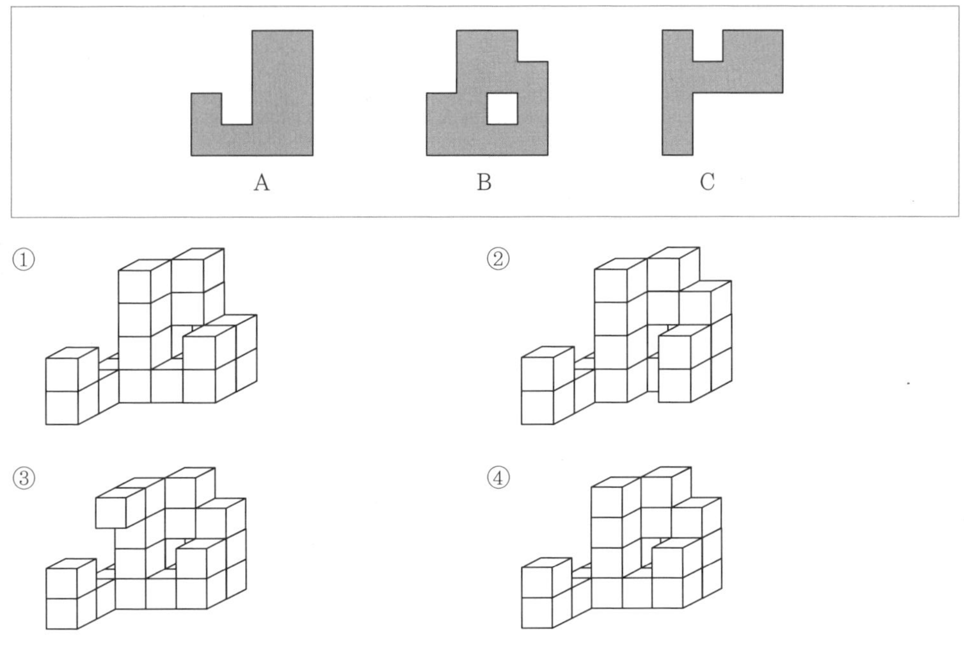

30 제시된 전개도를 접었을 때 나타나는 입체도형은?

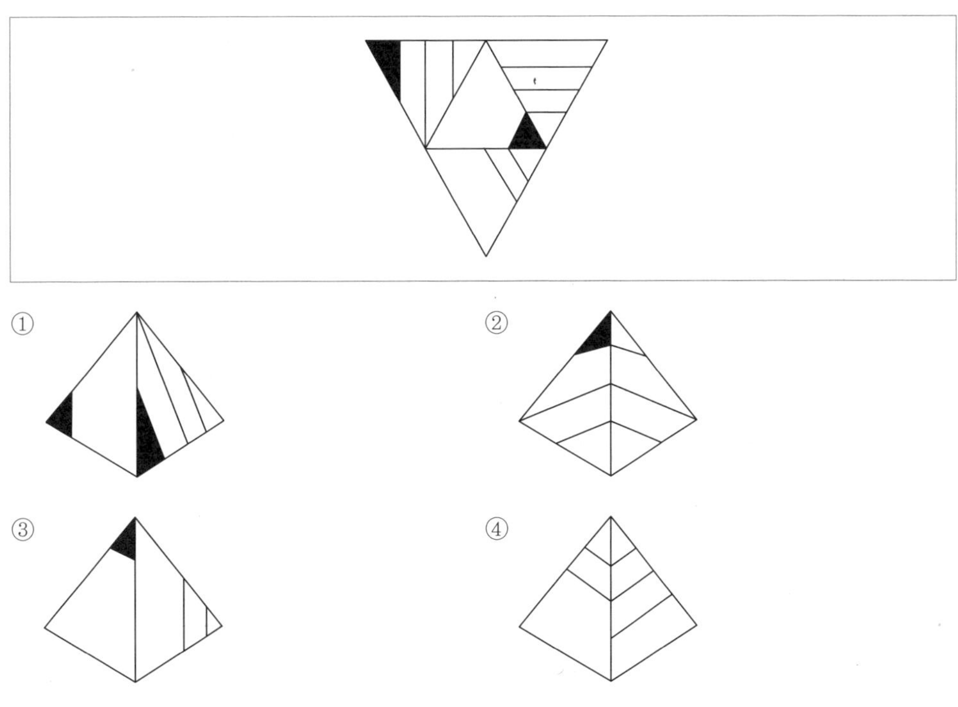

31 다음 두 블록을 합쳤을 때, 나올 수 있는 형태는?

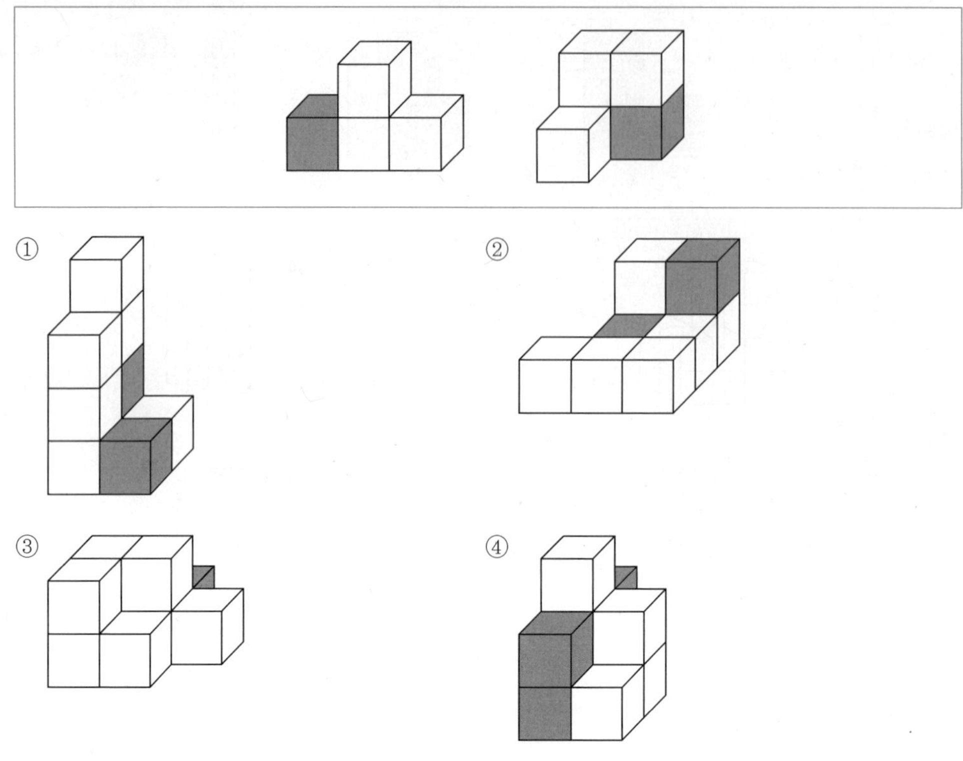

※ 제시된 명제가 모두 참일 때, 반드시 참인 명제를 고르시오. [32~34]

32

- 원숭이는 기린보다 키가 크다.
- 기린은 하마보다 몸무게가 더 나간다.
- 원숭이는 기린보다 몸무게가 더 나간다.

① 원숭이는 하마보다 키가 크다.
② 원숭이는 하마보다 몸무게가 더 나간다.
③ 기린은 하마보다 키가 크다.
④ 하마는 기린보다 몸무게가 더 나간다.

33

- A대학교에 다니기 위해서는 B시에 거주해야 한다.
- 빨간 머리인 사람은 B시에 거주하면 안 된다.
- 한나는 A대학교에 다닌다.

① 한나는 B시가 아닌 곳에 거주한다.
② A대학교에 다니는 사람 중에 한나는 없다.
③ B시에 거주하지 않으면 빨간 머리가 아니다.
④ 한나는 빨간 머리가 아니다.

34

- 곰이면 책이 아니다.
- 기타가 아니면 책이다.
- 그것은 기타가 아니다.

① 그것은 곰이 아니다.
② 그것은 책이 아니다.
③ 그것은 곰이다.
④ 그것은 책이거나 곰이다.

35 **아프리카의 어느 나라에 A～E 다섯 부족이 있다. A부족은 매우 호전적이어서 기회만 있으면 다른 부족을 침공하려고 한다. 다음 〈조건〉을 바탕으로 A부족이 침공할 부족을 모두 고르면?**

조건

- A부족은 E부족을 침공하지 않는다.
- A부족이 D부족을 침공하지 않는다면 B부족을 침공한다.
- A부족은 C부족을 침공하거나 E부족을 침공한다.
- A부족이 C부족을 침공한다면 D부족은 침공하지 않는다.

① B부족　　② C부족
③ B부족, C부족　　④ B부족, D부족

36 경제학과, 물리학과, 통계학과, 지리학과 학생인 A ~ D는 검은색, 빨간색, 흰색의 세 가지 색 중 최소 1가지 이상의 색을 좋아한다. 다음 〈조건〉에 따라 항상 참이 되는 것은?

조건

- 경제학과 학생은 검은색과 빨간색만 좋아한다.
- 경제학과 학생과 물리학과 학생은 좋아하는 색이 서로 다르다.
- 통계학과 학생은 빨간색만 좋아한다.
- 지리학과 학생은 물리학과 학생과 통계학과 학생이 좋아하는 색만 좋아한다.
- C는 검은색을 좋아하고, B는 빨간색을 좋아하지 않는다.

① A는 통계학과이다.
② B는 물리학과이다.
③ C는 지리학과이다.
④ D는 경제학과이다.

※ 일정한 규칙으로 수를 나열할 때, 빈칸에 들어갈 숫자로 옳은 것을 고르시오. [37~38]

37

1 1 7 31 109 349 ( )

① 746
② 888
③ 948
④ 1,075

38

5 4 80 3 4 48 ( ) 3 72

① 3
② 8
③ 15
④ 18

39 다음 중 우리의 몸을 구성하는 주요 원소에 해당하지 않는 것은?

① 산소 ② 탄소
③ 규소 ④ 질소

40 회전하는 물체가 유체 속에서 특정 방향으로 날아갈 때 경로가 휘어지는 현상은?

① 카르만의 소용돌이 ② 마그누스 효과
③ 마태 효과 ④ 도플러 효과

41 프리즘을 통과한 빛은 색깔을 띤다. 이런 현상은 빛의 어떤 작용에 의한 것인가?

① 빛의 분산 ② 빛의 산란
③ 빛의 투과 ④ 빛의 전반사

42 다음 중 토성의 위성인 타이탄에 대한 설명으로 옳지 않은 것은?

① 태양계의 위성 중 유일하게 대기를 갖고 있다.
② 생명체의 존재 가능성이 확인되었다.
③ 태양계에서 가장 큰 위성이다.
④ 액체로 된 호수와 강이 있다.

43 **다음 중 나머지와 다른 물리법칙 또는 원리가 적용되는 것은?**

① 정차하던 버스가 출발하면 승객 몸이 뒤쪽으로 쏠린다.
② 젖은 빨래를 탈수기에 넣고 작동시켜 물기를 어느 정도 제거하였다.
③ 10층에서 내려오는 엘리베이터가 3층에서 멈출 때 몸이 잠시 무거워진다.
④ 롤러코스터는 가장 높은 지점까지 상승할 때에만 에너지를 공급받고, 하강 이후에는 외부로부터 에너지를 공급받지 않는다.

44 **다음 중 촉매에 대한 설명으로 옳은 것은?**

① 촉매를 사용하여도 활성화 에너지의 변화는 없다.
② 효소는 생명체에서 반응하는 것이므로 촉매로 볼 수 없다.
③ 반응속도를 향상시키는 정촉매와 반응속도를 늦추는 부촉매로 나뉜다.
④ 영구적으로 변형 및 소모되어 화학반응속도에 변화를 주는 물질이다.

45 **다음 〈보기〉 중 바이러스에 대한 설명으로 옳은 것을 모두 고르면?**

보기
ㄱ. 비감염성 병원체이다.
ㄴ. 대장균, 콜레라균 등이 속한다.
ㄷ. 숙주 세포 밖에서 스스로 증식할 수 없다.

① ㄱ
② ㄷ
③ ㄱ, ㄴ
④ ㄴ, ㄷ

제2회 최종점검 모의고사

☑ 응시시간 : 50분　☑ 문항 수 : 45문항

정답 및 해설 p.043

※ 다음 제시된 단어와 같거나 유사한 의미를 가진 단어를 고르시오. [1~3]

01

비등

① 소급　② 쇄도
③ 속박　④ 상당

02

도야

① 수련　② 봉착
③ 호도　④ 섭렵

03

무구하다

① 유장하다　② 소박하다
③ 무한하다　④ 다복하다

04 다음 글의 빈칸에 들어갈 접속어로 가장 적절한 것은?

한국 전통 건축에는 건축물도 자연의 일부라고 생각하여 인간이 잠시 그 품에 머물렀다가 사라지는 것이 옳다는 철학이 반영되어 있다. _______ 과거의 사람들은 처음부터 산과 들을 제압하는 거대한 건축물을 짓지 않으려고 했으며, 그 형태 또한 인위적인 직선을 배제하고 자연계의 곡선을 따르는 것을 즐겼다.

① 그래서
② 그러나
③ 왜냐하면
④ 한편

05 다음 제시된 단어의 대응 관계로 볼 때, 빈칸에 들어가기에 알맞은 단어는?

자동차 : 차도=사람 : ( )

① 손
② 인도
③ 몸무게
④ 머리

06 다음 글의 내용으로 적절하지 않은 것은?

물가 상승률은 일반적으로 가격 수준의 상승 속도를 나타내며 소비자 물가지수(CPI)와 같은 지표를 사용하여 측정된다. 높은 물가 상승률은 소비재와 서비스의 가격이 상승하고, 돈의 구매력이 감소한다. 이는 소비자들이 더 많은 돈을 지출하여 물가 상승에 따른 가격 상승을 감수해야 함을 의미한다.
물가 상승률은 경제에 다양한 영향을 미친다. 먼저 소비자들의 구매력이 저하되므로 가계소득의 실질 가치가 줄어든다. 이는 소비 지출의 감소와 경기 둔화를 초래할 수 있다. 또한 물가 상승률은 기업의 의사결정에도 영향을 준다. 예를 들어 높은 물가 상승률은 이자율의 상승과 함께 대출 조건을 악화시키므로 기업들은 생산 비용 상승과 이로 인한 이윤 감소에 직면하게 된다.
정부와 중앙은행은 물가 상승률을 통제하기 위해 다양한 금융 정책을 사용하며 대표적으로 세금 조정, 통화량 조절, 금리 조정 등이 있다.
물가 상승률은 경제 활동에 큰 영향을 주는 중요한 요소이므로 정부, 기업, 투자자 및 개인은 이를 주의 깊게 모니터링하고 전망을 평가하는 데 활용해야 한다. 또한 소비자의 구매력과 경기 상황에 직간접적인 영향을 주므로 경제 주체들은 물가 상승률의 변동에 대응하여 적절한 전략을 수립해야 한다.

① 지나친 물가 상승은 소비 심리를 위축시킨다.
② 정부와 중앙은행이 실행하는 금융 정책의 목적은 물가 안정성을 유지하는 것이다.
③ 중앙은행의 금리 조정으로 지나친 물가 상승을 진정시킬 수 있다.
④ 소비재와 서비스의 가격이 상승하므로 기업의 입장에서는 물가 상승률이 커질수록 이득이다.

07 다음 글의 빈칸에 들어갈 속담으로 가장 적절한 것은?

현대 자본주의 사회에서 대중은 예술미보다 상품미에 더 민감하다. 상품미란 이윤을 얻기 위해 대량으로 생산하는 상품이 가지는 아름다움을 의미한다. '______________________________'라고, 요즈음 생산자는 상품을 많이 팔기 위해 디자인과 색상에 신경을 쓰고, 소비자는 같은 제품이라도 겉모습이 화려하거나 아름다운 것을 사려고 한다. 결국, 우리가 주위에서 보는 거의 모든 상품은 상품미를 추구하고 있다. 그래서인지 모든 것을 다 상품으로 취급하는 자본주의 사회에서는 돈벌이를 위해서라면 모든 사물, 심지어는 인간까지도 상품미를 추구하는 대상으로 삼는다.

① 같은 값이면 다홍치마
② 바늘 가는 데 실 간다
③ 원님 덕에 나팔 분다
④ 구슬이 서 말이라도 꿰어야 보배

08 다음 글의 주제로 가장 적절한 것은?

누구나 깜빡 잊어버리는 증상을 겪을 수 있다. 나이가 들어서 자꾸 이런 증상이 나타난다면 치매가 아닐까 걱정하게 마련인데 이 중 정말 치매인 경우와 단순 건망증을 어떻게 구분해 낼 수 있을까? 치매란 기억력 장애와 함께 실행증, 집행기능의 장애 등의 증상이 나타나며 이런 증상이 사회적, 직업적 기능에 중대한 지장을 주는 경우라고 정의한다. 증상은 원인 질환의 종류 및 정도에 따라 다른데 아주 가벼운 기억장애부터 매우 심한 행동장애까지 다양하게 나타난다. 일상생활은 비교적 정상적으로 수행하지만 뚜렷한 건망증이 있는 상태를 '경도인지장애'라고 하는데 경도인지장애는 매년 10 ~ 15%가 치매로 진행되기 때문에 치매의 위험인자로 불린다. 모든 치매 환자에게서 공통으로 보이는 증상은 기억장애와 사고력, 추리력, 언어능력 등의 영역에서 동시에 장애를 보이는 것이며 인격 장애, 공격성, 성격의 변화와 비정상적인 행동들도 치매가 진행됨에 따라 나타날 수 있는 증상들이다. 국민건강보험 일산병원 신경과 교수는 "치매를 예방하기 위해서는 대뇌(Cerebrum) 활동 참여, 운동, 뇌졸중 예방, 식습관 개선 및 음주, 흡연을 자제해야 한다."고 말했다.
한편 치매는 시간이 지나면 악화가 되고 여러 행동이상(공격성, 안절부절 못함, 수면장애, 배회 등)을 보이며 시간이 지나면서 기억력 저하 등의 증상보다는 이런 행동이상에 의한 문제가 더 크기 때문에 행동이상에 대한 조사도 적절히 시행돼야 한다.

① 치매의 의미
② 치매의 종류
③ 인지장애단계 구분
④ 건망증의 분류

09 다음 글의 밑줄 친 ㉠의 사례로 가장 적절한 것은?

> 보통 '관용'은 도덕적으로 바람직한 것으로 간주된다. 관용은 특정 믿음이나 행동, 관습 등을 잘못된 것이라고 여김에도 불구하고 용인하거나 불간섭하는 태도를 의미한다. 여기서 관용이란 개념의 본질적인 두 요소를 발견할 수 있다. 첫째 요소는 관용을 실천하는 사람이 관용의 대상이 되는 믿음이나 관습을 거짓이거나 잘못된 것으로 여긴다는 점이다. 이런 요소가 없다면, 우리는 '관용'을 말하고 있는 것이 아니라 '무관심'이나 '승인'을 말하는 셈이다. 둘째 요소는 관용을 실천하는 사람이 관용의 대상을 용인하거나 최소한 불간섭해야 한다는 점이다. 하지만 관용을 이렇게 이해하면 역설이 발생할 수 있다.
>
> 자국 문화를 제외한 다른 문화는 모두 미개하다고 생각하는 사람을 고려해 보자. 그는 모든 문화가 우열 없이 동등하다는 생각이 틀렸다고 확신하고 있다. 하지만 그는 그런 자신의 믿음에도 불구하고 전략적인 이유로, 예를 들어 동료들의 비난을 피하기 위해 자신이 열등하다고 판단하는 문화를 폄하하려는 욕구를 억누르고 있다고 하자. 다른 문화를 폄하하고 싶은 그의 욕구가 크면 클수록, 그리고 그가 자신의 이런 욕구를 성공적으로 자제하면 할수록, 우리는 그가 더 관용적이라고 말해야 할 것 같다. 하지만 이는 받아들이기 어려운 역설적 결론이다.
>
> 이번에는 자신이 잘못이라고 믿는 수많은 믿음을 모두 용인하는 사람을 생각해 보자. 이 경우 이 사람이 용인하는 믿음이 많으면 많을수록 우리는 그가 더 관용적이라고 말해야 할 것 같다. 그런데 그럴 경우 우리는 인종차별주의처럼 우리가 일반적으로 잘못인 것으로 판단하는 믿음까지 용인하는 경우에도 그 사람이 더 관용적이라고 말해야 한다. 하지만 도덕적으로 잘못된 것을 용인하는 것은 그 자체가 도덕적으로 잘못이라고 보는 것이 마땅하다. 결국 우리는 관용적일수록 도덕적으로 잘못을 저지르게 될 가능성이 높아지게 되는데 이는 역설적이다.
>
> 이상의 논의를 고려하면 종교에 대한 관용처럼 비교적 단순해 보이는 사안에 대해서조차 ㉠ 역설이 발생한다. 이로부터 우리는 관용의 맥락에서, 용인하는 믿음이나 관습의 내용에 일정한 한계가 있어야 함을 알 수 있다.

① 종교적 문제에 대해 별다른 의견이 없는 사람을 관용적이라고 평가하게 된다.

② 모든 종교적 믿음은 거짓이라고 생각하고 배척하는 사람을 관용적이라고 평가하게 된다.

③ 자신의 종교가 주는 가르침만이 유일한 진리라고 믿는 사람일수록 덜 관용적이라고 평가하게 된다.

④ 보편적 도덕 원칙에 어긋나는 가르침을 주장하는 종교까지 용인하는 사람을 더 관용적이라고 평가하게 된다.

10 다음 글의 내용을 가장 잘 설명하는 속담은?

> 최근 러시아에서는 공무원들의 근무 태만을 감시하기 위해 공무원들에게 감지기를 부착시켜 놓고 인공위성 추적 시스템을 도입하는 방안을 둘러싸고 논란이 일고 있다. 전자 감시 기술은 인간의 신체 속에까지 파고 들어갈 만반의 준비를 하고 있다. 어린아이의 몸에 감시 장치를 내장하면 아이의 안전을 염려할 필요는 없겠지만, 그게 과연 좋기만 한 것인지, 또 그 기술이 다른 좋지 않은 목적에 사용될 위험은 없는 것인지, 따져볼 일이다. 감시를 위한 것이 아니라 하더라도 전자 기술에 의한 정보의 집적은 언제든 개인의 프라이버시를 위협할 수 있다.

① 사공이 많으면 배가 산으로 간다
② 새가 오래 머물면 반드시 화살을 맞는다
③ 쇠뿔은 단김에 빼랬다
④ 일곱 번 재고 천을 째라

PART 3

11 다음 글의 서술상 특징으로 가장 적절한 것은?

> 지방은 여러 질병의 원인으로서 인체에 해로운 것으로 인식되었다. 하지만 문제가 되는 것은 지방 자체가 아니라 전이지방이다. 전이지방은 특수한 물리・화학적 처리에 따라 생성되는 것으로서, 몸에 해로운 포화지방의 비율이 자연 상태의 기름보다 높다. 전이지방을 섭취하면 심혈관계 질환이나 유방암 등이 발병할 수 있다. 이러한 전이지방이 지방을 대표하는 것으로 여겨지면서 지방이 여러 질병의 원인으로 지목됐던 것이다.
> 중요한 것은 지방이라고 모두 같은 지방이 아니라는 사실을 일깨우는 것이다. 불포화 지방의 섭취는 오히려 각종 질병의 위험을 감소시키며, 체내 지방 세포는 장수에 도움을 주기도 한다. 지방이 각종 건강상의 문제를 야기하는 것은 지방 그 자체의 속성 때문이라기보다는 지방을 섭취하는 인간의 자기 관리가 허술했기 때문이다.

① 대상에 대한 사회적 통념의 문제점을 지적하고 올바른 이해를 유도하고 있다.
② 서로 대립하는 견해를 비교하고 이를 절충하여 통합하고 있다.
③ 현재의 상황을 객관적으로 분석함으로써 미래를 전망하고 있다.
④ 새로운 용어를 소개하고 그 유래를 밝히고 있다.

12 어린이 6명과 어른 8명이 뷔페에 가는데 어른의 식권은 어린이의 입장료보다 1.5배 더 비싸다. 14명의 식권의 값이 72,000원이라면 어른 1명의 식권 가격은 얼마인가?

① 4,000원　　② 5,000원
③ 6,000원　　④ 7,000원

13 어머니와 딸의 나이의 합은 55세이고 16년 후 어머니의 나이는 딸의 나이의 2배보다 3세 많을 때, 현재 딸의 나이는?

① 12세 ② 13세
③ 14세 ④ 15세

14 12%의 소금물 600g에 물을 부어 4% 이하의 소금물을 만들고자 한다. 부어야 하는 물은 최소 몇 g인가?

① 1,150g ② 1,200g
③ 1,250g ④ 1,300g

15 영채는 배를 타고 길이가 30km인 강을 배를 타고 이동하고자 한다. 강을 거슬러 올라가는 데 걸린 시간이 5시간이고 강물의 흐르는 방향과 같은 방향으로 내려가는 데 걸린 시간이 3시간일 때, 흐르지 않는 물에서의 배의 속력은?(단, 배와 강물의 속력은 일정하다)

① 5km/h ② 6.5km/h
③ 8km/h ④ 10km/h

16 2,500원짜리 커피와 2,800원짜리 커피를 합하여 12개를 산다고 할 때, 지불해야 하는 금액이 31,000원 이하로 되려면 2,800원짜리 커피는 최대 몇 개까지 살 수 있는가?

① 3개 ② 5개
③ 7개 ④ 9개

17 다음은 A신도시 쓰레기 처리 관련 통계 자료이다. 이에 대한 설명으로 옳지 않은 것은?

〈A신도시 쓰레기 처리 관련 통계〉

구분	2019년	2020년	2021년	2022년
1kg 쓰레기 종량제 봉투 가격	100원	200원	300원	400원
쓰레기 1kg당 처리비용	400원	400원	400원	400원
A신도시 쓰레기 발생량	5,013톤	4,521톤	4,209톤	4,007톤
A신도시 쓰레기 관련 예산 적자	15억 원	9억 원	4억 원	0원

① 쓰레기 종량제 봉투 가격이 100원이었던 2019년에 비해 400원이 된 2022년에는 쓰레기 발생량이 약 20%나 감소하였고 쓰레기 관련 예산 적자는 0원이 되었다.

② 연간 쓰레기 발생량 감소곡선보다 쓰레기 종량제 봉투 가격의 인상곡선이 더 가파르다.

③ 쓰레기 1kg당 처리비용이 인상될수록 A신도시의 쓰레기 발생량과 쓰레기 관련 예산 적자가 급격히 감소하는 것을 볼 수 있다.

④ 쓰레기 종량제 봉투 가격이 인상됨으로써 주민들은 비용에 부담을 느끼고 쓰레기 배출을 줄였다고 추론할 수 있다.

PART 3

18 U지역은 승객 수가 전 분기 대비 20% 이상 감소한 버스가 있는 운수회사에 보조금을 지원하고자 한다. 보조금을 받을 수 있는 운수회사는 몇 개인가?

〈2023년 분기별 버스 승객 수〉

(단위 : 만 명)

운수회사	버스	승객 수	
		1분기	2분기
A	K3615	130	103
	C3707	80	75
	C3708	120	100
B	B5605	100	90
	J7756	90	87
C	L3757	130	100
	L3759	85	75
	L3765	70	60
D	O1335	60	40
	O2338	75	70

① 1개
② 2개
③ 3개
④ 4개

19 다음은 업종별 해외 현지 자회사 법인 현황을 조사한 자료이다. 이에 대한 설명으로 옳지 않은 것은?

〈업종별 해외 현지 자회사 법인 현황〉

(단위 : 개, %)

구분	사례 수	진출형태별					
		단독법인	사무소	합작법인	지분투자	유한회사	무응답
전체	387	47.6	20.4	7.8	1.0	0.8	22.4
주조	4	36.0	36.0	–	–	–	28.0
금형	92	35.4	44.4	14.9	1.7	–	3.5
소성가공	30	38.1	–	15.2	–	–	46.7
용접	128	39.5	13.1	–	1.7	–	45.7
표면처리	133	66.4	14.8	9.0	–	2.4	7.3
열처리	–	–	–	–	–	–	–

① 단독법인 형태의 소성가공 업체의 수는 10개 이상이다.

② 모든 업종에서 단독법인 형태로 진출한 현지 자회사 법인의 비율이 가장 높다.

③ 표면처리 업체의 해외 현지 자회사 법인 중 유한회사의 형태인 업체는 2개 이상이다.

④ 전체 업체 중 용접 업체의 해외 현지 자회사 법인의 비율은 30% 이상이다.

20 다음은 U공사의 2019년부터 2023년까지 부채 현황에 대한 자료이다. 〈보기〉의 직원 중 부채 현황에 대해 옳은 설명을 한 사람을 모두 고르면?

〈U공사 부채 현황〉

(단위 : 백만 원)

구분	2019년	2020년	2021년	2022년	2023년
자산	40,544	41,968	44,167	44,326	45,646
자본	36,642	38,005	39,295	40,549	41,800
부채	3,902	3,963	4,072	3,777	3,846
금융부채	–	–	–	–	–
연간이자	–	–	–	–	–
부채비율	10.7%	10.4%	10.4%	9.3%	9.2%
당기순이익	1,286	1,735	1,874	1,902	1,898

보기

- 김대리 : 2020년부터 2022년까지 당기순이익과 부채의 전년 대비 증감 추이는 동일해.
- 이주임 : 2022년 부채의 전년 대비 감소율은 10% 미만이야.
- 최주임 : 2021년부터 2023년까지 부채비율은 전년 대비 매년 감소했어.
- 박사원 : 자산 대비 자본의 비율은 2022년에 전년 대비 증가했어.

① 김대리, 이주임 ② 김대리, 최주임
③ 최주임, 박사원 ④ 이주임, 박사원

※ 다음은 국가별 교통서비스 수입 현황을 나타낸 자료이다. 이어지는 질문에 답하시오. [21~22]

〈국가별 교통서비스 수입 현황〉

(단위 : 백만 달러)

구분	합계	해상	항공	기타
한국	31,571	25,160	5,635	776
인도	77,256	63,835	13,163	258
터키	10,157	5,632	4,003	522
멕시코	14,686	8,550	6,136	–
미국	94,344	36,246	53,830	4,268
브라질	14,904	9,633	4,966	305
이탈리아	26,574	7,598	10,295	8,681

21 다음 중 해상 교통서비스 수입액이 많은 국가부터 차례대로 나열한 것은?

① 인도 – 미국 – 한국 – 브라질 – 멕시코 – 이탈리아 – 터키
② 인도 – 미국 – 한국 – 멕시코 –브라질 – 터키 – 이탈리아
③ 인도 – 한국 – 미국 – 브라질 – 멕시코 – 이탈리아 – 터키
④ 인도 – 미국 – 한국 – 브라질 – 이탈리아 – 터키 – 멕시코

22 다음 중 자료에 대한 설명으로 옳지 않은 것은?

① 터키의 교통서비스 수입에서 항공 수입이 차지하는 비중은 45% 미만이다.
② 전체 교통서비스 수입 금액이 첫 번째와 두 번째로 높은 국가의 차이는 17,088백만 달러이다.
③ 해상 교통서비스 수입보다 항공 교통서비스 수입이 더 높은 국가는 미국과 터키이다.
④ 멕시코는 해상과 항공 교통서비스만 수입하였다.

※ 다음과 같은 정사각형의 종이를 화살표 방향으로 접고 〈보기〉의 좌표가 가리키는 위치에 구멍을 뚫었다. 다시 펼쳤을 때 뚫린 구멍의 위치를 좌표로 나타낸 것으로 옳은 것을 고르시오(단, 좌표가 그려진 사각형의 크기와 종이의 크기는 일치하며, 종이가 접힐 때 종이의 위치는 바뀌지 않는다). **[23~24]**

〈좌표〉

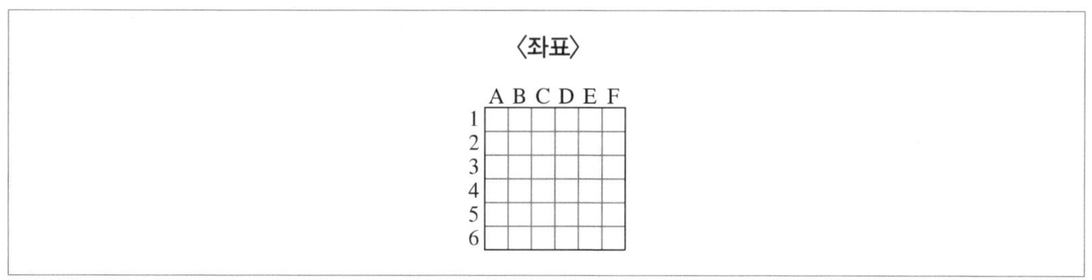

23

보기

A4

① A4, A5, D1, E1　　② A3, A4, D1, E1
③ A2, A3, D1, E1　　④ A4, A5, E1, F1

24

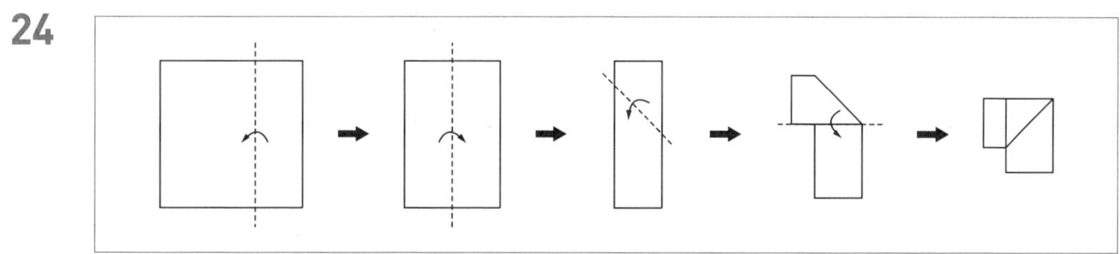

보기

C4

① A2, B3, B4, C3, C4, D2, E2, F3, F4
② A3, A4, B2, C2, D3, D4, E2, F3, F4
③ A1, B3, B4, C3, C4, D1, E2, F3, F4
④ A5, B3, B4, C3, C4, D5, E2, F3, F4

25 다음 중 제시된 도형과 같은 것은?(단, 도형은 회전이 가능하다)

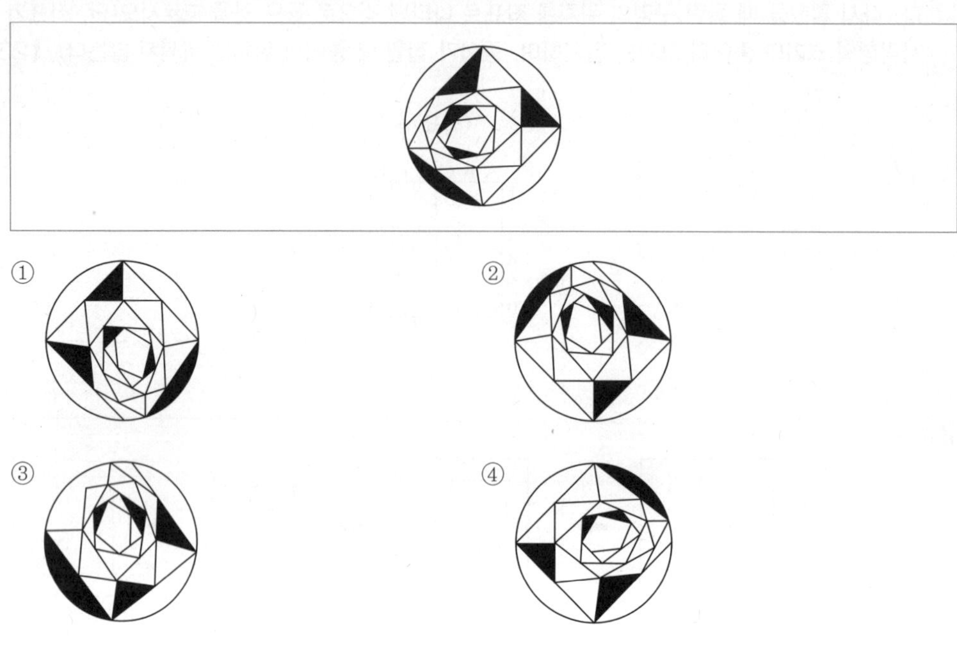

26 다음 도형을 시계 방향으로 $270°$ 회전한 후, 상하 반전한 모양은?

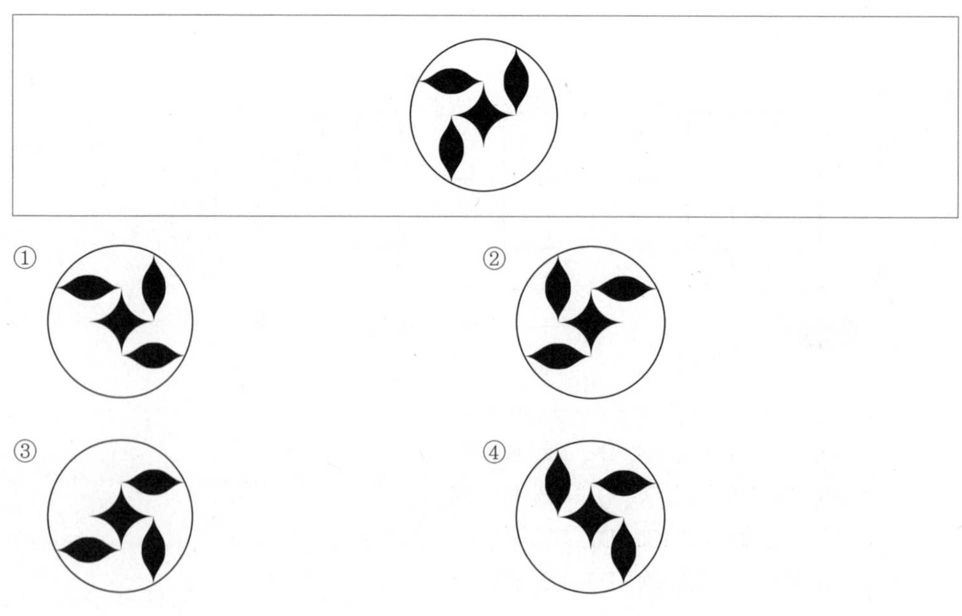

※ 다음 블록의 개수는 몇 개인지 고르시오(단, 보이지 않는 곳의 블록은 있다고 가정한다). [27~28]

27

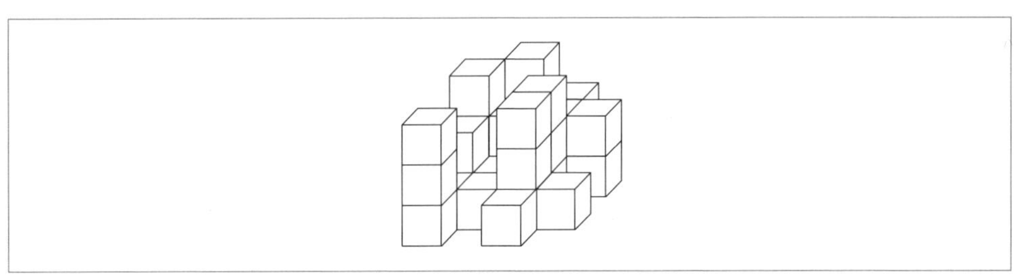

① 34개
② 33개
③ 32개
④ 31개

PART 3

28

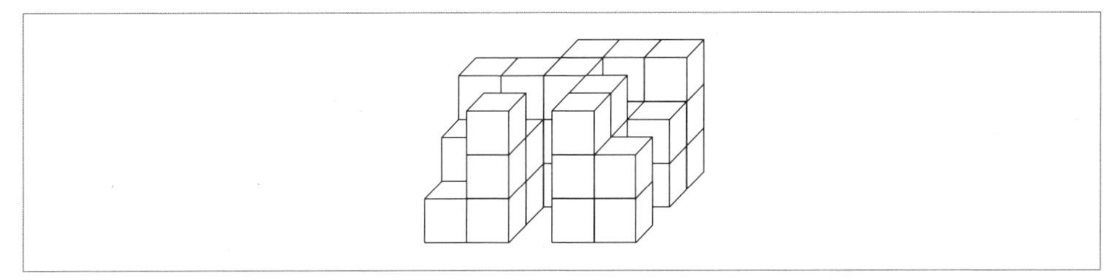

① 45개
② 44개
③ 43개
④ 42개

29 제시된 단면과 일치하는 입체도형은?

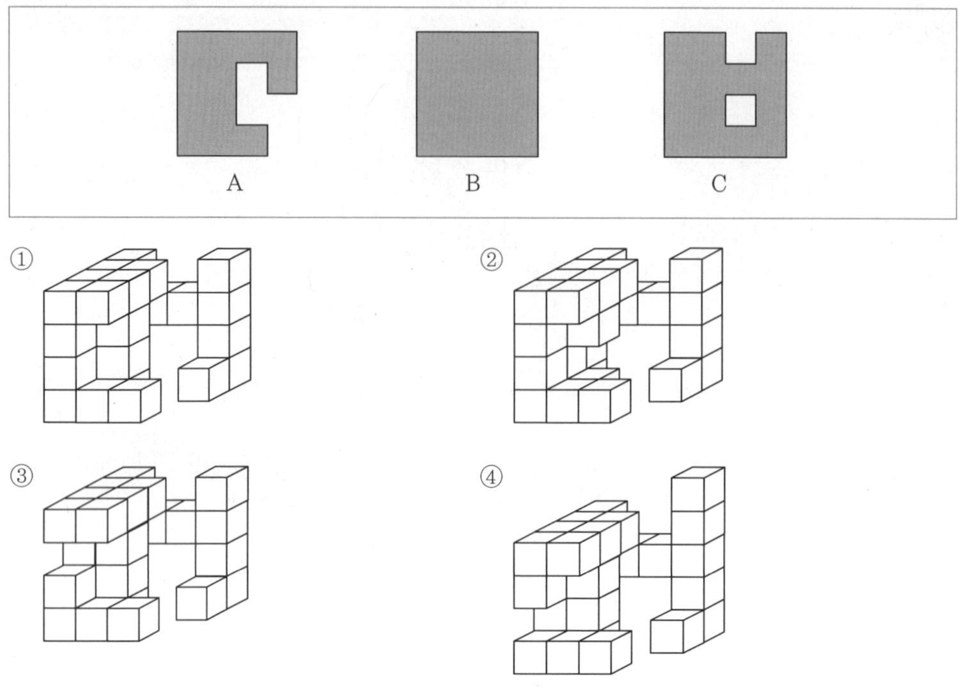

30 제시된 전개도를 접었을 때 나타나는 입체도형은?

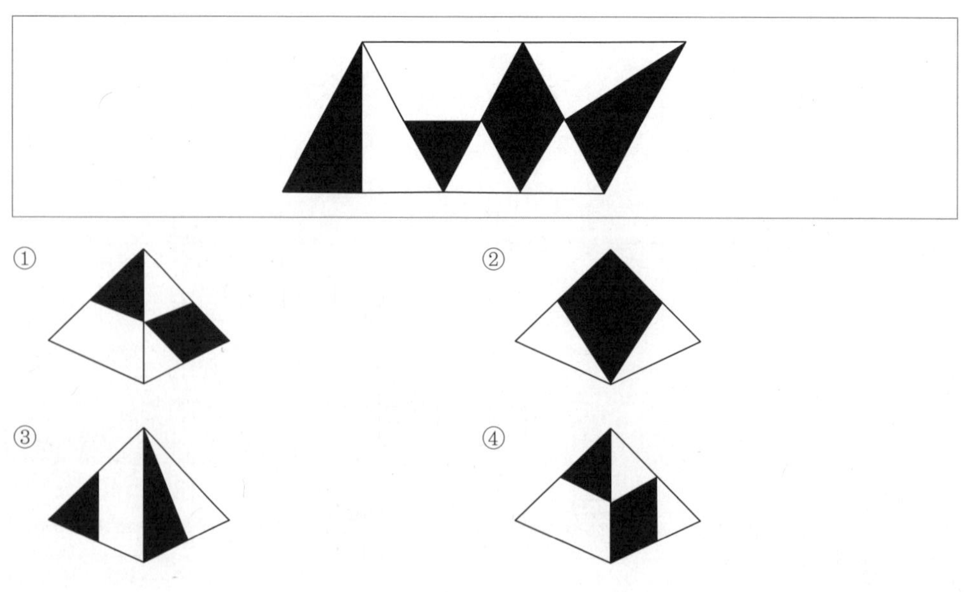

31 다음 두 블록을 합쳤을 때, 나올 수 있는 형태는?

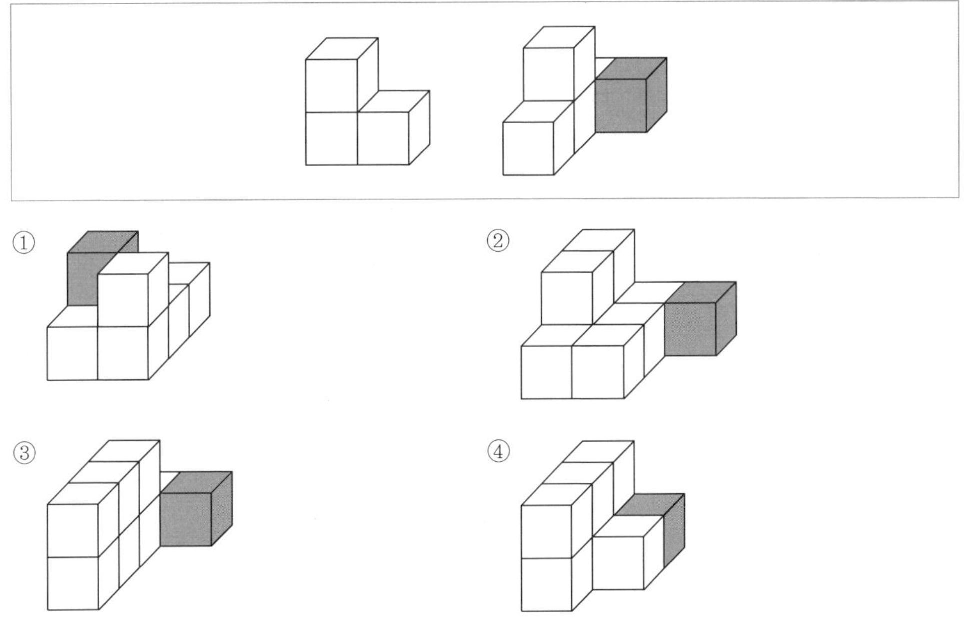

32 제시된 명제가 모두 참일 때, 옳지 않은 것은?

- 커피를 좋아하는 사람은 홍차를 좋아하지 않는다.
- 탄산수를 좋아하지 않는 사람은 우유를 좋아한다.
- 녹차를 좋아하는 사람은 홍차를 좋아한다.
- 녹차를 좋아하지 않는 사람은 탄산수를 좋아한다.

① 커피를 좋아하는 사람은 녹차를 좋아하지 않는다.
② 탄산수를 좋아하지 않는 사람은 녹차를 좋아한다.
③ 커피를 좋아하는 사람은 탄산수를 좋아한다.
④ 탄산수를 좋아하는 사람은 홍차를 좋아한다.

※ 다음 사실로부터 추론할 수 있는 것을 고르시오. [33~34]

33

- 지훈이는 이번 주 워크숍에 참여하며, 다음 주에는 체육대회에 참가할 예정이다.
- 영훈이는 다음 주 체육대회와 창립기념일 행사에만 참여할 예정이다.

① 지훈이는 다음 주 창립기념일 행사에 참여한다.
② 영훈이는 이번 주 워크숍에 참여한다.
③ 지훈이와 영훈이는 이번 주 체육대회에 참가한다.
④ 지훈이와 영훈이는 다음 주 체육대회에 참가한다.

34

- 빵을 좋아하는 사람은 우유를 좋아한다.
- 주스를 좋아하는 사람은 우유를 좋아하지 않는다.
- 주스를 좋아하지 않는 사람은 치즈를 좋아한다.

① 주스를 좋아하지 않는 사람은 우유를 좋아한다.
② 주스를 좋아하는 사람은 치즈를 좋아한다.
③ 치즈를 좋아하는 사람은 빵을 좋아하지 않는다.
④ 빵을 좋아하는 사람은 치즈를 좋아한다.

35 **매주 금요일은 마케팅팀 동아리가 있는 날이다. 동아리 회비를 담당하고 있는 F팀장은 점심시간 후, 회비가 감쪽같이 사라진 것을 발견했다. 점심시간 동안 사무실에 있었던 사람은 A ~ E 5명이며 이들 중 2명은 범인이고, 3명은 범인이 아니다. 범인은 거짓말을 하고, 범인이 아닌 사람은 진실을 말한다고 할 때, 다음 중 옳은 것은?**

- A는 B, D 중 한 명이 범인이라고 주장한다.
- B는 C가 범인이라고 주장한다.
- C는 B가 범인이라고 주장한다.
- D는 A가 범인이라고 주장한다.
- E는 A와 B가 범인이 아니라고 주장한다.

① A와 D 중 범인이 있다.
② B가 범인이다.
③ C와 E가 범인이다.
④ A는 범인이다.

36 일정한 규칙으로 수를 나열할 때, 빈칸에 들어갈 숫자로 옳은 것은?

( ) 28 11 44 27 108 91

① 3
② 7
③ 13
④ 17

37 일정한 규칙으로 문자를 나열할 때, 빈칸에 들어갈 문자로 옳은 것은?

A C D I J O ( ) U

① P
② Q
③ S
④ W

38 길이가 50cm이고 용수철상수가 150N/m인 용수철에 무게가 w인 추를 매달았더니 15cm 늘어난 상태에서 평형을 유지하였다. 이때, 추의 무게는?

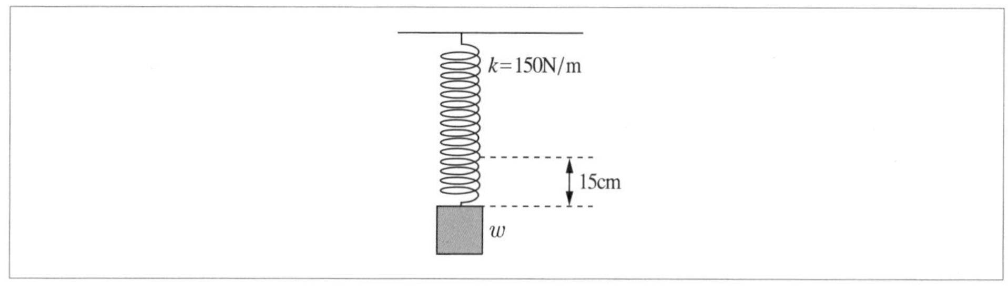

① 22.5N
② 52.5N
③ 75N
④ 97.5N

39 그림과 같은 핀셋에서 힘점, 받침점, 작용점을 바르게 연결한 것은??

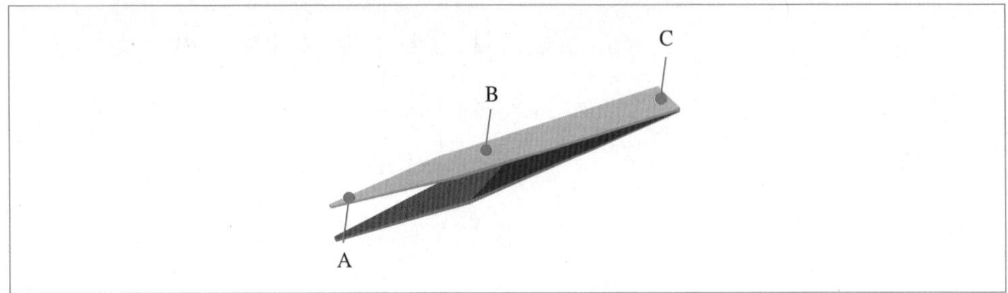

	힘점	받침점	작용점
①	A	B	C
②	A	C	B
③	B	A	C
④	B	C	A

40 다음 설명에 해당하는 것은?

- 다른 생물의 유전자를 삽입하여 만든 생물이다.
- 유전자 재조합 기술이 사용된다.

① 세포 융합 생물
② 질소 고정 생물
③ 유전자 변형 생물
④ 체세포 복제 생물

41 다음 중 지구형 행성의 특징으로 옳은 것은?

① 고리가 존재한다.
② 목성형 행성보다 크기가 작다.
③ 목성형 행성보다 밀도가 작다.
④ 주로 수소나 헬륨으로 이루어져 있다.

42 다음 설명에 해당하는 지질 시대는?

> • 공룡과 암모나이트의 화석이 표준 화석이다.
> • 트라이아스기, 쥐라기, 백악기로 나뉜다.

① 선캄브리아대 ② 고생대
③ 중생대 ④ 신생대

43 열효율이 50%인 열기관에 2,000J의 열에너지를 공급할 때 얻을 수 있는 최대의 일은?(단, 열기관은 정상적으로 작동한다)

① 500J ② 1,000J
③ 1,500J ④ 2,000J

PART 3

44 다음 중 우리 생활에서 산과 염기의 중화 반응을 이용하는 경우에 해당하지 않는 것은?

① 꿀벌에 쏘였을 때 암모니아수를 바른다.
② 생선회에 레몬즙을 뿌려 냄새를 제거한다.
③ 위산 과다로 속이 쓰릴 때 제산제를 먹는다.
④ 공장폐수에 황화나트륨을 넣어 중금속을 분리한다.

45 다음 중 온실효과를 일으키는 물질로만 짝지어진 것은?

① 이산화탄소(CO_2), 메탄(CH_4)
② 질소(N), 아산화질소(N_2O)
③ 프레온(CFC), 산소(O_2)
④ 질소(N), 이산화탄소(CO_2)

모바일 OMR
답안채점/성적분석
서비스

제3회 최종점검 모의고사

☑ 응시시간 : 50분　　☑ 문항 수 : 45문항

정답 및 해설 p.051

※ 다음 제시된 단어와 같거나 유사한 의미를 가진 단어를 고르시오. [1~3]

01

다듬다

① 모으다　　② 가꾸다
③ 쥐다　　④ 걸다

02

어릿하다

① 쓰리다　　② 짜다
③ 흐리다　　④ 어리숙하다

03

이바지

① 공헌　　② 경계
③ 구획　　④ 귀감

※ 다음 제시된 단어와 반대되는 의미를 가진 단어를 고르시오. [4~5]

04

가맹

① 지칭
② 탈퇴
③ 군락
④ 단독

05

대화

① 독백
② 기복
③ 대중
④ 성화

06 다음 글의 빈칸에 들어갈 접속어로 적절한 것은?

SNS는 개인의 알 권리를 충족하거나 사회적 정의 실현을 위해 생각과 정보를 공유할 수 있도록 돕는다는 면에서 긍정적인 가치를 인정받는다. ______ 도덕적 응징이라는 미명하에 개인의 신상 정보를 무차별적으로 공개하는 범법 행위가 확산되면서 심각한 사회 문제가 일고 있는 것이 사실이다.

① 그러므로
② 그러나
③ 왜냐하면
④ 따라서

07 다음 중 밑줄 친 부분과 같은 의미로 쓰인 것은?

미세먼지 농도가 심한 날에는 꼭 마스크를 <u>써야</u> 한다.

① 많은 사람들이 황사 바람의 누런 먼지를 <u>쓰고</u> 걸어갔다.
② 그는 자신이 억울한 누명을 <u>썼다고</u> 주장했다.
③ 잃어버렸던 안경을 찾아 <u>쓰자</u> 세상이 환해지는 느낌을 받았다.
④ 며칠 아팠더니 입맛이 <u>써서</u> 맛있는 게 없다.

08 **다음 글에 이어질 내용으로 가장 적절한 것은?**

> 태초의 자연은 인간과 동등한 위치에서 상호 소통할 수 있는 균형적인 관계였다. 그러나 기술의 획기적인 발달로 인해 자연과 인간 사회 사이에 힘의 불균형이 초래되었다. 자연과 인간의 공생은 힘의 균형을 전제로 한다. 균형적 상태에서 자연과 인간은 긴장감을 유지하지만 한쪽에 의한 폭력적 관계가 아니기에 소통이 원활히 발생한다. 또한 일방적인 관계에서는 한쪽의 희생이 필수적이지만 균형적 관계에서는 상호 호혜적인 거래가 발생한다. 이때의 거래란 단순히 경제적인 효율을 의미하는 것이 아니다. 대자연의 환경에서 각 개체와 그 후손들의 생존은 상호 관련성을 지닌다. 이에 따라 자연은 인간에게 먹거리를 제공하고 인간은 자연을 위한 의식을 행함으로써 상호 이해와 화해를 도모하게 된다. 인간에게 자연이란 정복의 대상이 아닌 존중받아야 할 거래 대상인 것이다. 결국 대칭적인 관계로의 회복을 위해서는 힘의 균형이 전제되어야 한다.

① 인간과 자연이 힘의 균형을 회복하기 위한 방법
② 인간과 자연이 거래하는 방법
③ 태초의 자연이 인간을 억압해온 사례
④ 인간 사회에서 소통의 중요성

09 **다음 글을 읽고 추론할 수 있는 내용으로 가장 적절한 것은?**

> 매이먼의 루비 레이저가 개발된 이후 기체, 액체, 고체, 반도체 등의 매질로 많은 종류의 레이저가 만들어졌으며 그들의 특성은 다양하다. 하지만 모든 레이저광선은 기본적으로 단일한 파장과 방향성을 가진 광자로 이루어져 있고, 거의 완벽하게 직진하므로 다른 방향으로 퍼지지 않는다. 또한 렌즈를 통해 극히 작은 점에 빛을 수렴시킬 수 있다. 이는 다양한 광자로 이루어져 있고, 다른 방향으로 쉽게 퍼지며, 렌즈를 통해서 쉽게 수렴이 되지 않는 보통의 빛과 크게 다른 점이다.
> 이러한 특성들을 바탕으로 레이저광선은 보통의 빛이 도저히 할 수 없는 일을 해내고 있다. 공중에 원하는 글자나 멋진 그림을 펼쳐 보이고, CD의 음악을 재생한다. 제조업에서는 레이저광선으로 다양한 물체를 정밀하게 자르거나 태우고, 의사는 환자의 수술에 레이저광선을 활용한다. 단위 시간에 엄청난 양의 통신 정보를 실어 나를 수 있는 통신 매체의 기능을 하기도 한다. 레이저는 현대의 거의 모든 제품과 서비스에 막대한 영향을 끼치는 최첨단 기술로 자리 잡았다.

① 레이저광선은 빛의 성질을 닮아 다른 방향으로 쉽게 퍼지지 않는다.
② 레이저는 과거보다 현재 더 높은 경제적 가치를 지닌다.
③ 빛의 특성을 잘 이용한다면, 보통의 빛을 통해서도 CD의 음악을 재생할 수 있다.
④ 루비 레이저와 달리 반도체 레이저의 광선은 서로 다른 파장과 방향성을 가진 광자로 이루어져 있다.

10 다음 글의 제목으로 가장 적절한 것은?

> 일반적으로 소비자들은 합리적인 경제 행위를 추구하기 때문에 최소 비용으로 최대 효과를 얻으려 한다는 것이 소비의 기본 원칙이다. 그들은 '보이지 않는 손'이라고 일컬어지는 시장 원리 아래에서 생산자와 만난다. 그러나 이러한 일차적 의미의 합리적 소비가 언제나 유효한 것은 아니다. 생산보다는 소비가 화두가 된 소비 자본주의 시대에 소비는 단순히 필요한 재화, 그리고 경제학적으로 유리한 재화를 구매하는 행위에 머물지 않는다. 최대 효과 자체에 정서적이고 사회 심리학적인 요인이 개입하면서, 이제 소비는 개인이 세계와 만나는 다분히 심리적인 방법이 되어버린 것이다. 곧 인간의 기본적인 생존 욕구를 충족시켜 주는 합리적 소비 수준에 머물지 않고, 자신을 표현하는 상징적 행위가 된 것이다. 이처럼 오늘날의 소비문화는 물질적 소비 차원이 아닌 심리적 소비 형태를 띠게 된다.
>
> 소비 자본주의의 화두는 과소비가 아니라 '과시 소비'로 넘어간 것이다. 과시 소비의 중심에는 신분의 논리가 있다. 신분의 논리는 유용성의 논리, 나아가 시장의 논리로 설명되지 않는 것들을 설명해 준다. 혈통으로 이어지던 폐쇄적 계층 사회는 소비 행위에 대해 계급에 근거한 제한을 부여했다. 먼 옛날 부족 사회에서 수장들만이 걸칠 수 있었던 장신구에서부터, 제아무리 권문세가의 정승이라도 아흔아홉 칸을 넘을 수 없던 집이 좋은 예이다. 권력을 가진 자는 힘을 통해 자기의 취향을 주위 사람들과 분리시킴으로써 경외감을 강요하고, 그렇게 자기 취향을 과시함으로써 잠재적 경쟁자들을 통제한 것이다.
>
> 가시적 신분 제도가 사라진 현대 사회에서도 이러한 신분의 논리는 여전히 유효하다. 이제 개인은 소비를 통해 자신의 물질적 부를 표현함으로써 신분을 과시하려 한다.

① '보이지 않는 손'에 의한 합리적 소비의 필요성
② 소비가 곧 신분이 되는 과시 소비의 원리
③ 계층별 소비 규제의 필요성
④ 신분 사회에서 의복 소비와 계층의 관계

PART 3

11 **다음 글의 내용으로 적절하지 않은 것은?**

> 인천은 예로부터 해상 활동의 중심지였다. 지리적으로 한양과 인접해 있을 뿐 아니라, 가깝게는 강화・서산・수원・태안・개성 등지와 멀리는 충청・황해・평안・전라 지방으로부터 온갖 지역 생산품이 모이는 곳이었다. 즉, 상권이 전국에 미치는 매우 중요한 지역이었으며, 갑오개혁 이후에는 일본군, 관료, 상인들이 한양으로 들어오는 관문이었다.
> 현재 인천광역시 옥련동에 남아 있는 능허대는 백제가 당나라와 교역했던 사실을 말해 주는 대표적인 유적이다. 고구려 역시 광개토대왕 이래 남진 정책을 펼치면서 경기만을 활용해 해상 활동을 활발하게 전개했고, 이를 국가 발전의 원동력으로 삼았다. 고려는 황해를 무대로 한 해상 세력이 건국한 국가였으므로 인천을 비롯한 경기만은 송나라는 물론 이슬람 권역과 교역하는 주요 거점이 되었다. 조선 시대 인천은 조운선의 중간 기착지였다. 이처럼 고대로부터 인천 지역이 해상 교역에서 중요한 역할을 담당했던 것은 한반도의 허리이자, 황해의 핵심적 위치에서 자리하고 있기 때문이었다.
> 인천항의 근대 산업항으로서의 역사는 1883년 개항에 의해 본격적으로 시작된다. 그 무렵 인천 도호부는 인구 4,700여 명의 작은 마을이었다. 비록 외세에 의한 강제적 개항이며 식민지 찬탈의 창구였으나, 1900년대 초 인천은 우리나라 무역 총액의 50%를 담당하는 국내 대표 항구로서 자리잡게 되었다. 그리고 이후 우리나라 근대화와 산업화를 이끈 주역으로 역할을 수행하게 된다.

① 인천은 지리적 특성으로 해상 활동의 중심지였다.
② 능허대는 백제의 국내 교역이 활발했음을 말해주는 대표적인 유적이다.
③ 광개토대왕은 경기만을 이용한 해상 활동으로 국가를 발전시킬 수 있었다.
④ 인천은 조선 시대에 조운선의 중간 기착지로 활용되었다.

12 **K씨는 오전 9시까지 출근해야 한다. 집에서 오전 8시 30분에 출발하여 분속 60m로 걷다가 늦을 것 같아 도중에 분속 150m으로 달렸더니 늦지 않고 회사에 도착하였다. K씨 집과 회사 사이의 거리가 2.1km일 때, K씨가 걸은 거리는?**

① 1km　　② 1.2km
③ 1.4km　　④ 1.6km

13 **0에서 9까지의 수가 각각 적힌 10장의 카드에서 두 장을 뽑아 두 자리 정수를 만들 때, 3의 배수가 되는 경우의 수는?**

① 23가지　　② 25가지
③ 27가지　　④ 29가지

14 민준이의 나이는 영희의 나이보다 7세 더 많고 영희의 나이의 3배는 민준이의 나이의 2배보다 2세 적다고 한다. 민준이와 영희의 나이의 합은?

① 30세　　② 31세
③ 32세　　④ 33세

PART 3

15 K프로젝트는 A가 혼자 일하면 10일, B가 혼자 일하면 20일, C가 혼자 일하면 40일이 걸린다. 이 프로젝트를 4일간 A와 B가 먼저 일하고, 남은 양을 C 혼자서 마무리한다고 할 때, C는 며칠간 일해야 하는가?

① 12일　　② 14일
③ 16일　　④ 18일

16 올해 U회사는 작년에 비해 남자 신입사원이 8%, 여자 신입사원이 12% 증가하였고, 증가한 총인원은 32명이다. 작년 신입사원이 325명일 때, 올해 남자 신입사원은 몇 명인가?

① 150명　　② 175명
③ 189명　　④ 196명

17 다음은 어느 국가의 A ~ C지역 가구 구성비를 나타낸 자료이다. 이에 대한 설명으로 옳은 것은?

〈A ~ C지역 가구 구성비〉

(단위 : %)

구분	부부 가구	2세대 가구		3세대 이상 가구	기타 가구	합계
		부모+미혼자녀	부모+기혼자녀			
A	5	65	16	2	12	100
B	16	55	10	6	13	100
C	12	40	25	20	3	100

※ 기타 가구 : 1인 가구, 형제 가구, 비친족 가구

※ 핵가족 : 부부 또는 (한)부모와 그들의 미혼 자녀로 이루어진 가족

※ 확대가족 : (한)부모와 그들의 기혼 자녀로 이루어진 2세대 이상의 가족

① 핵가족 가구의 비중이 가장 높은 지역은 A이다.

② 1인 가구의 비중이 가장 높은 지역은 B이다.

③ 확대가족 가구 수가 가장 많은 지역은 C이다.

④ A, B, C지역 모두 핵가족 가구 수가 확대가족 가구 수보다 많다.

18 다음은 유아교육 규모에 대한 자료이다. 〈보기〉 중 옳지 않은 것을 모두 고르면?

〈유아교육 규모〉

구분	2017년	2018년	2019년	2020년	2021년	2022년	2023년
유치원 수(원)	8,494	8,275	8,290	8,294	8,344	8,373	8,388
학급 수(학급)	20,723	22,409	23,010	23,860	24,567	24,908	25,670
원아 수(명)	545,263	541,603	545,812	541,550	537,822	537,361	538,587
교원 수(명)	28,012	31,033	32,095	33,504	34,601	35,415	36,461
취원율(%)	26.2	31.4	35.3	36.0	38.4	39.7	39.9
교원 1인당 원아 수(명)	19.5	17.5	17.0	16.2	15.5	15.2	14.8

보기

㉠ 유치원 원아 수의 변동은 매년 일정한 흐름을 보이지는 않는다.

㉡ 교원 1인당 원아 수가 적어지는 것은 원아 수 대비 학급 수가 늘어나기 때문이다.

㉢ 취원율은 매년 증가하고 있는 추세이다.

㉣ 교원 수가 매년 증가하는 이유는 청년 취업과 관계가 있다.

① ㉠, ㉡
② ㉠, ㉢
③ ㉡, ㉣
④ ㉢, ㉣

※ 다음은 인구 고령화 추이를 나타낸 자료이다. 이어지는 질문에 답하시오. [19~21]

〈인구 고령화 추이〉

(단위 : %)

구분	2001년	2006년	2011년	2016년	2022년
노인부양비	5.2	7.0	11.3	15.6	22.1
고령화지수	19.7	27.6	43.1	69.9	107.1

※ [노인부양비(%)]=(65세 이상 인구)÷(15 ~ 64세 인구)×100

※ [고령화지수(%)]=(65세 이상 인구)÷(0 ~ 14세 인구)×100

19 2001년 0 ~ 14세 인구가 50,000명이었을 때, 2001년 65세 이상 인구는 몇 명인가?

① 8,650명
② 8,750명
③ 9,850명
④ 9,950명

20 2016년 대비 2022년 고령화지수는 몇 % 증가하였는가?(단, 소수점 첫째 자리에서 반올림한다)

① 약 51%
② 약 52%
③ 약 53%
④ 약 54%

21 자료에 대한 설명으로 〈보기〉 중 옳은 것을 모두 고르면?

보기

㉠ 노인부양비 추이는 5년 단위로 계속 증가하고 있다.
㉡ 고령화지수 추이는 5년 단위로 같은 비율로 증가하고 있다.
㉢ 2006년 대비 2011년의 노인부양비 증가폭은 4.3%p이다.
㉣ 5년 단위의 고령화지수 증가폭은 2016년 대비 2022년 증가폭이 가장 크다.

① ㉠, ㉡
② ㉠, ㉢
③ ㉠, ㉡, ㉢
④ ㉠, ㉢, ㉣

※ 다음과 같은 정사각형의 종이를 화살표 방향으로 접고 〈보기〉의 좌표가 가리키는 위치에 구멍을 뚫었다. 다시 펼쳤을 때 뚫린 구멍의 위치를 좌표로 나타낸 것으로 옳은 것을 고르시오(단, 좌표가 그려진 사각형의 크기와 종이의 크기는 일치하며, 종이가 접힐 때 종이의 위치는 바뀌지 않는다). [22~23]

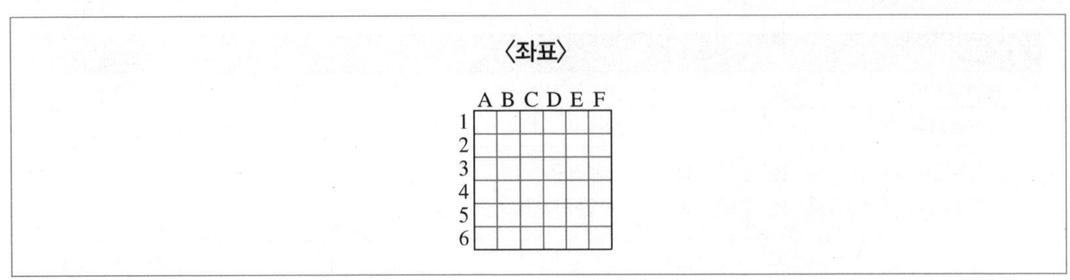

22

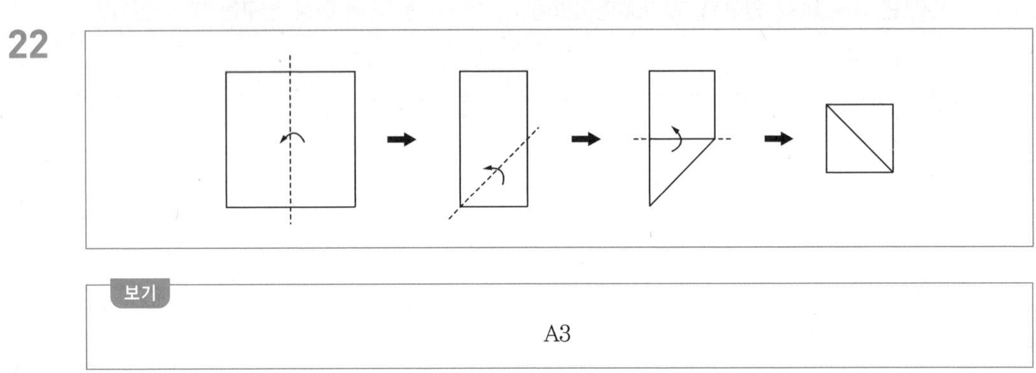

보기

A3

① A2, A5, C6, D6, F2, F5
② A3, A4, C1, D1, F3, F4
③ B3, B4, C6, D6, E3, E4
④ A3, A4, C6, D6, F3, F4

23

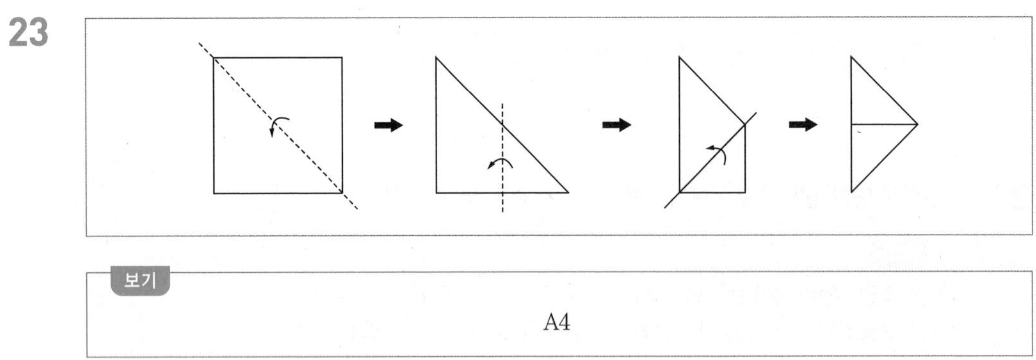

보기

A4

① A2, C6, D1, D6, F3, F4
② A4, C6, D1, D6, F2, F5
③ A4, C6, D1, D6, F3, F4
④ A5, C6, D1, D6, F3, F4

24 다음 중 제시된 도형과 같은 것은?(단, 도형은 회전이 가능하다)

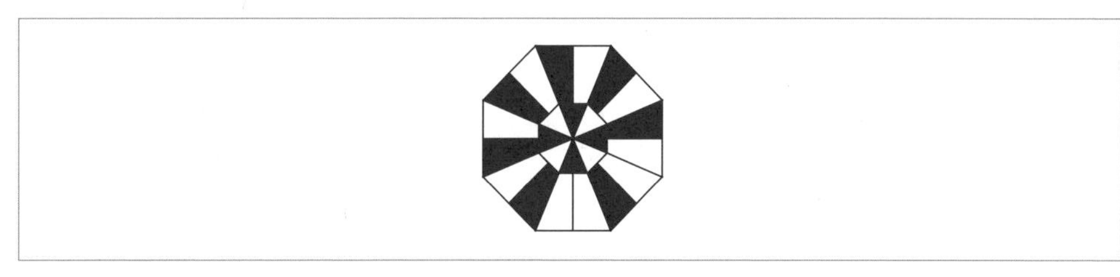

① 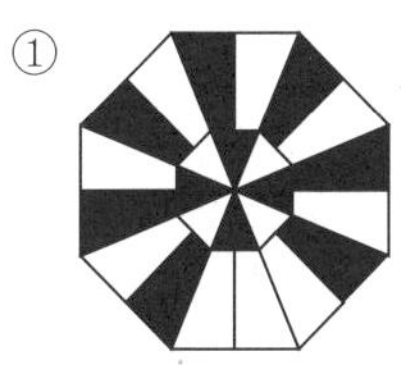

② 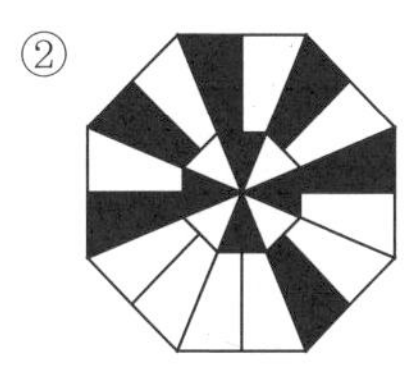

③ 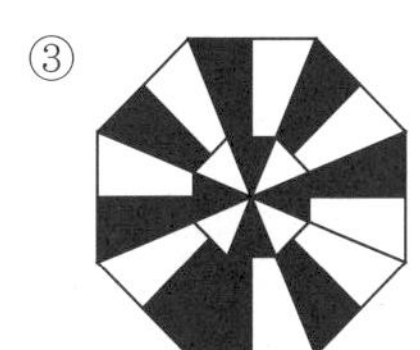

④ 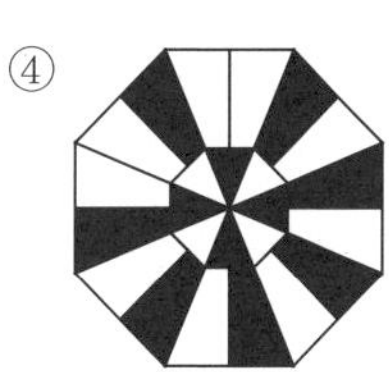

25 다음 도형을 180° 회전한 후, 상하 반전한 모양은?

① 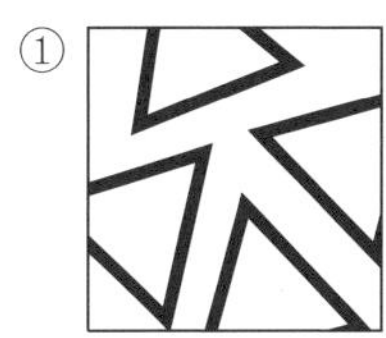

② 

③ 

④ 

PART 3

※ 다음 블록의 개수는 몇 개인지 고르시오(단, 보이지 않는 곳의 블록은 있다고 가정한다). [26~27]

26

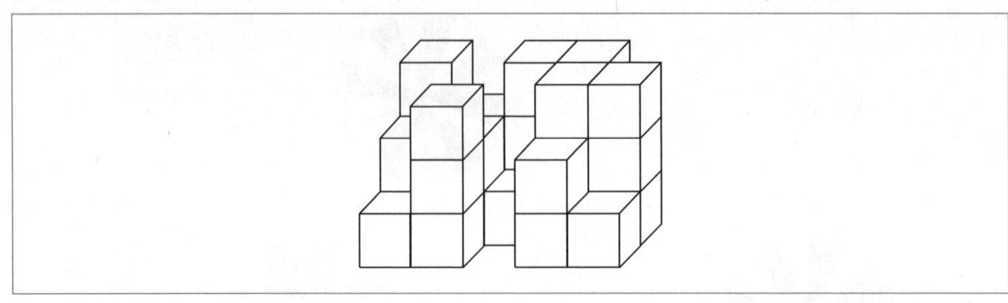

① 26개
② 27개
③ 28개
④ 29개

27

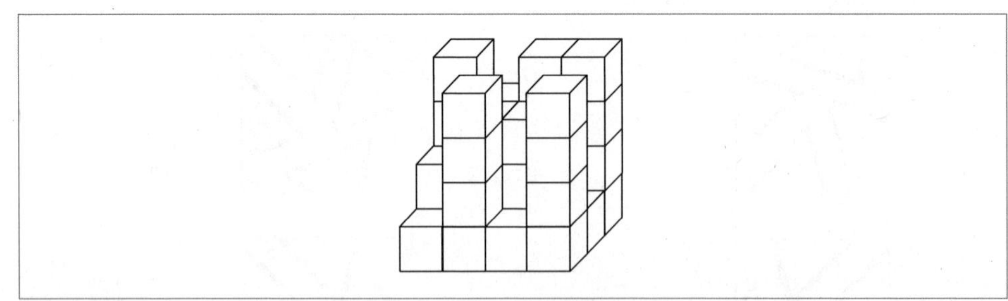

① 34개
② 33개
③ 32개
④ 31개

28 제시된 단면도와 일치하는 입체도형은?

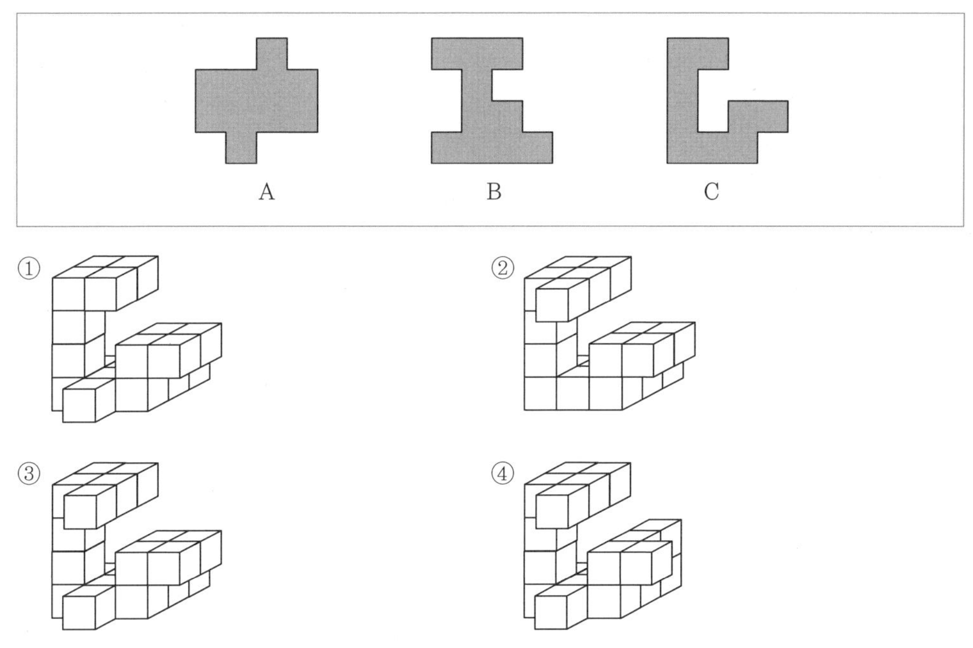

29 제시된 전개도를 접었을 때 나타나는 입체도형은?

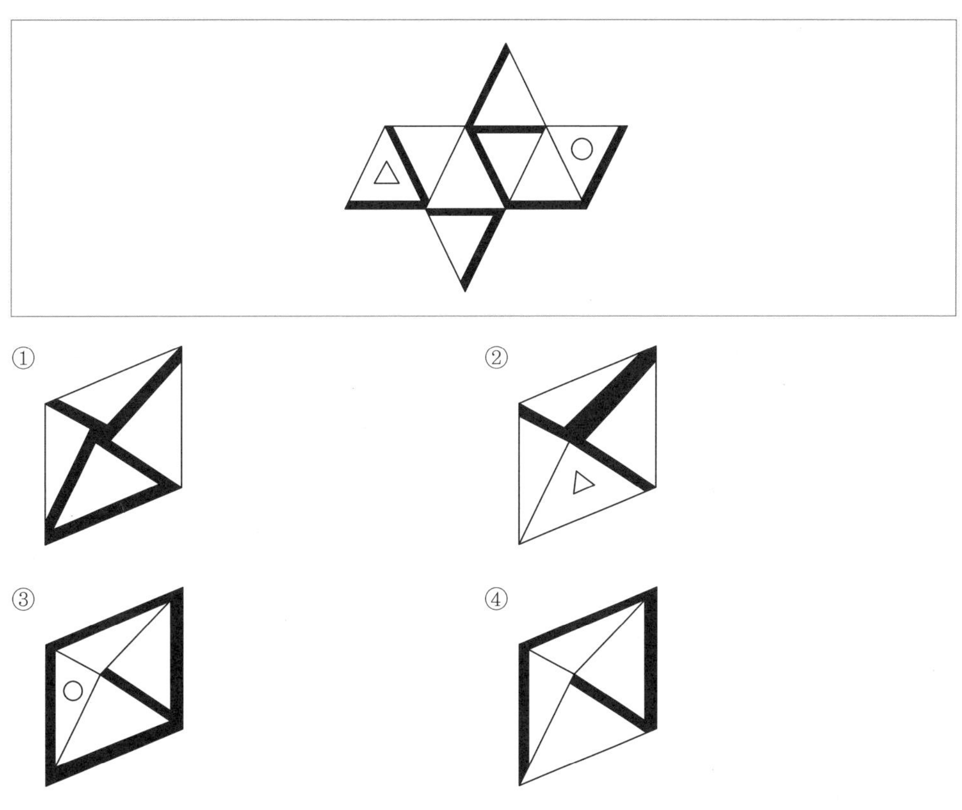

30 다음 두 블록을 합쳤을 때, 나올 수 있는 형태는?

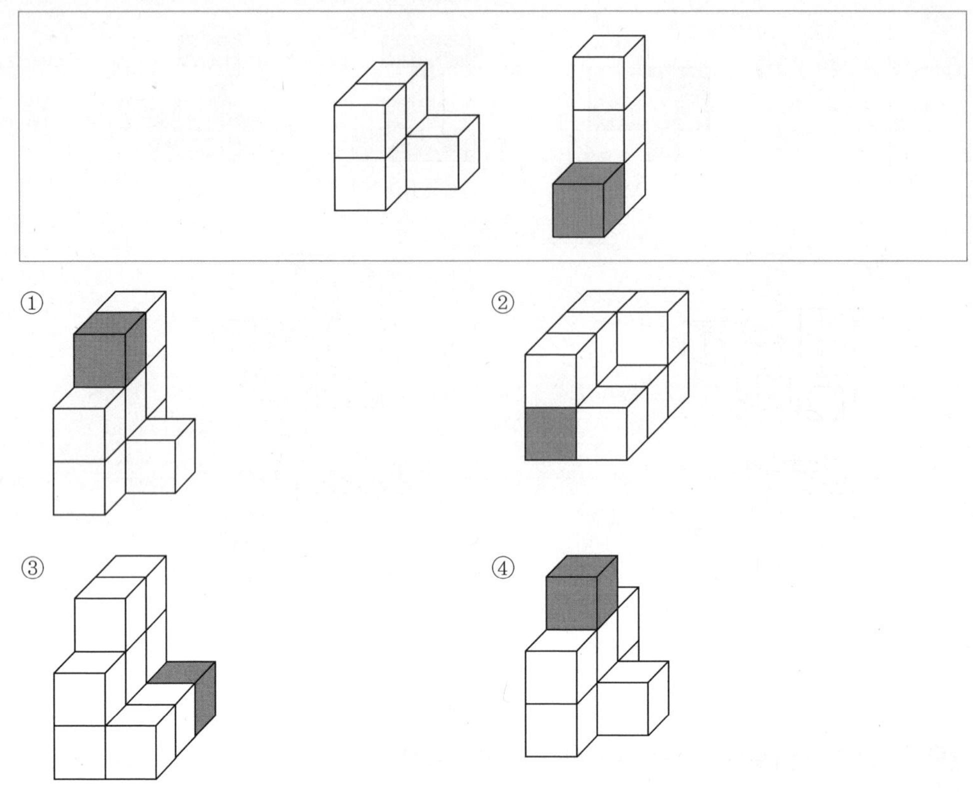

※ 제시된 명제가 모두 참일 때, 항상 참인 명제를 고르시오. [31~33]

31

- 수진이는 어제 밤 10시에 자서 오늘 아침 7시에 일어났다.
- 지은이는 어제 수진이보다 30분 늦게 자서 오늘 아침 7시가 되기 10분 전에 일어났다.
- 혜진이는 항상 9시에 자고, 8시간의 수면 시간을 지킨다.
- 정은이는 어제 수진이보다 10분 늦게 잤고, 혜진이보다 30분 늦게 일어났다.

① 지은이는 가장 먼저 일어났다.

② 정은이는 가장 늦게 일어났다.

③ 혜진이의 수면 시간이 가장 짧다.

④ 수진이의 수면 시간이 가장 길다.

PART 3

32

- 도봉산은 북악산보다 높다.
- 북악산은 관악산보다 낮다.
- 북한산은 도봉산과 관악산보다 높다.

① 도봉산이 관악산보다 높다.

② 관악산이 도봉산보다 높다.

③ 관악산이 가장 낮다.

④ 북악산이 가장 낮다.

33

- 딸기에는 비타민 C가 키위의 2.6배 정도 함유되어 있다.
- 귤에는 비타민 C가 키위의 1.6배 정도 함유되어 있다.
- 키위에는 비타민 C가 사과의 5배 정도 함유되어 있다.

① 키위의 비타민 C 함유량이 가장 많다.

② 딸기의 비타민 C 함유량이 가장 많다.

③ 귤의 비타민 C 함유량이 가장 많다.

④ 사과의 비타민 C 함유량이 가장 많다.

※ 일정한 규칙으로 문자를 나열할 때, 빈칸에 들어갈 문자로 옳은 것을 고르시오(단, 모음은 일반모음만 고려한다). [34~35]

34

ㄴ ㄷ ㅁ ㅂ ㅋ ㅌ ( ) ㅊ

① ㅂ　　② ㅅ
③ ㅇ　　④ ㅈ

35

ㅏ ㅑ ㅗ ㅣ ㅜ ( )

① ㅛ　　② ㅜ
③ ㅠ　　④ ㅡ

36 초콜릿 과자 3개와 커피 과자 3개를 A～E 5명이 서로 나누어 먹는다고 할 때, 바르게 추론한 것은?

- A와 C는 한 종류의 과자만 먹었다.
- B는 초콜릿 과자 1개만 먹었다.
- C는 B와 같은 종류의 과자를 먹었다.
- D와 E 중 한 명은 두 종류의 과자를 먹었다.

① A는 초콜릿 과자 2개를 먹었다.
② C는 초콜릿 과자 2개를 먹었다.
③ A가 커피 과자 1개를 먹었다면, D와 E 중 한 명은 과자를 먹지 못했다.
④ A와 D가 같은 과자를 하나씩 먹었다면, E가 두 종류의 과자를 먹었을 것이다.

37 3학년 1반에서는 학생들의 투표를 통해 득표수에 따라 학급 대표를 선출하기로 하였고, 학급 대표 후보로 A ~ E가 나왔다. 투표 결과 A ~ E의 득표수가 다음과 같을 때, 바르게 추론한 것은?(단, 1반 학생들은 총 30명이며, 다섯 후보의 득표수는 서로 다르다)

- A는 15표를 얻었다.
- B는 C보다 2표를 더 얻었지만, A보다는 낮은 표를 얻었다.
- D는 A보다 낮은 표를 얻었지만, C보다는 높은 표를 얻었다.
- E는 1표를 얻어 가장 낮은 득표수를 기록했다.

① 5명 중 2명이 10표 이상을 얻었다.
② B보다 D의 득표수가 높다.
③ D보다 B의 득표수가 높다.
④ A가 학급 대표로 선출된다.

PART 3

38 다음 중 기체 분자의 충돌 횟수에 대한 설명으로 옳지 않은 것은?

① 기체의 온도, 부피, 압력이 같다면 기체의 종류와 관계없이 기체 분자 간 충돌 횟수는 항상 같다.
② 같은 두 기체의 온도, 압력이 서로 같다면 부피가 큰 기체의 분자 간 충돌 횟수가 더 적다.
③ 같은 두 기체의 부피, 압력이 서로 같다면 온도가 높은 기체의 분자 간 충돌 횟수가 더 많다.
④ 같은 두 기체의 온도, 부피가 서로 같다면 기체의 압력이 높은 기체의 분자 간 충돌 횟수가 더 많다.

39 다음 중 작용 · 반작용의 사례로 옳지 않은 것은?

① 영수가 운동장을 걷는다.
② 높은 곳에서 떨어질 때 몸을 굴렀다.
③ 물로켓이 물을 뿜으며 발사되었다.
④ 풍선을 불은 후 손을 놓으니 앞으로 나아갔다.

40 **다음 중 열의 이동 종류가 나머지와 다른 것은?**

① 추운 겨울에 난로를 키면 주변이 따뜻해진다.
② 여름이 겨울보다 덥다.
③ 고기를 모닥불 가까이 두면 고기가 익는다.
④ 냄비에 물을 넣고 바닥을 가열하면 물 전체가 따뜻해진다.

41 **다음 중 결합 형태가 나머지와 다른 것은?**

① CH_4
② C_3H_8
③ $CaCl_2$
④ NH_3

42 **수도꼭지에서 물이 나오고 있을 때 대전된 물체를 가까이 대면 물이 대전된 물체가 있는 방향으로 휘어진다. 이 현상에 대한 설명으로 옳지 않은 것은?**

① 물은 극성을 띤다.
② 극성 분자는 분자 내 결합이 비대칭이다.
③ 극성 분자는 무극성 용매에 잘 용해된다.
④ 극성 분자는 전기적 성질을 가진다.

43 **다음 설명에 해당하는 자연 현상은?**

> • 동태평양 연안의 수온이 평소보다 증가하는 것을 말한다.
> • 호주 등의 서태평양 지역에 심한 가뭄 피해를 입히기도 한다.

① 황사 ② 엘니뇨
③ 라니냐 ④ 자기 폭풍

44 **다음은 지구계에서 일어나는 상호작용의 예이다. 지구계의 어떤 권 사이의 상호작용인가?**

> • 바람에 의하여 파도가 발생한다.
> • 해수 온도가 높아지면 수증기량이 증가하여 태풍이 강력해진다.

① 기권 – 외권 ② 기권 – 수권
③ 수권 – 생물권 ④ 생물권 – 지권

45 **다음 중 사람의 염색체에 대한 설명으로 옳은 것은?(단, 돌연변이는 없다)**

① Y염색체는 여자만 갖는다.
② 염색체에는 유전자가 존재한다.
③ 체세포 1개당 염색체 수는 12개이다.
④ 체세포 1개당 염색체 수는 남자가 여자보다 많다.

제4회 최종점검 모의고사

☑ 응시시간 : 50분 ☑ 문항 수 : 45문항

정답 및 해설 p.059

※ 다음 제시된 단어와 같거나 유사한 의미를 가진 단어를 고르시오. [1~3]

01

군더더기

① 쭉 ② 빈약
③ 이연 ④ 사족

02

여우잠

① 쪽잠 ② 괭이잠
③ 나비잠 ④ 새우잠

03

무릇

① 가령 ② 대개
③ 대저 ④ 도통

※ 다음 제시된 단어와 반대되는 의미를 가진 단어를 고르시오. [4~5]

04

대별

① 개별　　② 분야
③ 세분　　④ 주석

05

탄로

① 누설　　② 설로
③ 폭로　　④ 은폐

06 다음 제시된 단어의 대응 관계로 볼 때, 빈칸에 들어가기에 알맞은 단어는?

지우개 : 고무=(　　) : 직물

① 연필　　② 학용품
③ 도로　　④ 옷

07 다음 글의 빈칸 ㉠~㉢에 들어갈 접속어가 바르게 나열된 것은?

> 우리가 탄수화물을 계속 섭취하지 않으면 우리 몸은 에너지로 사용하던 연료가 고갈되는 상태에 이르게 된다. 이 경우 몸은 자연스레 '대체 연료'를 찾기 위해 처음에는 근육의 단백질을 분해하고, 이어 내장지방을 포함한 지방을 분해한다. 지방 분해 과정에서 '케톤'이라는 대사성 물질이 생겨나면서 수분 손실이 나타나고 혈액 내의 당분이 정상보다 줄어들게 된다. 이 과정에서 체내 세포들의 글리코겐 양이 감소한다. ___㉠___ 이러한 현상은 간세포에서 두드러지게 나타난다. ___㉡___ 혈액 및 소변 등의 체액과 인체조직에서는 케톤 수치가 높아지면서 신진대사 불균형이 생기면 두통, 설사, 집중력 저하, 구취 등의 불편한 증상이 나타난다. ___㉢___ 탄수화물을 극단적으로 제한하는 식단은 바람직하지 않다.

	㉠	㉡	㉢
①	결국	따라서	따라서
②	결국	그러므로	그러므로
③	특히	이로 인해	따라서
④	특히	그런데	그러나

08 다음 글의 주장으로 가장 적절한 것은?

> 80대 20 법칙, 2대 8 법칙으로 불리기도 하는 파레토 법칙은 전체 결과의 80%가 전체 원인의 20%에서 일어나는 현상을 가리킨다. 결국 크게 수익이 되는 것은 20%의 상품군, 그리고 20%의 구매자이기에 이들에게 많은 역량을 집중할 필요가 있다는 것으로, 이른바 선택과 집중이라는 경영학의 기본 개념으로 자리 잡아 왔다.
> 하지만 파레토 법칙은 현상에 붙은 이름일 뿐 법칙의 필연성을 설명하진 않으며, 그 적용이 쉬운 만큼 내부의 개연성을 명확하게 파악하지 않으면 오용될 여지가 다분하다는 문제점을 지니고 있다. 예컨대 상위권 성적을 지닌 20%의 학생을 한 그룹으로 모아놓는다고 해서 그들의 80%가 갑작스레 공부를 중단하진 않을 것이며, 20%의 고객이 80%의 매출에 기여하므로 백화점을 찾는 80%의 고객들을 홀대해도 된다는 비약으로 이어질 수 있기 때문이다.

① 파레토 법칙은 80%의 고객을 경원시하는 법칙이다.
② 파레토 법칙을 함부로 여러 사례에 적용해서는 안 된다.
③ 파레토 법칙은 20%의 주요 구매자를 찾아내는 데 유효한 법칙이다.
④ 파레토 법칙은 보다 효율적인 판매 전략을 세우는 데 도움을 준다.

09 다음 글의 내용으로 적절하지 않은 것은?

위기지학(爲己之學)이란 15세기의 사림파 선비들이 『소학(小學)』을 강조하면서 내세운 공부 태도를 가리킨다. 원래 이 말은 위인지학(爲人之學)과 함께 『논어(論語)』에 나오는 말이다. '옛날에 공부하던 사람들은 자기를 위해 공부했는데, 요즘 사람들은 남을 위해 공부한다.' 즉, 공자는 공부하는 사람의 관심이 어디에 있느냐를 가지고 학자를 두 부류로 구분했다. 어떤 학자는 '위기(爲己)란 자아가 성숙하는 것을 추구하며, 위인(爲人)이란 남들에게서 인정받기를 바라는 태도'라고 했다.
조선 시대를 대표하는 지식인 퇴계 이황(李滉)은 이렇게 말했다. '위기지학이란, 우리가 마땅히 알아야 할 바가 도리이며, 우리가 마땅히 행해야 할 바가 덕행이라는 것을 믿고, 가까운 데서부터 착수해 나가되 자신의 이해를 통해서 몸소 실천하는 것을 목표로 삼는 공부이다. 반면 위인지학이란, 내면의 공허함을 감추고 관심을 바깥으로 돌려 지위와 명성을 취하는 공부이다.' 위기지학과 위인지학의 차이는 공부의 대상이 무엇이냐에 있다기보다 공부를 하는 사람의 일차적 관심과 태도가 자신을 내면적으로 성숙시키는 데 있느냐 아니면 다른 사람으로부터 인정을 받는 데 있느냐에 있다는 것이다.
이것은 학문의 목적이 외재적 가치에 의해서가 아니라 내재적 가치에 의해서 정당화된다는 사고방식이 나타났음을 뜻한다. 이로써 당시 사대부들은 출사(出仕)를 통해 정치에 참여하는 것 외에 학문과 교육에 종사하면서도 자신의 사회적 존재 의의를 주장할 수 있다고 믿었다. 더 나아가 학자 또는 교육자로서 사는 것이 관료 또는 정치가로서 사는 것보다 훌륭한 것이라고 주장할 수 있게 되었다. 또한 위기지학의 출현은 종래 과거제에 종속되어 있던 교육에 독자적 가치를 부여했다는 점에서 역사적 사건으로 평가받아 마땅하다.

① 국가가 위기지학을 권장함으로써 그 위상이 높아졌다.
② 위인지학을 추구하는 사람들은 체면과 인정을 중시했다.
③ 위기적 태도를 견지한 사람들은 자아의 성숙을 추구했다.
④ 공자는 학문을 대하는 태도를 기준으로 삼아 학자들을 나누었다.

10 **다음 글을 읽고 추론한 내용으로 적절한 것을 〈보기〉에서 모두 고르면?**

> 민주주의 사회에서 정치적 의사 결정은 투표에 의해서 이루어진다. 이 경우 구성원들은 자신의 경제력에 관계없이 똑같은 정도의 결정권을 가지고 참여한다. 즉, 의사 결정 과정에서의 민주적 절차와 형평성을 중시하는 것이다. 그러나 시장적 의사 결정에서는 자신의 경제력에 비례하여 차별적인 결정권을 가지고 참여하며, 철저하게 수요 – 공급의 원칙에 따라 의사 결정이 이루어진다. 경제적인 효율성이 중시되는 것이다.
> 정치적 의사 결정은 다수결과 강제성을 전제로 하지만, 시장적 의사 결정은 완전 합의와 자발성을 근간으로 한다. 투표를 통한 결정이든 선거에 의해 선출된 사람들의 합의에 의한 결정이든 민주주의 제도하에서 의사 결정은 다수결로 이루어지며, 이 과정에서 반대를 한 소수도 결정이 이루어진 뒤에는 그 결정에 따라야 한다. 그러나 시장적 의사 결정에서는 시장 기구가 제대로 작동하는 한, 거래를 원하는 사람만이 자발적으로 의사 결정에 참여하며 항상 모든 당사자의 완전 합의에 의해서만 거래가 이루어진다.
> 물론 민주주의와 시장경제가 전적으로 상치되는 것은 아니다. 이 둘은 공통적으로 개인의 자유, 책임, 경쟁, 참여, 법치 등의 가치를 존중하는 자유주의 사상에 바탕을 두고 있기 때문에 병행하여 발전하는 속성도 지니고 있다. 민주주의는 정치권력의 남용을 차단하고 자유로운 분위기를 조성함으로써 시장경제의 성장과 발전에 기여한다. 또한 시장경제는 각자의 능력과 노력에 따라 정당한 보상을 받게 함으로써 민주주의의 발전에 필요한 물적 기반을 제공하며 정치적 안정에도 기여한다.

보기

ㄱ. 정치적 의사 결정에서는 구성원의 경제력과 결정권이 반비례한다.
ㄴ. 시장적 의사 결정에서는 당사자 간에 완전한 합의가 이루어지지 않는다면 거래도 이루어질 수 없다.
ㄷ. 정치적 의사 결정 과정에서는 소수의 의견이 무시될 수 있다는 문제점이 있다.

① ㄱ　　② ㄷ
③ ㄱ, ㄴ　　④ ㄴ, ㄷ

11 **다음 글과 관련 있는 속담으로 가장 적절한 것은?**

> 한국을 방문한 외국인들을 대상으로 한 설문조사에서 인상 깊은 한국의 '빨리빨리' 문화로 '자판기에 손 넣고 기다리기, 웹사이트가 3초 안에 안 나오면 창 닫기, 엘리베이터 닫힘 버튼 계속 누르기' 등이 뽑혔다. 외국인들에게 가장 큰 충격을 준 것은 바로 '가게 주인의 대리 서명'이었다. 외국인들은 가게 주인이 카드 모서리로 대충 사인을 하는 것을 보고 큰 충격을 받았다고 하였다. 외국에서는 서명을 대조하여 확인하기 때문에 대리 서명은 상상도 할 수 없다는 것이다.

① 가재는 게 편이다　　② 우물에 가 숭늉 찾는다
③ 봇짐 내어 주며 앉으라 한다　　④ 하나를 듣고 열을 안다

12 딸의 나이를 8로 나누면 나머지가 없고, 5로 나누면 나머지가 3이다. 아버지는 딸의 나이 십의 자릿수와 일의 자릿수를 바꾼 나이와 같을 때 아버지와 딸의 나이 차는 몇 살인가?(단, 딸은 30살 이상 50살 미만이다)

① 30살　② 33살
③ 36살　④ 39살

13 M영화관 C지점이 설립됐다. C지점에서는 개업 이벤트로 10명이 모여 예매하면 1인당 20%를 할인해준다. G고등학교 1학년 2반 학생들은 C지점에서 단체 영화 관람을 하기로 했다. 2반 학생 수가 총 46명일 때, 이벤트 이전에 내야 하는 금액보다 얼마나 할인을 받을 수 있는가?(단, 청소년 한 명의 요금은 8,000원이다)

① 61,000원　② 64,000원
③ 67,000원　④ 71,000원

PART 3

14 불량률이 3%인 기계로 정상 제품 950개를 만들려면 최소 몇 개를 투입해야 하는가?

① 975개　② 980개
③ 985개　④ 990개

15 토취장에서 공사장으로 흙을 운반하고 있다. 한 번에 8t을 운반할 수 있는 트럭과 한 번에 12t을 운반할 수 있는 트럭이 있는데 8t 트럭은 왕복 2시간이 걸리고 12t 트럭은 왕복 3시간이 걸린다. 두 트럭으로 총 1,000t의 흙을 운반할 때 걸리는 시간은?

① 75시간　② 100시간
③ 125시간　④ 150시간

16 U기업은 창립기념일을 맞이하여 10km 사내 마라톤 대회를 열었다. 전 직원이 참여한 마라톤 대회 결과는 다음과 같다. 전 직원 중 무작위로 남자 사원 한 명을 뽑았을 때, 완주했을 확률은 얼마인가?(단, 소수점 첫째 자리에서 반올림한다)

〈사내 마라톤 대회 결과〉

구분	남자	여자
완주	122명	71명
미완주	58명	49명

① 41%　② 48%
③ 51%　④ 68%

17 형수가 친척집으로 심부름을 가는데 자전거를 타고 시속 12km로 가면 시속 4km로 걸어가는 것보다 1시간 빠르게 도착한다고 한다. 시속 8km/h로 달린다면 몇 분 후 도착하는가?

① 40분　② 42분
③ 45분　④ 50분

18 회사 업무상 중국 베이징에서 열리는 회의에 참석한 김대리는 자사 공장이 있는 다롄에도 시찰을 다녀오라는 회사의 연락을 받았다. 김대리가 선택할 수 있는 교통수단이 다음과 같을 때, 어떤 교통편을 선택하겠는가?(단, 김대리는 비용 기준이 낮은 대안을 선호한다)

〈베이징에서 다롄까지 교통수단〉

교통편명	교통수단	시간	요금
CZ3650	비행기	2시간	500,000원
MU2744	비행기	3시간	200,000원
G820	고속열차	5시간	120,000원
Z391	고속열차	7시간	100,000원

※ 김대리의 비용 기준=(시간)×1,000,000×0.6+(요금)×0.8

① CZ650　② MU2744
③ G820　④ Z391

19 다음은 두 국가의 월별 이민자 수에 대한 자료이다. 이에 대한 설명으로 옳은 것은?

〈A, B국의 이민자 수 추이〉

(단위 : 명)

구분	A국	B국
2022년 12월	3,400	2,720
2023년 1월	3,800	2,850
2023년 2월	4,000	2,800

① 2022년 12월 B국 이민자 수는 A국 이민자 수의 75% 미만이다.
② 월별 이민자 수 차이는 2022년 12월이 가장 크다.
③ 2023년 2월 A국 이민자 수는 2023년 2월 A, B국의 이민자 수의 평균보다 800명 더 많다.
④ A국 이민자 수에 대한 B국 이민자 수의 비는 2022년 12월이 가장 크다.

20 다음은 노인 취업률 추이에 대한 그래프이다. 조사한 직전 연도 대비 노인 취업률의 변화율이 가장 큰 연도는?

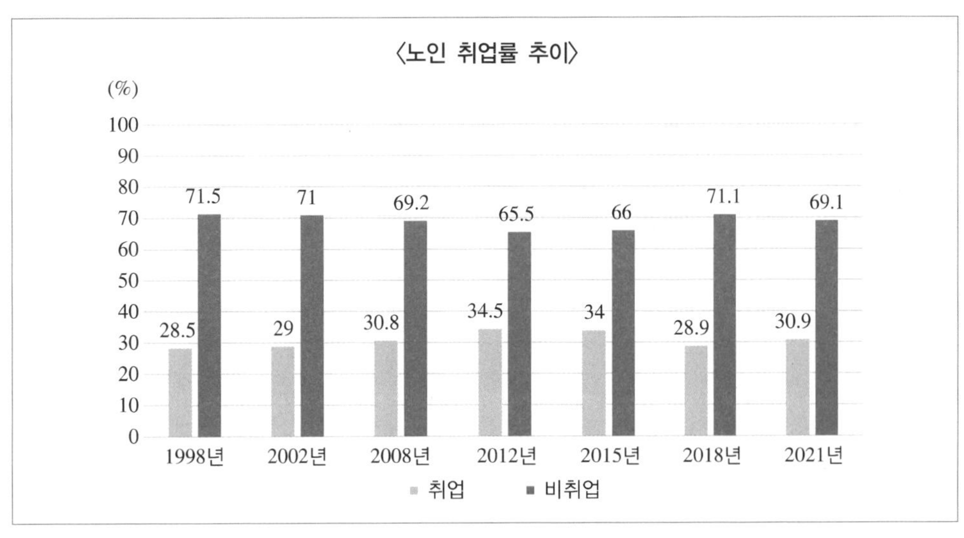

① 2002년 ② 2012년
③ 2015년 ④ 2018년

21 다음은 어린이 보호구역 지정 대상 및 현황에 대한 자료이다. 이에 대한 설명으로 옳지 않은 것을 〈보기〉에서 모두 고르면?

〈어린이 보호구역 지정 대상 및 지정 현황〉

(단위 : 곳)

구분		2016년	2017년	2018년	2019년	2020년	2021년	2022년
어린이보호구역 지정 대상	계	17,339	18,706	18,885	21,274	21,422	20,579	21,273
어린이보호구역 지정 현황	계	14,921	15,136	15,444	15,799	16,085	16,355	16,555
	초등학교	5,917	5,946	5,975	6,009	6,052	6,083	6,127
	유치원	6,766	6,735	6,838	6,979	7,056	7,171	7,259
	특수학교	131	131	135	145	146	148	150
	보육시설	2,107	2,313	2,481	2,650	2,775	2,917	2,981
	학원	–	11	15	16	56	36	38

보기

ㄱ. 2019년부터 2022년까지 어린이보호구역 지정 대상은 전년 대비 매년 증가하였다.

ㄴ. 2017년 어린이보호구역 지정 대상 중 어린이보호구역으로 지정된 구역의 비율은 75% 이상이다.

ㄷ. 어린이보호구역으로 지정된 구역 중 학원이 차지하는 비중은 2020년부터 2022년까지 전년 대비 매년 증가하였다.

ㄹ. 어린이보호구역으로 지정된 구역 중 초등학교가 차지하는 비중은 2016년부터 2020년까지 매년 60% 이상이다.

① ㄱ, ㄴ

② ㄴ, ㄹ

③ ㄱ, ㄴ, ㄷ

④ ㄱ, ㄷ, ㄹ

※ 다음은 주택 소유 현황에 대한 자료이다. 이어지는 질문에 답하시오. **[22~23]**

〈A시의 연령대별 · 연도별 주택 소유 비중〉

(단위 : %)

구분	2018년	2019년	2020년	2021년	2022년
30대	16.1	15.1	14.6	14.2	13.8
40대	25.8	25.5	25.5	25.2	24.7
50대	25.7	26.1	26.1	25.9	25.8
60대 이상	27.7	28.8	29.4	30.3	31.4

〈A시의 연도별 주택 수 증가율〉

(단위 : %)

구분	2018년	2019년	2020년	2021년	2022년
전년 대비 증가율	1.5	0.8	1.1	1.4	1.8

PART 3

22 다음 〈보기〉 중 자료에 대한 설명으로 옳지 않은 것을 모두 고르면?

보기

ㄱ. 30대 미만 연령의 2022년 주택 소유 비중은 2018년 대비 10% 이상 감소하였다.
ㄴ. 60대 이상의 주택 소유 비중은 꾸준히 증가하였다.
ㄷ. 주택 소유 비중의 제시된 연령대별 순위는 2018 ~ 2022년 모두 동일하다.

① ㄱ
② ㄴ
③ ㄱ, ㄴ
④ ㄱ, ㄷ

23 2020년 A시의 주택의 수가 125,000호라면, 2018년 주택의 수는?(단, 소수점 첫째 자리에서 반올림한다)

① 122,605호
② 122,659호
③ 123,250호
④ 123,335호

※ 다음과 같은 정사각형의 종이를 화살표 방향으로 접고 〈보기〉의 좌표가 가리키는 위치에 구멍을 뚫었다. 다시 펼쳤을 때 뚫린 구멍의 위치를 좌표로 나타낸 것으로 옳은 것을 고르시오(단, 좌표가 그려진 사각형의 크기와 종이의 크기는 일치하며, 종이가 접힐 때 종이의 위치는 바뀌지 않는다). **[24~25]**

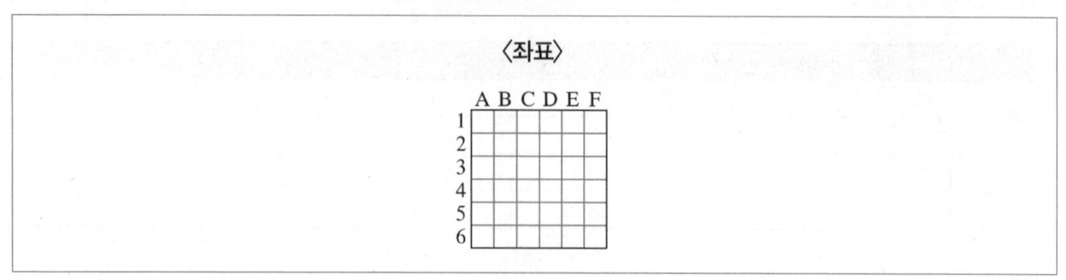

24

보기

A3

① A2, A3, A6, F2, F3, F6
② A6, B2, B3, F2, F3, F6
③ A2, A3, A6, E2, E3, E6
④ A2, A3, A5, F2, F3, F5

25

보기

A6

① A6, D6, E6, F1, F4, F5
② B6, D6, E6, F1, F4, F5
③ A6, D5, E6, F1, F4, F5
④ A6, D6, E1, E4, E5, E6

26 다음 중 제시된 도형과 같은 것은?(단, 도형은 회전이 가능하다)

27 다음 도형을 좌우 반전한 후, 시계 방향으로 90° 회전한 모양은?

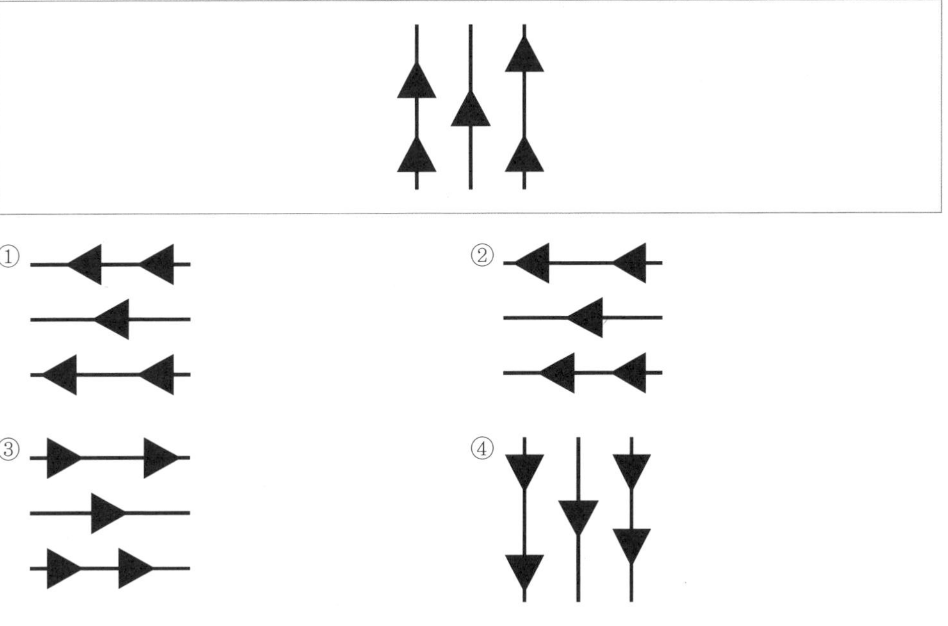

PART 3

※ 다음 블록의 개수는 몇 개인지 고르시오(단, 보이지 않는 곳의 블록은 있다고 가정한다). [28~29]

28

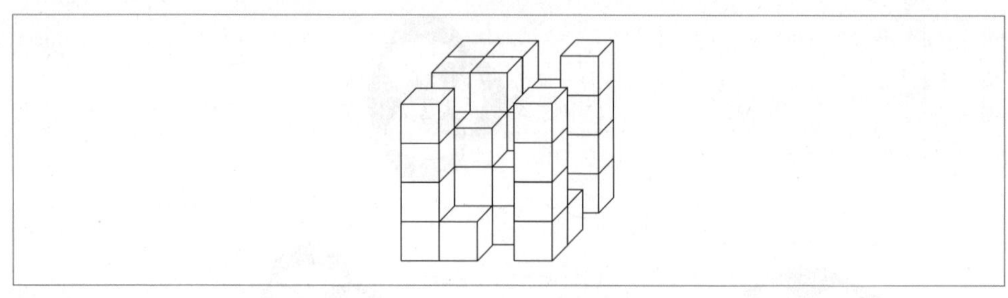

① 44개 ② 43개

③ 42개 ④ 41개

29

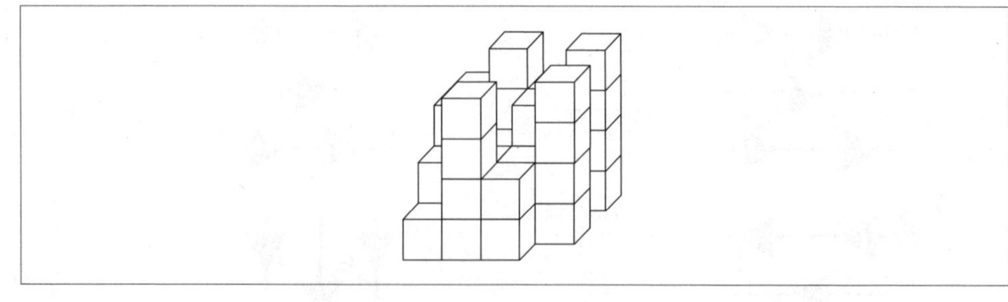

① 42개 ② 41개

③ 40개 ④ 39개

30 제시된 단면도와 일치하는 입체도형은?

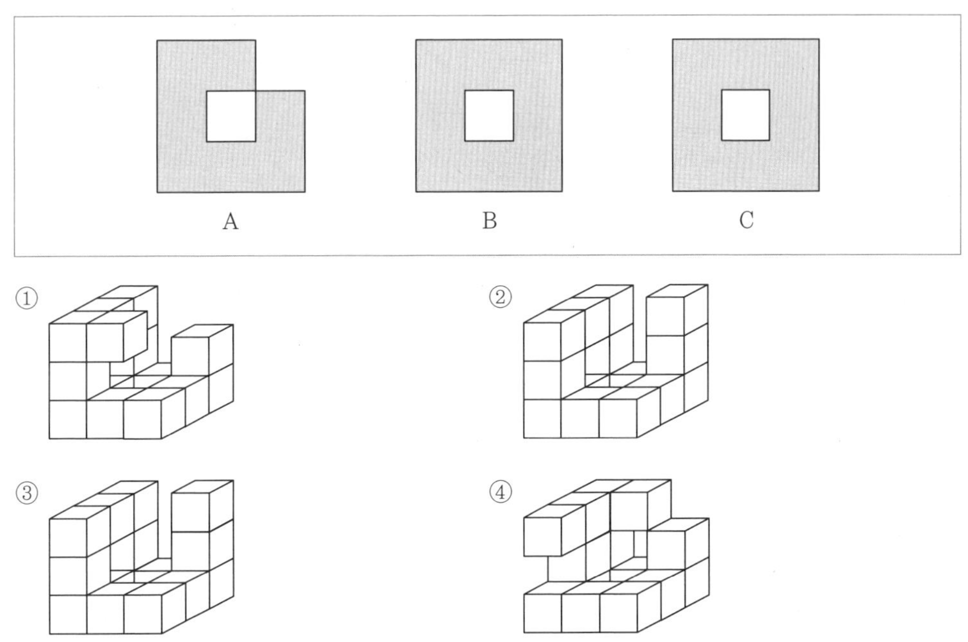

31 제시된 전개도를 접었을 때 나타나는 입체도형은?

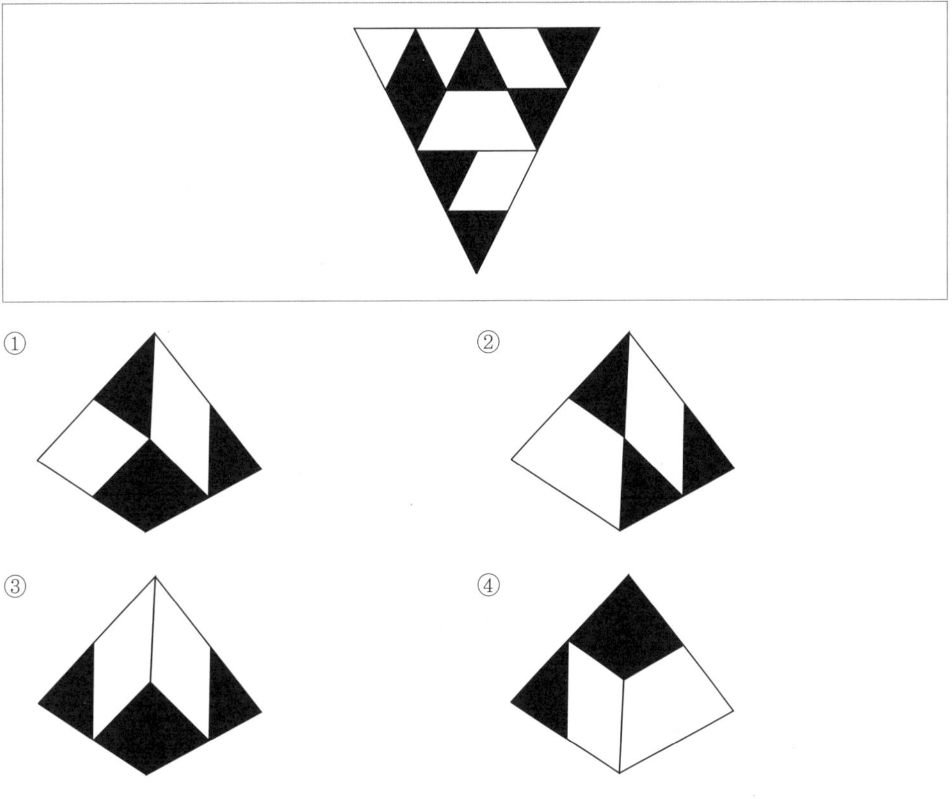

32 다음 두 블록을 합쳤을 때, 나올 수 있는 형태는?

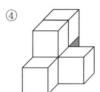

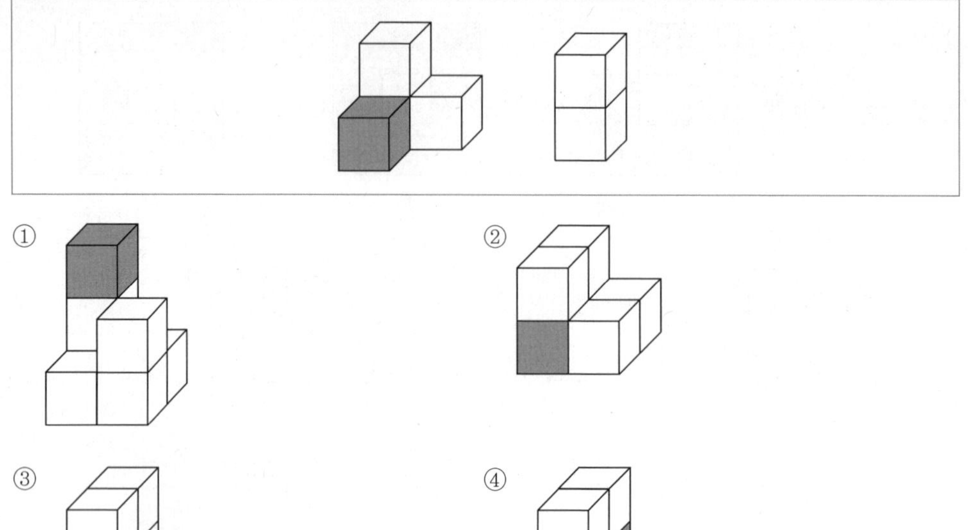

33 일정한 규칙으로 수를 나열할 때, 빈칸에 들어갈 숫자로 옳은 것은?

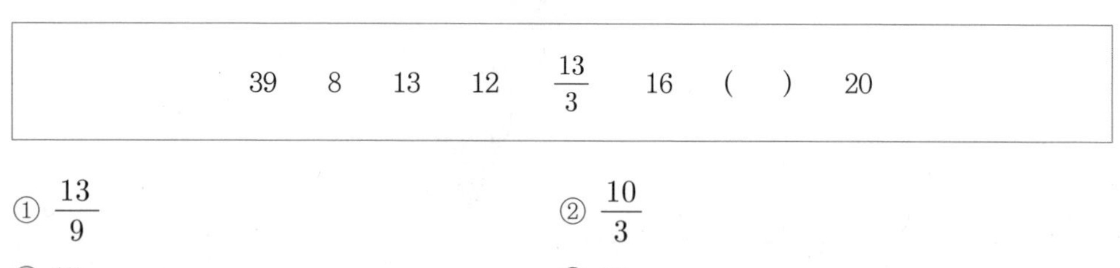

39 8 13 12 $\frac{13}{3}$ 16 ( ) 20

① $\frac{13}{9}$
② $\frac{10}{3}$
③ 15
④ 18

34 일정한 규칙으로 문자를 나열할 때, 빈칸에 들어갈 문자로 옳은 것은?

ㄴ ㄷ ㄱ ㄹ ㅁ ㄷ ㅂ ㅅ ( )

① ㄹ
② ㅁ
③ ㅂ
④ ㅅ

35 제시된 문장이 모두 참일 때, 바르게 추론한 것은?

- 등산을 좋아하는 사람은 스케이팅을 싫어한다.
- 영화 관람을 좋아하지 않는 사람은 독서를 좋아한다.
- 영화 관람을 좋아하지 않는 사람은 조깅 또한 좋아하지 않는다.
- 낮잠 자기를 좋아하는 사람은 스케이팅을 좋아한다.
- 스케이팅을 좋아하는 사람은 독서를 좋아한다.

① 영화 관람을 좋아하는 사람은 스케이팅을 좋아한다.
② 낮잠 자기를 좋아하는 사람은 독서를 좋아한다.
③ 조깅을 좋아하는 사람은 독서를 좋아한다.
④ 스케이팅을 좋아하는 사람은 낮잠 자기를 싫어한다.

PART 3

36 A ~ F 6명은 피자 3판을 모두 같은 양만큼 나누어 먹기로 하였다. 피자 3판은 각각 동일한 크기로 8조각으로 나누어져 있다. 다음 〈조건〉에 따라 앞으로 2조각을 더 먹어야 하는 사람을 모두 고르면?

조건

- 현재 총 6조각이 남아있다.
- A, B, E는 같은 양을 먹었고, 나머지는 모두 먹은 양이 달랐다.
- F는 D보다 적게 먹었으며, C보다는 많이 먹었다.

① A, B, E
② C
③ D
④ F

37 다음은 같은 반 학생인 A ~ E의 영어 단어 시험 결과이다. 다음 결과를 바탕으로 바르게 추론한 것은?

- A는 이번 시험에서 1문제의 답을 틀렸다.
- B는 이번 시험에서 10문제의 답을 맞혔다.
- C만 유일하게 이번 시험에서 20문제 중 답을 다 맞혔다.
- D는 이번 시험에서 B보다 많은 문제의 답을 틀렸다.
- E는 지난 시험에서 15문제의 답을 맞혔고, 이번 시험에서는 지난 시험보다 더 많은 문제의 답을 맞혔다.

① A는 E보다 많은 문제의 답을 틀렸다.
② C는 가장 많이 답을 맞혔고, B는 가장 많이 답을 틀렸다.
③ B는 D보다 많은 문제의 답을 맞혔지만, E보다는 적게 답을 맞혔다.
④ D는 E보다 많은 문제의 답을 맞혔다.

38 다음 명제가 모두 참일 때, 반드시 참인 명제는?

> • 창조적인 기업은 융통성이 있다.
> • 오래가는 기업은 건실하다.
> • 오래가는 기업이라고 해서 모두가 융통성이 있는 것은 아니다.

① 융통성이 있는 기업은 건실하다.
② 창조적인 기업이 오래갈지 아닐지 알 수 없다.
③ 융통성이 있는 기업은 오래간다.
④ 어떤 창조적인 기업은 건실하다.

39 투과력이 높아 뼈의 골절이나 복부 질환 검진에 사용되는 CT(컴퓨터 단층 촬영)에 이용되는 전자기파는 무엇인가?

① X선
② 자외선
③ 적외선
④ 가시광선

40 자동차 에어백에 사용되며 물체의 속도 변화를 감지하는 센서는 무엇인가?

① 온도 센서
② 이온 센서
③ 화학 센서
④ 가속도 센서

41 다음 중 이온과 불꽃 반응색이 잘못 짝지어진 것은?

① Na - 노란색
② K - 보라색
③ Ca - 파란색
④ Cu - 청록색

42 **다음 중 도체와 부도체에 대한 설명으로 옳지 않은 것은?**

① 소금, 종이, 고무, 흑연 등이 부도체에 속한다.
② 도체에는 주로 금속이 속한다.
③ 부도체는 고체 상태에서 전류가 흐르지 않는다.
④ 부도체는 주로 비금속이다.

43 **다음 설명에 해당하는 현상은?**

- 백혈구가 식균 작용을 하였다.
- 항원이 침입하여 항체가 만들어졌다.

① 면역 ② 발생
③ 생식 ④ 생장

44 **다음은 어떤 법칙에 대한 설명인가?**

- 동전을 올려놓은 종이의 끝을 손으로 잡고 재빨리 빼내면 동전은 떨어지지 않음
- 정지해 있던 지하철이 갑자기 출발하면 승객과 지하철의 손잡이는 순간 뒤로 쏠림

① 만유인력의 법칙 ② 힘과 가속도의 법칙
③ 작용과 반작용의 법칙 ④ 관성의 법칙

45 **다음 중 자유전자들을 양이온들이 공유하는 결합 이름은?**

① 금속결합 ② 배위결합
③ 이온결합 ④ 공유결합

얼마나 많은 사람들이 책 한 권을 읽음으로써
인생에 새로운 전기를 맞이했던가.

– 헨리 데이비드 소로 –

PART

4

면접

CHAPTER

01 면접 소개

01 ▶ 면접 주요사항

면접의 사전적 정의는 면접관이 지원자를 직접 만나보고 인품(人品)이나 언행(言行) 따위를 시험하는 일로, 흔히 필기시험 후에 최종적으로 심사하는 방법이다.
최근 주요 기관의 인사담당자들을 대상으로 한 설문조사에서 채용 시 면접이 차지하는 비중이 50 ~ 80% 이상이라고 답한 사람은 전체 응답자의 80%를 넘었다. 이와 대조적으로 지원자들을 대상으로 취업 시험에서 면접을 준비하는 기간을 물었을 때, 대부분의 응답자가 2 ~ 3일 정도라고 대답했다.
지원자는 서류전형과 직무적성검사를 통과해야만 면접을 볼 수 있기 때문에 자연스럽게 면접은 그 비중이 작아질 수밖에 없다. 하지만 아이러니하게도 실제 채용 과정에서 면접이 차지하는 비중은 절대적이라고 해도 과언이 아니다.
기관들은 채용 과정에서 토론 면접, 인성 면접, 프레젠테이션 면접, 역량 면접 등의 다양한 면접을 실시한다. 1차 커트라인이라고 할 수 있는 서류전형을 통과한 지원자들의 스펙이나 능력은 서로 엇비슷하다고 판단하기 때문에 지원자의 인성을 파악하기 위해 면접을 더욱 강화하는 것이다.
면접의 기본은 자기 자신을 면접관에게 알기 쉽게 표현하는 것이다. 이러한 표현을 바탕으로 자신의 단점을 극복할 수 있는 연습을 한다면 좋은 결과를 얻을 수 있을 것이다.

1. 자기소개

자기소개를 시키는 이유는 면접자가 지원자의 자기소개서를 압축해서 듣고, 지원자의 첫인상을 평가할 시간을 가질 수 있기 때문이다. 면접을 위한 워밍업이라고 할 수 있으며, 첫인상을 결정하는 과정이므로 매우 중요한 순간이다. 자신을 잘 소개할 수 있는 문구의 1분 자기소개를 미리 준비해서 연습해야 한다.

2. 1분 자기소개 시 주의사항

면접에서 바른 자세가 중요하다는 것은 익히 알고 있다. 하지만 문제는 무의식적으로 나오는 흐트러진 자세 때문에 나쁜 인상을 줄 수 있다는 것이다. 이러한 습관을 고칠 수 있는 가장 좋은 방법은 캠코더로 녹화하거나 스터디를 통해 모의 면접을 해 보면서 끊임없이 피드백을 받는 것이다.

3. 대화법

전문가들이 말하는 대화법의 핵심은 '상대방을 배려하면서 이야기하라.'는 것이다. 대화는 나와 다른 사람의 소통이다. 내용에 대한 공감이나 이해가 없다면 대화는 더 이상 진전되지 않는다.

4. 첫인상

취업을 위해 성형수술을 받는 지원자들에 대한 이야기는 더 이상 뉴스거리가 되지 않는다. 그만큼 많은 사람이 좁은 취업문을 뚫기 위해 이미지 향상에 신경을 쓰고 있다. 하지만 외모와 첫인상을 절대적인 관계로 이해하는 것은 잘못된 판단이다. 외모가 첫인상에서 많은 부분을 차지하지만, 외모 외에 다른 결점이 발견된다면 그로 인해 장점들이 가려질 수도 있다. 첫인상은 말 그대로 한 번밖에 기회가 주어지지 않으며 몇 초 안에 결정된다. 첫인상을 결정짓는 요소 중 시각적인 요소가 80% 이상을 차지한다. 첫눈에 들어오는 생김새나 복장, 표정 등에 의해서 결정되는 것이다. 면접을 시작할 때 자기소개를 시키는 것도 지원자별로 첫인상을 평가하기 위해서이다. 첫인상이 중요한 이유는 만약 첫인상이 부정적으로 인지될 경우, 지원자의 다른 좋은 면까지 거부당하기 때문이다. 이러한 현상을 심리학에서는 초두효과(Primacy Effect)라고 한다.

이는 먼저 제시된 정보가 추후 알게 된 정보보다 더 강력한 영향을 미치는 현상으로, 앞서 제시된 정보가 나중의 것보다 기억이 더 잘 되고, 인출도 더 잘 된다는 것이다. 예를 들어 첫인상이 착하게 기억되면 나중에 나쁜 행동을 하더라도 순간의 실수로 생각되는 반면, 첫인상이 나쁘다면 착한 행동을 하더라도 그 진위에 의심을 사게 되는 것이다. 이처럼 한 번 형성된 첫인상은 여간해서 바꾸기 힘들다. 따라서 평소에 첫인상을 좋게 만들기 위한 노력을 꾸준히 해야만 한다.

깔끔한 옷차림과 부드러운 표정 그리고 말과 행동 등에 의해 전반적인 이미지가 만들어진다. 누구나 한두 가지 단점은 가지고 있지만 이미지 컨설팅을 통해서 자신의 단점들을 보완하는 지원자도 있다. 특히, 표정이 밝지 않은 지원자는 평소 웃는 연습을 의식적으로 하여 면접을 받는 동안 계속해서 여유 있는 표정을 짓는 것이 중요하다. 성공한 사람들은 인상이 좋다는 것을 명심하자.

02 ▸ 면접의 유형 및 실전 대책

1. 면접의 유형

과거 천편일률적인 일대일 면접과 달리 현재는 면접에 다양한 유형이 도입되어 "면접은 이렇게 보는 것이다."라고 말할 수 있는 정해진 유형이 없어졌다. 그러나 대부분의 기관에서 현재까지는 집단 면접과 다대일 면접이 진행되고 있으므로 어느 정도 유형을 파악하여 사전에 대비가 가능하다. 면접의 기본인 단독 면접부터 다대일 면접, 집단 면접, PT면접 유형과 그 대책에 대해 알아보자.

(1) 단독 면접

단독 면접이란 응시자와 면접관이 일대일로 마주하는 형식을 말한다. 면접위원 한 사람과 응시자 한 사람이 마주 앉아 자유로운 화제를 가지고 질의응답을 되풀이하는 방식이다. 이 방식은 면접의 가장 기본적인 방법으로 소요시간은 10～20분 정도가 일반적이다.

① 단독 면접의 장점

필기시험 등으로 판단할 수 없는 성품이나 능력을 알아내는 데 가장 적합하다고 평가받아 온 면접방식으로 응시자 한 사람 한 사람에 대해 여러 면에서 비교적 폭넓게 파악할 수 있다. 응시자의 입장에서는 한 사람의 면접관만을 대하는 것이므로 상대방에게 집중할 수 있으며, 긴장감도 다른 면접방식에 비해서는 적은 편이다.

② 단독 면접의 단점

면접관의 주관이 강하게 작용해 객관성을 저해할 소지가 있으며, 면접 평가표를 활용한다 하더라도 일면적인 평가에 그칠 가능성을 배제할 수 없다. 또한 시간이 많이 소요되는 것도 단점이다.

단독 면접 준비 Point

단독 면접에 대비하기 위해서는 평소 일대일로 논리 정연하게 대화를 나눌 수 있는 능력을 기르는 것이 중요하다. 그리고 면접장에서는 면접관을 선배나 선생님 혹은 아버지를 대하는 기분으로 면접에 임하는 것이 부담도 훨씬 적고 실력을 발휘할 수 있는 방법이 될 것이다.

(2) 다대일 면접

다대일 면접은 일반적으로 가장 많이 사용되는 면접방법으로 보통 2 ~ 5명의 면접관이 1명의 응시자에게 질문하는 형태의 면접방법이다. 면접관이 여러 명이므로 다각도에서 질문을 하여 응시자에 대한 정보를 많이 알아낼 수 있다는 점 때문에 선호하는 면접방법이다.

하지만 응시자의 입장에서는 면접관에 따라 질문도 각양각색이고 동료 응시자가 없으므로 숨 돌릴 틈도 없게 느껴진다. 또한 관찰하는 눈도 많아서 조그만 실수라도 지나치는 법이 없기 때문에 정신적 압박과 긴장감이 높은 면접방법이다. 따라서 응시자는 긴장을 풀고 한 명의 면접관이 질문하더라도 면접관 전원을 향해 대답한다는 기분으로 또박또박 대답하는 자세가 필요하다.

① 다대일 면접의 장점

면접관이 집중적인 질문과 다양한 관찰을 통해 응시자가 과연 조직에 필요한 인물인가를 완벽히 검증할 수 있다.

② 다대일 면접의 단점

면접시간이 보통 10 ~ 30분 정도로 긴 편이고 응시자에게 지나친 긴장감을 조성하는 면접방법이다.

다대일 면접 준비 Point

질문을 들을 때 시선은 면접위원을 향하고 다른 데로 돌리지 말아야 하며, 대답할 때에도 고개를 숙이거나 입속에서 우물거리는 소극적인 태도는 피하도록 한다. 면접위원과 대등하다는 마음가짐으로 편안한 태도를 유지하면 대답도 자연스러운 상태에서 좀 더 충실히 할 수 있고, 이에 따라 면접위원이 받는 인상도 달라진다.

(3) 집단 면접

집단 면접은 다수의 면접관이 여러 명의 응시자를 한꺼번에 평가하는 방식으로 짧은 시간에 능률적으로 면접을 진행할 수 있다. 각 응시자에 대한 질문 내용, 질문 횟수, 시간 배분이 똑같지는 않으며, 모두에게 같은 질문이 주어지기도 하고, 각각 다른 질문을 받기도 한다.

또 어떤 응시자가 한 대답에 대한 의견을 묻는 등 그때그때의 분위기나 면접관의 의향에 따라 변수가 많다. 집단 면접의 경우 응시자의 입장에서는 개별 면접에 비해 긴장감은 다소 덜한 반면에 다른 응시자들과 확실하게 비교되므로 응시자는 몸가짐이나 표현력·논리성 등이 결여되지 않도록 자신의 생각이나 의견을 솔직하게 발표하여 집단 속에 묻히거나 밀려나지 않도록 주의해야 한다.

① 집단 면접의 장점

집단 면접의 장점은 면접관이 응시자 한 사람에 대한 관찰시간이 상대적으로 길고, 비교 평가가 가능하기 때문에 결과적으로 평가의 객관성과 신뢰성을 높일 수 있다는 점이며, 응시자는 동료들과 함께 면접을 받기 때문에 긴장감이 다소 덜하다는 것을 들 수 있다. 또한 동료가 답변하는 것을 들으며, 자신의 답변 방식이나 자세를 조정할 수 있다는 것도 큰 이점이다.

② 집단 면접의 단점

응답하는 순서에 따라 응시자마다 유리하고 불리한 점이 있고, 면접위원의 입장에서는 각각의 개인적인 문제를 깊게 다루기가 곤란하다는 것이 단점이다.

집단 면접 준비 Point

너무 자기 과시를 하지 않는 것이 좋다. 대답은 자신이 말하고 싶은 내용을 간단명료하게 말해야 한다. 내용이 없는 발언을 한다거나 대답을 질질 끄는 태도는 좋지 않다. 또 말하는 중에 내용이 주제에서 벗어나거나 자기 중심적으로만 말하는 것도 피해야 한다. 집단 면접에 대비하기 위해서는 평소에 설득력을 지닌 자신의 논리력을 계발하는 데 힘써야 하며, 다른 사람 앞에서 자신의 의견을 조리 있게 개진할 수 있는 발표력을 갖추는 데에도 많은 노력을 기울여야 한다.

- 실력에는 큰 차이가 없다는 것을 기억하라.
- 동료 응시자들과 서로 협조하라.
- 답변하지 않을 때의 자세가 중요하다.
- 개성 표현은 좋지만 튀는 것은 위험하다.

PART 4

(4) 집단 토론식 면접

집단 토론식 면접은 집단 면접과 형태는 유사하지만 질의응답이 아니라 응시자들끼리의 토론이 중심이 되는 면접방법으로 최근 들어 급증세를 보이고 있다.

이는 공통의 주제에 대해 다양한 견해들이 개진되고 결론을 도출하는 과정, 즉 토론을 통해 응시자의 다양한 면에 대한 평가가 가능하다는 집단 토론식 면접의 장점이 널리 확산된 데 따른 것으로 보인다. 사실 집단 토론식 면접을 활용하면 주제와 관련된 지식 정도와 이해력, 판단력, 설득력, 협동성은 물론 리더십, 조직 적응력, 적극성과 대인관계 능력 등을 파악하는 것이 용이하다고 한다. 토론식 면접에서는 자신의 의견을 명확히 제시하면서도 상대방의 의견을 경청하는 토론의 기본자세가 필수적이며, 지나친 경쟁심이나 자기 과시욕은 접어두는 것이 좋다.

또한 집단 토론의 목적이 결론을 도출해 나가는 과정에 있다는 것을 감안하여 무리하게 자신의 주장을 관철시키기보다 오히려 토론의 질을 높이는 데 기여하는 것이 좋은 인상을 줄 수 있다는 점을 알아야 한다. 취업 희망자들은 토론식 면접이 급속도로 확산되는 추세임을 감안해 특히 철저한 준비를 해야 한다.

평소에 신문의 사설이나 매스컴 등의 토론 프로그램을 주의 깊게 보면서 논리 전개 방식을 비롯한 토론 과정을 익히도록 하고, 친구들과 함께 간단한 주제를 놓고 토론을 진행해 볼 필요가 있다. 또한 사회·시사문제에 대해 자기 나름대로의 관점을 정립해두는 것도 꼭 필요하다.

집단 토론식 면접 준비 Point

- 토론은 정답이 없다는 것을 명심한다.
- 내 주장을 강조하지 않는다.
- 남이 말할 때 끼어들지 않는다.
- 필기구를 준비하여 메모하면서 면접에 임한다.
- 주제에 자신이 없다면 첫 번째 발언자가 되지 않는다.
- 자신의 입장을 먼저 밝힌다.
- 상대측의 사소한 발언에 집착하지 않고 전체적인 의미에 초점을 놓치지 않아야 한다.
- 남의 의견을 경청한다.
- 예상 밖의 반론에 당황스럽다 하더라도 유연함을 잃지 않아야 한다.

(5) PT 면접

PT 면접, 즉 프레젠테이션 면접은 최근 들어 집단 토론 면접과 더불어 그 활용도가 점차 커지고 있다. PT 면접은 기관마다 특성이 다르고 인재상이 다른 만큼 인성 면접만으로는 알 수 없는 지원자의 문제해결능력, 전문성, 창의성, 기본 실무능력, 논리성 등을 관찰하는 데 중점을 두는 면접으로, 지원자 간의 변별력이 높아 대부분의 기관에서 적용하고 있으며, 확산되는 추세이다.

면접 시간은 기관별로 차이가 있지만, 전문지식, 시사성 관련 주제를 제시한 다음 보통 20 ~ 50분 정도 준비하여 5분가량 발표할 시간을 준다. 단순히 질의응답으로 이루어지는 것이 아니라 면접관은 주제에 대해 일정 시간 동안 지원자의 발언과 발표하는 모습 등을 관찰하게 된다. 정확한 답이나 지식보다는 논리적 사고와 의사표현력이 더 중시되기 때문에 자신의 생각을 어떻게 설명하느냐가 매우 중요하다.

PT 면접에서 같은 주제라도 직무별로 평가요소가 달리 나타난다. 예를 들어, 영업직은 설득력과 의사소통능력에 중점을 둘 수 있겠고, 관리직은 신뢰성과 창의성 등을 더 중요하게 평가한다.

PT 면접 준비 Point

- 면접관의 관심과 주의를 집중시키고, 발표 태도에 유의한다.
- 모의 면접이나 거울 면접으로 미리 점검한다.
- PT 내용은 세 가지 정도로 정리해서 말한다.
- PT 내용에는 자신의 생각이 담겨 있어야 한다.
- PT 중간에 자문자답 방식을 활용한다.
- 평소 지원하는 분야의 동향이나 직무에 대한 전문지식을 쌓아둔다.
- 부적절한 용어 사용이나 무리한 주장 등은 하지 않는다.

2. 면접의 실전 대책

(1) 면접 대비사항

① 지원한 기관에 대한 사전지식을 충분히 갖는다.

필기시험 또는 서류전형의 합격통지가 온 후 면접시험 날짜가 정해지는 것이 보통이다. 이때 지원자는 면접시험을 대비해 사전에 본인이 지원한 기관 또는 부서에 대해 폭넓은 지식을 가질 필요가 있다.

지원 기관에 대해 알아두어야 할 사항

- 지원 기관의 연혁
- 지원 기관의 장
- 지원 기관의 경영목표와 방침
- 지원 분야의 업무 내용
- 지원 기관의 인재상
- 지원 기관의 비전

② 충분한 수면을 취한다.

충분한 수면으로 안정감을 유지하고 첫 출발의 신선한 마음가짐을 갖는다.

③ 면접 당일 아침에 인터넷으로 신문을 읽는다.

그날의 뉴스가 질문 대상에 오를 수가 있다. 특히 경제면, 정치면, 문화면 등을 유의해서 봐둘 필요가 있다.

출발 전 확인할 사항

스케줄표, 지갑, 신분증(주민등록증), 손수건, 휴지, 필기도구, 예비스타킹(여성의 경우) 등을 준비하자.

(2) 면접 시 옷차림

면접에서 옷차림은 간결하고 단정한 느낌을 주는 것이 가장 중요하다. 색상과 디자인 면에서 지나치게 화려한 색상이나, 노출이 심한 디자인은 자칫 면접관의 눈살을 찌푸리게 할 수 있다. 단정한 차림을 유지하면서 자신만의 독특한 멋을 연출하는 것, 지원 기관의 분위기를 파악했다는 센스를 보여주는 것 등이 면접 복장의 포인트다.

복장 점검

- 구두는 잘 닦여 있는가?
- 옷은 깨끗이 다려져 있으며 스커트 길이는 적당한가?
- 손톱은 길지 않고 깨끗한가?
- 머리는 흐트러짐 없이 단정한가?

(3) 면접요령

① 첫인상을 중요시한다.

상대에게 인상을 좋게 주지 않으면 어떠한 얘기를 해도 충분히 전달되지 않을 수 있다. 예를 들면 '저 친구는 표정이 없고 무엇을 생각하고 있는지 전혀 알 길이 없다.'라고 생각하게 만들면 최악의 상태다. 청결한 복장과 바른 자세로 면접장에 침착하게 들어가 건강하고 신선한 이미지를 주도록 한다.

② 좋은 표정을 짓는다.

얘기할 때의 표정은 중요한 사항 중 하나다. 거울 앞에서 웃는 연습을 해본다. 웃는 얼굴은 상대를 편안하게 만들고 특히 면접 등 긴박한 분위기에서는 큰 효과를 나타낼 것이다. 그렇다고 하여 항상 웃고만 있어서는 안 된다. 본인이 할 얘기를 진정으로 전하고 싶을 때는 진지한 표정으로 상대의 눈을 바라보며 얘기한다.

③ 결론부터 이야기한다.

본인의 의사나 생각을 상대에게 정확하게 전달하기 위해서는 먼저 무엇을 말하고자 하는가를 명확히 결정해 두어야 한다. 대답을 할 경우에는 결론을 먼저 이야기하고 나서 그에 따르는 설명과 이유를 나중에 덧붙이면 논지(論旨)가 명확해지고 이야기가 깔끔하게 정리된다. 보통 한 가지 사실을 이야기하거나 설명하는 데는 3분이면 충분하다. 복잡한 이야기도 어느 정도의 길이로 요약해서 이야기하면 상대도 이해하기 쉽고 자기도 정리할 수 있다. 긴 이야기는 오히려 상대를 불쾌하게 할 수가 있다.

④ 질문의 요지를 파악한다.

면접 때의 이야기는 간결성만으로 부족하다. 상대의 질문이나 이야기에 대해 적절하고 필요한 대답을 하지 않으면 대화는 끊어지고 자기의 생각도 제대로 표현하지 못한다. 이는 면접관이 지원자의 인품이나 사고방식 등을 명확히 파악할 수 없도록 만들게 된다. 면접에서는 면접관이 무엇을 묻고 있는지, 무슨 이야기를 하고 있는지 그 요점을 정확히 알아내야 한다.

(4) 면접 시 주의사항

① 지각은 있을 수 없다.

면접 당일에 시간을 맞추지 못하여 지각하는 것은 있을 수 없는 일이다. 약속을 못 지키는 사람은 좋은 평가를 받을 수 없다. 면접 당일에는 지정시간 10 ~ 20분쯤 전에 미리 면접장에 도착해 마음을 가라앉히고 준비해야 한다.

② 손가락을 움직이지 마라.

면접 시에 손가락을 까딱거리거나 만지작거리는 행동은 유난히 눈에 띌 뿐만 아니라 면접관의 눈에 거슬리기 마련이다. 다리를 떠는 행동은 말할 것도 없다. 불안정하거나 산만하다는 느낌을 줄 수 있으므로 주의할 필요가 있다.

③ 옷매무새를 자주 고치지 마라.

여성의 경우 외모에 너무 신경 쓴 나머지 머리를 계속 쓸어 올리거나, 깃과 치마 끝을 만지작거리는 경우가 많다. 짧은 미니스커트를 입고 와서 면접시간 내내 치마 끝을 내리는 행위는 면접관으로 하여금 인상을 찌푸리게 만든다. 인사담당자의 말에 의하면 이런 사람이 의외로 많다고 한다.

④ 적당한 목소리 톤으로 말해라.

면접관과의 거리가 어느 정도 떨어져 있기 때문에 작은 소리로 웅얼거리는 것은 좋지 않다. 그러나 너무 크게 소리를 질러가며 말하는 사람은 오히려 거북하게 느껴진다.

⑤ 성의 있는 응답 자세를 보여라.

질문에 대해 너무 '예, 아니요'로만 답변하면 성의 없다는 인상을 심어주게 된다. 따라서 설명을 덧붙일 수 있는 질문에 대해서는 지루하지 않을 만큼의 설명을 붙인다.

⑥ 구두를 깨끗이 닦는다.

앉아있는 사람의 구두는 면접관의 위치에서 보면 눈에 잘 띈다. 그러나 의외로 구두에 대해 신경써서 미리 깨끗이 닦아둔 사람은 드물다. 면접 전날 반드시 구두를 깨끗이 닦아준다.

⑦ 지나친 화장은 피한다.

여성의 경우 지나치게 화장을 짙게 하면 거부감을 불러일으킬 수 있다. 또한 머리도 단정히 정리해서 이마가 가급적이면 드러나 보이게 하는 것이 좋다. 여기저기 흘러나온 머리는 지저분하고 답답한 느낌을 준다. 지나친 액세서리도 금물이다.

⑧ 기타 사항

㉠ 앉으라고 할 때까지 앉지 마라. 의자로 재빠르게 다가와 앉으면 무례한 사람처럼 보이기 쉽다.
㉡ 응답 시 너무 말을 꾸미지 마라.
㉢ 질문이 떨어지자마자 답변을 외운 것처럼 바쁘게 대답하지 마라.
㉣ 혹시 잘못 대답하였다고 해서 혀를 내밀거나 머리를 긁지 마라.
㉤ 머리카락에 손대지 마라. 정서불안으로 보이기 쉽다.
㉥ 면접실에 다른 지원자가 들어올 때 절대로 일어서지 마라.
㉦ 동종업계나 라이벌 회사에 대해 비난하지 마라.
㉧ 면접관 책상에 있는 서류를 보지 마라.
㉨ 농담을 하지 마라. 쾌활한 것은 좋지만 지나치게 경망스러운 태도는 의지가 부족해 보인다.
㉩ 질문에 대해 대답할 말이 생각나지 않는다고 천장을 쳐다보거나 고개를 푹 숙이고 바닥을 내려다보지 마라.
㉪ 면접관이 서류를 검토하는 동안 말하지 마라.
㉫ 과장이나 허세로 면접관을 압도하려 하지 마라.
㉬ 은연중에 연고를 과시하지 마라.

면접 전 마지막 체크 사항

- 지원 기관의 소재지(본사 · 지사 · 공장 등)를 정확히 알고 있다.
- 지원 기관의 정식 명칭(Full Name)을 알고 있다.
- 약속된 면접시간 10분 전에 도착하도록 스케줄을 짤 수 있다.
- 면접실에 들어가서 공손히 인사한 후 또렷한 목소리로 자기 수험번호와 성명을 말할 수 있다.
- 앉으라고 할 때까지는 의자에 앉지 않는다는 것을 알고 있다.
- 자신에 대해 3분간 이야기할 수 있는 준비가 되어 있다.
- 자신의 긍정적인 면을 상대방에게 바르게 전달할 수 있다.

CHAPTER

02 울산광역시교육청 예상 면접질문

- 1분 동안 자신을 소개해 보시오.
- 교육공무직에 지원하게 된 동기를 말해 보시오.
- 울산광역시교육청의 교육정책을 말해 보시오.
- 울산광역시교육 브랜드 슬로건을 말해 보시오.
- 울산광역시교육 브랜드 슬로건의 표현 의미를 설명해 보시오.
- 교육이란 무엇이라고 생각하는지 말해 보시오.
- 교육공무직원이 하는 일을 설명해 보시오.
- 교육공무직의 8가지 의무를 4가지 이상 말해 보시오.
- 교육공무직원의 업무를 3가지 이상 말해 보시오.
- 교육공무직원이 갖춰야할 자세를 3가지 이상 말해 보시오.
- 교육공무직원이 필요한 이유를 4가지 이상 설명해 보시오.
- 교육공무직을 수행하는 데 있어 가장 중요한 것이 무엇이라고 생각하는지 말해 보시오.
- 교육공무제도의 장·단점을 설명해 보시오.
- 울산광역시교육청 행정서비스헌장에 대하여 설명해 보시오.
- 공무원과 교육공무직원의 공통점과 차이점을 말해 보시오.
- 교육청에서 하는 업무에 대하여 아는 대로 설명해 보시오.
- 학교에서 하는 업무를 아는 대로 말해 보시오.
- 교육청과 학교 근무의 차이점에 대하여 설명해 보시오.
- 지원한 직렬에서 수행하는 업무에 대하여 아는 대로 설명해 보시오.
- 2명의 상급자로부터 업무를 지시받았을 때 어떻게 해결할 것인지 말해 보시오.
- 업무를 수행하는 과정에서 상급자의 실수를 발견하였다면 어떻게 할 것인지 말해 보시오.
- 갈등이 있을 때 어떻게 해결하는지 말해 보시오.
- 채용 후 본인 업무 외 다른 업무를 시킬 경우 어떻게 대처할 것인지 말해 보시오.
- 민원 처리 방법에 대하여 설명해 보시오.
- 방문 민원 응대 방법에 대하여 설명해 보시오.
- 전화 응대 방법에 대하여 설명해 보시오.
- 폭언을 하는 민원인의 민원을 어떻게 해결할 것인지 말해 보시오.
- 부정청탁 금품 수수에 해당하는 사례를 말해 보시오.
- 최근 교육 관련 이슈에 대하여 소개하고, 자신의 의견을 말해 보시오.
- 교육공무직원이 되면 무엇을 잘할 수 있는지 말해 보시오.
- 학부모가 화를 내면서 찾아온다면 어떻게 할 것인지 말해 보시오.
- 지인이나 친구들에게 어떤 친구로 기억되고 싶은지 말해 보시오.
- 직장 내 동료와 갈등이 발생한다면 어떻게 해결하겠는지 말해 보시오.

- 울산광역시교육청의 교육방향을 말하고, 이것을 어떻게 적용시켜 운영할 것인지 말해 보시오.
- 울산광역시교육청의 기본방향 교육복지 업무가 어떤 영향을 미칠 수 있는지 말해 보시오.
- 동료와의 관계에서 가장 중요한 것은 무엇인지 말해 보시오.
- 동료와의 협업을 이루기 위해 본인이라면 어떻게 할 것인지 말해 보시오.

지식에 대한 투자가 가장 이윤이 많이 남는 법이다.

– 벤자민 프랭클린 –

더 이상의 교육청 시리즈는 없다!

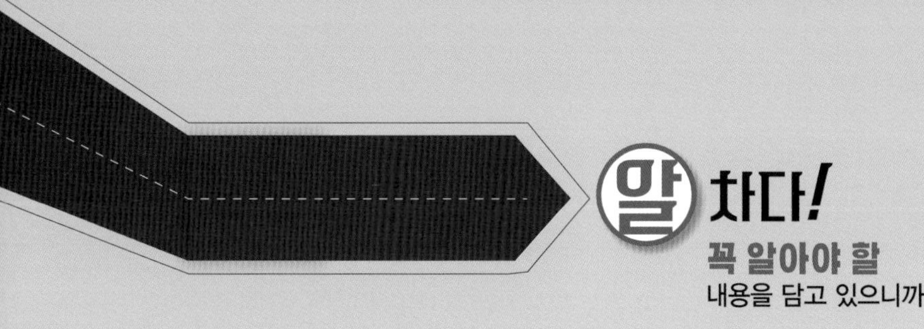

알 차다!

꼭 알아야 할
내용을 담고 있으니까

친 절하다!

핵심 내용을 쉽게
설명하고 있으니까

핵 심을 뚫는다!

시험 유형에 적합한
문제를 다루니까

명 쾌하다!

상세한 풀이로
완벽하게 익힐 수 있으니까

시대에듀가 신뢰와 책임의 마음으로 수험생 여러분에게 다가갑니다.

2025 최신판 시대에듀 All-New 100% 전면개정

울산광역시 교육청

교육공무직원 소양평가

정답 및 해설

편저 | SDC(Sidae Data Center)

SDC

SDC는 시대에듀 데이터 센터의 약자로 약 30만 개의 NCS · 적성 문제 데이터를 바탕으로 최신 출제경향을 반영하여 문제를 출제합니다.

▲ 합격의 모든 것!

[모바일] OMR 답안채점/ 성적분석 서비스 | [합격시대] 온라인 모의고사 무료쿠폰

PART

2

직무능력검사

CHAPTER

01 언어논리력 기출예상문제

01 ▶ 어휘력

01	02	03	04	05	06	07	08	09	10
④	②	③	④	④	②	①	②	①	②
11	12	13	14	15	16	17	18	19	20
②	③	③	②	②	②	④	③	①	①
21	22	23	24	25	26	27	28	29	30
②	④	③	④	③	①	③	④	②	②
31	32	33							
③	②	②							

01 정답 ④

• 궁색하다 : 말이나 태도, 행동의 이유나 근거 따위가 부족하다.
• 옹색하다 : 생각이 막혀서 답답하고 옹졸하다.

오답분석

① 애매하다 : 희미하여 분명하지 아니하다.
② 매정하다 : 얄미울 정도로 쌀쌀맞고 인정이 없다.
③ 인자하다 : 마음이 어질고 자애롭다.

02 정답 ②

• 주문하다 : 다른 사람에게 어떤 일을 하도록 요구하거나 부탁하다.
• 청하다 : 어떤 일을 이루기 위하여 남에게 부탁하다.

오답분석

① 의미하다 : 말이나 글이 무엇을 뜻하다.
③ 알뜰하다 : 일이나 살림을 정성스럽고 규모 있게 하여 빈틈이 없다.
④ 유려하다 : 글이나 말, 곡선 따위가 거침없이 미끈하고 아름답다.

03 정답 ③

• 정세(情勢) : 일이 되어 가는 형편
• 상황(狀況) : 일이 되어 가는 과정이나 형편

오답분석

① 정설(定說) : 일정한 결론에 도달하여 이미 확정하거나 인정한 설
② 정취(情趣) : 깊은 정서를 자아내는 흥취
④ 여파(餘波) : 어떤 일이 끝난 뒤에 남아 미치는 영향

04 정답 ④

• 경상(經常) : 일정한 상태로 계속하여 변동이 없음
• 고정(固定) : 한 번 정한 대로 변경하지 아니함

오답분석

① 경찰(警察) : 경계하여 살핌
② 인상(印象) : 어떤 대상에 대하여 마음속에 새겨지는 느낌
③ 고전(古典) : 옛날의 의식이나 법식

05 정답 ④

• 식견(識見) : 학식과 견문이라는 뜻으로, 사물을 분별할 수 있는 능력을 이르는 말
• 견문(見聞) : 보거나 듣거나 하여 깨달아 얻은 지식

오답분석

① 풍채(風采) : 드러나 보이는 사람의 겉모양
② 모습 : 생긴 모양
③ 수습(修習) : 학업이나 실무 따위를 배워 익힘. 또는 그런 일

06 정답 ②

• 막역하다 : 허물이 없이 아주 친하다.
• 허물없다 : 서로 매우 친하여 체면을 돌보거나 조심할 필요가 없다.

오답분석

① 영민하다 : 매우 영특하고 민첩하다.
③ 신랄하다 : 사물의 분석이나 비평 따위가 매우 날카롭고 예리하다.
④ 날카롭다 : 끝이 뾰족하거나 날이 서 있다.

07

정답 ①

• 사퇴하다 : 어떤 일을 그만두고 물러서다.
• 그만두다 : 하던 일을 그치고 안 하다.

오답분석

② 민감하다 : 자극에 빠르게 반응을 보이거나 쉽게 영향을 받는 데가 있다.
③ 영특하다 : 남달리 뛰어나고 훌륭하다.
④ 사소하다 : 보잘것없이 작거나 적다.

08

정답 ②

• 느긋하다 : 마음에 흡족하여 여유가 있고 넉넉하다.
• 성마르다 : 참을성이 없고 성질이 조급하다.

오답분석

① 설면하다
  1. 자주 만나지 못하여 낯이 좀 설다.
  2. 사이가 정답지 아니하다.
③ 평탄(平坦)하다
  1. 바닥이 평평하다.
  2. 마음이 편하고 고요하다.
  3. 일이 순조롭게 되어 나가는 데가 있다.
④ 원만(圓滿)하다
  1. 성격이 모난 데가 없이 부드럽고 너그럽다.
  2. 일의 진행이 순조롭다.
  3. 서로 사이가 좋다.

09

정답 ①

• 남용 : 일정한 기준이나 한도를 넘어서 함부로 씀
• 절용 : 아껴 씀

오답분석

② 오용 : 잘못 사용함
③ 과용 : 정도에 지나치게 씀. 또는 그런 비용
④ 난용 : 정해진 용도의 범위를 벗어나 아무 데나 함부로 씀

10

정답 ②

• 득의(得意) : 일이 뜻대로 이루어져 만족해 하거나 뽐냄
• 실의(失意) : 뜻이나 의욕을 잃음

오답분석

① 민의(民意) : 국민의 뜻
③ 호의(好意) : 친절한 마음씨
④ 반의(反意) : 일정한 뜻을 반대하거나 어김

11

정답 ②

• 영혼(靈魂) : 죽은 사람의 넋
• 육체(肉體) : 구체적인 물체로서 사람의 몸

오답분석

① 영빈(迎賓) : 귀한 손님을 맞이함
③ 정신(精神) : 육체나 물질에 대립되는 영혼이나 마음
④ 결혼(結婚) : 남녀가 정식으로 부부 관계를 맺음

12

정답 ③

• 방전(放電) : 전지나 축전기 또는 전기를 띤 물체에서 전기가 외부로 흘러나오는 현상
• 충전(充電) : 축전지나 축전기에 전기 에너지를 축적하는 일

오답분석

① 회전(回轉) : 어떤 것을 축으로 물체 자체가 빙빙 돎
② 직전(直前) : 어떤 일이 일어나기 바로 전
④ 선전(宣傳) : 주의나 주장, 사물의 존재, 효능 따위를 많은 사람이 알고 이해하도록 잘 설명하여 널리 알리는 일

13

정답 ③

• 부절(不絕) : 끊이지 아니하고 계속됨
• 두절(杜絕) : 교통이나 통신 따위가 막히거나 끊어짐

오답분석

① 의절(義絕) : 맺었던 의를 끊음
② 굴절(屈折) : 휘어서 꺾임
④ 조절(調節) : 균형이 맞게 바로잡음. 또는 적당하게 맞추어 나감

14

정답 ②

• 취약하다 : 무르고 약하다.
• 강인하다 : 억세고 질기다.

오답분석

① 유약하다 : 부드럽고 약하다.
③ 취합하다 : 모아서 합치다.
④ 촉진하다 : 다그쳐 빨리 나아가게 하다.

15

정답 ②

오답분석

① 복구하다 : 손실 이전의 상태로 회복하다.
③ 복제하다 : 본디의 것과 똑같은 것을 만들다.
④ 보류하다 : 어떤 일을 당장 처리하지 아니하고 나중으로 미루어 두다.

16

정답 ②

오답분석

① 유지하다 : 어떤 상태나 상황을 그대로 보존하거나 변함 없이 계속하여 지탱하다.
③ 간수하다 : 물건 따위를 잘 보호하거나 보관하다.
④ 건사하다 : 제게 딸린 것을 잘 보살피고 돌보다.

17

정답 ④

오답분석

① 살피다 : 두루두루 주의하여 자세히 보다.
② 망보다 : 상대편의 동태를 알기 위하여 멀리서 동정을 살피다.
③ 돌보다 : 관심을 가지고 보살피다.

18

정답 ③

오답분석

① 일출(日出) : 해가 뜸
② 해돋이 : 해가 막 솟아오르는 때. 또는 그런 현상
④ 해찰 : 마음에 썩 내키지 아니하여 물건을 부질없이 이것저것 집적거려 해침. 또는 그런 행동

19

정답 ①

오답분석

② 황소바람 : 좁은 곳으로 가늘게 불어오지만 매우 춥게 느껴지는 바람
③ 하늬바람 : 농부나 뱃사람들이 '서풍'을 부르는 말
④ 보라바람 : 높은 고원에서 갑자기 산 밑으로 불어내리는 차갑고 센 바람

20

정답 ①

오답분석

② 살눈 : 얇게 내리는 눈
③ 도둑눈 : 밤사이에 사람들이 모르게 내린 눈
④ 싸라기눈 : 빗방울이 갑자기 찬바람을 만나 얼어 떨어지는 싸라기 같은 눈

21

정답 ②

오답분석

① 축 : 오징어를 묶어 세는 단위. 한 축은 오징어 20마리
③ 쌈 : 바늘을 묶어 세는 단위. 한 쌈은 바늘 24개
④ 우리 : 기와를 세는 단위. 한 우리는 기와 2,000장

22

정답 ④

오답분석

① 까다롭다 : 조건 따위가 복잡하거나 엄격하여 다루기에 순탄하지 않다.
② 주저롭다 : 넉넉지 못하여 매우 아쉽거나 곤란하다.
③ 정예롭다 : 썩 날래고 용맹스러운 데가 있다.

23

정답 ③

제시된 단어는 반의 관계이다.
'참여'는 '어떤 일에 끼어들어 관계함'을 뜻하고, '이탈'은 '어떤 범위나 대열 따위에서 떨어져 나오거나 떨어져 나감'을 뜻한다. 따라서 '일을 끝냄'의 뜻인 '종결'과 반의 관계인 단어는 '어떤 일에 손을 댐'의 뜻인 '착수'이다.

오답분석

① 귀결 : 어떤 결말이나 결과에 이름
② 소외 : 어떤 무리에서 기피하여 따돌리거나 멀리함
④ 단락 : 일이 어느 정도 다 된 끝

24

정답 ④

제시된 단어는 유의 관계이다.
'분별'은 '사물을 제 분수대로 각각 나누어서 가름'을 뜻하고, '변별'은 '사물의 옳고 그름이나 좋고 나쁨을 가림'을 뜻한다. 따라서 '존속과 멸망 또는 생존과 사망을 아울러 이르는 말'의 뜻인 '존망'과 유의 관계인 단어는 '죽기와 살기'의 뜻인 '사활'이다.

오답분석

① 절명 : 목숨이 끊어짐
② 사멸 : 죽어 없어짐
③ 종신 : 목숨을 다하기까지의 동안

25

정답 ③

제시된 단어는 반의 관계이다.
'발산'의 반의어는 '수렴'이고, '일괄'의 반의어는 '분할'이다.

- 발산(發散) : 사방으로 퍼져 나감
- 수렴(收斂) : 하나로 모아 정리함

26

정답 ①

제시된 단어는 유의 관계이다.
'배제'의 유의어는 '배척'이고, '정세'의 유의어는 '상황'이다.

- 배척(排斥) : 따돌리거나 거부하여 밀어 내침
- 정세(情勢) : 일이 되어 가는 형편
- 상황(狀況) : 일이 되어 가는 과정이나 형편

27

정답 ③

제시된 단어는 유의 관계이다.
'황공하다'의 유의어는 '황름하다'이고, '아퀴짓다'의 유의어는 '마무리하다'이다.

- 황름하다 : 위엄이나 지위 따위에 눌리어 두렵다.
- 아퀴짓다 : 일을 끝마무리하다.

28

정답 ④

제시된 단어는 유의 관계이다.
'패배'와 '굴복'은 유의어이며, '경쾌하다'의 유의어는 '가뿐하다'이다.

29

정답 ②

제시된 단어는 유의 관계이다.
'믿음'은 '신용'과 유의어이며, '선의'의 유의어는 '호의'이다.

30

정답 ②

제시문은 리튬 이차 배터리의 급속충전이 배터리 성능에 악영향을 미칠 수 있으므로 급속충전을 자제해야 한다는 내용이다. 따라서 빈칸에는 앞의 내용이 뒤의 내용의 원인, 근거가 됨을 나타내는 '따라서'가 와야 한다.

31

정답 ③

아시아 대륙 밑으로 밀려 들어간 인도 대륙이 히말라야 산맥을 높이 밀어 올렸다는 빈칸 뒤의 내용은 인도 대륙과 아시아 대륙이 충돌하는 과정에서 히말라야 산맥이 만들어졌다는 앞의 내용을 부연하므로 빈칸에는 문장을 병렬적으로 연결할 때 쓰는 접속어인 '그리고'가 와야 한다.

32

정답 ②

㉠ 뒤의 문장에서는 ㉠ 앞 문장의 바로 공기 중으로 날아가는 일반 탄산음료의 탄산가스와 달리 맥주의 탄산가스는 바로 날아가지 않는다고 이야기하므로 ㉠에는 역접의 접속어인 '그러나'가 와야 한다. 다음으로 ㉡ 뒤의 문장의 '~때문이다.'를 통해 ㉡에는 이와 호응하는 '왜냐하면'이 와야 함을 알 수 있다. 마지막으로 ㉢ 뒤의 문장에서는 앞에서 언급한 맥주 거품의 역할에 대해 추가로 이야기하므로 ㉢에는 '또한'이 와야 한다.

33

정답 ②

온도 변화에 적응하기 위해 신체가 많은 에너지를 사용한다는 ㉠ 앞의 문장은 환절기에 병에 걸리기 쉽다는 ㉠ 뒤 문장의 원인이 되므로 ㉠에는 '따라서'가 와야 한다. 다음으로 ㉡ 뒤의 문장에서는 ㉡ 앞 문장에서 이야기하는 대상포진 증상에 이어 나타나는 또 다른 특징에 대해 이야기하므로 ㉡에는 '또한'이 와야 한다. 마지막으로 특정 증상을 통해 대상포진을 의심해 볼 수 있다는 ㉢ 뒤의 문장은 앞 내용을 근거로 하는 주장이 되므로 ㉢에는 '그러므로'가 와야 한다.

02 ▸ 나열하기

01	02	03	04	05	06	07			
①	②	①	③	④	④	①			

01

정답 ①

제시문은 친환경 농업의 정의와 각광받는 이유, 그리고 농약의 위험성에 대해 설명하는 글이다. 따라서 (가) 친환경 농업은 건강과 직결되어 있기 때문에 각광받고 있음 – (나) 병충해를 막기 위해 사용된 농약은 완전히 제거하기 어려우며 신체에 각종 손상을 입힘 – (다) 생산량 증가를 위해 사용한 농약과 제초제가 오히려 인체에 해를 입힐 수 있음의 순서로 나열하는 것이 적절하다.

02

정답 ②

제시문은 문학 연구가와 역사 연구가의 특성을 소개하며 문학과 역사의 차이를 설명하는 글이다. (나) 문학과 역사의 차이는 문학 연구가와 역사 연구가를 비교할 때 더욱 뚜렷하게 드러남 – (가) 역사 연구가는 대상을 마음대로 조립할 수 있음 – (라) 문학 연구가는 대상을 임의대로 조립할 수 없음 – (다) 그것(문학)은 수정 불가능한, 완전히 결정되어 있는 우주임의 순서로 나열하는 것이 적절하다.

03

정답 ①

제시문은 A회사가 국내 최대 규모의 은퇴연구소를 개소했고, 은퇴 이후 안정된 노후준비를 돕고 다양한 정보를 제공하는 소통의 채널로 이용하며 은퇴 이후의 생활이 취약한 우리의 인식 변화를 위해 노력할 것이라는 내용의 글이다. 따라서 (다) A회사가 국내 최대 규모의 은퇴연구소를 개소 – (가) 은퇴연구소는 체계화된 팀을 구성 – (나) 일반인들의 안정된 노후준비를 돕고, 다양한 정보를 제공할 것 – (라) 선진국에 비해 취약한 우리의 인식 변화를 유도할 계획의 순서로 나열하는 것이 적절하다.

04

정답 ③

제시문은 시집과 철학책이 이해하기 어려운 이유와 그들이 지닌 의의에 대하여 설명하고 있다. 따라서 (마) 다른 글보다 이해하기 어려운 시집과 철학책 → (나) 시와 철학책이 이해하기 어려운 이유 → (라) 시와 철학책이 이해하기 힘든 추상적 용어를 사용하는 이유 → (가) 시와 철학이 낯선 표현 방식을 사용함으로써 얻을 수 있는 효과 → (다) 낯선 세계를 우리의 친숙한 삶으로 불러들이는 시와 철학의 의의의 순서로 나열하는 것이 적절하다.

05

정답 ④

제시문은 임베디드 금융에 대한 정의와 장점 및 단점 그리고 이에 대한 개선 방안을 설명하는 글이다. 따라서 (라) 임베디드 금융의 정의 → (나) 임베디드 금융의 장점 → (다) 임베디드 금융의 단점 → (가) 단점에 대한 개선 방안 순으로 나열되어야 한다.

06

정답 ④

제시된 문단은 선택적 함묵증을 불안장애로 분류하고 있다. 그러므로 불안장애에 대한 구체적인 설명 및 행동을 설명하는 (라) 문단이 이어지는 것이 논리적으로 타당하다. 다음에는 불안장애인 선택적 함묵증을 치료하기 위한 방안인 (가) 문단이 적절하고, (가) 문단에서의 제시한 치료방법의 구체적 방안 중 하나인 '미술 치료'를 언급한 (다) 문단이 이어지는 것이 적절하다. 마지막으로 (다) 문단에서 언급한 '미술 치료'가 선택적 함묵증의 증상을 보이는 아동에게 어떠한 영향을 미치는지 언급한 (나) 문단이 이어지는 것이 가장 적절하다.

07

정답 ①

제시된 문단은 휘슬블로어를 소개하며, 휘슬블로어가 집단의 부정부패를 고발하는 것이 쉽지 않다는 점을 언급하고 있으므로, 뒤이어 내부고발이 어려운 이유를 설명하는 문단이 와야 한다. 따라서 (다) 내부고발이 어려운 이유와 휘슬블로어가 겪는 여러 사례 – (나) 휘슬블로우의 실태와 법적인 보호의 필요성 제기 – (라) 휘슬블로우를 보호하기 위한 법의 실태 설명 – (가) 법 밖에서도 보호받지 못하는 휘슬블로어의 순서로 나열하는 것이 적절하다.

03 ▸ 빈칸추론

01	02	03	04	05	06	07			
③	②	②	④	①	①	④			

01

정답 ③

'이러한 작업'이 구체화된 바로 앞 문장을 보면 빈칸은 부분적 관점의 과학적 지식과 기술을, 포괄적인 관점의 예술적 세계관을 바탕으로 이해하는 작업이므로 '과학의 예술화'가 빈칸에 들어갈 내용으로 적절하다.

02

정답 ②

빈칸 앞부분에서 전염병의 시대가 끝났다고 섣불리 판단을 했다고 말하는 것으로 보아 빈칸 뒷부분에서는 새로운 전염병의 시대가 왔음을 말하는 내용이 들어가는 것이 가장 적절하다.

03

정답 ②

제시문에서 고급 수준의 어휘력을 습득하기 위해서는 광범위한 독서를 해야 한다고 했으므로 평소에 수준 높은 좋은 책들을 읽어야 한다는 결론이 와야 한다.

04

정답 ④

제시문은 언어가 사고능력을 결정한다는 언어결정론자들의 주장을 소개하고, 이어지는 문단에서 이에 대하여 반박하면서 우리의 생각과 판단이 언어가 경험에 의해 결정된다고 결론짓고 있다. 따라서 빈칸에는 언어결정론자들이 내놓은 근거를 반박하면서도 사고능력이 경험에 의해 결정된다는 주장에 위배되지 않는 내용이 와야 한다. 그러므로 풍부한 표현을 가진 언어를 사용함에도 인지능력이 뛰어나지 못한 경우가 있다는 내용이 들어가는 것이 적절하다.

05

정답 ①

제시문의 첫 문단과 마지막 문단을 중점적으로 살펴야 한다. 첫 문단에서 '얼음이 물이 될 때까지 지속적으로 녹아내릴 것'이라는 상식이 사실과 다르다는 것을 이야기하였으므로 빈칸에는 이와 반대되는 내용이 들어가야 한다.

오답분석

② 실험 결과에서 −38℃와 −16℃에서 하나의 분자 층이 준 액체로 변한 것을 알 수 있지만, 그 다음 녹는 온도에 대해서는 알 수 없다.

③ −16℃ 이상의 온도에 대한 결과는 나와 있지 않다.

06

정답 ①

'갑돌'의 성품이 탁월하다고 볼 수 있는 것은 그의 성품이 곧 고 자신감이 충만하며, 다수의 옳지 않은 행동에 대하여 비판의 목소리를 낼 것이며 그렇게 하는 데에 별 어려움을 느끼지 않을 것이기 때문이다. 또한, 세 번째 문단에 따르면 탁월한 성품은 올바른 훈련을 통해 올바른 일을 바르고 즐겁게 그리고 어려워하지 않으며 처리할 수 있는 능력을 뜻한다. 그러므로 아리스토텔레스의 입장에서는 '엄청난 의지를 발휘'하고 자신과의 '힘든 싸움'을 해야 했던 '병식'보다는 잘못된 일에 '별 어려움' 없이 '비판의 목소리'를 내는 '갑돌'의 성품을 탁월하다고 여길 것이다. 따라서 빈칸에 들어갈 내용으로 가장 적절한 것은 ①이다.

07

정답 ④

첫 번째 문단에서 대중들이 욕망하는 현실 감정이 직접적으로 누드에 반영된다고 하였고, 마지막 문단에서 민중의 현실 속으로 파고들지 못하는 누드화는 위화감을 불러일으킨다고 하였다. 따라서 남녀 간의 애정이나 성적 욕망에 대해 경직되어 있었던 조선 사회에서 신윤복의 그림이 큰 호응을 얻을 수 있었던 이유는 '보편적인 감정의 진실'을 잘 드러내었기 때문이라고 할 수 있다.

04 ▸ 독해

01	02	03	04	05	06	07	08	09	10
②	②	②	①	③	④	③	④	②	④

01

정답 ②

제시문은 '반대는 필수불가결한 것이다.', '자유의지를 가진 국민의 범국가적 화합은 정부의 독단과 반대당의 혁명적 비타협성을 무력화시키는 정치권력의 충분한 균형에 의존하고 있다.', '그 균형이 더 이상 존재하지 않는다면 민주주의는 사라지고 만다.'로 요약할 수 있다. 따라서 제목으로 '반대의 필요성과 민주주의'가 가장 적절하다.

02

정답 ②

제시문은 유류세 상승으로 인해 발생하는 장점들을 열거함으로써 유류세 인상을 정당화하고 있다. 따라서 제목으로 '높은 유류세의 정당성'이 가장 적절하다.

03

정답 ②

아인슈타인의 광량자설은 빛이 파동이면서 입자인 이중적인 본질을 가지고 있다는 것을 의미하는 것으로, 뉴턴의 입자설과 토머스 영의 파동성설을 모두 포함한다.

오답분석

① 뉴턴의 가설은 그의 권위에 의해 오랫동안 정설로 여겨졌지만, 토머스 영의 겹실틈 실험에 의해 다른 가설이 생겨났다.
③ 일자 형태의 띠가 두 개 나타나면 빛이 입자임은 맞으나, 겹실틈 실험 결과 보강 간섭이 일어난 곳은 밝아지고 상쇄 간섭이 일어난 곳은 어두워지는 간섭무늬가 연속적으로 나타났다.
④ 토머스 영의 겹실틈 실험은 빛의 파동성을 증명하였고, 이는 명백한 사실이었으므로 아인슈타인은 빛이 파동이면서 동시에 입자인 이중적인 본질을 가지고 있다는 것을 증명하였다.

04

정답 ①

'수소가 분자 내에 포화되어 있으므로 포화지방산이라 부르며, 이것이 들어 있는 지방을 포화지방이라고 한다.'를 통해 포화지방은 포화지방산이 들어 있는 지방을 가리킴을 알 수 있다.

오답분석

② 분자 간 인력이 높을 때 지방산 분자들이 단단히 뭉치는 것이므로 느슨해지면 그의 반대가 된다.
③ 탄소에 수소가 두 개씩 결합하는 형태는 분자 간 인력이 높아 지방산 분자들이 단단하게 뭉치게 되는 것이다. 열에너지가 많아지면 인력이 느슨해진다.
④ 포화지방산에서 나타나는 탄소 결합 형태는 연결된 탄소끼리 모두 단일 결합하는 모습을 띠고, 각각의 탄소에 수소가 두 개씩 결합한다.

05

정답 ③

세 번째 문단의 '수급자들의 근로소득 공제율이 낮아 근로를 하고 싶어도 수급자 탈락을 우려해 일을 하지 않거나 일부러 적게 하는 경우도 생겨나고 있다.'를 볼 때, 수급자들은 수급자 탈락을 우려해 근로를 피하고 있으므로 근로소득 공제율을 높이는 것은 탈수급을 촉진하기보다는 근로 의욕을 촉진한다고 보는 것이 더 적절하다.

오답분석

① 첫 번째 문단의 '신청조차 할 수 없도록 한 복지제도가 많아 역차별 논란'이라는 내용과, 마지막 문단의 '기초수급자들은 생계급여를 받는다는 이유로 5가지 복지제도에 신청조차 할 수 없다.'라는 내용을 통해 알 수 있다.
② 세 번째 문단에 따르면, 근로를 하다가 수급자 탈락을 할 가능성이 있어 근로 이전보다 생계가 어려워질 수도 있다.
④ 네 번째 문단의 '수급자들은 생필품조차 제대로 구입하지 못하고 있는 것으로 나타났으며'라는 내용을 통해 알 수 있다.

06

정답 ④

참여예산제는 인기 영합적 예산 편성으로 예산 수요가 증가하여 재정 상태를 악화시킬 가능성이 있지만, 참여예산제 자체가 재정 상태를 악화시키지는 않는다.

07

정답 ③

노화로 인한 신체 장애는 어쩔 수 없는 현상으로, 이를 해결하기 위해서는 헛된 자존심을 부추기는 것이 아닌 노인들에 대한 사회적 배려가 필요하다는 문맥으로 이어져야 한다. 따라서 ㉠에는 '노인들의 장애로 인한 부담을 사회가 나누어 가져야 한다.'가 적절하다.

08

정답 ④

시대착오란 '시대의 추세(趨勢)를 따르지 아니하는 착오'를 의미한다. ④는 상황에 따른 적절한 대응으로 볼 수 있으며, 시대착오와는 거리가 멀다.

오답분석

① 출신 고교를 확인하는 학연에 얽매이는 모습을 통해 시대착오의 모습을 보여주고 있다.
② 승진을 통해 지위가 높아지면 고급차를 타야 한다는 시대착오의 모습을 보여주고 있다.
③ 두발 규제를 학생들의 효율적인 생활지도의 방법으로 보는 시대착오의 모습을 보여주고 있다.

09

정답 ②

제시문에 따르면 천연가스는 화석연료라는 점에서 감축의 대상이지만 온실가스 배출량 감축의 실행적인 측면에서 기존의 주요 화석 에너지를 대체하는 에너지원이기도 하다. 궁극적으로는 신재생에너지로의 전환 과정에서 천연가스는 화석연료와 신재생에너지 사이를 연결하는 '가교 역할'을 한다고 볼 수 있다.

10

정답 ④

제시문은 천연가스의 긍정적 전망과 경쟁력을 언급하면서 에너지원으로서의 국가 에너지 믹스에서 역할이 더욱 기대된다고 말하고 있으며, 그 이후로 우리나라 에너지 정책방향을 제시하고 있으므로 주제로 '국가 에너지 믹스에서 천연가스의 역할'이 가장 적절하다.

CHAPTER

02 수리력 기출예상문제

01 ▸ 기본계산

01	02	03	04	05	06	07	08	09	10
①	②	④	②	③	②	②	③	③	③
11	12	13	14	15	16	17	18	19	20
①	①	③	②	①	③	①	④	②	②

01

정답 ①

5,634+1,341+4,604+2,497
=6,975+7,101
=14,076

02

정답 ②

$4^2+5^2\times6^2$
=16+25×36
=16+900
=916

03

정답 ④

843+537−347
=1,380−347
=1,033

04

정답 ②

0.901+5.468−2.166
=6.369−2.166
=4.203

05

정답 ③

$\left(\frac{1}{4}-\frac{2}{9}\right)\times\frac{9}{4}+\frac{1}{8}$

$=\frac{1}{36}\times\frac{9}{4}+\frac{1}{8}$

$=\frac{1}{16}+\frac{1}{8}$

$=\frac{3}{16}$

06

정답 ②

$\frac{7}{2}\times\frac{2}{3}-\frac{1}{2}$

$=\frac{7}{3}-\frac{1}{2}$

$=\frac{11}{6}$

07

정답 ②

856×0.352
=301.312

08

정답 ③

71×0.25
=17.75

09

정답 ③

$\frac{9}{25}=0.36$ → 3할 6푼

10

정답 ③

$\frac{27}{40}=0.675$ → 6할 7푼 5리

11

정답 ①

$27♧3=3\times27-\frac{27}{3}=81-9=72$

PART 2

12

정답 ①

$4♣36=\frac{36}{4}+2\times36=9+72=81$

13

정답 ③

$21♧7=3\times21-\frac{21}{7}=63-3=60$

$(21♧7)♣\frac{5}{2}=60♣\frac{5}{2}$

$=\frac{\frac{5}{2}}{60}+2\times\frac{5}{2}$

$=\frac{5}{2}\times\frac{1}{60}+5=\frac{1}{24}+5=\frac{121}{24}$

14

정답 ②

$3◇4=5\times3-3\times4^2=15-48=-33$

15

정답 ①

$8◆10=\frac{10}{8}+\frac{8^2}{10}=\frac{5}{4}+\frac{8\times4}{5}=\frac{5^2+8\times4^2}{20}$

$=\frac{25+128}{20}=\frac{153}{20}$

16

정답 ③

$2◆4=\frac{4}{2}+\frac{2^2}{4}=2+1=3$

$3◇\frac{1}{\sqrt{3}}=5\times3-3\times\left(\frac{1}{\sqrt{3}}\right)^2=15-3\times\frac{1}{3}=14$

17

정답 ①

$1.148<\left(\frac{93}{76}≒1.224\right)<\frac{122}{95}≒1.284$

오답분석

② $\frac{88}{67}≒1.313$

③ $\frac{66}{47}≒1.404$

④ $\frac{54}{39}≒1.385$

18

정답 ④

$2\frac{5}{6}≒2.833<\left(\frac{178}{55}≒3.236\right)<3\frac{12}{19}≒3.632$

오답분석

① $\frac{167}{45}≒3.711$

② $\frac{132}{53}≒2.491$

③ $\frac{144}{53}≒2.717$

19

정답 ②

$\frac{21}{8}=2.625<(\frac{8}{3}≒2.67)<3$

오답분석

① $\frac{5}{2}=2.5$

③ $\frac{9}{4}=2.25$

④ $\frac{18}{7}≒2.57$

20

정답 ②

$-\frac{13}{8}=-1.625<(-\frac{14}{11}≒-1.273)<-\frac{2}{5}=-0.4$

오답분석

① $-\frac{16}{9}≒-1.778$

③ $-\frac{3}{8}=0.375$

④ $-\frac{1}{7}≒0.143$

02 ▸ 응용수리

01	02	03	04	05	06	07	08	09	10
②	③	①	③	①	④	③	①	③	④
11	12	13	14	15	16	17	18	19	20
②	③	①	①	④	④	④	②	④	②
21	22	23	24	25	26	27			
②	②	②	①	①	④	④			

01

정답 ②

B는 시속 30km/h로 $x$km의 거리를 45−5=40분 만에 갔으므로 B가 이동한 거리는 $30\times\frac{40}{60}=20$km이다.

02

정답 ③

집에서 서점까지의 거리를 $x$km라 하면 집에서 서점까지 갈 때 걸리는 시간은 $\frac{x}{4}$시간, 서점에서 집으로 되돌아올 때 걸리는 시간은 $\frac{x}{3}$시간이다.

$\frac{x}{4}+\frac{x}{3}=7 \rightarrow 7x=84$

$\therefore x=12$

따라서 집에서 서점까지의 거리는 12km이다.

03

정답 ①

열차의 이동 거리는 200+40=240m이고, 열차의 속력은 $\frac{240}{10}=24$m/s이다. 길이가 320m인 터널을 통과한다고 하였으므로, 총 이동 거리는 320+40=360m이다.

따라서 걸리는 시간은 $\frac{360}{24}=15$초이다.

04

정답 ③

재작년 학생 수를 x명이라고 하면, 작년 학생 수는 $1.1x$명이다.

55명은 작년 학생 수의 10%이므로 $0.1\times1.1x=55$

$\therefore x=500$

따라서 재작년 학생 수는 500명이다.

05

정답 ①

형의 나이를 x세, 동생의 나이를 y세라고 하자(단, $x>y$).

$x+y=22 \cdots$ ㉠

$xy=117 \cdots$ ㉡

㉠, ㉡을 연립하면 $x=13$, $y=9$이다.

따라서 동생의 나이는 9세이다.

06

정답 ④

아버지의 나이를 x세, 형의 나이를 y세라고 하자.

동생의 나이는 $(y-2)$세이므로

$y+(y-2)=40 \rightarrow y=21$

어머니의 나이는 $(x-4)$세이므로

$x+(x-4)=6\times21 \rightarrow 2x=130$

$\therefore x=65$

따라서 아버지의 나이는 65세이다.

07

정답 ③

옷의 정가를 x원이라 하자.

$x(1-0.2)(1-0.3)=280,000 \rightarrow 0.56x=280,000$

$\therefore x=500,000$

따라서 할인받은 금액은 500,000−280,000=220,000원이다.

08

정답 ①

물건의 원가를 x원이라고 하자. 도매업자의 판매가는 $1.2x$원이고, 소매업자의 판매가는 $1.2x\times2=2.4x$원이다.

물건을 500개 구매했을 때의 배송비는 3,000×5=15,000원이다. 500개 상품의 구매비에서 배송비를 제한 금액은 447,000−15,000=432,000원이다.

$500\times2.4x=432,000 \rightarrow 2.4x=864$

$\therefore x=360$

09

정답 ③

원가를 x원이라고 하면, 정가는 $(x+3,000)$원이다. 정가에 20%를 할인하여 5개 팔았을 때 순이익과 조각 케이크 1개당 정가에서 2,000원씩 할인하여 4개를 팔았을 때의 매출액이 같으므로 식을 세우면 다음과 같다.

$5\{0.8\times(x+3,000)-x\}=4(x+3,000-2,000)$

$\rightarrow 5(-0.2x+2,400)=4x+4,000 \rightarrow 5x=8,000$

$\therefore x=1,600$

따라서 케이크 1조각의 정가는 1,600+3,000=4,600원이다.

10

정답 ④

같은 양의 물건을 k라고 하면 갑, 을, 병 한 사람이 하루에 사용하는 양은 각각 $\frac{k}{30}$, $\frac{k}{60}$, $\frac{k}{40}$이며, 세 사람이 함께 하루 동안 사용하는 양은 $\frac{k}{30}+\frac{k}{60}+\frac{k}{40}=\frac{9k}{120}=\frac{3k}{40}$이다.
세 사람에게 나누어 줄 물건의 양을 합하면 $3k$이며, $3k$의 물건을 세 사람이 하루에 사용하는 양으로 나누면 $3k\div\frac{3k}{40}=40$이다.
따라서 세 사람이 함께 모두 사용하는 데 걸리는 시간은 40일이다.

11

정답 ②

54와 78의 최소공배수 : 702
∴ (B의 회전수)$=702\div78=9$회전

12

정답 ③

1시간 동안 큰 호스로 낼 수 있는 물의 양은 $100\div0.5=200$L이다.
물이 가득 차는 데 걸리는 시간을 x시간이라고 하면 $(200+50)\times x=100 \rightarrow x=\frac{2}{5}$
즉, $\frac{2}{5}=\frac{24}{60}$시간이므로 24분이 걸린다.

13

정답 ①

국어, 영어, 수학 점수를 각각 a, b, c점이라고 하면
$\frac{b+c}{2}=85 \rightarrow b+c=170 \cdots$ ㉠
$\frac{a+c}{2}=91 \rightarrow a+c=182 \cdots$ ㉡
㉠과 ㉡을 연립하면 $a-b=12$점이다.

14

정답 ①

정의 점수를 x점이라 하자.
$\frac{76+68+89+x}{4}\geq80 \rightarrow 233+x\geq320$
$\therefore x\geq87$
따라서 정이 87점 이상을 받아야 아이스크림을 먹을 수 있다.

15

정답 ④

평균점수가 40점이므로 각각 편차를 구하면 가영이는 $30-40=-10$점, 태림이는 $40-40=0$점, 한일이는 $45-40=+5$점이다. 편차의 합이 0이 되어야 하므로 규현이의 편차는 $+5$점임을 알 수 있다.
따라서 규현이의 점수는 $40+5=45$점이다.

16

정답 ④

오염물질의 양은 $\frac{3}{100}\times30=0.9$L이고, 여기에 깨끗한 물을 xL 더 넣는다고 하면 $\frac{0.9}{30+x}\times100=3-0.5=2.5$
$\rightarrow 2.5(30+x)=90$
$\therefore x=6$
따라서 깨끗한 물을 6L 더 넣어야 한다.

17

정답 ④

$\frac{5}{100}\times200+\frac{x}{100}\times200=\frac{15}{100}\times(200+200)$
$\rightarrow 10+2x=60$
$\therefore x=25$

18

정답 ②

코코아의 농도가 25%이고, 코코아 분말이 녹아 있는 코코아 용액은 700mL이다.
(코코아 분말의 양)$=\frac{25}{100}\times700=175$g
따라서 코코아 분말은 175g이 들어 있음을 알 수 있다.

19

정답 ④

60, 52, 48의 최대공약수는 4이며, 크루아상 15개, 소보로 13개, 단팥빵 12개씩 한 상자에 담아 최대 4상자 포장이 가능하다.

20

정답 ②

볼펜은 1개가 부족하고, 지우개와 샤프는 각각 2개가 남아 볼펜 30자루, 지우개 36개, 샤프 24개를 학생들에게 똑같이 나눠주는 경우와 같다.
따라서 30, 36, 24의 최대공약수는 6이므로, 학생 수는 6명이다.

21

정답 ②

240, 400의 최대공약수가 80이므로, 구역 한 변의 길이는 80m가 된다. 따라서 가로에는 3개, 세로에 5개 들어가므로 총 타일의 개수는 15개이다.

22

정답 ②

총 9장의 손수건을 구매했으므로 B손수건 3장을 제외한 나머지 A, C, D손수건은 각각 $\frac{9-3}{3}=2$장씩 구매하였다. 먼저 3명의 친구들에게 서로 다른 손수건을 3장씩 나눠줘야 하므로 B손수건을 1장씩 나눠준다. 나머지 A, C, D손수건을 서로 다른 손수건으로 2장씩 나누면 (A, C), (A, D), (C, D)로 묶을 수 있다. 이 세 묶음을 3명에게 나눠주는 방법은 $3!=3\times2=6$가지이다.

따라서 친구 3명에게 종류가 다른 손수건 3장씩 나눠주는 경우의 수는 6가지이다.

23

정답 ②

9 이하 자연수 중 2의 배수는 2, 4, 6, 8이며, 중복 없이 세 숫자를 선택할 때, 가능한 순서쌍은 (2, 4, 6), (2, 4, 8), (4, 6, 8), (2, 6, 8)이다. 4가지 순서쌍에서 각각 만들 수 있는 가장 큰 수와 가장 작은 수의 차이가 594인 순서쌍은 (2, 4, 8), (2, 6, 8)로 2가지가 가능하다.

- (2, 4, 8)의 경우 : $842-248=594$
- (2, 6, 8)의 경우 : $862-268=594$

24

정답 ①

A상자에서 공을 꺼내는 경우의 수는 2가지이고, B상자에서 공을 꺼내는 경우의 수는 3가지이다.

따라서 가능한 모든 경우의 수는 $2\times3=6$가지이다.

25

정답 ①

처음에 빨간색 수건을 꺼낼 확률은 $\frac{3}{(3+4+3)}=\frac{3}{10}$이고, 다음에 수건을 꺼낼 때는 빨간색 수건을 다시 넣지 않으므로 파란색 수건을 꺼낼 확률은 $\frac{3}{(2+4+3)}=\frac{3}{9}=\frac{1}{3}$이다.

따라서 처음에 빨간색 수건을 뽑고, 다음에 파란색 수건을 뽑을 확률은 $\frac{3}{10}\times\frac{1}{3}=\frac{1}{10}$이다.

26

정답 ④

A, B, C 세 사람이 가위바위보를 할 때의 나올 수 있는 모든 경우는 $3\times3\times3=27$가지이다. A만 이기는 경우를 순서쌍으로 나타내면 (보, 바위, 바위), (가위, 보, 보), (바위, 가위, 가위)로 3가지가 나온다.

따라서 A만 이길 확률은 $\frac{3}{27}=\frac{1}{9}$이다.

27

정답 ④

- 잘 익은 귤을 꺼낼 확률 : $1-\left(\frac{10}{100}+\frac{15}{100}\right)=\frac{75}{100}$
- 썩거나 안 익은 귤을 꺼낼 확률 : $\frac{10}{100}+\frac{15}{100}=\frac{25}{100}$

따라서 한 사람은 잘 익은 귤, 다른 한 사람은 그렇지 않은 귤을 꺼낼 확률은 $2\times\frac{75}{100}\times\frac{25}{100}=37.5\%$이다.

03 ▶ 자료해석

01	02	03	04	05	06	07	08	09	10
④	④	①	②	②	④	④	④	②	③
11	12	13	14						
④	①	①	④						

01

정답 ④

행복지수가 경제지수에 비해 높고, 가장 격차가 큰 나라는 멕시코이다.

02

정답 ④

- (가)$=723-(76+551)=96$
- (나)$=824-(145+579)=100$
- (다)$=887-(131+137)=619$
- (라)$=114+146+688=948$

∴ (가)+(나)+(다)+(라)$=96+100+619+948=1,763$

03

정답 ①

2016년 대비 2017년 기업체 수 증가율은 $\frac{360-344}{344}\times100$ ≒4.7%이며, 2017년 대비 2018년 기업체 수 증가율은 $\frac{368-360}{360}\times100$≒2.2%이다.

따라서 두 증가율의 차이는 4.7−2.2=2.5%p이다.

04

정답 ②

연도별 전년 대비 기업체 수의 증감량을 계산하면 다음과 같다.

- 2016년 : 344−346=−2천 개
- 2017년 : 360−344=16천 개
- 2018년 : 368−360=8천 개
- 2019년 : 368−368=0개
- 2020년 : 372−368=4천 개
- 2021년 : 375−372=3천 개

따라서 2016 ~ 2021년까지 전년 대비 기업체 수 증감량의 절댓값을 모두 합하면 2+16+8+0+4+3=33천 개다.

05

정답 ②

과학 분야를 선호하는 남학생 비율은 10%, 여학생은 4%이다. 따라서 과학 분야를 선호하는 총 학생 수는 470×0.1+450×0.04=65명이다.

06

정답 ④

기타를 제외한 도서 선호 분야 중 비율이 가장 낮은 분야는 남학생은 예술 분야 1%, 여학생은 철학 분야 2%이다. 남학생은 500×0.01=5명, 여학생은 450×0.02=9명으로 10배를 하면 (5+9)×10=140명이다.

07

정답 ④

2023년 소포우편 분야의 2019년 대비 매출액 증가율은 $\frac{42-30}{30}\times100=40\%$이므로 옳지 않다.

오답분석

① 매년 매출액이 가장 높은 분야는 일반통상 분야인 것을 확인할 수 있다.
② 일반통상 분야의 매출액은 2020년, 2021년, 2023년에, 특수통상 분야의 매출액은 2022년, 2023년에 감소했고, 소포우편 분야는 매년 매출액이 증가했다.
③ 2023년 1분기 매출액에서 특수통상 분야의 매출액이 차지하는 비중은 $\frac{12}{50}\times100=24\%$이므로 20% 이상이다.

08

정답 ④

남성의 골다공증 진료율이 가장 높은 연령대는 진료 인원이 가장 많은 70대이고, 여성의 골다공증 진료율이 가장 높은 연령대는 진료 인원이 가장 많은 60대로, 남성과 여성이 다르다.

오답분석

① 골다공증 발병이 진료로 이어진다면 여성의 진료 인원이 남성보다 많으므로 여성의 발병률이 남성보다 높음을 추론할 수 있다.
② 전체 골다공증 진료 인원 중 40대 이하가 차지하는 비율은 $\frac{3+7+34}{880}\times100=5\%$이다.
③ 전체 골다공증 진료 인원 중 진료 인원이 가장 많은 연령대는 60대이며, 그 비율은 $\frac{264}{880}\times100=30\%$이다.

09

정답 ②

생산이 증가한 해에는 수출과 내수 모두 증가했다.

오답분석

① 표에서 ▽는 감소수치를 나타내고 있으므로 2019년에는 전년 대비 모두 증가했다.
③ 수출이 증가했던 2019년, 2022년, 2023년에 생산, 내수 모두 증가하였다.
④ 내수가 가장 큰 폭으로 증가한 해는 2021년으로 생산과 수출 모두 감소했다.

10

정답 ③

소나무재선충병에 대한 방제는 2019년과 2020년 사이에 42−27=15건 증가하였고, 2022년과 2023년 사이에 61−40=21건이 증가하는 등 조사기간 내 두 차례의 큰 변동이 있었으며, 변동폭도 가장 크다.

오답분석

① 기타병해충에 대한 방제 현황은 2023년을 제외하고 매해 첫 번째로 큰 비율을 차지한다.
② 매해 솔잎혹파리가 차지하는 방제비율은 다음과 같다.
   - 2019년 : $\frac{16}{117}\times100$≒14%
   - 2020년 : $\frac{13}{135}\times100$≒10%
   - 2021년 : $\frac{12}{129}\times100$≒9%
   - 2022년 : $\frac{9}{116}\times100$≒8%
   - 2023년 : $\frac{6}{130}\times100$≒5%
④ 2021년과 2023년에 소나무재선충병은 각각 전년도에 비해 증가하였으나 기타병해충은 감소하였으므로 동일한 증감 추이를 보이지 않는다.

11

정답 ④

ㄴ. 2023년 중국의 이산화탄소 배출량은 6,877.2백만 TC로 가장 많고, 6,877.2×5=34,386>28,999.4이므로 20% 이상이다.

ㄷ. 러시아는 2,178.8−1,532.6=646.2백만 TC, 이란은 533.2−179.6=353.6백만 TC로 러시아가 더 크다.

ㄹ. 229.3×2=458.6<515.5이므로 2배 이상, 즉 100% 이상 증가했다.

오답분석

ㄱ. 2023년에는 전년 대비 감소했다.

12

정답 ①

- 네 번째 조건
  2012년 대비 2022년 독신 가구 실질세부담률이 가장 큰 폭으로 증가한 국가는 C이다. 즉, C는 포르투갈이다.
- 첫 번째 조건
  2022년 독신 가구와 다자녀 가구의 실질세부담률 차이가 덴마크보다 큰 국가는 A, C, D이다. 네 번째 조건에 의하여 C는 포르투갈이므로 A, D는 캐나다, 벨기에 중 한 곳이다.
- 두 번째 조건
  2022년 독신 가구 실질세부담률이 전년 대비 감소한 국가는 A, B, E이다. 즉, A, B, E는 벨기에, 그리스, 스페인 중 한 곳이다. 첫 번째 조건에 의하여 A는 벨기에, D는 캐나다이다.
- 세 번째 조건
  E의 2022년 독신 가구 실질세부담률은 B의 2022년 독신 가구 실질세부담률보다 높다. 즉, B는 그리스, E는 스페인이다.

따라서 A는 벨기에, B는 그리스, C는 포르투갈, D는 캐나다, E는 스페인이다.

13

정답 ①

메달 및 상별 점수는 다음 표와 같다.

구분	금메달	은메달	동메달	최우수상	우수상	장려상
총 개수(개)	40	31	15	41	26	56
개당 점수(점)	3,200÷40=80	2,170÷31=70	900÷15=60	1,640÷41=40	780÷26=30	1,120÷56=20

따라서 금메달은 80점, 은메달은 70점, 동메달은 60점임을 알 수 있다.

오답분석

② 경상도가 획득한 메달 및 상의 총 개수는 4+8+12=24개이며, 가장 많은 지역은 13+1+22=36개인 경기도이다.

③ 표를 참고하면 전국기능경기대회 결과표에서 동메달이 아닌 장려상이 56개로 가장 많다.

④ 울산에서 획득한 메달 및 상의 총점은 (3×80)+(7×30)+(18×20)=810점이다.

14

정답 ④

전국에서 자전거전용도로의 비율은 약 13.4%$\left(\frac{2,843}{21,176}\times100\right)$의 비율을 차지한다.

오답분석

① 제주특별자치도는 전국에서 여섯 번째로 자전거도로가 길다.

② 광주광역시의 전국 대비 자전거전용도로의 비율은 약 3.8%$\left(\frac{109}{2,843}\times100\right)$이며, 자전거보행자겸용도로의 비율은 약 3%$\left(\frac{484}{16,331}\times100\right)$로 자전거전용도로의 비율이 더 높다.

③ 경상남도의 모든 자전거도로는 전국에서 약 8.7%$\left(\frac{1,844}{21,176}\times100\right)$로의 비율을 가지므로 옳지 않다.

CHAPTER

03 공간지각력 기출예상문제

01 ▸ 평면도형

01	02	03	04	05	06	07	08	09	10	11	12	13	14	15	16				
③	①	④	①	④	④	②	①	②	③	③	②	③	②	④	①				

01

정답 ③

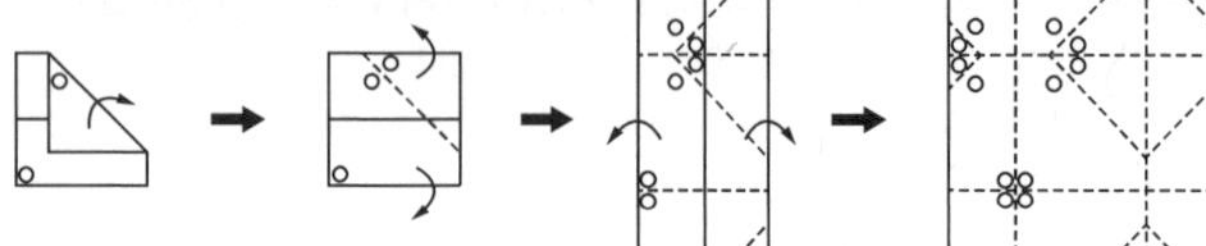

02

정답 ①

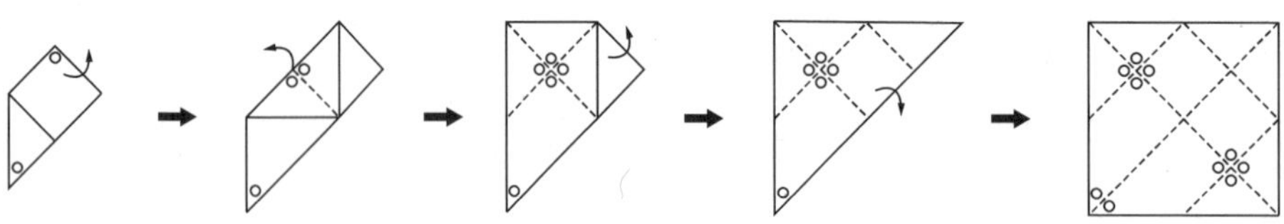

03

정답 ④

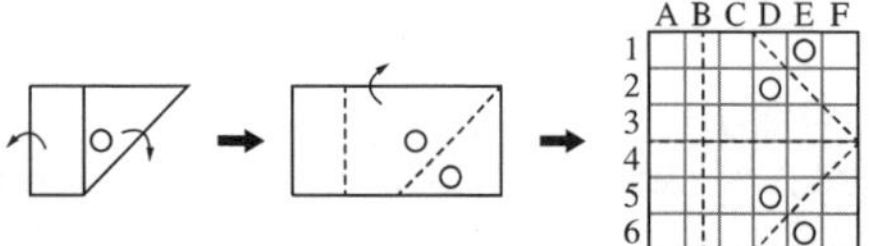

04

정답 ①

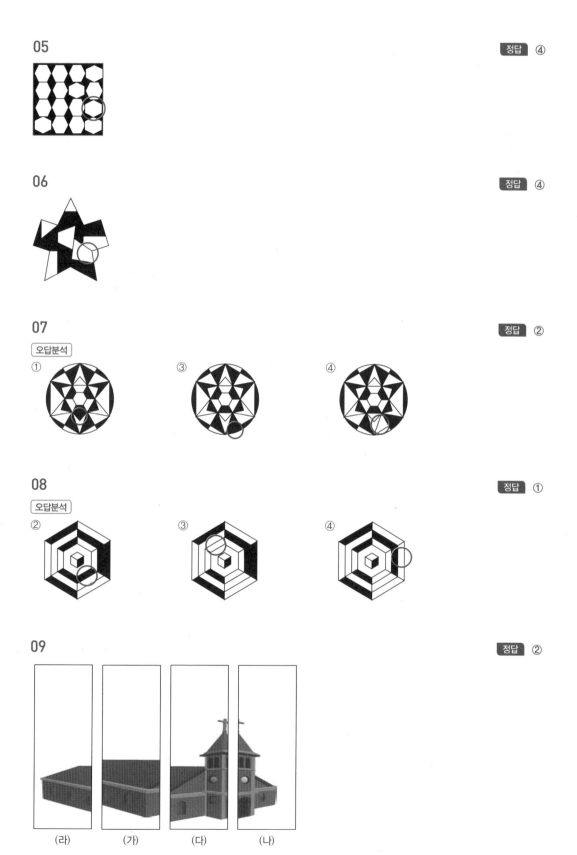

05

정답 ④

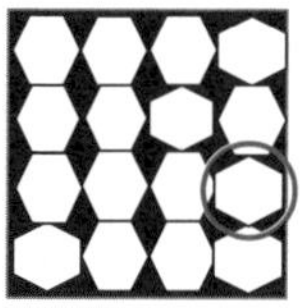

06

정답 ④

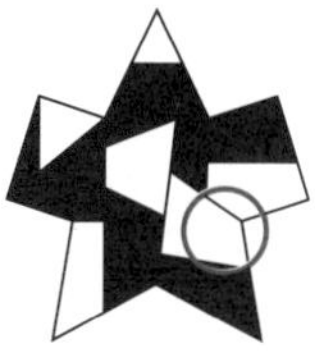

PART 2

07

정답 ②

오답분석

① ③  ④

08

정답 ①

오답분석

② ③ 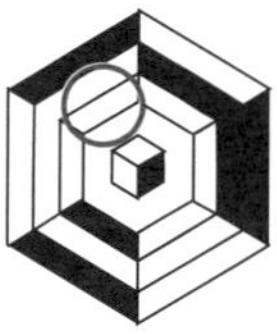 ④

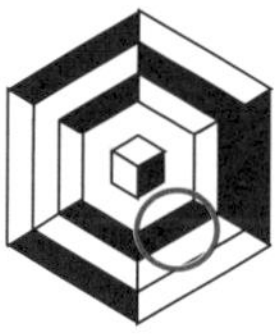

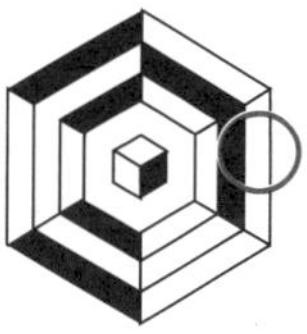

09

정답 ②

(라) (가) (다) (나)

10

정답 ③

(나) (다) (가) (라)

11

정답 ③

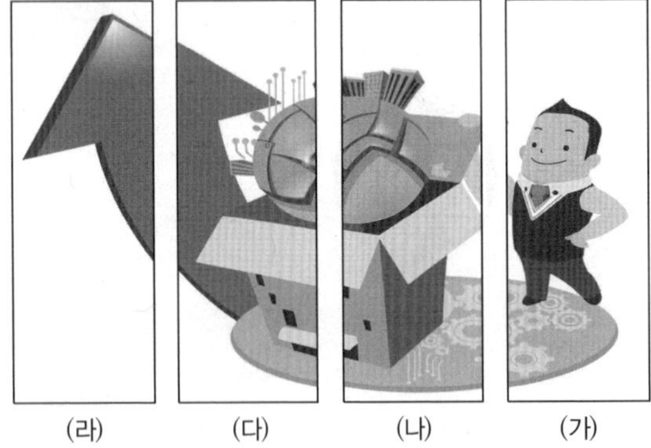

(라) (다) (나) (가)

12

정답 ②

제시된 도형을 시계 방향으로 90° 회전한 것이다.

13

정답 ③

도형을 시계 반대 방향으로 90° 회전하면 , 이를 상하 반전하면 이 된다.

14

정답 ②

도형을 좌우 반전하면 , 이를 180° 회전하면 이 된다.

15

정답 ④

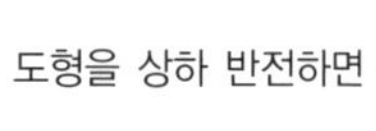도형을 상하 반전하면 , 이를 시계 반대 방향으로 90° 회전하면 , 이를 좌우 반전하면 이 된다.

16

정답 ①

도형을 시계 방향으로 90° 회전하면 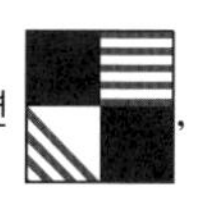, 이를 거울에 비추면 이 된다.

PART 2

02 ▸ 입체도형

01	02	03	04	05	06	07	08	09	10	11	12	13	14	15	16	17			
①	①	④	④	①	③	③	①	①	②	①	②	③	①	④	④	①			

01

정답 ①

02

정답 ①

03

정답 ④

04

정답 ④

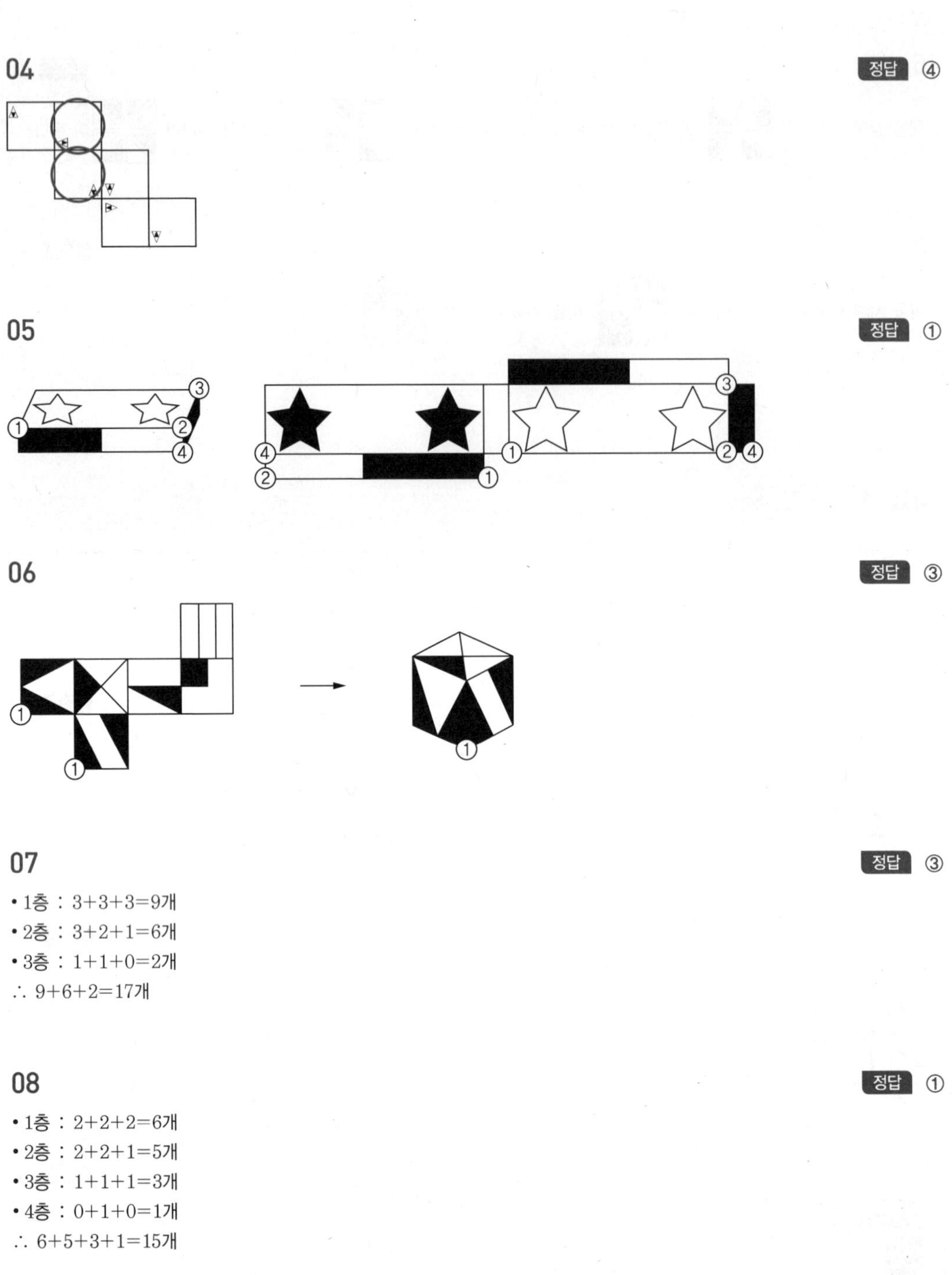

05

정답 ①

06

정답 ③

07

정답 ③

- 1층 : 3+3+3=9개
- 2층 : 3+2+1=6개
- 3층 : 1+1+0=2개

∴ 9+6+2=17개

08

정답 ①

- 1층 : 2+2+2=6개
- 2층 : 2+2+1=5개
- 3층 : 1+1+1=3개
- 4층 : 0+1+0=1개

∴ 6+5+3+1=15개

09

정답 ①

- 1층 : 1+3+1=5개
- 2층 : 0+2+0=2개
- 3층 : 0+1+0=1개

∴ 5+2+1=8개

10

정답 ②

- 1층 : 3+2+3+3=11개
- 2층 : 3+1+3+2=9개
- 3층 : 2+1+3+1=7개
- 4층 : 0+1+3+0=4개

∴ 11+9+7+4=31개

11

정답 ①

오답분석

②

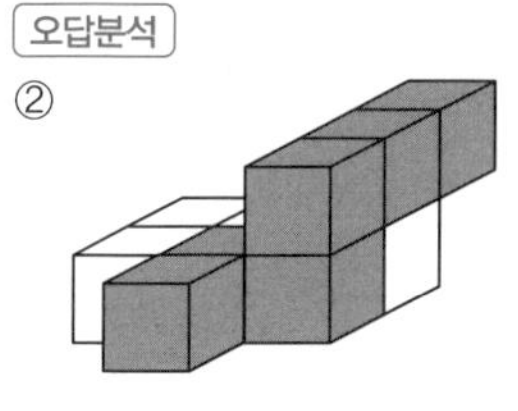

③

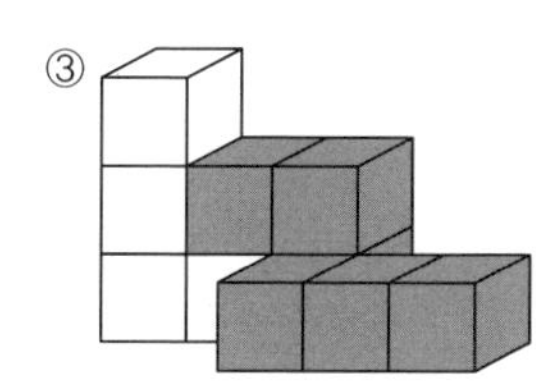

④

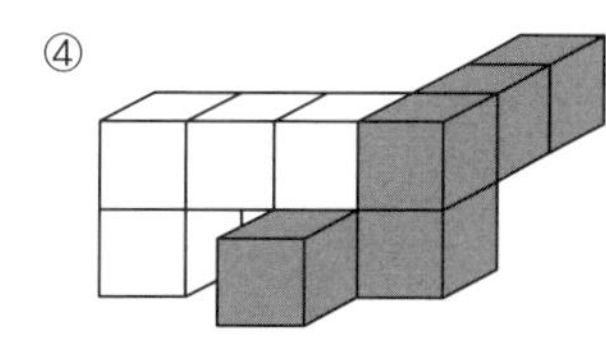

12

정답 ②

오답분석

①

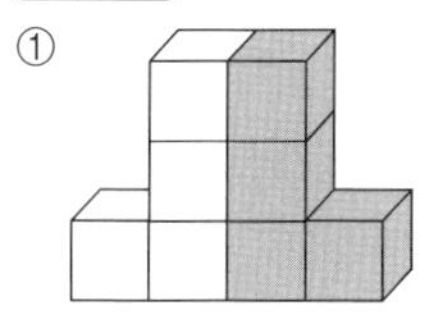

③

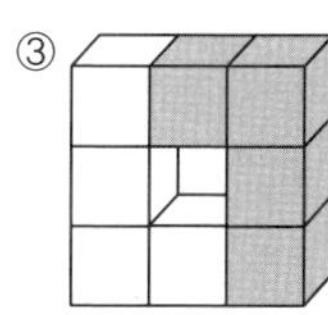

④

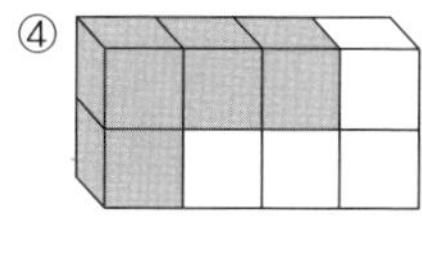

13

정답 ③

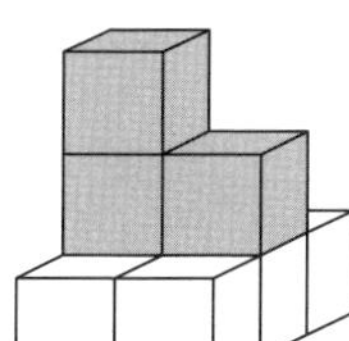

14

정답 ①

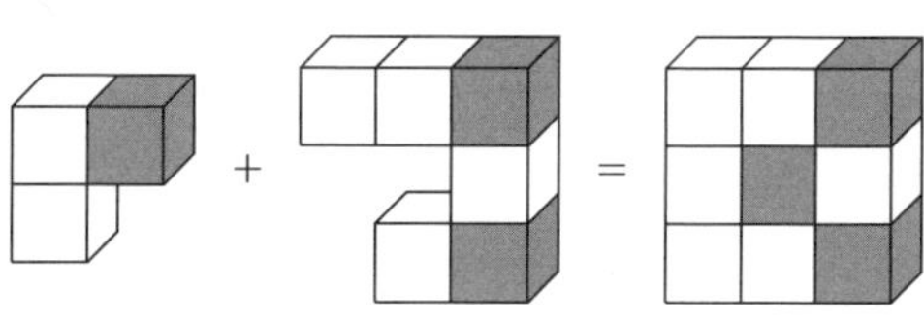

PART 2

15

④

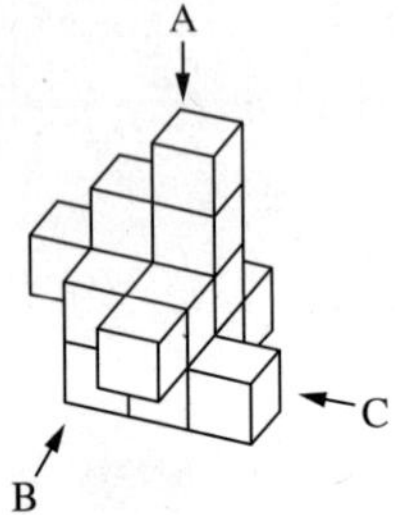

16

④

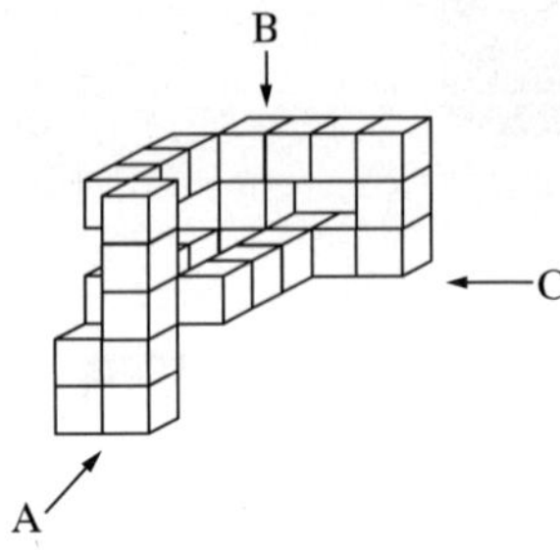

17

①

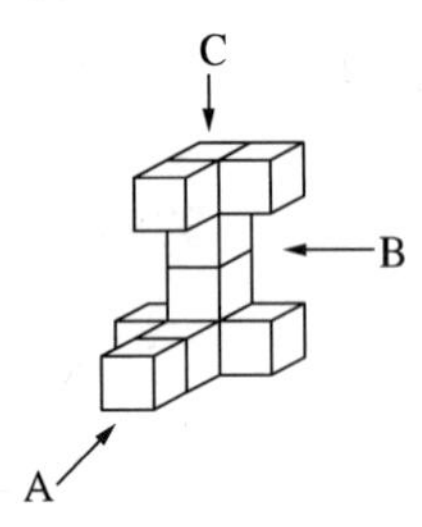

CHAPTER

04 문제해결력 기출예상문제

01 ▸ 수 · 문자추리

01	02	03	04	05	06	07	08	09	10	11	12	13	14	15	16	17	18	19	20
④	②	③	④	④	④	④	④	④	②	②	③	①	③	①	②	④	②	①	②

PART 2

01

정답 ④

전항에 2^n-1(n=1,2,3)…을 더한 값이다(n은 전항의 순서).
따라서 (　)=121+2^7−1=248이다.

02

정답 ②

n을 자연수라고 할 때, n항의 값은 (n+1)×(n+2)×(n+3)인 수열이다.
따라서 (　)=(4+1)×(4+2)×(4+3)=5×6×7=210이다.

03

정답 ③

앞의 항에 ×3+1을 적용한 수열이다.
따라서 (　)=121×3+1=364이다.

04

정답 ④

앞의 항에 $\times\frac{2}{3}$를 하는 수열이다.

따라서 (　)=$\frac{13}{18}\times\frac{2}{3}=\frac{13}{27}$이다.

05

정답 ④

앞의 항에 −1.1, +1.2를 번갈아 가며 적용하는 수열이다.
따라서 (　)=6.2+1.2=7.4이다.

06

정답 ④

+1.6, −2.4, +3.2, −4, +4.8, …씩 더해지는 수열이다.
따라서 (　)=−3.6+4.8=1.2이다.

07

정답 ④

-32, -16, -8, -4, -2, -1, …씩 더해지는 수열이다.
따라서 ( )=55−4=51이다.

08

정답 ④

$\underline{A\ B\ C} \rightarrow A^B = C$이다.
따라서 ( )$=3^4=81$이다.

09

정답 ④

$\underline{A\ B\ C} \rightarrow A+C=3B$이다.
따라서 ( )$=(14+22)\div 3=12$이다.

10

정답 ②

$\underline{A\ B\ C} \rightarrow A^2+B^2=C$이다.
따라서 ( )$=\sqrt{68-2^2}=8$이다.

11

정답 ②

홀수 항은 ×2−1, 짝수 항은 +3으로 나열된 수열이다.

E	C	I	F	Q	(I)	G
5	3	9	6	17	9	33

12

정답 ③

1^2, 2^2, 3^2, 4^2, …으로 나열된 수열이다.

A	D	I	P	(Y)	J
1	4	9	16	25	36

13

정답 ①

×2와 −1을 반복하는 수열이다.

ㅑ	ㅕ	ㅓ	ㅛ	ㅗ	(ㅣ)
2	4	3	6	5	10

14

정답 ③

홀수 항은 +3, 짝수 항은 −3을 적용하는 수열이다.

ㄷ	ㅍ	ㅂ	ㅊ	(ㅈ)	ㅅ	ㅌ
3	13	6	10	9	7	12

15

정답 ①

+1, +2, +3, +4, …을 적용하고, 자음과 알파벳이 번갈아 가며 제시되는 수열이다.

ㅅ	H	ㅊ	M	ㄷ	(V)
7	8	10	13	17	22

16

정답 ②

오답분석

①·③·④ 앞의 항에 차례로 +1, +2, +3을 한 것이다.

17

정답 ④

오답분석

①·②·③ 앞의 항에 차례로 ×2, −2, ×2을 한 것이다.

18

정답 ②

오답분석

①·③·④ 앞의 항에 −3, ×3, +3을 한 것이다.

19

정답 ①

오답분석

②·③·④ 앞의 항에 −3을 한 것이다.

20

정답 ②

오답분석

①·③·④ 앞의 항에 ×2를 한 것이다.

02 ▸ 언어추리

01	02	03	04	05	06	07	08	09	10	11	12	13	14	15	16	17	18	19	20
①	③	④	②	④	④	①	④	②	④	②	③	②	③	①	③	②	③	③	②

01

정답 ①

세영>희정, 세영>은솔·희진으로 세영이가 가장 높은 층에 사는 것을 알 수 있으며, 제시된 사실만으로는 가장 낮은 층에 사는 사람을 알 수 없다.

02

정답 ③

오늘 정은이는 커피 한 잔, 슬기는 커피 세 잔을 마셨으며, 은주는 커피 세 잔을 마신 슬기보다 적게 마셨음을 알 수 있다. 따라서 오늘 슬기가 커피를 가장 많이 마신 것을 알 수 있다. 한편, 제시된 사실만으로는 은주가 오늘 정은이보다 커피를 많이 마셨는지 알 수 없다.

03

정답 ④

지후의 키는 178cm, 시후의 키는 181cm, 재호의 키는 176cm이며, 키가 큰 순서대로 나열하면 '시후 – 지후 – 재호' 순서이다.

04

정답 ②

명랑한 사람은 마라톤을 좋아하고, 마라톤을 좋아하는 사람은 인내심이 있다. 따라서 명랑한 사람은 인내심이 있으므로 대우인 '인내심이 없는 사람은 명랑하지 않다.'를 추론할 수 있다.

05

정답 ④

세 번째 명제의 대우는 '짬뽕을 좋아하는 사람은 밥을 좋아한다.'이다. 따라서 두 번째 명제와 연결하면 '초밥을 좋아하는 사람은 밥을 좋아한다.'라는 명제를 추론할 수 있다.

06

정답 ④

세 번째 명제의 대우는 '운동을 좋아하는 사람은 고전을 좋아한다.'이다. 따라서 두 번째 명제와 연결하면 '사진을 좋아하는 사람은 고전을 좋아한다.'라는 명제를 추론할 수 있다.

07

정답 ①

'좋은 자세로 공부한다.'를 A, '허리의 통증이 약해진다.'를 B, '공부를 오래 하다.'를 C, '성적이 올라간다.'를 D라고 하면, 첫 번째 명제는 ~B → ~A, 두 번째 명제는 C → D, 네 번째 명제는 ~D → ~A이므로 네 번째 명제가 도출되기 위해서는 세 번째 명제에 ~C → ~B가 필요하다. 따라서 대우 명제인 ①이 답이 된다.

08

정답 ④

채소를 좋아한다.'를 A, '해산물을 싫어한다.'를 B, '디저트를 싫어한다.'를 C라고 하면 첫 번째 명제는 A → B로 표현할 수 있다. 마지막 명제는 ~C → ~A로 표현할 수 있고 이의 대우 명제는 A → C이다. 따라서 빈칸에는 B → C가 나와야 하므로 이의 대우 명제인 ④가 적절하다.

09

정답 ②

'비가 온다.'를 A, '개구리가 운다.'를 B, '제비가 낮게 난다.'를 C라고 한다면 첫 번째 명제는 '~A → ~B', 두 번째 명제는 '~A → ~C'이다. 이 때 두 번째 명제의 대우 명제는 'C → A', 즉 '제비가 낮게 날면 비가 온다.'로 ②와 같다.

10

정답 ④

'음악을 좋아하다.'를 p, '상상력이 풍부하다'를 q, '노란색을 좋아하다.'를 r이라고 하면, 첫 번째 명제는 $p \rightarrow q$, 두 번째 명제는 $\sim p \rightarrow \sim r$이다. 이때, 두 번째 명제의 대우 $r \rightarrow p$에 따라 $r \rightarrow p \rightarrow q$가 성립한다. 따라서 $r \rightarrow q$이므로 노란색을 좋아하는 사람은 상상력이 풍부하다.

11

정답 ②

A ~ E의 진술에 따르면 C와 E는 반드시 동시에 참 또는 거짓이 되어야 하며, B와 C는 동시에 참이나 거짓이 될 수 없다.

- A와 B가 거짓일 경우 : B의 진술이 거짓이 되므로 이번 주 수요일 당직은 B이다. 그러나 D의 진술에 따르면 B는 목요일 당직이므로 이는 성립하지 않는다.
- B와 D가 거짓인 경우 : B의 진술이 거짓이 되므로 이번 주 수요일 당직은 B이다. 또한 A, E의 진술에 따르면 E는 월요일, A는 화요일에 각각 당직을 선다. 이때 C는 수요일과 금요일에 당직을 서지 않으므로 목요일 당직이 되며, 남은 금요일 당직은 자연스럽게 D가 된다.
- C와 E가 거짓인 경우 : A, B, D의 진술에 따르면 A는 화요일, D는 수요일, B는 목요일, C는 금요일 당직이 되어 남은 월요일 당직은 E가 된다. 이때 E의 진술이 참이 되므로 이는 성립하지 않는다.

12

정답 ③

우선 세 번째 조건에 따라 '윤지 – 영민 – 순영'의 순서가 되는데, 첫 번째 조건에서 윤지는 가장 먼저 출장을 가지 않는다고 하였으므로 윤지 앞에는 먼저 출장 가는 사람이 있어야 한다. 따라서 '재철 – 윤지 – 영민 – 순영'의 순서가 되고, 마지막으로 출장 가는 순영이의 출장지는 미국이 된다. 또한, 재철이는 영국이나 프랑스로 출장을 가야 하는데, 영국과 프랑스는 연달아 갈 수 없으므로 두 번째 출장지는 일본이며, 첫 번째와 세 번째 출장지는 영국 또는 프랑스로 재철이나 영민이가 가게 된다.

구분	첫 번째	두 번째	세 번째	네 번째
출장자	재철	윤지	영민	순영
출장지	영국 또는 프랑스	일본	프랑스 또는 영국	미국

따라서 '영민이는 세 번째 출장을 간다.'는 항상 참이 된다.

오답분석

① 윤지는 일본으로 출장을 간다.
② 재철이는 영국으로 출장을 갈 수도, 프랑스로 출장을 갈 수도 있다.
④ 순영이는 네 번째로 출장을 간다.

PART 2

13

정답 ②

가장 최근에 입사한 사람이 D이므로 D의 이름은 가장 마지막인 다섯 번째에 적혔다. C와 D의 이름은 연달아 적히지 않았으므로 C의 이름은 네 번째에 적힐 수 없다. 또한 E는 C보다 먼저 입사하였으므로 E의 이름은 C의 이름보다 앞에 적는다. 따라서 C의 이름은 첫 번째에 적히지 않았다. 이를 정리하면 다음과 같이 3가지 경우가 나온다.

구분	첫 번째	두 번째	세 번째	네 번째	다섯 번째
경우 1	E	C	–	–	D
경우 2	E	–	C	–	D
경우 3	–	E	C	–	D

여기서 경우 2와 경우 3은 A와 B의 이름이 연달아서 적혔다는 조건에 위배된다. 경우 1만 성립하므로 정리하면 다음과 같다.

구분	첫 번째	두 번째	세 번째	네 번째	다섯 번째
경우 1	E	C	A	B	D
경우 2	E	C	B	A	D

E의 이름은 첫 번째에 적혔으므로 E는 가장 먼저 입사하였다. 따라서 'B가 E보다 먼저 입사하였다.'는 항상 거짓이다.

오답분석

① C의 이름은 두 번째로 적혔고 A의 이름은 세 번째나 네 번째에 적혔으므로 항상 옳다.
③ E의 이름은 첫 번째에 적혔고 C의 이름은 두 번째로 적혔으므로 항상 옳다.
④ A의 이름이 세 번째에 적히면 B의 이름은 네 번째에 적혔고, A의 이름이 네 번째에 적히면 B의 이름은 세 번째에 적혔다. 따라서 누가 먼저 입사했는지 알 수 없다.

14

정답 ③

두 번째·네 번째 조건에 따르면 수험서는 가장 먼저 구매하지 않았고, 수험서를 구매한 다음 바로 에세이를 구매했다. 첫 번째 조건에서 잡지를 만화·소설보다 먼저 구매했다고 하였으므로 잡지를 가장 먼저 구매한 것을 알 수 있다. 다섯 번째 조건에 따르면 에세이나 소설을 마지막에 구매하지 않았으므로 만화를 마지막에 구매한 것을 알 수 있다. 세 번째 조건에 따르면 에세이와 만화를 연달아 구매하지 않았으므로 소설을 네 번째로 구매한 것을 알 수 있다. 이를 표로 정리하면 다음과 같다.

첫 번째	두 번째	세 번째	네 번째	다섯 번째
잡지	수험서	에세이	소설	만화

따라서 A가 세 번째로 구매한 책은 '에세이'이다.

15

정답 ①

주어진 명제를 정리하면 다음과 같다.

- p : 다리가 아픈 사람
- q : 계단을 빨리 오르지 못하는 사람
- r : 평소에 운동을 하지 않는 사람

$p \rightarrow q$, $q \rightarrow r$이며, 대우는 각각 $\sim q \rightarrow \sim p$, $\sim r \rightarrow \sim q$이다. 따라서 $\sim r \rightarrow \sim q \rightarrow \sim p$이므로 $\sim r \rightarrow \sim p$이다.
따라서 '평소에 운동을 하는 사람은 다리가 아프지 않다.'는 참이 된다.

16

정답 ③

노화가 온 사람은 귀가 잘 들리지 않아 큰 소리로 이야기한다. 그러나 큰 소리로 이야기하는 사람 중 노화가 온 사람은 전부 또는 일부일 수도 있으므로 알 수 없다.

17

정답 ②

가격이 비싼 순으로 나열하면 돼지>오리>소>닭, 염소 순이고, 닭과 염소의 가격 비교는 알 수 없다. 닭보다 비싼 고기 종류는 세 가지 또는 네 가지이며, 닭이 염소보다 비싸거나, 가격이 같거나, 싼 경우 세 가지의 경우의 수가 존재한다.

18

정답 ③

도우미 1은 화요일 또는 수요일에 배치되고, 도우미 2는 도우미 3이 배치된 다음 날에 배치되므로, 도우미 3이 배치될 수 있는 요일은 월, 수, 목이고 도우미 2가 배치될 수 있는 요일은 화, 목, 금이다. 여기서 도우미 5가 목요일에 배치되므로, 도우미 3과 2는 각각 월요일과 화요일에 배치될 수밖에 없다. 따라서 월요일부터 순서대로 3 – 2 – 1 – 5 – 4 순서대로 배치되므로 A, B 모두 옳다.

19

정답 ③

비행기가 시간이 가장 빨리 도착하므로, 예산이 충분하다면 비행기를 이용하는 게 가장 낫다.
버스는 교통량에 따라 걸리는 시간에 변동이 생기므로, 소요 시간을 고려한다면 버스는 피하는 게 좋다.

20

정답 ②

인구가 가장 많은 나라는 중국이고, 가장 영토가 넓은 나라는 러시아이다. 섬나라인 대만과 일본 중에 대만이 영토가 더 작으므로, 먼저 여행한다. 태국을 두 번째로 여행한다면, 순서대로 중국 – 태국 – 대만 – 일본 – 러시아 순이므로 A는 옳지 않다. 또한 러시아는 마지막에 여행한다.

CHAPTER

05 관찰탐구력 기출예상문제

01	02	03	04	05	06	07	08	09	10	11	12	13	14	15	16	17	18	19	20
②	①	③	③	③	④	①	①	④	①	②	③	④	①	③	④	②	①	①	③

01

정답 ②

제시문은 지구의 자전을 증명한 푸코의 진자에 대한 설명이다. 지구의 자전과 관련 있는 현상은 인공위성의 서편 이동이다.

오답분석

①·③ 별빛 스펙트럼의 연주 변화와 연주 시차는 별의 연주 운동 때문이며, 이는 지구의 공전으로 인해 발생한다.
④ 계절의 변화는 지구의 공전으로 인해 발생한다.

02

정답 ①

정류 작용은 통전 방향에 따라 전류가 잘 흐르는 정도가 달라지는 성질로, 한쪽 방향으로는 전류가 잘 흐르지만 반대 방향으로는 전류가 흐르지 않게 하는 성질을 말한다.

03

정답 ③

풍력 발전은 바람이 발전기 날개를 돌려 생기는 운동 에너지를 통해 전기 에너지를 생산한다.

04

정답 ③

오답분석

① 중력 : 지구의 만유인력과 자전에 의한 원심력을 합한 힘이다.
② 전자기력 : 전기나 자기에 바탕을 둔 힘의 총칭이다.
④ 약력 : 핵의 붕괴에서 나타나는 짧은 거리에서 작용하는 힘이다.

05

정답 ③

운동 에너지는 질량에 비례한다. 따라서 C가 제일 크다.

06

정답 ④

직렬연결 전체 저항은 $5\Omega+5\Omega=10\Omega$이며, 회로에 흐르는 전체 전류는 $I=\frac{V}{R}=\frac{6V}{10\Omega}=0.6A$이다.

07

정답 ①

오답분석

② 이온 : 전자를 잃거나 얻어서 전기를 띤 원자 혹은 원자단을 말한다.
③ 분자 : 원자로 이루어진 물질로서, 원자의 결합체 중 독립 입자로서 작용하는 단위체를 말한다.
④ 중성자 : 원자를 구성하고 있는 입자의 한 종류를 말하며, 전하를 띠지 않는다.

08

정답 ①

두 액체가 섞이지 않는 것은 밀도가 다르기 때문이다. 밀도가 큰 액체는 가라앉고 밀도가 작은 액체는 위에 떠 있어 층이 생긴 것이다. 따라서 밀도에 따라 층으로 나눠진 액체는 분별깔때기나 스포이트를 이용해 분리가 가능하다.

PART 2

09

정답 ④

태양 전지는 태양광을 활용한 것으로, 태양 전지판을 이용하여 태양의 빛에너지를 전기 에너지로 변환한다.

10

정답 ①

$I=\frac{V}{R}=\frac{10}{5}=2\text{A}$

11

정답 ②

라듐(Ra)

알칼리 토류 금속에 속하는 천연의 방사성원소로 1898년 퀴리 부부에 의하여 우라늄 광석인 피치블렌드 속에서 발견되었다. 바륨과 비슷한 성질을 가졌는데 백색이고 1g당 약 1퀴리의 강한 방사능을 지닌다. 의료용이나 방사선의 표준선원, 야광도료의 제조 등에 사용되었는데, 최근에는 인공의 방사성동위원소를 대신 쓰고 있다.

12

정답 ③

제시된 내용은 온도에 따른 반응 속도에 대한 것으로, 낮은 온도에서 음식물들은 쉽게 변질되지 않는다.

13

정답 ④

작용 · 반작용의 법칙

- 물체 A가 물체 B에 힘을 미치면(작용) 물체 B도 물체 A에 힘을 미친다(반작용).
- 두 물체 사이에 작용과 반작용은 크기가 같고 방향은 반대이며, 동일 직선상에서 서로 다른 물체에 작용한다.

14

정답 ①

바이오에탄올은 녹말(전분) 작물에서 포도당을 얻은 뒤 이를 발효시켜 만들지만, 바이오디젤은 쌀겨와 같은 유지(油脂) 작물에서 식물성 기름을 추출해 만든다. 에탄올을 뽑아낼 수 있는 식물로는 감자, 옥수수, 사탕수수, 사탕무, 고구마 등이 있다.

15

정답 ③

ㄱ. 우주에는 중력이 없기 때문에 밀봉한 음료를 빨대를 통해 섭취해야 한다.
ㄹ. 지구에서는 촛불을 켜면 기다란 모양의 불꽃이 나타나지만, 우주에서는 불꽃이 시발점으로부터 모든 방향으로 동일하게 뻗어나가므로 둥근 공 모양을 띠게 된다.

오답분석

ㄴ. 무중력 상태에서는 자연 대류가 존재하지 않으므로 인체의 열기가 피부 밖으로 나오지 못하게 된다. 따라서 인간은 자신의 몸을 식히기 위해 끊임없이 땀을 배출하게 되는데 이때 땀은 흐르거나 증발하지 않고 계속 쌓이게 된다.
ㄷ. 포물선 운동은 중력의 작용 때문에 나타나는 현상인데 우주는 중력이 거의 없는 상태이므로 이러한 현상이 나타나지 않는다.

16

정답 ④

지레는 막대의 한 점을 물체에 받쳐 고정시키고, 한쪽에는 물체를 올려놓고 다른 한쪽에 힘을 가하여 적은 힘을 들여 무거운 물체를 들어 올리는 도구이다. 힘점과 받침점 사이의 거리가 작용점과 받침점 사이의 거리보다 길어야 가한 힘보다 더 큰 힘이 작용점에 작용하게 된다. 지레의 원리를 활용한 생활 속 도구로는 병따개, 가위, 손톱깎이, 젓가락, 펀치, 핀셋 등이 있다.

17

정답 ②

초신성 폭발

어두운 항성이 갑자기 대폭발을 일으켜 엄청난 에너지가 순간적으로 방출되면서 15등급(100만 배)이나 밝아지고 사멸되는 현상으로, 이는 갓 태어난 별의 모습처럼 보여서 초신성이라 불린다. 이는 암흑물질의 존재와 관련이 적다.

18

정답 ①

소리가 진행하다가 다른 매질을 만났을 때, 그 경계면에서 소리의 진행방향이 꺾이는 현상을 '굴절'이라 한다. 소리는 속력이 느린 쪽(온도가 낮은 쪽)으로 휘어지는데 낮에는 높이 올라갈수록 기온이 낮아져 소리가 위로 휘어지고, 밤에는 반대현상이 일어난다.

19

정답 ①

자전은 지구가 남극과 북극을 잇는 선을 축으로 반시계 방향으로 회전하는 현상이다.

오답분석

② 지구의 자전은 지구에 밤과 낮이 발생하는 원인이 되며, 별이 북극을 중심으로 반시계 방향으로 동심원을 그리며 움직이는 일주운동 역시 지구의 자전 운동으로 인해 나타나는 현상이다.
③ 우리나라에서는 조선 숙종 때 김석문이 지구가 회전한다는 지전설을 처음으로 주장하였다.
④ 지구의 자전 속도는 약 1,600km/h로, 태양을 기준으로 24시간마다 한 바퀴 회전한다.

20

정답 ③

탄수화물은 식물 속 영양소 중 가장 많은 부분을 차지하며, 에너지를 내는 데 주로 쓰이지만 과도하게 섭취하면 에너지원으로 다 쓰지 못하고 남아 체지방으로 바뀌어 축적된다. 탄수화물의 종류에는 포도당, 과당, 맥아당, 녹말 등이 있으며, 감자, 고구마, 국수, 쌀 등에 많이 포함되어 있다.

PART

3

최종점검 모의고사

제1회 최종점검 모의고사

01	02	03	04	05	06	07	08	09	10	11	12	13	14	15	16	17	18	19	20
④	②	④	①	④	①	③	③	①	③	④	②	④	③	②	④	④	④	③	④
21	22	23	24	25	26	27	28	29	30	31	32	33	34	35	36	37	38	39	40
③	②	③	④	①	③	④	①	④	④	①	②	④	①	③	②	④	②	③	②
41	42	43	44	45															
①	③	④	③	②															

01

정답 ④

• 이목 : 주의나 관심
• 시선 : 주의 또는 관심을 비유적으로 이르는 말

오답분석

① 괄목 : 눈을 비비고 볼 정도로 매우 놀람
② 경계 : 사물이 어떠한 기준에 의하여 분간되는 한계
③ 기습 : 적이 생각지 않았던 때에, 갑자기 들이쳐 공격함

02

정답 ②

• 긴축 : 재정의 기초를 다지기 위하여 지출을 줄임
• 절약 : 함부로 쓰지 아니하고 꼭 필요한 데에만 써서 아낌

오답분석

① 긴장 : 마음을 조이고 정신을 바짝 차림
③ 수축 : 근육 따위가 오그라듦
④ 수렴 : 의견이나 사상 따위가 여럿으로 나뉘어 있는 것을 하나로 모아 정리함

03

정답 ④

• 본보기 : 본을 받을 만한 대상
• 귀감 : 거울로 삼아 본받을 만한 모범

오답분석

① 조치 : 벌어지는 사태를 잘 살펴서 필요한 대책을 세워 행함. 또는 그 대책
② 심문 : 자세히 따져서 물음
③ 방문 : 어떤 사람이나 장소를 찾아가서 만나거나 봄

04

정답 ①

• 유동 : 자유로이 움직임
• 고정 : 한 번 정한 대로 변경하지 아니함

오답분석

② 본성 : 사람이 본디부터 가진 성질
③ 성향 : 성질에 따른 경향
④ 기성 : 이미 이루어짐. 또는 그런 것

05

정답 ④

• 달변 : 능숙하여 막힘이 없는 말
• 눌변 : 더듬거리는 서툰 말솜씨

오답분석

① 웅변 : 조리가 있고 막힘이 없이 당당하게 말함. 또는 그런 말이나 연설
② 능변 : 말을 능숙하게 잘함. 또는 그런 말
③ 답변 : 물음에 대하여 밝혀 대답함. 또는 그런 대답

PART 3

06

정답 ①

토론의 목적은 주어진 논제에 대해 자신의 입장에서 타인을 설득하는 것이라는 내용이 토론의 주제는 찬반의 명확한 입장이 잘 드러나야 한다는 빈칸 뒤의 내용에 대한 근거가 되므로 빈칸에는 '그러므로'가 와야 한다.

07

정답 ③

도킨스에 따르면 인간 개체는 유전자라는 진정한 주체의 매체에 지나지 않게 된다. 이러한 생각에는 살아가고 있는 구체적 생명체를 경시하게 되는 논리가 잠재되어 있다. 따라서 무엇이 진정한 주체인가에 대한 물음이 필자의 문제 제기로 적절하다.

08

정답 ③

제시문은 또 다른 물의 재해인 '지진'의 피해에 대해 설명하고 있으며, 두 번째 문단부터 네 번째 문단까지 '지진'의 피해에 대한 구체적인 사례를 제시하고 있다. 따라서 제목으로 가장 적절한 것은 ③이다.

09

정답 ①

현존하는 가장 오래된 실록은 전주에 전주 사고에 보관되어 있던 것으로, 강화도 마니산에 봉안되었다가 1936년 병자호란에 의해 훼손된 것을 현종 때 보수하여 숙종 때 강화도 정족산에 다시 봉안했다가 현재 서울대학교에서 보관하고 있다.

오답분석

② 강원도 태백산에 보관하였던 실록은 현재 서울대학교에 있다.
③ 현재 한반도에 남아 있는 실록은 강원도 태백산, 강화도 정족산, 장서각의 것으로 모두 3벌이다.
④ 적상산에 보관하였던 실록은 구황국 장서각으로 옮겨졌으며, 이는 6・25 전쟁 때 북한으로 옮겨져 현재 김일성종합대학에서 소장하고 있다. 일부가 훼손되었는지는 제시문만으로 알 수 없다.

10

정답 ③

제시문은 협업과 소통의 문화가 기업에 성공적으로 정착하려면 기업의 작은 변화부터 필요하다고 주장한다. 따라서 제시문과 관련 있는 한자성어로는 '높은 곳에 오르려면 낮은 곳에서부터 오른다.'는 뜻의 '일을 순서대로 하여야 함'을 의미하는 '등고자비(登高自卑)'가 가장 적절하다.

오답분석

① 장삼이사(張三李四) : 장 씨의 셋째 아들과 이 씨의 넷째 아들이라는 뜻으로, 이름이나 신분이 특별하지 아니한 평범한 사람들을 이르는 말

② 하석상대(下石上臺) : 아랫돌 빼서 윗돌 괴고 윗돌 빼서 아랫돌 괸다는 뜻으로, 임시변통으로 이리저리 둘러맞춤을 이르는 말

④ 내유외강(內柔外剛) : 속은 부드럽고, 겉으로는 굳셈을 뜻하는 말

11

정답 ④

세 번째 문단에 따르면 타인으로부터 특정 블록이 완성되어 전파된 경우, 채굴 중이었던 특정 블록을 포기하고 타인의 블록을 채택한 후 다음 순서의 블록을 채굴하는 것이 가장 합리적이다.

오답분석

① 두 번째 문단에 따르면 특정 숫자값을 산출하는 행위를 채굴이라 하고 이 숫자값을 가장 먼저 찾아내서 전파한 노드 참가자에게 비트코인과 같은 보상이 주어진다.

② 마지막 문단에 따르면 블록체인의 일치성은 이처럼 개별 참여자가 자기의 이익을 최대로 얻기 위해 더 긴 블록체인으로 갈아타게 되면서 유지되는 것이다.

③ 첫 번째 문단에 따르면 네트워크에 분산해 장부에 기록하고 참가자가 그 장부를 공동관리하는 분산원장 방식이 중앙집중형 거래 기록보관 방식보다 보안성이 높다.

12

정답 ②

- 내일 비가 오고 모레 비가 안 올 확률 : $\frac{1}{5}\times\frac{2}{3}=\frac{2}{15}$
- 내일 비가 안 오고 모레 비가 안 올 확률 : $\frac{4}{5}\times\frac{7}{8}=\frac{7}{10}$

∴ 모레 비가 안 올 확률 : $\frac{2}{15}+\frac{7}{10}=\frac{5}{6}$

13

정답 ④

A지역과 B지역 사이의 거리를 $x$km라 하자.
갈 때의 시간보다 올 때의 시간이 30분 덜 걸리므로

$\frac{x}{80}=\frac{x}{120}+\frac{1}{2} \rightarrow 3x=2x+120$

∴ $x=120$

14

정답 ③

두 사람은 이번 주 토요일 이후에 각각 15일, 20일마다 미용실에 간다. 15와 20의 최소공배수를 구하면 60이므로 60일마다 두 사람은 미용실에 함께 가게 된다. 따라서 처음으로 다시 두 사람이 미용실에 같이 가는 요일은 $60\div7=7\times8+4$이므로 토요일의 4일 후인 수요일이 된다.

15

정답 ②

두 소금물을 합하면 소금물의 양은 800g이 되고, 이 소금물을 농도 10% 이상인 소금물로 만들기 위한 물의 증발량을 xg이라고 하자.

$$\frac{(300\times0.07)+(500\times0.08)}{800-x}\times100\geq10 \rightarrow (21+40)\times10\geq800-x \rightarrow x\geq800-610$$

$\therefore x\geq190$

따라서 800g인 소금물에서 최소 190g 이상의 물을 증발시켜야 농도 10% 이상인 소금물을 얻을 수 있다.

16

정답 ④

ㄴ. B작업장은 생물학적 요인(바이러스)에 해당하는 사례 수가 가장 많다.

ㄷ. 화학적 요인에 해당하는 분진은 집진 장치를 설치하여 예방할 수 있다.

오답분석

ㄱ. A작업장은 물리적 요인(소음, 진동)에 해당하는 사례 수가 가장 많다.

17

정답 ④

ㄴ. 대구의 냄새에 대한 민원 건수는 414건으로 강원의 $\frac{414}{36}$=11.5배, 제주의 $\frac{414}{23}$=18배이다.

ㄷ. 세종과 대전의 민원내용별 민원 건수의 합계와 부산의 수치를 정리하면 다음과 같다.

(단위 : 건)

구분	낮은 수압	녹물	누수	냄새	유충
대전	133	108	56	88	18
세종	47	62	41	31	9
대전+세종	180	170	97	119	27
부산	248	345	125	274	68

따라서 세종과 대전의 민원내용별 민원 건수의 합계는 부산보다 작음을 확인할 수 있다.

오답분석

ㄱ. 경기 지역의 민원은 120+203+84+152+21=580건이며, 이 중 녹물에 대한 민원 비율은 $\frac{203}{580}\times100=35\%$이다.

ㄹ. 수도권인 서울, 경기, 인천에서 가장 많은 민원이 발생한 것은 녹물에 대한 것이다. 하지만 가장 적게 민원이 발생한 것은 경기와 인천은 유충에 대한 것이고, 서울은 누수에 대한 것이다.

18

정답 ④

제시된 자료를 통해 유충에 대한 민원 건수는 알 수 있지만, 실제로 유충이 발생한 건수는 알 수 없다.

19

정답 ③

- 대여기간 : 60개월
- A회사(20개월 단위로 대여) : 57,000+1,500,000×3=4,557,000원
- B회사 : 75,000×60=4,500,000원
- C회사(30개월 단위로 대여) : 2,200,000×2=4,400,000원
- D회사(55개월 대여) : 48,000+87,000×55=4,833,000원

따라서 H씨가 선택할 회사는 가장 저렴한 C회사이다.

PART 3

20

정답 ④

2020년 강수량의 총합은 1,529.7mm이고, 2021년 강수량의 총합은 1,122.7mm이다.
전년 대비 강수량의 변화를 구하면 1,529.7−1,122.7=407mm로 가장 변화량이 크다.

오답분석

① 조사기간 내 가을철 평균 강수량은 $\frac{1,919.9}{8}$ ≒240mm이다.

② 여름철 강수량이 두 번째로 높았던 해는 2020년이다. 2020년의 가을·겨울철 강수량의 합은 502.6mm이고, 봄철 강수량은 256.5mm이다. 256.5×2=513mm이므로 봄철 강수량의 2배 미만이다.

③ 강수량이 제일 낮은 해는 2023년이지만 가뭄의 기준이 제시되지 않았으므로 알 수 없다.

21

정답 ③

20대는 2015년에 2,233명으로 가장 많이 취업했고, 30대는 2022년에 2,051명으로 가장 많이 취업했다.

22

정답 ②

2022년 20대 장애인 취업자의 전년 대비 감소율은 $\frac{1,946-1,918}{1,946}\times100$ ≒1.4%로 3% 미만이다.

오답분석

①·③ 제시된 자료를 통해 알 수 있다.

④ 2021년과 2022년의 전년 대비 전체 장애인 취업자 수 증가 인원은 다음과 같다.

- 2021년 : 9,914−9,772=142명
- 2022년 : 10,091−9,914=177명

따라서 2021년보다 2022년에 더 많이 증가하였다.

23

정답 ③

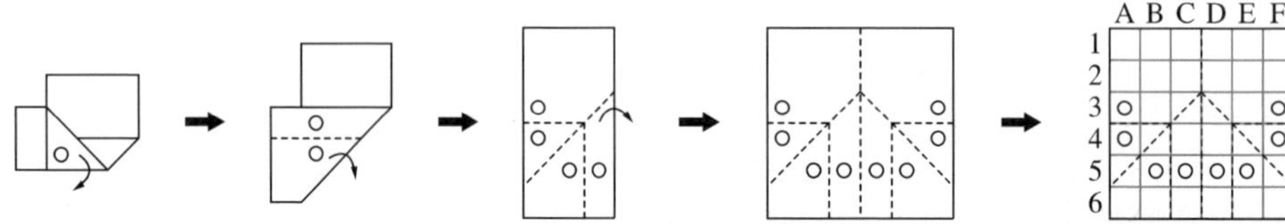

24

정답 ④

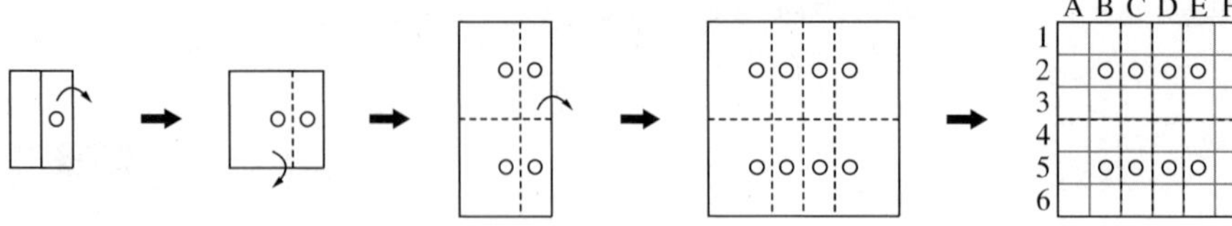

25

정답 ①

제시된 도형을 시계 반대 방향으로 90° 회전한 것이다.

26

정답 ③

도형을 시계 방향으로 90° 회전하면 , 이를 좌우 반전하면 이 된다.

27

정답 ④

• 1층 : 4×4−3=13개
• 2층 : 16−5=11개
• 3층 : 16−11=5개
∴ 13+11+5=29개

28

정답 ①

• 1층 : 4×5−4=16개
• 2층 : 20−8=12개
• 3층 : 20−14=6개
∴ 16+12+6=34개

29

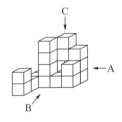

정답 ④

30

정답 ④

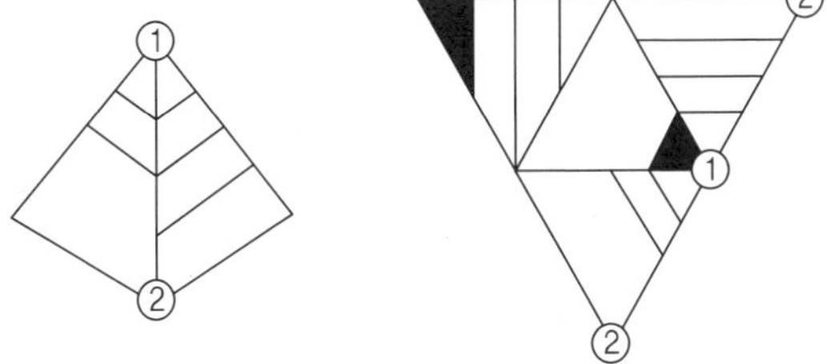

31

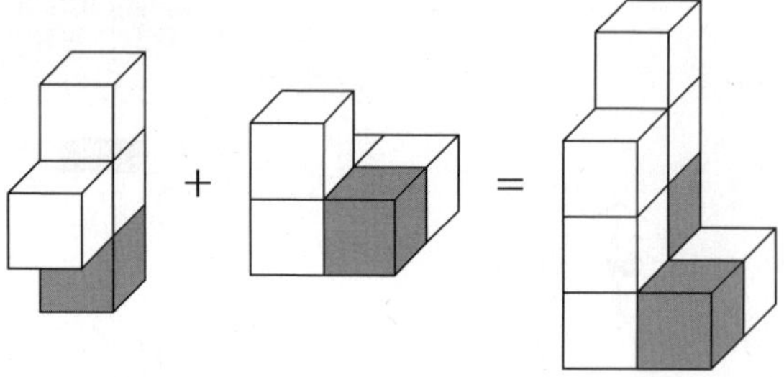

32

정답 ②

키는 원숭이>기린이고, 몸무게는 원숭이>기린>하마 순이다. 따라서 원숭이가 가장 무겁다.

오답분석

① 원숭이와 하마의 키 관계는 알 수 없다.
③ 기린과 하마의 키 관계는 알 수 없다.
④ 하마는 기린보다 가볍다.

33

정답 ④

'p : A대학교에 다닌다, q : B시에 거주한다, r : 빨간 머리, s : 한나'라고 하면

- 첫 번째 명제 : $p \rightarrow q$
- 두 번째 명제 : $r \rightarrow \sim q$
- 세 번째 명제 : $s \rightarrow p$

어떤 명제가 참일 때 그 대우 명제도 참이므로 두 번째 명제의 대우 명제인 $q \rightarrow \sim r$도 참이다. $s \rightarrow p \rightarrow q \rightarrow \sim r$이 성립하므로 $s \rightarrow \sim r$은 참인 명제이다. 따라서 '한나는 빨간 머리가 아니다.'는 참이다.

34

정답 ①

'p : 곰, q : 책, r : 기타, s : 그것'이라 하면

- 첫 번째 명제 : $p \rightarrow \sim q$
- 두 번째 명제 : $\sim r \rightarrow q$
- 세 번째 명제 : $s \rightarrow \sim r$

첫 번째 명제의 대우 명제인 $q \rightarrow \sim p$도 참이므로 $s \rightarrow \sim r \rightarrow q \rightarrow \sim p$가 성립하고 $s \rightarrow \sim p$는 참인 명제이다. 따라서 '그것은 곰이 아니다.'는 참이다.

35

정답 ③

첫 번째와 세 번째 조건을 통해 A부족이 E부족을 침공하지 않고, C부족을 침공할 것을 알 수 있고 네 번째 조건을 통해 D부족을 침공하지 않는다는 것을 알 수 있다. 두 번째 조건에 따라 D부족을 침공하지 않기 때문에 B부족을 침공할 것이므로 A부족이 침공할 부족은 B부족과 C부족이다.

36

정답 ②

첫 번째 조건과 두 번째 조건에 따라 물리학과 학생은 흰색만 좋아하는 것을 알 수 있으며, 세 번째 조건과 네 번째 조건에 따라 지리학과 학생은 흰색과 빨간색만 좋아하는 것을 알 수 있다. 전공별로 좋아하는 색을 정리하면 다음과 같다.

경제학과	물리학과	통계학과	지리학과
검은색, 빨간색	흰색	빨간색	흰색, 빨간색

이때 검은색을 좋아하는 학과는 경제학과뿐이므로 C가 경제학과임을 알 수 있으며, 빨간색을 좋아하지 않는 학과는 물리학과뿐이므로 B가 물리학과임을 알 수 있다. 따라서 항상 참이 되는 것은 ②이다.

37

정답 ④

제시된 수열의 다음 항은 그 전항에 $3^n-3(n=1, 2, 3, \cdots)$을 더한 값이다.

따라서 ( )$=349+3^6-3=349+729-3=1,075$이다.

38

정답 ②

나열된 수를 각각 A, B, C라고 하면 다음과 같은 규칙이 적용된다.

$\underline{A\ B\ C} \rightarrow A\times B^2=C$

따라서 ( )$=72\div 3^2=8$이다.

39

정답 ③

우리 몸의 질량의 96%는 산소(65%), 탄소(18%), 수소(9.5%), 질소(3.2%)로 이루어져 있다. 나머지 4%는 칼슘과 인, 칼륨, 마그네슘 등의 무기질과 전체 질량의 0.3%에 해당하는 미량원소로 구성되어 있다.

40

정답 ②

마그누스 효과(Magnus Effect)는 일정한 방향으로 회전하는 물체가 기체나 액체 등 유체를 통과할 때 압력이 높은 쪽에서 낮은 쪽으로 휘어지며 경로도 그에 따라 달라지는 현상을 말한다. 이는 물체를 둘러싼 유체의 압력 차이 때문에 발생하는 현상으로 야구의 변화구나 축구의 바나나킥을 설명하는 원리가 된다.

41

정답 ①

빛의 분산은 빛이 다른 매질로 옮겨갈 때 파장에 따라 굴절률이 바뀌어 분리되는 현상이며 프리즘의 원리이기도 하다. 프리즘을 통과한 빛 중 파장이 낮은 푸른빛은 심하게 굴절되고 파장이 높은 붉은빛은 조금 굴절되어 빛이 분리되어 보이는 것이다. 빛은 입자의 성질과 파동의 성질을 동시에 가지며 아인슈타인은 이를 광양자라고 정의하였다.

42

정답 ③

태양계에서 가장 큰 위성은 목성의 위성 '가니메데'이다. 타이탄은 토성의 위성 중 가장 큰 위성으로, 태양계의 위성 가운데서도 대기와 액체 호수·강이 있는 것으로 밝혀져 주목을 받았다. 타이탄의 호수와 강의 주요 성분은 에테인과 메테인으로 지구처럼 액체가 증발해 다시 비로 내리는 순환이 일어나고 있음이 밝혀졌다.

43

정답 ④

롤러코스터는 올라갈 때만 외부로부터 에너지를 받아 가장 높은 지점까지 상승한다. 이후 하강하여 원래 위치로 되돌아 올 때까지는 외부에서 받는 에너지 없이 가장 높은 지점의 위치에너지로부터 전환된 에너지만 운동에너지로 전환되어 달린다.

오답분석

① 정차하던 버스가 출발할 때, 버스는 앞으로 나아가려 하지만 안에 있는 승객은 그 자리에 있으려는 관성에 의해 승객 몸이 뒤로 쏠린다.
② 젖은 빨래를 탈수기에 넣고 돌릴 때, 젖은 빨래는 계속 회전하고 물기는 관성에 의해 젖은 빨랫감에서 빠져나와 탈수된다.
③ 엘리베이터를 타고 내려오다 정지할 때 엘리베이터는 정지하였지만, 안에 있는 사람은 밑으로 움직이려는 관성에 의해 몸이 무거워진다.

44

정답 ③

오답분석

① 정촉매를 사용할 경우 활성화 에너지를 낮추어 반응을 촉진시키고, 부촉매를 사용할 경우 활성화 에너지를 높여 반응을 둔화시킨다.
② 효소는 생명체의 생명활동에 중요한 여러 반응을 촉진하는 생체촉매이다.
④ 촉매는 자기 자신이 소모되지 않으면서 물질의 반응속도를 조절하는 물질이다.

45

정답 ②

바이러스는 아주 작은 크기의 감염성 입자로, 다른 생명체들처럼 스스로의 힘으로 자라지 못하고, 사람을 비롯한 동물과 식물 등 다른 생명체에 들어가야만 살아갈 수 있다. 바이러스와 세균은 비슷한 것 같지만, 크기나 구조, 증식 방법, 치료법 등에서 큰 차이가 있다.

제2회 최종점검 모의고사

01	02	03	04	05	06	07	08	09	10	11	12	13	14	15	16	17	18	19	20
④	①	②	①	②	④	①	①	④	④	①	③	①	②	③	①	③	③	②	④
21	22	23	24	25	26	27	28	29	30	31	32	33	34	35	36	37	38	39	40
①	③	①	①	②	②	③	④	①	②	③	④	④	④	①	②	③	①	④	③
41	42	43	44	45															
②	③	②	④	①															

PART 3

01

정답 ④

• 비등 : 비교하여 볼 때 서로 비슷함
• 상당 : 일정한 액수나 수치 따위에 해당함

오답분석

① 소급 : 과거에까지 거슬러 올라가서 미치게 함
② 쇄도 : 어떤 곳을 향하여 세차게 달려듦
③ 속박 : 어떤 행위나 권리의 행사를 자유로이 하지 못하도록 강압적으로 얽어매거나 제한함

02

정답 ①

• 도야 : 훌륭한 사람이 되도록 몸과 마음을 닦아 기름을 비유적으로 이르는 말
• 수련 : 인격, 기술, 학문 따위를 닦아서 단련함

오답분석

② 봉착 : 어떤 처지나 상태에 부닥침
③ 호도 : 풀을 바른다는 뜻으로, 명확하게 결말을 내지 않고 일시적으로 감추거나 흐지부지 덮어 버림을 비유적으로 이르는 말
④ 섭렵 : 물을 건너 찾아다닌다는 뜻으로, 많은 책을 널리 읽거나 여기저기 찾아다니며 경험함을 이르는 말

03

정답 ②

• 무구하다 : 꾸미지 않은 자연 그대로 순박하다.
• 소박하다 : 꾸밈이나 거짓 없이 수수하다.

오답분석

① 유장하다
  1. 길고 오래되다.
  2. 급하지 않고 느긋하다.
③ 무한하다 : 수나 양, 공간, 시간 등과 관련하여 제한 또는 한계가 없다.
④ 다복하다
  1. 풀이나 나무가 소복하다.
  2. 복이 많다.

04

정답 ①

제시문은 한국 전통 건축에 반영되어 있는 철학에 따라 과거의 사람들은 거대한 건축물과 인위적인 직선을 배제하고 자연계의 곡선을 따랐다는 내용이므로 빈칸에는 앞의 내용이 뒤의 내용의 원인이 될 때 사용하는 접속어인 '그래서'가 와야 한다.

05

정답 ②

'자동차'가 다니는 길은 '차도'이고, '사람'이 다니는 길은 '인도'이다.

06

정답 ④

높은 물가 상승률은 이자율의 상승과 함께 대출 조건을 악화시키므로 기업들은 생산 비용 상승과 이로 인한 이윤 감소에 직면하게 된다.

오답분석

① 높은 물가는 가계의 실질 소비력을 약화시키므로 소비 심리를 위축시켜 경기 둔화를 초래할 수 있다.
②·③ 세금 조정, 통화량 조절, 금리 조정 등 여러 금융 정책의 목적은 물가 상승률을 통제하여 안정성을 확보하는 것이다.

07

정답 ①

제시문은 소비자들이 같은 가격의 제품일 경우 이왕이면 겉모습이 더 아름다운 것을 추구한다는 내용이다. 따라서 빈칸에는 '같은 조건이라면 좀 더 낫고 편리한 것을 택함'의 뜻을 지닌 '같은 값이면 다홍치마'가 적절하다.

08

정답 ①

제시문은 치매의 정의, 증상, 특성 등을 말하고 있으므로 '치매의 의미'가 주제로 가장 적절하다.

09

정답 ④

세 번째 문단에서 '우리가 일반적으로 잘못인 것으로 판단하는 믿음까지 용인하는 경우에도 그 사람이 더 관용적이라고 말해야 한다.'라고 하였다. 따라서 ④와 같이 우리가 일반적으로 잘못이라고 판단할 수 있는 '보편적 도덕 원칙에 어긋나는 가르침'을 주장하는 종교까지 용인하는 사람을 더 관용적이라고 평가한다는 내용이 ㉠인 역설에 해당함을 알 수 있다.

10

정답 ④

제시문은 전자 감시 기술에 대해 이야기하며 모든 일에는 신중해야 함을 강조한다. 따라서 이를 가장 잘 설명하는 속담은 무슨 일이든 낭패를 보지 않기 위해서는 신중하게 생각하여 행동해야 함을 이르는 말인 '일곱 번 재고 천을 째라'이다.

오답분석

① 사공이 많으면 배가 산으로 간다 : 주관하는 사람 없이 여러 사람이 자기주장만 내세우면 일이 제대로 되기 어려움을 이르는 말
② 새가 오래 머물면 반드시 화살을 맞는다 : 편하고 이로운 곳에 오래 머물며 안일함에 빠지면 반드시 화를 당한다는 뜻
③ 쇠뿔은 단김에 빼랬다 : 어떤 일이든지 하려고 생각했으면 한창 열이 올랐을 때 망설이지 말고 곧 행동으로 옮겨야 한다는 뜻

11

정답 ①

제시문은 지방에 대해 사실과 다르게 알려진 내용을 지적하고 건강에 유익한 지방도 있음을 설명하고 있다.

12

정답 ③

어린이, 어른의 식권을 각각 x원, $1.5x$원이라 하면 다음과 같다.

$6x+8\times1.5x=72,000$ → $x=4,000$

따라서 어른의 식권 가격은 $1.5\times4,000=6,000$원이다.

13

정답 ①

현재 어머니의 나이를 x세, 딸의 나이를 y세라 하면 다음과 같다.

$x+y=55 \cdots$ ㉠

$x+16=2(y+16)+3 \cdots$ ㉡

㉠, ㉡을 연립하면

$3y=36$ → $y=12$

따라서 현재 딸의 나이는 12세이다.

14

정답 ②

부어야 하는 물의 양을 xg이라 하면 다음과 같다.

$$\frac{\frac{12}{100}\times600}{600+x}\times100\leq4$$

$7,200\leq2,400+4x$ → $x\geq1,200$

따라서 최소 1,200g의 물을 부어야 한다.

15

정답 ③

배의 속력을 $x$km/h, 강물의 유속을 $y$km/h라 하면 다음과 같다.

$5(x-y)=30 \cdots$ ㉠

$3(x+y)=30 \cdots$ ㉡

㉠, ㉡을 연립하면 $x=8$, $y=2$이다.

따라서 배의 속력은 8km/h이다.

16

정답 ①

2,800원, 2,500원짜리 커피 개수를 각각 x개, $12-x$개라고 하면 다음과 같다.

$2,500(12-x)+2,800x\leq31,000$ → $30,000+300x\leq31,000$ → $x\leq\frac{10}{3}$

따라서 2,800원짜리 커피는 최대 3개까지 살 수 있다.

17

정답 ③

쓰레기 1kg당 처리비용은 400원으로 동결상태이다. 쓰레기 종량제 봉투 가격이 인상될수록 A신도시의 쓰레기 발생량과 쓰레기 관련 예산 적자가 급격히 감소하는 것을 볼 수 있다.

PART 3

18

정답 ③

버스별 승객 수와 감소 인원, 1분기 승객의 20%를 정리하면 다음과 같다.

(단위 : 만 명)

운수회사	버스	승객 수			
		1분기	2분기	감소 인원	1분기 승객 20%
A	K3615	130	103	27	26
	C3707	80	75	5	16
	C3708	120	100	20	24
B	B5605	100	90	10	20
	J7756	90	87	3	18
C	L3757	130	100	30	26
	L3759	85	75	10	17
	L3765	70	60	10	14
D	O1335	60	40	20	12
	O2338	75	70	5	15

감소 인원이 1분기 승객의 20%보다 큰 버스는 K3615, L3757, O1335이고 각각 A운수회사, C운수회사, D운수회사가 운영하는 버스이다.

따라서 보조금을 받을 수 있는 운수회사는 3개이다.

19

정답 ②

금형 업종의 경우 사무소 형태로 진출한 현지 자회사 법인의 비율이 가장 높다.

오답분석

① 단독법인 형태의 소성가공 업체의 수는 $30\times0.381=11.43$개로 10개 이상이다.

③ 표면처리 업체의 해외 현지 자회사 법인 중 유한회사의 형태인 업체는 $133\times0.024=3.192$곳으로 2개 이상이다.

④ 전체 업체 중 용접 업체의 해외 현지 자회사 법인의 비율은 $\frac{128}{387}\times100\fallingdotseq33\%$로 30% 이상이다.

20

정답 ④

- 이주임 : 2021년 부채는 4,072백만 원, 2022년 부채는 3,777백만 원으로, 2022년 전년 대비 감소율은 $\frac{4,072-3,777}{4,072}\times100\fallingdotseq7.2\%$이다.
- 박사원 : 자산 대비 자본의 비율은 2021년에 $\frac{39,295}{44,167}\times100\fallingdotseq89.0\%$이고, 2022년에 $\frac{40,549}{44,326}\times100\fallingdotseq91.5\%$로 증가하였으므로 옳다.

오답분석

- 김대리 : 2020년부터 2022년까지 당기순이익의 전년 대비 증감 방향은 '증가 – 증가 – 증가'이나, 부채의 경우 '증가 – 증가 – 감소'이므로 옳지 않다.
- 최주임 : 2021년의 경우 부채비율이 전년과 동일하므로 옳지 않다.

21

정답 ①

해상 교통서비스 수입액이 많은 국가부터 차례대로 나열하면 '인도 – 미국 – 한국 – 브라질 – 멕시코 – 이탈리아 – 터키' 순이다.

22

정답 ③

해상 교통서비스 수입보다 항공 교통서비스 수입이 더 높은 국가는 미국과 이탈리아이다.

오답분석

① 터키의 교통서비스 수입에서 항공 수입이 차지하는 비중은 $\frac{4,003}{10,157}\times 100 \fallingdotseq 39.4\%$이다.

② 교통서비스 수입액이 첫 번째(미국)와 두 번째(인도)로 높은 국가의 차이는 94,344−77,256=17,088백만 달러이다.

④ 제시된 자료를 통해 확인할 수 있다.

23

정답 ①

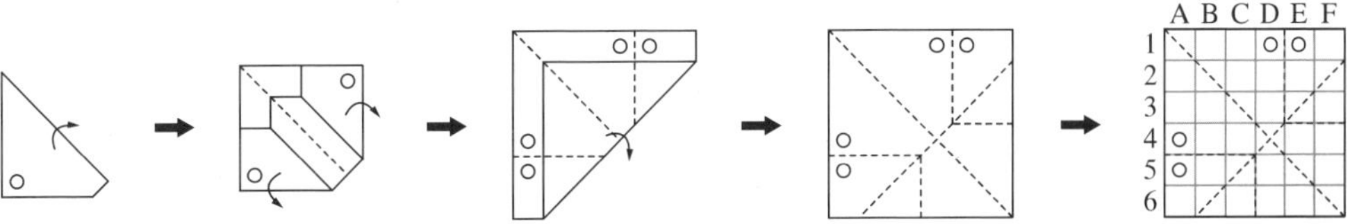

24

정답 ①

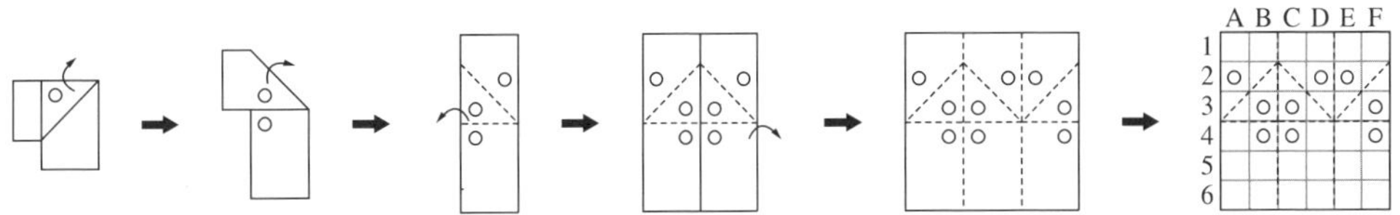

25

정답 ②

제시된 도형을 시계 방향으로 90° 회전한 것이다.

26

정답 ②

도형을 시계 방향으로 270° 회전하면 , 이를 상하 반전하면 이 된다.

27

정답 ③

- 1층 : 4×5−4=16개
- 2층 : 20−9=11개
- 3층 : 20−15=5개

∴ 16+11+5=32개

28

정답 ④

- 1층 : 5×4−3=17개
- 2층 : 20−4=16개
- 3층 : 20−11=9개

∴ 17+16+9=42개

29

①

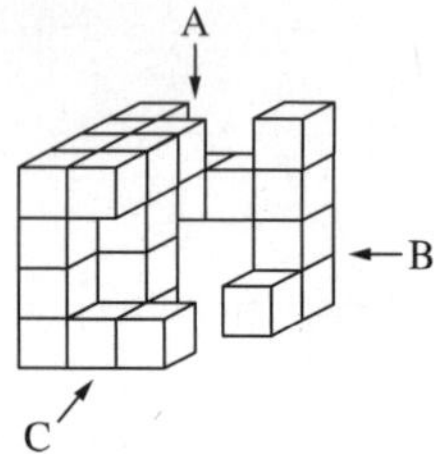

30

②

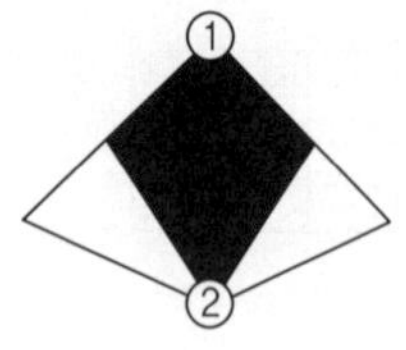

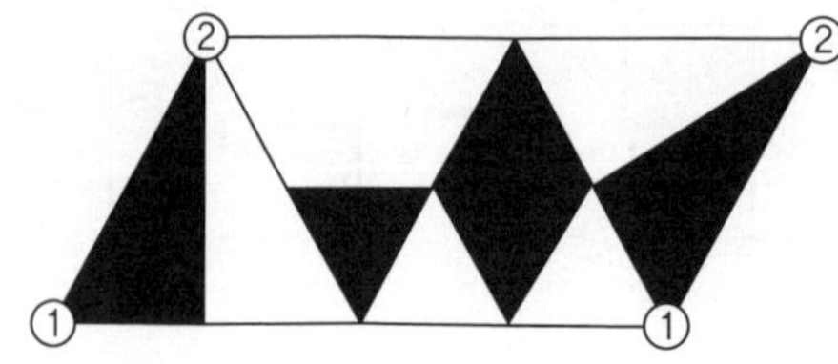

31

③

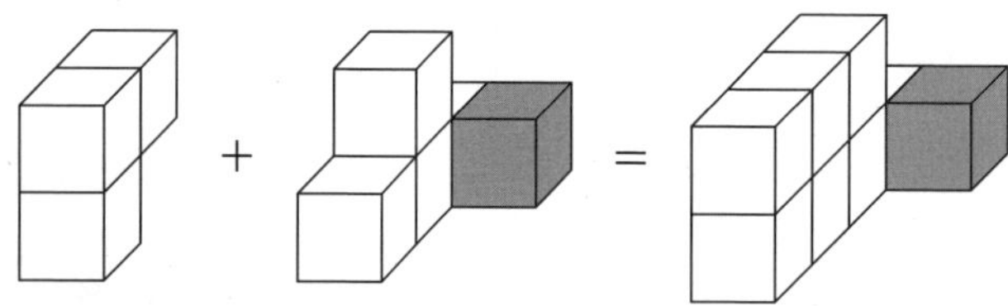

32

④

'커피를 좋아한다'를 A, '홍차를 좋아한다'를 B, '탄산수를 좋아한다'를 C, '우유를 좋아한다'를 D, '녹차를 좋아한다'를 E라고 하면 'A → ~B → ~E → C'와 '~C → D'가 성립한다. 따라서 '탄산수를 좋아하는 사람은 홍차를 좋아한다.'는 옳지 않다.

33

정답 ④

- 이번 주 – 워크숍 : 지훈
- 다음 주 – 체육대회 : 지훈, 영훈 / 창립기념일 행사 : 영훈

따라서 다음 주 체육대회에 지훈이와 영훈이가 참가하는 것을 알 수 있다.

34

정답 ④

주스를 좋아하는 사람은 우유를 좋아하지 않으므로 우유를 좋아하는 사람은 주스를 좋아하지 않는다. 주스를 좋아하지 않는 사람은 치즈를 좋아한다고 했으므로 빵을 좋아하는 사람은 우유를 좋아하고, 우유를 좋아하는 사람은 주스를 좋아하지 않으며, 주스를 좋아하지 않는 사람은 치즈를 좋아한다. 따라서 '빵을 좋아하는 사람은 치즈를 좋아한다.'를 추론할 수 있다.

35

정답 ①

A～D의 주장은 1명씩을 범인으로 지목하기 때문에 이들 중 한 명을 진실 혹은 거짓으로 가정한다고 하더라도, 다른 주장과 모순되는 경우가 발생한다. 반면, E는 2명이 범인이 아니라고 주장하므로 E의 주장을 참으로 가정하는 경우 A, B의 주장과 일치하므로 C와 D가 범인임을 알 수 있다.

36

정답 ②

×4, －17이 반복되는 수열이다.

따라서 ( )=28÷4=7이다.

37

정답 ③

홀수 항에는 +3, +6, +9, …를 하고, 짝수 항에는 +6을 하는 수열이다.

A	C	D	I	J	O	(S)	U
1	3	4	9	10	15	19	21

PART 3

38

정답 ①

평형 상태를 유지한 추에 작용하는 알짜힘은 0이다. 따라서 $k\Delta x - w = 0$이므로 $w = k\Delta x = 150 \times 0.15 = 22.5$N이다.

39

정답 ④

핀셋은 대표적인 3종 지레 중 하나로 힘점이 작용점과 받침점 사이에 있다. 제시된 그림에서 힘점은 B, 받침점은 C, 작용점은 A이다.

지레의 종류

- 1종 지레 : 받침점이 힘점과 작용점 사이에 있는 지레이며, 힘점에 작용하는 힘의 방향과 작용점에 작용하는 힘의 방향이 달라 장도리 등에 적용된다.
- 2종 지레 : 작용점이 힘점과 받침점 사이에 있는 지레이며, 힘점에 작용하는 힘의 방향과 작용점에 작용하는 힘의 방향이 같고 병따개 등에 적용된다.
- 3종 지레 : 힘점이 작용점과 받침점 사이에 있는 지레이며, 1종 지레, 2종 지레에 비해 일을 하기 위해 필요한 힘은 항상 더 크지만, 정교한 작업을 할 때 더욱 유리하고 핀셋, 집게, 젓가락 등에 적용된다.

40

정답 ③

기존의 생물체 속에 다른 생물체의 유전자를 끼워 넣음으로써 기존의 생물체에 존재하지 않던 새로운 성질을 갖도록 하는 생물체를 유전자 변형 생물(GMO)이라고 한다. 이를 위해 유전자 재조합 기술이 사용된다.

41

정답 ②

지구형 행성은 목성형 행성보다 크기가 작으며, 평균 밀도는 크다. 또한 고리가 없으며, 주요 성분은 단단한 암석으로 이루어져 있다.

42

정답 ③

중생대는 고생대와 신생대의 중간에 위치하는 지질 시대로 가장 온난하고 빙하기가 없다. 시대 구분은 트라이아스기, 쥐라기, 백악기로 나뉘며, 표준 화석으로는 공룡, 암모나이트, 시조새 등이 있다.

43

정답 ②

열효율이 50%이므로 2,000J의 열에너지를 공급할 때 얻을 수 있는 최대의 일은 $2,000\times0.5=1,000$J이다.

44

정답 ④

공장폐수에 황화나트륨을 넣어 중금속을 분리하는 것은 앙금 생성 반응을 이용한 경우이다.

45

정답 ①

질소(N), 산소(O_2) 등의 기체는 가시광선이나 적외선을 모두 통과시키기 때문에 온실효과를 일으키지 않는다. 교토의정서에서 정한 대표적 온실가스에는 이산화탄소(CO_2), 메탄(CH_4), 아산화질소(N_2O), 수소불화탄소(HFCs), 과불화탄소(PFCs), 육불화황(SF6) 등이 있다.

제3회 최종점검 모의고사

01	02	03	04	05	06	07	08	09	10	11	12	13	14	15	16	17	18	19	20
②	①	①	②	①	②	③	①	②	②	②	④	③	②	③	③	④	③	③	③
21	22	23	24	25	26	27	28	29	30	31	32	33	34	35	36	37	38	39	40
④	④	③	④	①	④	①	③	③	①	④	④	②	④	①	④	④	①	②	④
41	42	43	44	45															
③	③	②	②	②															

PART 3

01

정답 ②

• 다듬다 : 맵시를 내거나 고르게 손질하여 매만지다.
• 가꾸다 : 몸을 잘 매만지거나 꾸미다.

오답분석

① 모으다 : 특별한 물건을 구하여 갖추어 가지다.
③ 쥐다 : 어떤 물건을 손바닥에 들게 하거나 손가락 사이에 낀 채로 손가락을 오므려 힘 있게 잡다.
④ 걸다 : 벽이나 못 따위에 어떤 물체를 떨어지지 않도록 매달아 올려놓다.

02

정답 ①

• 어릿하다 : 조금 쓰리고 따가운 느낌이 있다.
• 쓰리다 : 쑤시는 것같이 아프다.

오답분석

② 짜다 : 인색하다. 또는 누르거나 비틀어서 물기나 기름 따위를 빼내다.
③ 흐리다 : 분명하지 아니하고 어렴풋하다.
④ 어리숙하다 : 겉모습이나 언행이 치밀하지 못하여 순진하고 어리석은 데가 있다.

03

정답 ①

• 이바지 : 도움이 되게 함
• 공헌 : 힘을 써 이바지함

오답분석

② 경계 : 사물이 어떠한 기준에 의하여 분간되는 한계. 또는 뜻밖의 사고가 생기지 않도록 조심하여 단속함
③ 구획 : 토지 따위를 경계를 지어 가름
④ 귀감 : 거울로 삼아 본받을 만한 모범

04

정답 ②

• 가맹 : 동맹이나 연맹, 단체에 가입함
• 탈퇴 : 관계하고 있던 조직이나 단체 따위에서 관계를 끊고 물러남

오답분석

① 지칭 : 어떤 대상을 가리켜 이르는 일. 또는 그런 이름
③ 군락 : 같은 지역에 모여 생활하는 많은 부락
④ 단독 : 단 한 사람

05

정답 ①

• 대화 : 마주 대하여 이야기를 주고받음. 또는 그 이야기
• 독백 : 혼자서 중얼거림

오답분석

② 기복 : 지세가 높아졌다 낮아졌다 함
③ 대중 : 수많은 사람의 무리
④ 성화 : 일 따위가 뜻대로 되지 아니하여 답답하고 애가 탐. 또는 그런 증세

06

정답 ②

알 권리 충족과 생각과 정보의 공유라는 SNS의 긍정적 측면을 설명하고 있는 앞의 내용과 달리, 빈칸 뒤에서는 개인의 신상 정보가 SNS를 통해 무차별적으로 공개됨에 따라 발생하는 사회 문제를 이야기하므로 빈칸에는 역접의 의미인 '그러나'가 와야 한다.

07

정답 ③

제시문과 ③의 '쓰다'는 '얼굴에 어떤 물건을 걸거나 덮어쓰다.'의 의미이다.

오답분석

① 먼지나 가루 따위를 몸이나 물체 따위에 덮은 상태가 되다.
② 사람이 죄나 누명 따위를 가지거나 입게 되다.
④ 몸이 좋지 않아서 입맛이 없다.

08

정답 ①

제시문에 따르면 태초의 자연은 인간과 균형적인 관계로, 서로 소통하고 공생할 수 있었지만 기술의 발달로 인간은 자연을 정복하고 폭력을 행사했다. 그러나 이는 인간과 자연 양쪽에게 해가 되는 일이므로 힘의 균형을 통해 대칭적인 관계를 회복해야 한다는 것이 중심 내용이다. 따라서 이어질 내용으로 대칭적인 관계를 회복하기 위한 방법이 적절하다.

09

정답 ②

레이저가 현대의 거의 모든 제품과 서비스에 막대한 영향을 끼치는 최첨단 기술로 자리 잡았다는 내용을 통해 추론할 수 있다.

오답분석

① 다른 방향으로 쉽게 퍼지는 보통의 빛과 달리 레이저광선은 다른 방향으로 쉽게 퍼지지 않는다.
③ 보통의 빛과 다른 특성을 지닌 레이저광선은 보통의 빛이 할 수 없는 일들을 하고 있으므로 보통의 빛으로는 CD의 음악을 재생할 수 없다.
④ 매질의 종류에 따라 레이저의 특성은 다양하지만, 모든 레이저광선은 기본적으로 단일한 파장과 방향성을 가진 광자로 이루어져 있다.

10

정답 ②

제시문에서는 현대 사회의 소비 패턴이 '보이지 않는 손' 아래의 합리적 소비에서 벗어나 과시 소비가 중심이 되었으며, 그 이면에는 소비를 통해 자신의 물질적 부를 표현함으로써 신분을 과시하려는 욕구가 있다고 설명하고 있다. 따라서 제목으로 ②가 가장 적절하다.

11

정답 ②

능허대는 백제가 당나라와 교역했던 사실을 말해주는 대표적인 유적으로 국내 교역이 아닌 외국과 교역했던 사실을 말해주는 증거이다.

12

정답 ④

K씨 집에서 회사까지의 거리는 2.1km=2,100m이다. 걸은 거리를 xm라 하면 뛰어간 거리는 $(2{,}100-x)$m이다.

$\frac{x}{60}+\frac{2{,}100-x}{150}=30 \rightarrow 5x+4{,}200-2x=9{,}000 \rightarrow 3x=4{,}800$

$\therefore\ x=1{,}600$

따라서 K씨가 걸은 거리는 1,600m=1.6km이다.

13

정답 ③

10장의 카드로 만들 수 있는 두 자리 정수 중 3의 배수는 다음과 같다.

- 1□인 경우 : 12, 15, 18의 3가지
- 2□인 경우 : 21, 24, 27의 3가지
- 3□인 경우 : 30, 36, 39의 3가지
- 4□인 경우 : 42, 45, 48의 3가지
- 5□인 경우 : 51, 54, 57의 3가지
- 6□인 경우 : 60, 63, 69의 3가지
- 7□인 경우 : 72, 75, 78의 3가지
- 8□인 경우 : 81, 84, 87의 3가지
- 9□인 경우 : 90, 93, 96의 3가지

따라서 3의 배수가 되는 경우는 27가지이다.

14

정답 ②

민준이의 나이를 x세, 영희의 나이를 y세라고 하자.

$x=y+7 \cdots$ ㉠

$3y=2x-2 \cdots$ ㉡

㉡에 ㉠을 대입하면

$3y=2(y+7)-2$

$y=12 \rightarrow x=12+7=19$

따라서 민준이의 나이는 19세이고 영희의 나이는 12세이므로 두 사람의 나이의 합은 31세이다.

15

정답 ③

하루 동안 A, B, C가 할 수 있는 일의 양은 각각 $\frac{1}{10}$, $\frac{1}{20}$, $\frac{1}{40}$이다.

4일간 A와 B가 먼저 일하고, 남은 일의 양은 $1-\left(\frac{1}{10}+\frac{1}{20}\right)\times 4=1-\frac{3}{5}=\frac{2}{5}$이다.

C가 남은 일을 혼자하는 기간을 x일이라고 하자.

$\frac{2}{5}=\frac{1}{40}x \rightarrow x=16$

따라서 C가 혼자 일하는 기간은 16일이다.

16

정답 ③

작년 남자 신입사원 수를 a명이라고 하면, 여자 신입사원은 $325-a$명이 된다. 따라서 작년보다 증가한 올해 신입사원 수는 다음과 같다.

$a\times0.08+(325-a)\times0.12=32 \rightarrow 8a+12\times325-12a=3{,}200 \rightarrow 3{,}900-3{,}200=4a$

$\therefore a=175$

따라서 올해 남자 신입사원 수는 작년보다 8% 증가했으므로 $175\times1.08=189$명이다.

17

정답 ④

세 지역 모두 핵가족의 가구 비중이 더 높으므로, 핵가족 수가 더 많다.

오답분석

① 핵가족 가구의 비중이 가장 높은 곳은 71%인 B지역이다.
② 1인 가구는 기타 가구의 일부이므로, 1인 가구만의 비중은 알 수 없다.
③ 확대가족 가구의 비중이 가장 높은 곳은 C지역이지만 가구 수가 제시되어 있지 않으므로 알 수 없다.

18

정답 ③

㉡ $(\text{교원 1인당 원아 수})=\frac{(\text{원아 수})}{(\text{교원 수})}$이다. 따라서 교원 1인당 원아 수가 적어지는 것은 원아 수 대비 교원 수가 늘어나기 때문이다.
㉣ 제시된 자료만으로는 알 수 없다.

오답분석

㉠ 유치원 원아 수는 감소, 증가가 뒤섞여 나타나므로 옳다.
㉢ 취원율은 2018년부터 매년 증가하고 있다.

19

정답 ③

(65세 이상 인구)=[고령화지수(%)]×(0 ~ 14세 인구)÷100=19.7×50,000÷100=9,850명

20

정답 ③

2016년 대비 2022년 고령화지수는 $\frac{107.1-69.9}{69.9}\times100\fallingdotseq53\%$ 증가했다.

21

정답 ④

㉠ 노인부양비 추이는 5년 단위로 계속 증가하고 있는 것을 확인할 수 있다.
㉢ 2006년 대비 2011년의 노인부양비 증가폭은 11.3−7.0=4.3%p이다.
㉣ 5년 단위의 고령화지수 증가폭은 다음과 같다.
- 2001년 대비 2006년 증가폭 : 27.6−19.7=7.9%p
- 2006년 대비 2011년 증가폭 : 43.1−27.6=15.5%p
- 2011년 대비 2016년 증가폭 : 69.9−43.1=26.8%p
- 2016년 대비 2022년 증가폭 : 107.1−69.9=37.2%p

따라서 2016년 대비 2022년 증가폭이 가장 크다.

오답분석

㉡ 고령화지수 추이는 계속 증가하고 있지만, 같은 비율로 증가하고 있지는 않다.

22

정답 ④

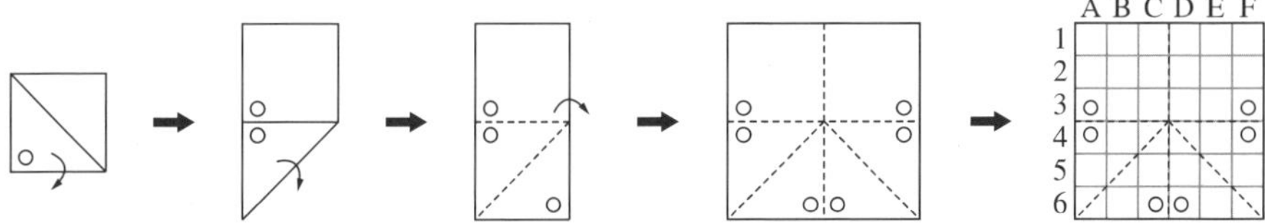

23

정답 ③

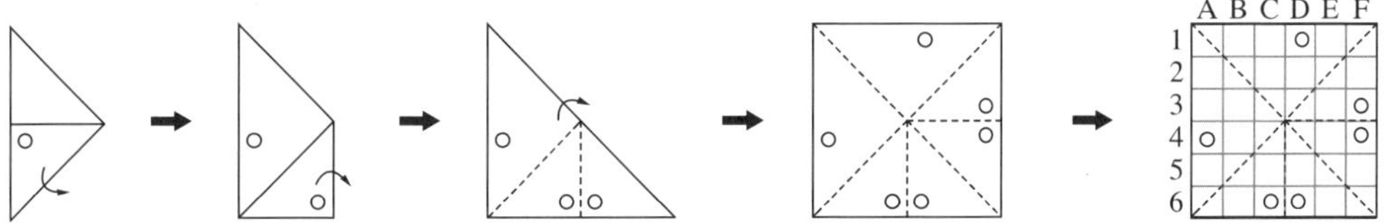

24

정답 ④

제시된 도형을 180° 회전한 것이다.

25

정답 ①

도형을 180° 회전하면 , 이를 상하 반전하면 이 된다.

26

정답 ④

- 1층 : 5×3−2=13개
- 2층 : 15−5=10개
- 3층 : 15−9=6개

∴ 13+10+6=29개

27

정답 ①

- 1층 : 3×4=12개
- 2층 : 12−3=9개
- 3층 : 12−4=8개
- 4층 : 12−7=5개

∴ 12+9+8+5=34개

28

정답 ③

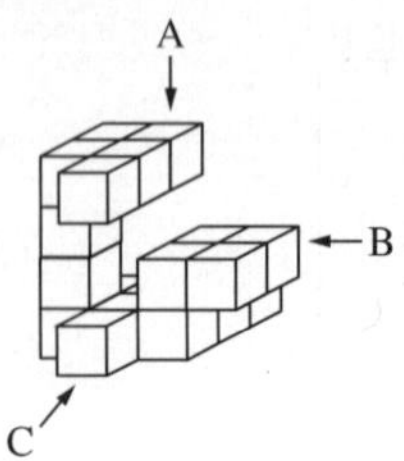

29

정답 ③

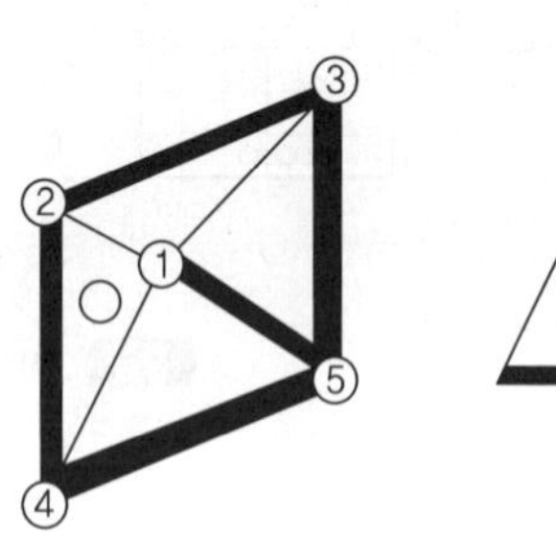

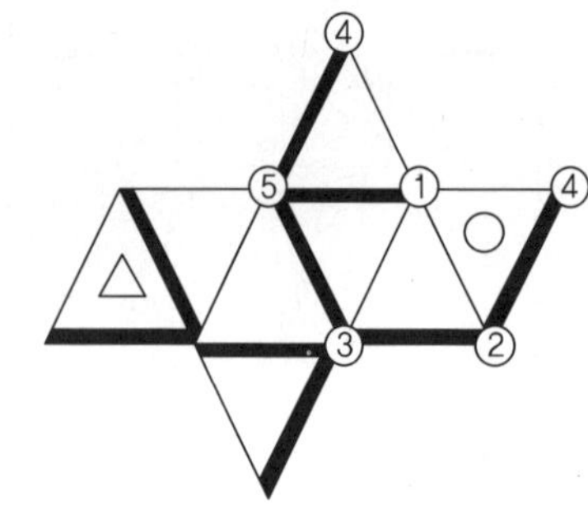

30

정답 ①

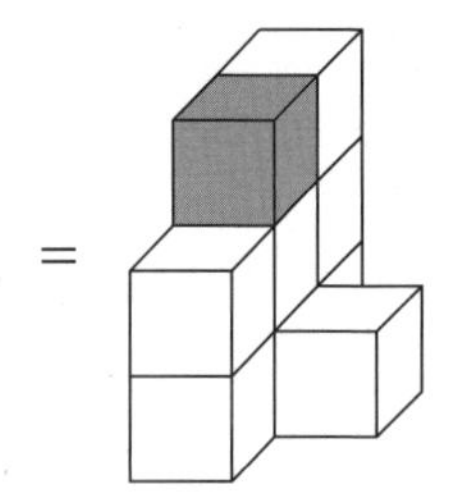

31

정답 ④

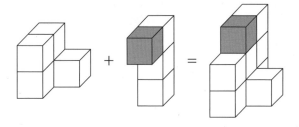

주어진 조건에 따라 수진, 지은, 혜진, 정은의 수면 시간을 정리하면 다음과 같다.

- 수진 : 22:00 ~ 07:00 → 9시간
- 지은 : 22:30 ~ 06:50 → 8시간 20분
- 혜진 : 21:00 ~ 05:00 → 8시간
- 정은 : 22:10 ~ 05:30 → 7시간 20분

따라서 수진이의 수면 시간이 가장 긴 것을 알 수 있다.

32

정답 ④

북한산보다 낮은 도봉산과 관악산보다 북악산이 더 낮으므로 북악산이 가장 낮은 산임을 알 수 있다.

오답분석

①·② 제시된 사실만으로는 도봉산과 관악산의 높이를 비교할 수 없다.

33

정답 ②

제시된 과일의 비타민 C 함유량을 정리하면, '사과 < 키위(=5사과) < 귤(=1.6키위=8사과) < 딸기(=2.6키위=13사과)'이므로 딸기의 비타민 C 함유량이 가장 많고, 사과의 비타민 C 함유량이 가장 적은 것을 알 수 있다.

34

정답 ④

홀수 항은 ×2+1, 짝수 항은 ×2인 수열이다.

ㄴ	ㄷ	ㅁ	ㅂ	ㅋ	ㅌ	(ㅈ)	ㅊ
2	3	5	6	11	12	23	24

35

정답 ①

앞의 항에 +1, +3, +5, +7, +9, …를 하는 수열이다.

ㅏ	ㅑ	ㅗ	ㅣ	ㅜ	(ㅛ)
1	2	5	10	17	26

36

정답 ④

B와 C가 초콜릿 과자를 먹고 D와 E 중 한 명 역시 초콜릿 과자를 먹으므로 C가 초콜릿 과자 1개를 먹었음을 알 수 있다. 남은 커피 과자 3개는 A, D, E가 나눠 먹게 된다. 이때 A가 커피 과자 1개를 먹었다면 D와 E 중 한 명은 초콜릿 과자 1개와 커피 과자 1개를 먹고, 나머지 한 명은 커피 과자 1개를 먹는다. 따라서 A와 D가 커피 과자를 1개씩 먹었다면, E는 초콜릿과 커피 두 종류의 과자를 하나씩 먹게 된다.

37

정답 ④

B와 D는 동일하게 A보다 낮은 표를 얻고 C보다는 높은 표를 얻었으나, B와 D를 서로 비교할 수 없으므로 득표수가 높은 순서대로 나열하면 'A－B－D－C－E' 또는 'A－D－B－C－E'가 된다. 따라서 어느 경우라도 A의 득표수가 가장 높으므로 A가 학급 대표로 선출된다.

38

정답 ①

기체 분자의 충돌 횟수는 기체의 부피, 압력, 온도, 분자량에 따라 결정되며 다음과 같은 관계가 있다.

- 기체의 부피, 압력, 온도가 같다면 분자량이 작을수록 충돌 횟수는 증가한다.
- 기체의 온도, 압력, 분자량이 같다면 부피가 작을수록 충돌 횟수는 증가한다.
- 기체의 부피, 온도, 분자량이 같다면 압력이 높을수록 충돌 횟수는 증가한다.
- 기체의 부피, 압력, 분자량이 같다면 온도가 높을수록 충돌 횟수는 증가한다.

39

정답 ②

높은 곳에서 떨어질 때 몸을 구르면 충격 시간이 길어져 몸에 받는 충격력이 감소한다.

오답분석

① 걸을 때 발바닥이 땅을 밀면서 땅이 발바닥을 밀어 앞으로 나아간다.
③ 물로켓이 물을 밀면서 물 또한 물로켓을 밀어 앞으로 나아간다.
④ 풍선이 공기를 밀면서 공기 또한 풍선을 밀어 앞으로 나아간다.

40

정답 ④

바닥을 가열하면 대류현상에 의해 바닥에서 따뜻해진 물이 위로 상승하고 차가운 물은 밑으로 내려가며 순환하여 물이 골고루 가열된다.

오답분석

① 난로를 키면 난로의 복사열이 주변 공기를 데운다.
② 지표면에 도달하는 태양복사에너지는 여름이 겨울보다 많다.
③ 모닥불이 직접 또는 다른 기구를 통해 고기에 닿지 않아도 복사열의 형태로 고기에 열에너지가 전달되어 고기가 익는다.

41

정답 ③

$CaCl_2$는 Ca원소의 전자 2개가 Cl원소 2개에 각각 이동하여 1개의 Ca^{2+}와 2개의 Cl^-가 되고 이들이 결합하여 형성된 분자로, 금속 원소의 이온결합 중 하나이다.

오답분석

①·②·④ 비금속 간 원소끼리 공유결합으로 형성된 분자이다.

42

정답 ③

극성 분자는 극성 용매에 잘 용해되고, 무극성 분자는 무극성 용매에 잘 용해된다.

오답분석

물은 극성 분자이며, 분자 내 결합은 대칭적이지 않고, 전기적 성질을 가진다.

43

정답 ②

엘니뇨

- 동태평양 해역의 월평균 해수면 온도가 6개월 이상 지속적으로 평년보다 0.5℃ 이상 높은 상태를 말한다.
- 정상적인 해에 다우지였던 서태평양 지역에서는 평년보다 강수량이 적어 가뭄이 나타나며, 중태평양이나 동태평양 지역에서 많은 비가 내린다.

44

정답 ②

기권 – 수권의 상호작용

- 바람에 의하여 파도가 발생하여 파도의 침식 작용으로 해식 동굴이 생긴다.
- 해수 온도가 높아지면 수증기량이 증가하여 우리나라에 오는 태풍이 크고 강력해진다.

45

정답 ②

유전자는 DNA상에 있으며, DNA는 뭉쳐서 염색체를 형성한다. 사람의 염색체는 총 23쌍(46개)으로, 상염색체 22쌍, 성염색체 1쌍을 가진다. 또한 성염색체는 남성이 XY 염색체, 여성이 XX 염색체를 가진다.

제4회 최종점검 모의고사

01	02	03	04	05	06	07	08	09	10	11	12	13	14	15	16	17	18	19	20
④	②	③	③	④	④	③	②	①	④	②	③	②	②	③	④	③	①	④	④
21	22	23	24	25	26	27	28	29	30	31	32	33	34	35	36	37	38	39	40
④	④	②	①	①	①	③	①	④	①	②	③	①	②	②	④	③	②	①	④
41	42	43	44	45															
③	①	①	④	①															

PART 3

01

정답 ④

• 군더더기 : 쓸데없이 덧붙은 것
• 사족 : 뱀에 다리를 그린다는 말로 쓸데없는 짓을 하여 잘못되게 하는 것

오답분석

① 쭉 : 줄이나 금 따위를 곧게 내긋는 모양
② 빈약 : 가난하고 힘이 없음
③ 이연 : 시일을 차례로 미루어 나감

02

정답 ②

• 여우잠 : 깊이 들지 않은 잠을 의미하는 '겉잠'의 북한어
• 괭이잠 : 깊이 들지 못하고 자주 깨면서 자는 잠

오답분석

① 쪽잠 : 짧은 틈을 타서 불편하게 자는 잠
③ 나비잠 : 갓난아이가 두 팔을 머리 위로 벌리고 자는 잠
④ 새우잠 : 새우처럼 등을 구부리고 자는 잠. 주로 모로 누워 불편하게 자는 잠

03

정답 ③

• 무릇 : 대체로 헤아려 생각하건대
• 대저 : 대체로 보아서

오답분석

① 가령
  1. 가정하여 말하여
  2. 예를 들어
② 대개 : 일의 큰 원칙으로 말하건대
④ 도통
  1. 아무리 해도
  2. 이러니저러니 할 것 없이 아주

04

정답 ③

• 대별 : 크게 구별하여 나눔
• 세분 : 사물을 여러 갈래로 자세히 나누거나 잘게 가름

오답분석

① 개별 : 여럿 중에서 하나씩 따로 나뉘어 있는 상태
② 분야 : 여러 갈래로 나누어진 범위나 부분
④ 주석 : 낱말이나 문장의 뜻을 쉽게 풀이함. 또는 그런 글

05

정답 ④

• 탄로 : 숨긴 일을 드러냄
• 은폐 : 덮어 감추거나 가리어 숨김

오답분석

① 누설
  1. 기체나 액체 따위가 밖으로 새어 나감. 또는 그렇게 함
  2. 비밀이 새어 나감. 또는 그렇게 함
② 설로 : 비밀 따위가 새어 나가 탄로 남
③ 폭로 : 알려지지 않았거나 감춰져 있던 사실을 드러냄

06

정답 ④

'지우개'의 원료는 '고무'이고, '옷'의 원료는 '직물'이다.

07

정답 ③

㉠의 앞 문장에서는 지방 분해 과정에서 나타나는 체내 세포들의 글리코겐 양 감소에 대해 말하고 있고, 뒷 문장에서는 이러한 현상이 간세포에서 두드러지게 나타난다고 하면서 앞의 내용을 강조하고 있으므로 빈칸에는 '특히'가 들어가야 한다. 또한, ㉡의 뒤에 이어지는 문장에서는 ㉡의 앞 문장에서 나타나는 현상이 어떤 증상으로 나타나는지 설명하므로 빈칸에는 '이로 인해'가 들어가야 하고, ㉢의 앞에 서술된 내용이 그 뒤에 이어지는 주장의 근거가 되므로 ㉢에는 '따라서'가 와야 한다.

08

정답 ②

제시문에서는 파레토 법칙의 개념과 적용 사례를 설명한 후, 파레토 법칙이 잘못 적용된 사례를 통해 함부로 다양한 사례에 적용하는 것이 잘못된 해석을 낳을 수 있음을 지적하고 있다.

09

정답 ①

제시문에서 언급되지 않은 내용이다.

오답분석

② 두 번째 문단을 통해 알 수 있다.
③ 첫 번째 문단에서 '위기(爲己)란 자아가 성숙하는 것을 추구하며'라고 하였다.
④ 첫 번째 문단에서 '공자는 공부하는 사람의 관심이 어디에 있느냐를 가지고 학자를 두 부류로 구분했다.'라고 하였다.

10

정답 ④

ㄴ. 시장적 의사 결정 과정은 항상 모든 당사자의 완전 합의에 의해서 거래가 이루어진다.

ㄷ. 정치적 의사 결정 과정에서는 다수결에 따라 의사가 결정되며, 반대의 의견을 가진 소수도 결정이 이루어진 뒤에는 그 결정에 따라야 한다. 따라서 소수의 의견이 무시될 수 있다는 문제점이 있다.

오답분석

ㄱ. 시장적 의사 결정에서는 경제력과 비례하여 차별적인 결정권을 가지지만, 정치적 의사 결정에서는 경제력과 관계없이 똑같은 정도의 결정권을 가진다.

11

정답 ②

제시문은 모든 일에는 지켜야 할 질서와 차례가 있음에도 불구하고 이를 무시한 채 무엇이든지 빠르게 처리하려는 한국의 '빨리빨리' 문화에 대한 글이다. 따라서 일의 순서도 모르고 성급하게 덤빔을 비유적으로 이르는 '우물에 가 숭늉 찾는다'와 가장 관련 있다.

오답분석

① 가재는 게 편이다 : 모양이나 형편이 서로 비슷하고 인연이 있는 것끼리 서로 잘 어울리고, 사정을 보아주며 감싸 주기 쉬움을 비유적으로 이르는 말

③ 봇짐 내어 주며 앉으라 한다 : 속으로는 가기를 원하면서 겉으로는 만류하는 체한다는 뜻으로, 속생각은 전혀 다르면서도 말로만 그럴듯하게 인사치레함을 비유적으로 이르는 말

④ 하나를 듣고 열을 안다 : 한마디 말을 듣고도 여러 가지 사실을 미루어 알아낼 정도로 매우 총기가 있다는 말

12

정답 ③

딸의 나이 범위에서 8의 배수를 찾아보면 32, 40, 48살이 가능하다. 이 중 5로 나누어 3이 남는 나이는 48살이다. 따라서 딸의 나이는 48살, 아버지의 나이는 84살이 되므로 두 사람의 나이 차는 84−48=36살이다.

13

정답 ②

• 이벤트 이전 가격 : $8{,}000\times46=368{,}000$원

• 이벤트 가격 : $8{,}000\times\left(1-\frac{20}{100}\right)\times40+8{,}000\times6=304{,}000$원

따라서 할인받을 수 있는 금액은 $368{,}000-304{,}000=64{,}000$원이다.

14

정답 ②

투입량을 x개라고 하면

$(1-0.03)x\geq950 \rightarrow x\geq\frac{950}{0.97} \rightarrow x\geq979.4$

따라서 최소 980개를 투입해야 정상 제품 950개를 만들 수 있다.

15

정답 ③

8t 트럭, 12t 트럭이 한 시간 동안 운반하는 토량은 각각 $\frac{8}{2}$t, $\frac{12}{3}$t이다.

두 트럭으로 흙을 운반하는 데 걸리는 시간을 x시간이라고 하면

$\left(\frac{8}{2}+\frac{12}{3}\right)\times x=1{,}000 \rightarrow 8x=1{,}000$

$\therefore x=125$

16

정답 ④

전체 남자 사원 중 마라톤을 완주할 확률을 구하면 다음과 같다.

$\frac{122}{122+58}\times100=\frac{122}{180}\times100≒68\%$

17

정답 ③

친척집까지의 거리를 $x$km라고 하면 자전거를 타고 갈 때 걸리는 시간은 $\frac{x}{12}$, 걸어갈 때 걸리는 시간은 $\frac{x}{4}$이다.

$\frac{x}{12}+1=\frac{x}{4}$ → $2x=12$

$\therefore\ x=6$

친척집과의 거리는 6km이므로 시속 8km의 속력으로 달려간다면 $\frac{6}{8}$시간, 즉 45분이 걸릴 것이다.

18

정답 ①

각 교통편을 이용할 때의 비용을 김대리의 기준에 따라 계산하면 다음과 같다.

- CZ3650 : 2×1,000,000×0.6+500,000×0.8=1,600,000원
- MU2744 : 3×1,000,000×0.6+200,000×0.8=1,960,000원
- G820 : 5×1,000,000×0.6+120,000×0.8=3,096,000원
- Z391 : 7×1,000,000×0.6+100,000×0.8=4,280,000원

따라서 김대리가 선택할 교통편은 비용 기준이 가장 낮은 CZ3650이다.

19

정답 ④

월별 A국 이민자 수에 대한 B국 이민자 수의 비는 다음과 같다.

- 2022년 12월 : $\frac{2,720}{3,400}=0.8$
- 2023년 1월 : $\frac{2,850}{3,800}=0.75$
- 2023년 2월 : $\frac{2,800}{4,000}=0.7$

따라서 A국 이민자 수에 대한 B국 이민자 수의 비는 2022년 12월이 가장 크다.

오답분석

① 3,400×0.75=2,550명이므로 B국 이민자 수는 A국 이민자 수의 75% 이상이다.

② 월별 두 국가의 이민자 수의 차이는 다음과 같다.

- 2022년 12월 : 3,400−2,720=680명
- 2023년 1월 : 3,800−2,850=950명
- 2023년 2월 : 4,000−2,800=1,200명

따라서 이민자 수 차이는 2023년 2월이 가장 크다.

③ 2023년 2월 두 국가의 이민자 수 평균은 $\frac{4,000+2,800}{2}=3,400$명이므로 A국 이민자 수는 평균보다 600명 더 많다.

20

정답 ④

연도마다 총비율은 100%이므로 취업률의 변화율은 취업률 또는 비취업률의 증감률을 구하여 비교하면 된다. 선택지에 해당되는 비취업률의 증감률은 다음과 같다.

- 2002년 : $\frac{71-71.5}{71.5}\times100 \fallingdotseq -0.7\%$
- 2012년 : $\frac{65.5-69.2}{69.2}\times100 \fallingdotseq -5.3\%$
- 2015년 : $\frac{66.0-65.5}{65.5}\times100 \fallingdotseq 0.8\%$
- 2018년 : $\frac{71.1-66.0}{66.0}\times100 \fallingdotseq 7.7\%$

따라서 조사한 직전 연도 대비 노인 취업률의 변화율이 가장 큰 연도는 2018년이다.

21

정답 ④

ㄱ. 2021년 어린이보호구역 지정 대상은 전년 대비 감소하였다.

ㄷ. 2021년 어린이보호구역으로 지정된 구역 중 학원이 차지하는 비중은 $\frac{36}{16,355}\times100 \fallingdotseq 0.22\%$이며, 2020년에는 $\frac{56}{16,085}\times100 \fallingdotseq 0.35\%$이므로 2021년도는 전년 대비 감소하였다.

ㄹ. 2016년 어린이보호구역으로 지정된 구역 중 초등학교가 차지하는 비중은 $\frac{5,917}{14,921}\times100 \fallingdotseq 39.7\%$이고, 나머지 해에도 모두 40% 이하의 비중을 차지한다.

오답분석

ㄴ. 2017년 어린이보호구역 지정 대상 중 어린이보호구역으로 지정된 구역의 비율은 $\frac{15,136}{18,706}\times100 \fallingdotseq 80.9\%$이다.

22

정답 ④

ㄱ. 30대 미만의 주택 소유 비중은 2018년에 100−(16.1+25.8+25.7+27.7)=4.7%이며, 2022년은 100−(13.8+24.7+25.8+31.4)=4.3%이다. 따라서 2018년 대비 2022년의 주택 소유 비중 감소율은 $\frac{4.7-4.3}{4.7}\times100 \fallingdotseq 8.5\%$이므로 10%를 넘지 않는다.

ㄷ. 2018년에는 40대가 50대보다 주택 소유 비중이 근소하게 높지만 나머지 해는 모두 50대가 주택 소유 비중이 더 높다.

오답분석

ㄴ. 제시된 자료를 통해 알 수 있다.

23

정답 ②

2020년의 주택의 수는 125,000호이며 전년 대비 증가율이 1.1%이므로 2019년의 주택의 수는 $\frac{125,000}{1.011} \fallingdotseq 123,640$호가 된다. 이와 같이 2018년 주택의 수를 구하면 $\frac{123,640}{1.008} \fallingdotseq 122,659$호가 됨을 알 수 있다.

PART 3

24

정답 ①

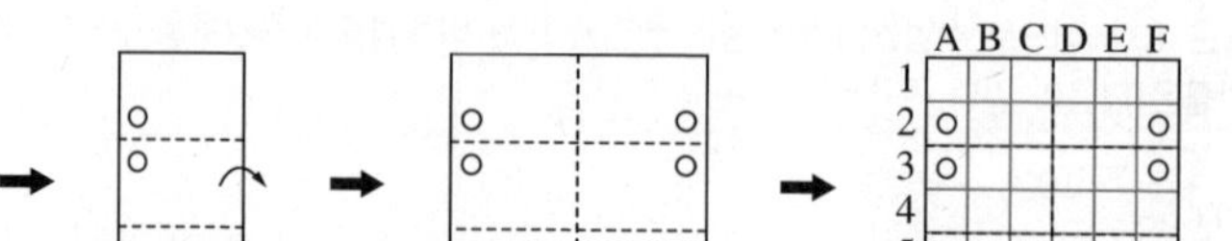

25

정답 ①

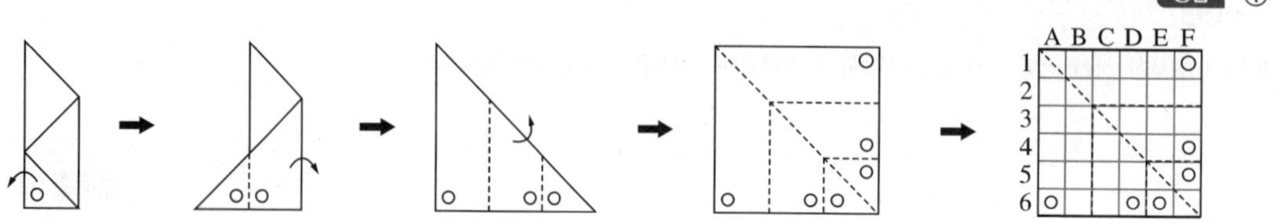

26

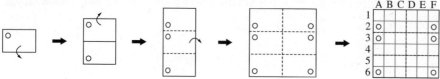

정답 ①

제시된 도형을 시계 반대 방향으로 90° 회전한 것이다.

27

정답 ③

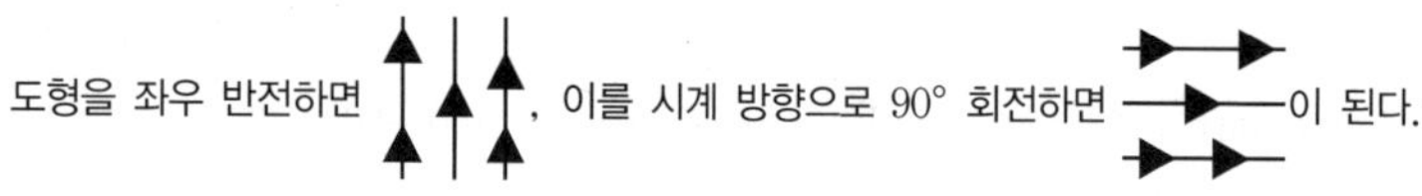

도형을 좌우 반전하면 (그림), 이를 시계 방향으로 90° 회전하면 (그림)이 된다.

28

정답 ①

• 1층 : 4×4−2=14개
• 2층 : 16−4=12개
• 3층 : 16−5=11개
• 4층 : 16−9=7개
∴ 14+12+11+7=44개

29

정답 ④

• 1층 : 4×4−2=14개
• 2층 : 16−3=13개
• 3층 : 16−8=8개
• 4층 : 16−12=4개
∴ 14+13+8+4=39개

30

정답 ①

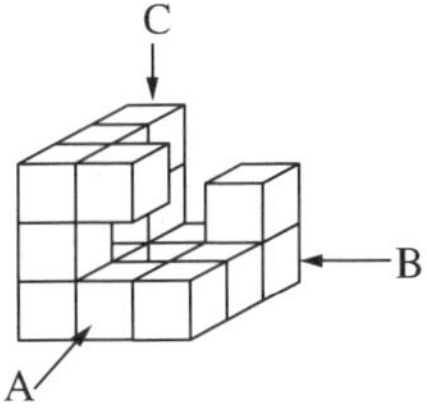

31

정답 ②

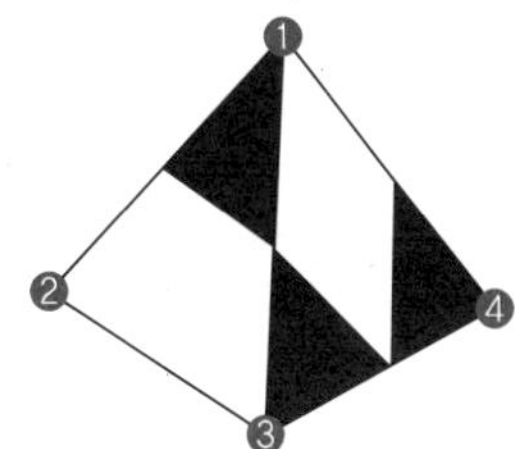
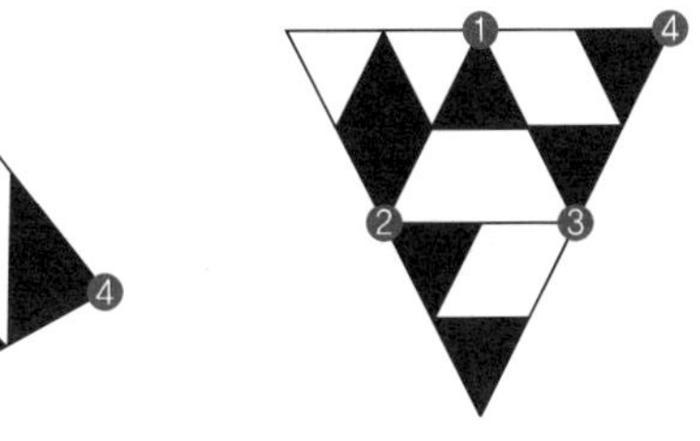

32

정답 ③

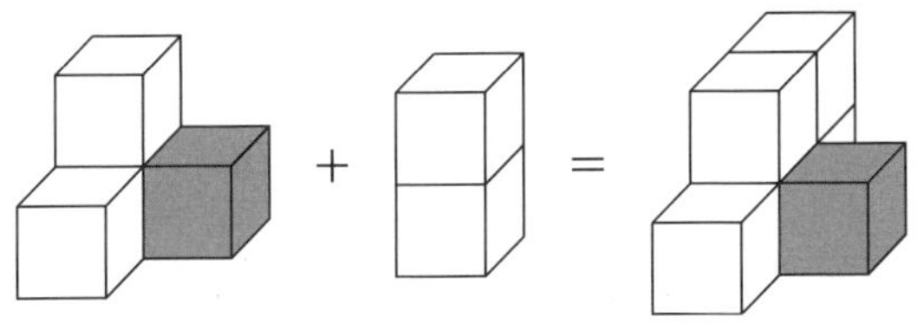

33

정답 ①

홀수 항은 $\div 3$, 짝수 항은 $+4$인 수열이다.

따라서 ($\quad$)$=\frac{13}{3}\div 3=\frac{13}{9}$ 이다.

34

정답 ②

$+1$, -2, $+3$이 반복되는 수열이다.

ㄴ	ㄷ	ㄱ	ㄹ	ㅁ	ㄷ	ㅂ	ㅅ	(ㅁ)
2	3	1	4	5	3	6	7	5

35

정답 ②

네 번째, 다섯 번째 문장을 통해서 '낮잠 자기를 좋아하는 사람은 스케이팅을 좋아하고, 스케이팅을 좋아하는 사람은 독서를 좋아한다.'는 결과를 얻을 수 있다. 이를 통해 '낮잠 자기를 좋아하는 사람은 독서를 좋아한다.'를 추론할 수 있다.

36

정답 ④

8조각으로 나누어져 있는 피자 3판을 6명이 같은 양만큼 나누어 먹으려면 한 사람당 $8\times3\div6=4$조각씩 먹어야 한다. A, B, E는 같은 양을 먹었으므로 A, B, E가 1조각, 2조각, 3조각, 4조각을 먹었을 때로 나누어볼 수 있다.

- A, B, E가 1조각을 먹었을 때 : A, B, E를 제외한 나머지는 모두 먹은 양이 달랐으므로 D, F, C는 각각 4, 3, 2조각을 먹었을 것이다. 하지만 6조각이 남았다고 했으므로 $24-6=18$조각을 먹었어야 하는데 총 $1+1+1+4+3+2=12$조각이므로 옳지 않다.
- A, B, E가 2조각을 먹었을 때 : $2+2+2+4+3+1=14$조각이므로 옳지 않다.
- A, B, E가 3조각을 먹었을 때 : $3+3+3+4+2+1=16$조각이므로 옳지 않다.
- A, B, E가 4조각을 먹었을 때 : $4+4+4+3+2+1=18$조각이므로 A, B, E는 4조각씩 먹었음을 알 수 있다. F는 D보다 적게 먹었으며, C보다는 많이 먹었다고 하였으므로 C가 1조각, F가 2조각, D가 3조각을 먹었다.

따라서 2조각을 더 먹어야 하는 사람은 현재 2조각을 먹은 F이다.

37

정답 ③

주어진 조건에 따라 A～E의 시험 결과를 정리하면 다음과 같다.

구분	맞힌 문제의 수	틀린 문제의 수
A	19개	1개
B	10개	10개
C	20개	0개
D	9개 이하	11개 이상
E	16개 이상 19개 이하	1개 이상 4개 이하

따라서 B는 D보다 많은 문제의 답을 맞혔지만, E보다는 적게 답을 맞혔다는 것을 추론할 수 있다.

38

정답 ②

창조적인 기업은 융통성이 있고, 융통성이 있는 기업 중의 일부는 오래간다. 따라서 창조적인 기업이 오래갈지 아닐지 알 수 없다.

39

정답 ①

X선은 보이지 않는 빛의 한 종류로, 물질을 잘 통과하는 성질이 있어 몸속에 있는 뼈를 촬영할 때 쓰인다.

40

정답 ④

가속도 센서는 이동하는 물체의 가속도나 충격의 세기를 측정하는 센서로, 자동차, 선박, 기차 등 각종 운송수단, 공장자동화 및 로봇 등의 제어시스템에 사용된다.

41

정답 ③

Ca(칼슘) – 주황색

오답분석

① Na(나트륨) – 노란색
② K(칼륨) – 보라색
④ Cu(구리) – 청록색

42

정답 ①

소금, 종이, 고무, 설탕, 유리 등이 부도체이며, 흑연은 비금속이지만 전류가 흐르므로 도체이다.

오답분석

② 도체는 고체 상태에서 전류가 흐르는 물질로 대부분 금속(금, 은, 구리 등)이며 비금속으로는 흑연이 있다. 금속이 도체인 이유는 금속에 전압을 걸어주면 자유전자(－)가 움직여 (＋)극으로 흘러가기 때문이다.

③·④ 부도체는 고체 상태에서 전류가 흐르지 않는 물질로 대부분 비금속이며, 전압을 걸어도 자유전자가 없어 전류가 흐르지 않는다.

43

정답 ①

면역은 항체가 체내에 있는 동안 특정 항원에 대한 항체와 기억 세포가 생성되어 저항성을 지니게 되는 현상이다.

44

정답 ④

힘이 작용하지 않으면 물체는 현재의 상태를 유지하려고 하는 것을 관성의 법칙이라고 한다. 즉, 정지한 물체는 계속 정지해 있고, 운동하고 있는 물체는 현재의 속도를 유지한 채 일정한 속도로 운동을 한다.

오답분석

① 만유인력의 법칙 : 질량을 가지고 있는 물체 사이에는 서로 끌어당기는 힘이 존재한다.

② 힘과 가속도의 법칙 : 물체의 가속도는 그 물체에 작용하는 힘의 크기에 비례하고, 물체의 질량에는 반비례한다.

③ 작용과 반작용의 법칙 : 물체 A가 물체 B에 힘을 작용하면, 동시에 물체 B도 물체 A에 크기가 같고 방향이 반대인 반작용의 힘을 가한다.

45

정답 ①

금속의 결정에서는 규칙적으로 배열되어 있는 금속 양이온 사이를 전자가 돌아다니며 결합을 하고 있는데, 이처럼 자유전자에 의한 결합을 금속결합이라 한다.

미래는 자신이 가진 꿈의 아름다움을 믿는 사람들의 것이다.

– 엘리노어 루즈벨트 –

※ 절취선을 따라 분리하여 실제 시험과 같이 사용하면 더욱 효과적입니다.

울산광역시교육청 교육공무직원 소양평가 답안카드

고사장

성 명

수험번호						
⓪	⓪	⓪	⓪	⓪	⓪	⓪
①	①	①	①	①	①	①
②	②	②	②	②	②	②
③	③	③	③	③	③	③
④	④	④	④	④	④	④
⑤	⑤	⑤	⑤	⑤	⑤	⑤
⑥	⑥	⑥	⑥	⑥	⑥	⑥
⑦	⑦	⑦	⑦	⑦	⑦	⑦
⑧	⑧	⑧	⑧	⑧	⑧	⑧
⑨	⑨	⑨	⑨	⑨	⑨	⑨

감독위원 확인
ⓘ인

문번	1	2	3	4	문번	1	2	3	4	문번	1	2	3	4
1	①	②	③	④	21	①	②	③	④	41	①	②	③	④
2	①	②	③	④	22	①	②	③	④	42	①	②	③	④
3	①	②	③	④	23	①	②	③	④	43	①	②	③	④
4	①	②	③	④	24	①	②	③	④	44	①	②	③	④
5	①	②	③	④	25	①	②	③	④	45	①	②	③	④
6	①	②	③	④	26	①	②	③	④					
7	①	②	③	④	27	①	②	③	④					
8	①	②	③	④	28	①	②	③	④					
9	①	②	③	④	29	①	②	③	④					
10	①	②	③	④	30	①	②	③	④					
11	①	②	③	④	31	①	②	③	④					
12	①	②	③	④	32	①	②	③	④					
13	①	②	③	④	33	①	②	③	④					
14	①	②	③	④	34	①	②	③	④					
15	①	②	③	④	35	①	②	③	④					
16	①	②	③	④	36	①	②	③	④					
17	①	②	③	④	37	①	②	③	④					
18	①	②	③	④	38	①	②	③	④					
19	①	②	③	④	39	①	②	③	④					
20	①	②	③	④	40	①	②	③	④					

※ 본 답안카드는 마킹연습용 모의 답안카드입니다.

※ 절취선을 따라 분리하여 실제 시험과 같이 사용하면 더욱 효과적입니다.

울산광역시교육청 교육공무직원 소양평가 답안카드

고사장

성 명

수 험 번 호						
⓪	⓪	⓪	⓪	⓪	⓪	⓪
①	①	①	①	①	①	①
②	②	②	②	②	②	②
③	③	③	③	③	③	③
④	④	④	④	④	④	④
⑤	⑤	⑤	⑤	⑤	⑤	⑤
⑥	⑥	⑥	⑥	⑥	⑥	⑥
⑦	⑦	⑦	⑦	⑦	⑦	⑦
⑧	⑧	⑧	⑧	⑧	⑧	⑧
⑨	⑨	⑨	⑨	⑨	⑨	⑨

감독위원 확인
㊞ 인

문번	1	2	3	4	문번	1	2	3	4	문번	1	2	3	4		
1	①	②	③	④	21	①	②	③	④	41	①	②	③	④		
2	①	②	③	④	22	①	②	③	④	42	①	②	③	④		
3	①	②	③	④	23	①	②	③	④	43	①	②	③	④		
4	①	②	③	④	24	①	②	③	④	44	①	②	③	④		
5	①	②	③	④	25	①	②	③	④	45	①	②	③	④		
6	①	②	③	④	26	①	②	③	④							
7	①	②	③	④	27	①	②	③	④							
8	①	②	③	④	28	①	②	③	④							
9	①	②	③	④	29	①	②	③	④							
10	①	②	③	④	30	①	②	③	④							
11	①	②	③	④	31	①	②	③	④							
12	①	②	③	④	32	①	②	③	④							
13	①	②	③	④	33	①	②	③	④							
14	①	②	③	④	34	①	②	③	④							
15	①	②	③	④	35	①	②	③	④							
16	①	②	③	④	36	①	②	③	④							
17	①	②	③	④	37	①	②	③	④							
18	①	②	③	④	38	①	②	③	④							
19	①	②	③	④	39	①	②	③	④							
20	①	②	③	④	40	①	②	③	④							

※ 본 답안카드는 마킹연습용 모의 답안카드입니다.

※ 절취선을 따라 분리하여 실제 시험과 같이 사용하면 더욱 효과적입니다.

울산광역시교육청 교육공무직원 소양평가 답안카드

고사장

성 명

수 험 번 호						
⓪	⓪	⓪	⓪	⓪	⓪	⓪
①	①	①	①	①	①	①
②	②	②	②	②	②	②
③	③	③	③	③	③	③
④	④	④	④	④	④	④
⑤	⑤	⑤	⑤	⑤	⑤	⑤
⑥	⑥	⑥	⑥	⑥	⑥	⑥
⑦	⑦	⑦	⑦	⑦	⑦	⑦
⑧	⑧	⑧	⑧	⑧	⑧	⑧
⑨	⑨	⑨	⑨	⑨	⑨	⑨

감독위원 확인
㉤인

문번	1	2	3	4	문번	1	2	3	4	문번	1	2	3	4
1	①	②	③	④	21	①	②	③	④	41	①	②	③	④
2	①	②	③	④	22	①	②	③	④	42	①	②	③	④
3	①	②	③	④	23	①	②	③	④	43	①	②	③	④
4	①	②	③	④	24	①	②	③	④	44	①	②	③	④
5	①	②	③	④	25	①	②	③	④	45	①	②	③	④
6	①	②	③	④	26	①	②	③	④					
7	①	②	③	④	27	①	②	③	④					
8	①	②	③	④	28	①	②	③	④					
9	①	②	③	④	29	①	②	③	④					
10	①	②	③	④	30	①	②	③	④					
11	①	②	③	④	31	①	②	③	④					
12	①	②	③	④	32	①	②	③	④					
13	①	②	③	④	33	①	②	③	④					
14	①	②	③	④	34	①	②	③	④					
15	①	②	③	④	35	①	②	③	④					
16	①	②	③	④	36	①	②	③	④					
17	①	②	③	④	37	①	②	③	④					
18	①	②	③	④	38	①	②	③	④					
19	①	②	③	④	39	①	②	③	④					
20	①	②	③	④	40	①	②	③	④					

※ 본 답안카드는 마킹연습용 모의 답안카드입니다.

※ 절취선을 따라 분리하여 실제 시험과 같이 사용하면 더욱 효과적입니다.

울산광역시교육청 교육공무직원 소양평가 답안카드

고사장

성 명

수 험 번 호						
⓪	⓪	⓪	⓪	⓪	⓪	⓪
①	①	①	①	①	①	①
②	②	②	②	②	②	②
③	③	③	③	③	③	③
④	④	④	④	④	④	④
⑤	⑤	⑤	⑤	⑤	⑤	⑤
⑥	⑥	⑥	⑥	⑥	⑥	⑥
⑦	⑦	⑦	⑦	⑦	⑦	⑦
⑧	⑧	⑧	⑧	⑧	⑧	⑧
⑨	⑨	⑨	⑨	⑨	⑨	⑨

감독위원 확인
인

문번	1	2	3	4	문번	1	2	3	4	문번	1	2	3	4
1	①	②	③	④	21	①	②	③	④	41	①	②	③	④
2	①	②	③	④	22	①	②	③	④	42	①	②	③	④
3	①	②	③	④	23	①	②	③	④	43	①	②	③	④
4	①	②	③	④	24	①	②	③	④	44	①	②	③	④
5	①	②	③	④	25	①	②	③	④	45	①	②	③	④
6	①	②	③	④	26	①	②	③	④					
7	①	②	③	④	27	①	②	③	④					
8	①	②	③	④	28	①	②	③	④					
9	①	②	③	④	29	①	②	③	④					
10	①	②	③	④	30	①	②	③	④					
11	①	②	③	④	31	①	②	③	④					
12	①	②	③	④	32	①	②	③	④					
13	①	②	③	④	33	①	②	③	④					
14	①	②	③	④	34	①	②	③	④					
15	①	②	③	④	35	①	②	③	④					
16	①	②	③	④	36	①	②	③	④					
17	①	②	③	④	37	①	②	③	④					
18	①	②	③	④	38	①	②	③	④					
19	①	②	③	④	39	①	②	③	④					
20	①	②	③	④	40	①	②	③	④					

※ 본 답안카드는 마킹연습용 모의 답안카드입니다.

※ 절취선을 따라 분리하여 실제 시험과 같이 사용하면 더욱 효과적입니다.

울산광역시교육청 교육공무직원 소양평가 답안카드

고사장

성 명

수 험 번 호						
⓪	⓪	⓪	⓪	⓪	⓪	⓪
①	①	①	①	①	①	①
②	②	②	②	②	②	②
③	③	③	③	③	③	③
④	④	④	④	④	④	④
⑤	⑤	⑤	⑤	⑤	⑤	⑤
⑥	⑥	⑥	⑥	⑥	⑥	⑥
⑦	⑦	⑦	⑦	⑦	⑦	⑦
⑧	⑧	⑧	⑧	⑧	⑧	⑧
⑨	⑨	⑨	⑨	⑨	⑨	⑨

감독위원 확인
인

문번	1	2	3	4	문번	1	2	3	4	문번	1	2	3	4
1	①	②	③	④	21	①	②	③	④	41	①	②	③	④
2	①	②	③	④	22	①	②	③	④	42	①	②	③	④
3	①	②	③	④	23	①	②	③	④	43	①	②	③	④
4	①	②	③	④	24	①	②	③	④	44	①	②	③	④
5	①	②	③	④	25	①	②	③	④	45	①	②	③	④
6	①	②	③	④	26	①	②	③	④					
7	①	②	③	④	27	①	②	③	④					
8	①	②	③	④	28	①	②	③	④					
9	①	②	③	④	29	①	②	③	④					
10	①	②	③	④	30	①	②	③	④					
11	①	②	③	④	31	①	②	③	④					
12	①	②	③	④	32	①	②	③	④					
13	①	②	③	④	33	①	②	③	④					
14	①	②	③	④	34	①	②	③	④					
15	①	②	③	④	35	①	②	③	④					
16	①	②	③	④	36	①	②	③	④					
17	①	②	③	④	37	①	②	③	④					
18	①	②	③	④	38	①	②	③	④					
19	①	②	③	④	39	①	②	③	④					
20	①	②	③	④	40	①	②	③	④					

※ 본 답안카드는 마킹연습용 모의 답안카드입니다.

※ 절취선을 따라 분리하여 실제 시험과 같이 사용하면 더욱 효과적입니다.

울산광역시교육청 교육공무직원 소양평가 답안카드

고사장

성 명

수 험 번 호						
⓪	⓪	⓪	⓪	⓪	⓪	⓪
①	①	①	①	①	①	①
②	②	②	②	②	②	②
③	③	③	③	③	③	③
④	④	④	④	④	④	④
⑤	⑤	⑤	⑤	⑤	⑤	⑤
⑥	⑥	⑥	⑥	⑥	⑥	⑥
⑦	⑦	⑦	⑦	⑦	⑦	⑦
⑧	⑧	⑧	⑧	⑧	⑧	⑧
⑨	⑨	⑨	⑨	⑨	⑨	⑨

감독위원 확인
(인)

문번	1	2	3	4	문번	1	2	3	4	문번	1	2	3	4		
1	①	②	③	④	21	①	②	③	④	41	①	②	③	④		
2	①	②	③	④	22	①	②	③	④	42	①	②	③	④		
3	①	②	③	④	23	①	②	③	④	43	①	②	③	④		
4	①	②	③	④	24	①	②	③	④	44	①	②	③	④		
5	①	②	③	④	25	①	②	③	④	45	①	②	③	④		
6	①	②	③	④	26	①	②	③	④							
7	①	②	③	④	27	①	②	③	④							
8	①	②	③	④	28	①	②	③	④							
9	①	②	③	④	29	①	②	③	④							
10	①	②	③	④	30	①	②	③	④							
11	①	②	③	④	31	①	②	③	④							
12	①	②	③	④	32	①	②	③	④							
13	①	②	③	④	33	①	②	③	④							
14	①	②	③	④	34	①	②	③	④							
15	①	②	③	④	35	①	②	③	④							
16	①	②	③	④	36	①	②	③	④							
17	①	②	③	④	37	①	②	③	④							
18	①	②	③	④	38	①	②	③	④							
19	①	②	③	④	39	①	②	③	④							
20	①	②	③	④	40	①	②	③	④							

※ 본 답안카드는 마킹연습용 모의 답안카드입니다.

2025 최신판 시대에듀 All-New 울산광역시교육청 교육공무직원
소양평가 인성검사 3회 + 모의고사 7회 + 면접 + 무료공무직특강

개정6판1쇄 발행	2024년 11월 25일 (인쇄 2024년 10월 08일)
초 판 발 행	2019년 11월 15일 (인쇄 2019년 10월 07일)
발 행 인	박영일
책 임 편 집	이해욱
편 저	SDC(Sidae Data Center)
편 집 진 행	안희선 · 한성윤
표지디자인	박종우
편집디자인	김경원 · 장성복
발 행 처	(주)시대고시기획
출 판 등 록	제10-1521호
주 소	서울시 마포구 큰우물로 75 [도화동 538 성지 B/D] 9F
전 화	1600-3600
팩 스	02-701-8823
홈 페 이 지	www.sdedu.co.kr

I S B N	979-11-383-8032-4 (13320)
정 가	24,000원

울산광역시 교육청

교육공무직원 소양평가